L'AMOUR ET LA MAGIE

L'AMOUR ET LA MAGIE

www.eBookEsoterique.com

Note de l'éditeur

Nos livres sont la reproduction digitale de textes devenus introuvables.

Le lecteur voudra bien excuser le léger manque de lisibilité et les imperfections dues aux ouvrages imprimés il y a des décennies, voir des siècles.

Par égard à la mémoire des auteurs et la spécificité des ouvrages, il convenait de les reproduire tels les originaux.

www.eBookEsoterique.com

L'AMOUR ET LA MAGIE

LIMINAIRE

LA REVOLTE DES EVES
ET L'HORREUR DES CELIBATS

C'est peu de dire que l'Amour fut et reste la grande hantise humaine, le double et légitime désir des chairs avides de joies sensuelles et des orgueils avides de créer de la vie. C'est juste, mais banal, de considérer que l'Amour ne pouvait échapper aux investigations de l'Occultisme qui jeta ses racines au sol de tous les territoires de la Matière, de l'Esprit et du Mystère. Il y a plus et mieux à chercher dans le phénomène amoureux. Il y faut hardiment mêler les plus hautes, les plus graves méditations, et chercher, sous la moisson qui éclate aux yeux des moins réfléchis, le tuf des vérités profondes et des secrètes genèses qui n'éblouissent que quelques-uns.

Tant que l'Homme — a remarqué Jules Bois dans un de ses livres les plus curieux (1) — n'accapara pas les orthodoxies, la Femme fut la compagne toute naturelle,

---

(1) *Le Satanisme et la Magie*, préface de J.-K. HUYSMANS. (Ed. Léon Chailley.)

tendre et forte, de sa vie, et comme lui digne des initiations. On la vit consolatrice au foyer, prêtresse au Temple, inspiratrice du génie pacifique ou guerrier. Mais, de bonne heure, l'égoïste vanité du mâle, au nom du muscle qui domine, souffrit de cette égalité qui, pourtant, permettait seule le Couple Idéal. Il voulut diriger tout, garder pour lui le savoir, décréter où est le vice et la vertu, inventer les dieux. Les plus grands législateurs tombèrent dans ce défaut de hausser l'Homme pour abaisser la Femme. Et afin que sa soumission s'inpirât de la crainte, « Moïse créa le Dieu mysogine, jaloux de l'Egypte tendre et isiaque », le Dieu violent et vindicatif à l'image d'ailleurs du Chef de la Famille, l'Antiquité rendit la femme esclave, et si Jésus la libéra, ce fut pour la maîtriser.

Encore Jésus — tenons-nous en au Christianisme et restons en Europe — n'était point trop contre les femmes. Il se laissa aimer par des pécheresses, et il semble bien qu'il ait aimé lui-même. Il fut indulgent à l'adultère. De savants exégètes affirment qu'il ne dit point à sa mère, sur la croix, le mot brutal : « Femme, qu'y a-t-il de commun entre toi et moi? », mais, selon la traduction de Louis Ménard : « Femme, qu'est-ce que cela nous fait, à toi et à moi? » Le rabbi nazaréen, et son disciple préféré, Jean, étaient des êtres doux. L'apôtre Paul fut secondé par des femmes ; Thécla, Lyda, Chloé. L'Eglise primitive admettait encore des prêtresses, au moins l'Eglise grecque orientale; et l'Eglise occidentale eut ses diaconesses.

Donc, même le premier chritianisme n'eut pas cette haine du sexe femelle qui lui vint par la suite. Mais le Prêtre prit peur de la Femme. Il craignit sans doute son pouvoir sur l'âme humaine. Ce fut l'esprit de concurrence qui déclancha son hostilité. Il devint l'allié naturel de l'Homme contre la compagne de l'Homme. Il interdit à la Femme le Sacerdoce. Il la mit hors du cercle des initiations. Il la chassa du Temple secret et ne lui permit que l'humble agenouillement au Temple public. Les Conciles la honnirent et l'un d'eux alla jusqu'à douter qu'elle eût une âme. On l'humilia. On la dit née d'une côte d'Adam, *os courbe*, indiquant sa connivence avec le serpent, fille du Diable en un mot. On la fit plus qu'esclave : on la fit une damnée d'avance.

— Soit ! s'écrièrent alors les Eves, dans une sourde révolte : nous serons ce que vous nous avez faites !

C'était la meilleure manière pour elles de se venger de la grande insulte des Hommes.

Alors, la Femme qu'on prétendait avoir été « le péché du premier jour du monde », la Femme dont la grâce et la douceur étaient appelées de la mollesse, le tact et l'intuition taxés de ruse, la charité maudite comme une tentation, l'apport de volupté décrété satanique, la Femme accepta d'être le Péché et prit un sombre plaisir à le commettre; elle accepta d'être la Ruse et s'y perfectionna; elle accepta d'être la Tentation mauvaise et y devint experte; elle accepta d'être diabolique et apprit à faire le mal aussi parfaitement que possible.

Alors la Femme fut Circé et transforma ses victimes en pourceaux. Elle fut Canidie et but aux entrailles fumantes sous prétexte de dévoiler l'avenir. Elle fut Messaline et se gorgea d'amours grossières. Elle fut Cléopâtre pour perdre Antoine. Elle fut la dure Romaine applaudissant aux supplices des arènes. Elle fut Ysabeau jouissant la nuit des amants qu'elle faisait poignarder à l'aube. Elle fut la secrète déchaîneuse de guerres entre les hommes d'Etat. Elle fut Catherine la Grande, flagellant elle-même ses dames de compagnie. Elle fut Elisabeth Bathory exigeant qu'on amène au pied de son trône les filles les plus belles de son royaume pour les faire inonder, nues, l'hiver, d'eau glacée. Elle fut l'empoisonneuse aux gages des puissants. Elle fut la traîtrise et la cruauté, la donneuse de baisers mortels. Elle fut la sorcière enfin qu'on pouvait dire, en effet, sortie de l'Enfer pour damner les hommes.

C'est ainsi qu'elle comprits la guerre contre les puissances masculines et notamment ecclésiastiques. On ne manqua pas, naturellement, de la torturer pour punir sa révolte. On inventa des tourments que raffinait un sadisme indéniable de la part des juges. On adaptait, peut-on dire, le supplice à son anatomie, torturant avec un raffinement inouï ses seins et son sexe. On la brûla vive, même quand elle était sainte, comme Jeanne de Domrémy. On l'enchaîna sous les pires tutelles. Et plus on la suppliciait, plus s'accentuait sa rébellion. Le nombre des sorcières s'accrut sans cesse jusqu'au XVIIe siècle où vraiment elles régnaient, terrorisant jusqu'aux princes.

La Chevalerie fut comme un essai de repentir de l'Homme, ou une sorte de compromis, de tendance à engager des pourparlers réconciliateurs... Mais l'abîme était creusé... Pourtant, comme le goût de l'horreur s'éteignait, la rage se transforma en ruse. Cet amour qu'offrait l'Homme, la Femme le prit et le fit servir à ses fins. Elle devint la maîtresse adroite des alcôves royales et prépara les grands soirs. La sorcière se transformait en confidente. Au seuil de la Révolution, il y a l'Encyclopédie; mais il y a aussi la Femme.

Aussi la vengeance de la vaincue allait se modifiant. Du moins, deux directions s'établirent : Une partie des Eves restèrent les basses ennemies de l'Homme. Une autre imprégna sa revanche d'une noblesse qui s'affirme en plus en plus.

La tourbe des Eves mauvaises demeura, disons-nous, la proie, mais aussi la gangrène du mâle. Le duel devint intime, soit par le mariage, soit par la prostitution. La loi de l'Homme pesant juridiquement sur la Femme, celle-ci aiguisant sa seule arme de combat, tâcha souvent de transformer l'union conjugale en enfer. Elle éleva le caprice et la galanterie à la hauteur de deux institutions, et le galant homme ne put rien refuser à la demanderessse capricieuse; il s'y ruina parfois et sa compagne exigea par surcroît que ce fût avec le sourire. Dans les classes moins hautes, combien de femmes multiplient des défauts de caractère en tel nombre qu'elles deviennent chacune une nuée de moustics ! Et en tous cas elles exigent la sueur du mari pour vivre tout à l'aise.

Quant aux unions libres, à la prostitution plus ou moins voilée, l'empire féminin s'y fait plus tyrannique encore. La maîtresse coûteuse est devenue la mode et la plaie. Elle s'est arrangée pour que ce devînt chose tellement normale qu'il ne vient même plus à l'idée de quiconque qu'une maîtresse soit autrement qu'exigeante et dépensière, et que si elle trompe son compagnon, ce soit lui l'imbécile et elle l'héroïne.

Nos mœurs tendent à une déification effrénée de la femme légère. On la chante, on l'exalte, on l'applaudit, on la gâte, on l'adore. Jadis on peignait la Vierge avec un serpent sous les pieds; maintenant il faut peindre un homme sous les pieds blancs de la jolie femme.

Loin de nous la moindre amertume. La volupté amoureuse est la seule consolation réelle laissée par la vie de plus en plus stupide et difficile que nous fait la Civilisation. Mais ceci est une autre affaire qui n'a rien à voir avec le triomphe insolent et ascensionnel de la Femme de Plaisir.

Mais il est une autre catégorie d'Eves dont la révolte, disions-nous, s'ennoblit, et grâce à quoi les hauts esprits ne désespèrent pas de Celle qui, demeurant quoi qu'on fasse la moitié du couple, finira malgré tout par abolir sa haine légitime pour son persécuteur dont le retour à la vérité humaine est certain.

Cette forme de la révolte des Eves est le Féminisme. Certes, il en est une face disgracieuse, injuste, agressive. Il en est heureusement une autre normale, digne, sincère, équitable. Ajoutons à cette lutte (dont peut-être finalement l'homme sera victime, mais l'autre aura le droit de lui crier le fameux *chacun son tour*, et il faudra de nouveau batailler pour retrouver l'équilibre), ajoutons à cette lutte l'exhaussement spirituel de la Femme. L'intellectualité humaine compte maintenant avec nos philosophes en robe, nos romancières, nos avocates, nos poétesses, nos scientifiques amies qui rachètent la nullité de tant de charmantes cervelles. Si c'est d'Orient que doit nous venir la regénération, elle nous aura été envoyée sur les ailes de la Théosophie, propagée surtout par une Blavatsky, une Annie Besant. L'Eglise, forcée depuis longtemps à adoucir son hostilité, a fêté la Vierge, et de jolies saintes comme la petite Thérèse d'Evreux ou des bergères comme Bernadette; elle a reconnu son erreur en canonisant Jeanne d'Arc; elle bénit avec onction les dames riches qui lui offrent leur bourse et les reines qui la protègent... Et elle n'envoie plus personne au bûcher.

Que les Eves continuent avec grâce et sagesse leur ascension, leur lutte *contre le fléau de la guerre* qui semble un de leurs plus grands devoirs, *contre le matérialisme* qui devrait leur être instinctive, à elles, les intuitives-nées, contre, enfin, toutes les injustices sociales, elles qui sont douceur et bonté... Par elles ainsi pourra peut-être enfin croître l'aube de Fraternité et d'Harmonie. Et leur révolte, fécondée par de la grandeur d'âme, nous jettera cette fois, nous autres les hommes, à leurs pieds divins dans une adoration de reconnaissance.

∴

Nous paraissons oublier le titre de ce livre. Il n'en est rien, comme on le verra tout à l'heure. Passons maintenant à la seconde méditation que l'amour inspire : l'horreur des célibats. Elle sera plus brève parce que plusieurs pages lui sont consacrées au sixième chapitre de l'ouvrage. Mais l'idée étant fondamentale, il seyait de la signaler ici.

Il est curieux que cette horreur de la solitude, pour chacun des éléments du couple humain, ait pu aller de pair avec leur hostilité malheureuse. C'est la première, d'ailleurs, qui adoucit la seconde et lui permet tant d'exceptions. L'homme primitif, on le verra plus loin, voyait dans l'acte sexuel le devoir impérieux, dicté par les dieux mêmes, de perpétuer sa race. Et cet acte engendrait une telle volupté qu'il confondait devoir et plaisir en une même exaltation joyeuse. La Nature faisait bien les choses.

Hélas ! Ce qui devait être félicité commune en vue d'une procréation où chacun ayant sa part devait également donner et recevoir l'affection du fruit naissant des étreintes délicieuses, ce qui devait être agréable devoir devint chez le mâle un droit et chez la femelle seule un devoir. Nouvelle cause de la querelle des sexes ! Au temps des guerres antiques et de l'esclavage, l'Homme prit la Femme à son gré, la traita en chair à plaisir. Il l'avait rabaissée dans son esprit. Il la rabaissa dans son corps. Elle dut se donner même quand cela ne lui plaisait pas. Et lui inventa, là encore, des tourments, pour que cette créature doublât son propre plaisir en souffrant par son maître. De là l'origine du sadisme, l'origine des multiples déviations de l'amour normal. De là les martyres que les riches Romains flagellaient avant de les posséder, que les planteurs espagnols torturaient pour pimenter leur jouissance. De là le commerce des blanches, plus tard, aujourd'hui même... Et cet odieux métier, avoué ou dissimulé, de tant d'hommes qui, même dans les hautes sphères et sous une forme élégante, vivent de la prostitution des femmes.

L'acte d'amour devenu travail de forçat, quelle honte ! Et comme on comprend ce second motif de la Révolte des Eves !

Néanmoins il faut dire que cette honte et cette férocité transformant le bien suprême des frissons en douleur intolérable, furent et demeurent exceptionnelles. L'amour porte en soi un germe de douceur, puisqu'il est malgré tout une caresse. Normale, combien elle est divine cette caresse aux multiples formes !... Elle a su se diversifier autour de l'étreinte fondamentale afin de la préparer à son maximum de bonheur et d'effet, en faisant participer toute la chair, ou presque, à la sensation exquise. Ah ! comme là encore la Nature nous gâta, donnant à nos yeux le charme ineffable des contours de la Femme, à nos mains ses sensibles muqueuses, ses rondeurs délicates, et toute cette géographie du corps que nul ne se lasse d'explorer quand elle a notre sympathie ! Bien mieux, par une sorte de bonté de surcroît, la Nature n'a pas voulu que les mêmes aspects plaisent à tous, afin que très peu, très peu de femmes jeunes ne trouvent pas au moins un animateur de leurs charmes particuliers.

Et l'Homme seul rêvant d'une chair de femme à pétrir sous ses lèvres et ses doigts, d'une chair de femme à étreindre jusqu'au spasme libérateur d'un désir intime immense et profond jusqu'au malaise s'il ne s'assouvit pas, et la Femme seule rêvant de la caresse si chère à tout son être et particulièrement au coin sacré où s'engendrent les races futures, il s'en suit que l'un recherche l'autre avec une avidité troublante. D'où l'Idylle millénaire qui suscita le génie de tous les artistes et fut contée des millions de fois sans jamais lasser personne. D'où les danses provocatrices, les ruses des conquérants et conquérantes, et tout ce qui mieux que l'œuvre de Dante peut s'appeler la Divine Comédie.

∴

Voici comment ces deux idées : la Révolte des Eves et l'Horreur des Célibats, ont formé le livre qu'on va parcourir.

La Révolte des Eves a engendré, entre autres choses, les sorcières et leurs manigances. L'Horreur des Célibats a engendré souvent, pour qu'il soit vaincu et quand d'autres moyens échouaient, les pratiques magiques. Aussi bien l'amour, quel qu'il soit, ne pouvait, nous le répétons, se soustraire à la curiosité de l'esprit occultiste.

Chercher donc tous les rapports que put avoir et que peut avoir encore l'Amour avec la Magie, l'Amour sous toutes ses formes avec la Magie sous toutes ses formes, tel est l'objet essentiel de cet ouvrage.

Il contient des pages de haute philosophie, mais il contient aussi des pages que d'aucuns tiendront pour de la lubricité. Ce serait faux de croire qu'elles furent écrites, ces dernières, avec une malsaine intention. On n'a pas eu peur, ici, *d'aller jusqu'au bout* dans les idées, les explications et les faits. Tant pis pour qui lira ce qui suit avec un esprit concupiscent à la recherche de basses salacités.

Si l'on avait voulu rester dans « l'honnêteté bourgeoise », il eût fallu sacrifier les trois quarts de cet essai et tomber aux pires banalités. Voici donc un livre un peu spécial, mais ce n'est pas un livre pornographique.

La division même qu'il s'est proposée prouve le des-

Vénus Médicis.

sein purement scientifique de l'auteur. Il a étudié d'abord la part de l'amour dans les Religions, écrit de fort belles pages inspirées en partie des travaux de Pierre Piobb, sur le sens ésotérique du mythe de Vénus, « déesse magique de la chair », sur le rite vénusien et l'initiation vénusienne, sur le Décalogue de l'Amour d'après cette haute conception des initiés en cette matière qui s'élève au-dessus des vulgaires voluptés charnelles vers le plan divin, sur le culte universel, sur l'amour qui fit de Vénus une déesse aux mille noms mais toujours identique à elle-même, et enfin sur les belles légendes des enfantements merveilleux.

Après quoi, l'auteur entrant plus encore au vif de son sujet a passé en revue les secrets anciens par lesquels on pensait pouvoir *forcer* l'amour, ou l'exalter, ou le détruire : recettes, charmes, philtres, envoûtements, talismans, onomantique amoureuse, puissance mystérieuse des gemmes, langage des fleurs, etc... Dans la même partie, un rappel très original de l'initiation mulsumane, l'analyse d'un curieux livre ancien intitulé *La Vénus magique*, enfin une thèse savoureuse encore que fort osée sur la théorie des gestes d'amour, mais où il ne faudra trouver qu'une tentative pour découvrir s'il n'y en a réellement que trente-deux selon la foi populaire, et en tout cas quelle est l'origine magique de ce nombre traditionnel.

Viennent ensuite de sombres chapitres : les amours sataniques et fantômales, le vampirisme, le sabbat, les messes noires, les amours désincarnées. Les amateurs de sensations fortes y trouveront leur compte, mais aussi ceux qui s'intéressent à ces coins extraordinaires de l'histoire.

Une quatrième partie, qui retiendra plus encore l'attention du public, traite des rapports de l'amour avec les sciences divinatoires, c'est-à-dire passe en revue ces sciences au seul point de vue particulier de l'amour, ainsi que l'indiquent les titres mêmes des chapitres : l'Amour et les Astres, la Physiognomonie amoureuse, les Signes d'Amour dans la Main, l'Ecriture et la Sensibilité amoureuse, l'Amour et les Cartes, l'Amour et les Songes, l'Amour et les Présages et Oracles, l'Amour et le Tarot.

On ne peut être plus complet. Cet ouvrage sera le bréviaire de ceux qui cherchent dans l'amour autre chose que ce « contact d'épidermes » dont parle Chamfort.

M.-C. POINSOT.

PREMIÈRE PARTIE

LE SENS ESOTERIQUE DU MYTHE DE VENUS

Vénus ! Ne sera-ce point, fatalement, le premier mot, phare lumineux, d'un essai sur les rapports de l'Amour et de la Magie? Vénus ! Vocable merveilleux d'évocation, de douceur et de fièvre, et qui résume nos pensées sur l'attraction des sexes... Tout à l'heure nous verrons que ce nom devient précisément en Occultisme le synonyme d'Attraction, dans son sens le plus profond et le plus complet.

Un autre nom propre, tout moderne celui-là, doit venir également sous notre plume au début de ces pages : Pierre Piobb, occultiste éminent, frère des Eliphas Lévi, des Stanislas de Guaïta, des Papus, des Péladan, qui firent avancer à si grands pas la haute Culture hermétique repétrie selon l'Intelligence nouvelle. On lui doit des ouvrages étonnants de sapience et de méditation constructive, et, pour n'en citer qu'un, propre à illuminer nos premiers pas sur la route choisie : *Vénus, la Déesse magique de la Chair*.

Piobb rêva d'écrire une collection dite *Bibliothèque des Mystères*, en trois séries relatives aux dieux, aux mondes et aux peuples, sorte de synthèse de nos connaissances basée sur la Tradition et revue au flambeau de nos progrès intellectuels. Et, dès son premier volume, il a étudié si clairement, si subtilement le mythe vénusien, que nous ne pouvons mieux faire, au seuil de ce livre, que de nous inspirer en les résumant et les commentant à la fois, de ses propos sur ce charmant et délicat sujet.

Mais auparavant et pour éclairer sa méthode, qui est la nôtre, rappelons une anecdote qui nous permettra une comparaison.

On sait — et Mérejkowski rapporte en son admirable *Roman de Léonard de Vinci* ce trait de psychologie si curieux — que le pape Alexandre Borgia, honni ou admiré avec acharnement, mais représentatif au plus haut point de l'esprit de la Renaissance, avait fait sculpter spécialement pour lui, par un grand artiste de son temps, un crucifix personnel et portatif dont il ne se séparait guère, et d'une incomparable valeur quant à la matière fournie et à l'exécution soignée. Or, ce crucifix portait d'un côté l'image du Sauveur et de l'autre celui de la Vénus Callipyge (1). Le pontife, épris, comme nombre de hauts esprits de son temps, de beauté esthétique autant que d'intellectualité, présentait au peuple, en ses allocutions, l'image de Jésus, ce pendant qu'il contemplait amoureusement, lui, l'image de la splendeur payenne et des plaisirs sacrés de la chair.

Eh bien ! tous les mythes, tous les enseignements anciens, eurent ainsi deux faces, ou plutôt deux sens :

---

(1) Célèbre statue grecque ayant pour caractéristique l'ampleur voulue de la croupe. (Traduction : *la Vénus-aux-belles-fesses.*) Il y a, on le sait, divers types de Vénus : la Vénus Aphrodite, la Vénus Médicis, la Vénus de Capoue, la Vénus Cypris, la Vénus de Milo, etc. Chacune exalte un des côtés vénérés de la divinité d'amour : beauté, volupté, calme, pudeur, etc.

celui qu'on offrait aux profanes, à la foule, et celui que les mages gardaient pour eux, face tournée vers leur propre méditation, ou ne montraient qu'à leurs disciples, aux initiés. L'un était le sens extérieur, superficiel, *exotérique*, suffisant au *vulgum pecus;* l'autre le sens secret, caché, initiatique, *ésotérique*, destiné aux cerveaux supérieurs.

Le mythe de Vénus n'échappa pas à cette loi de l'Hermétisme. Pour le commun, Vénus représentait, représente encore l'Amour, sans plus (1). C'est la déesse de la Chair, du Charme, de la Volupté. Pour l'initié, (et combien ce sens ésotérique est plus profond, plus émouvant !) Vénus, c'est l'Attraction, c'est la Vie naissante, c'est la Perfection des formes. Nous allons tout à l'heure étudier plus amplement cet admirable secret de la Sagesse antique.

*
* *

Mais d'abord il sied de résumer l'histoire mythique de Vénus, la jolie légende connue de tous ceux qui ont feuilleté une mythologie, mais qu'on a déjà tendance à oublier dans ses détails dont aucun cependant n'est superflu pour l'interprétation ésotérique.

Vénus, fille d'une Océanide (Diôné) aimée du Maître des dieux (Zeus, Jupiter), naquit au sein de l'écume de la mer. Les sœurs de Diôné en prirent soin dès son apparition sur le domaine mouvant des eaux et la placèrent dans une conque marine, la laissant voguer, poussée par les souffle des Zéphyrs, jusqu'à l'île de Chypre, où les Océanides l'élevèrent tendrement.

---

(1) Pour certains, toutefois, Vénus est aussi la Beauté, et même la *Vie en Beauté*, c'est un pas déjà vers une conception plus profonde, plus ésotérique.

Lorsqu'elle fut parfaite de formes, pubère et prête à l'amour, les Heures, filles de Thémis et de l'éternel procréateur Zeus (Irène, Eudomie et Dicé), vinrent la prendre pour la conduire dans l'Olympe où tous les dieux se réunirent pour la recevoir.

Séduits par son charme incomparable, presque tous la convoitèrent, tels des regards mâles voltigent autour d'une jolie danseuse en un bal survenant, mais Zeus la mit aux bras de Vulcain (Haiphaistos, Tubal-Caïn), dieu du feu, qui avait forgé les quatre foudres grâce auxquelles l'Olympe avait résisté aux géants de la Terre. Or Vulcain, boîteux et laid, ne pouvait être aimé de la Plus Belle qui se laissa bientôt prendre, à la houzarde, par le fougueux Mars (ou Arès, dieu de la guerre), mais de cet amant elle n'éprouva que du plaisir, sans lui donner son cœur.

Vulcain surprit l'adultère, étendit sur le lit de l'épouse un filet aux lacs imperceptibles qui emmaillèrent les amoureux au milieu de leurs ébats; et les ayant ainsi pris au piège, il appela tous les dieux dans la Maison d'airain... Or les amants enlacés étaient beaux : « Mars, les mains dans la chevelure dorée de Vénus, paraissait chevaucher une cavale aux rênes d'or ». Aussi les dieux ne s'indignèrent ni ne sourirent; Mercure même conçut alors une vive passion pour la déesse adultère, et Neptune demanda et obtint la délivrance contre une rançon que Mars promit en indemnité d'outrage. Vénus délivrée s'enfuit à Chypre.

Là, enceinte des œuvres d'Arès, elle mit au monde un fils nommé Antéros, qui n'était pas l'Amour (Eros), mais son frère aîné, engendré plus tard et dissemblable de lui en tous points. Vers ce temps-là, Typhon, un des géants montés à l'assaut du ciel, devint amoureux de la jeune mère qui, hostile à ses assiduités, se sauva avec Antéros, et poursuivie par le colosse. Arrivée aux bords de l'Euphrate et sur le point d'être captée, elle vit surgir deux poissons qui prirent le double fardeau de la déesse et de son fils et traversèrent le fleuve, mettant ainsi une barrière infranchissable entre la fuyarde et son soupirant.

Mais Vénus allait enfin connaître le véritable amour. Elle le conçut pour Adonis, fils de Cinyras, roi de Chypre, et de Myrrha. Elle le rencontra comme il chassait. Il était le type idéal du beau jeune homme comme elle était celui de la femme belle. Ils s'aimèrent de toute l'ardeur d'une passion complète. Elle le suivit partout, jusque dans les montagnes, où malheureusement un jour il succomba sous le boutoir d'un sanglier. Vénus le pleura de toutes ses larmes, et, pour perpétuer le souvenir de cette douce aventure, elle fit naître, du sang de l'aimé, la fleur d'anémone.

Après quoi, la déesse connut Mercure, le messager des dieux, dont elle eut Eros (ou Cupidon) qui ne put s'élever qu'en la compagnie constante de son frère Antéros.

C'est à cette époque qu'une déesse insupportable, Eris (ou la Discorde), furieuse de n'avoir pas été invitée avec tout l'Olympe aux noces de Pélée, fils d'Eaque, et de la nymphe Thétis, grava sur une pomme, pour se venger, ces mots : « A la plus belle » et la jeta sur la table du festin. Vénus, Minerve et Junon se disputèrent le fruit d'or. Zeus offrit à Pâris, fils d'Hécube et de Priam, roi de Troie, de prononcer le verdict. Aussitôt, chacune des demanderesses de solliciter ses suffrages, Junon en lui promettant toutes les richesses, Minerve toute la science et Vénus toute sa beauté. C'est à cette dernière que, écoutant ses seuls sentiments, Pâris remit le prix du tournoi.

D'où la guerre de Troie. Pâris, en effet, s'étant épris d'Hélène, fille de Zeus et de Léda, reine de Sparte,

Vénus reconaissante facilita l'enlèvement de l'aimée, et, le conflit déchaîné, prit parti pour les Troyens, Minerve et Junon soutenant les Grecs.

Au cours des combats, Diomède, roi d'Etolie, blessa Vénus à la main comme elle protégeait son fils Enée (elle avait eu cet enfant de ses amours avec le berger Anchise). Alors la déesse, ayant achevé son cycle terrestre, alla retrouver les dieux et siéger dans l'Olympe, ceinte de sa ceinture magique, assistée des trois grâces (Euphrosine, Aglaé, Thalie) et entourée des Ris, des Jeux, des Attraits et des Plaisirs. De là elle ne cesse de gouverner les dieux, les mondes et les hommes.

.*.

Voilà l'histoire de Vénus, telle qu'on la racontait à tous (exotérisme). Voici l'interprétation de cette histoire par et pour les initiés (esotérisme).

Vénus, c'est le symbole de l'Attraction, la septième forme de la Divinité, la potentialité d'où résulte l'Equilibre. C'est bien pour cela que, sur le cercle zodiacal, on la situe sur la constellation de la Balance dont elle demeure la déïté.

Elle naît de l'Ecume, mieux : du bouillonnement, de la fermentation des eaux éternelles, de la fluidification de l'Espace au moment de la Création. Voilà pourquoi le Mage y voit, en même temps que le symbole de l'Amour, le symbole de la Vie naissante, et non seulement de la vie universelle, mais spécialement de la vie organique terrestre, qu'il devinait, comme la science le croit aujourd'hui, née de la matrice océane.

La création est due, dit la Tradition qu'on peut interpréter aujourd'hui selon la haute Initiation, à quatre plasmas primordiaux : l'Existence (ou Feu), le Temps (ou Air), l'Espace (ou Eau), la Pesanteur (ou Terre).

On reconnaît là les fameux quatre Eléments symbolisés par le Sphinx égyptiaque et qu'on retrouve dans les emblèmes des quatre Evangiles.

L'Attraction émane de l'Espace-Eau. Voilà pourquoi Vénus-Attraction est née de l'Eau.

Vénus, déesse, femme, donc passive, ne peut agir que par alliance avec les autres potentialités. C'est pourquoi nous allons assister à ses unions symboliques dont la première sera faite avec le Feu, c'est-à-dire l'Existence, boiteuse et imparfaite comme Vulcain. Mariage régulier, mais que brise l'amour de Vénus pour l'idéal. Vénus n'aime pas son époux : l'existence laide et si loin du Rêve ! Elle le trompera sans remords pour tenter l'évolution vers le mieux.

Elle le trompera d'abord avec Mars, dieu de la guerre. Car l'évolution suppose la lutte. Ici l'Actif (Arès) s'unit au Passif (Vénus) pour produire un résultat passager et concret (le plaisir : Antéros) car Vénus n'est pas amoureuse de Mars : elle en jouit seulement. Un tel contrat ne peut être éternel. Vulcain le dénonce comme une injure et prend les amants au filet subtil des lois de l'existence, — mailles où s'empêtrent l'Attraction et l'Evolution qui ne sont délivrées que par la présence de tous les dieux reconstituant ainsi l'ensemble des potentialités nécessaires.

Parmi celles-ci, dieux qui regardaient le beau spectacle de l'Enlacement (qui n'est autre que la Nature), on voit Mercure s'éprendre de la déesse, Mercure, messager des dieux, temps relatif, succession des phénomènes. L'Attraction et le Temps relatif se connaîtront plus tard. Pour l'instant, Neptune intervient et sépare les amants. Vénus fuit pour aller mettre au monde, à Chypre, Antéros : le Plaisir, si habilement distingué, par les mythologues, d'Eros, l'Amour véritable. Le Plaisir n'est que sensation physique. Seul l'Amour est spasme (le noble spasme, terme de l'acte d'amour, contact avec les plans supérieurs). Toutefois Eros ne peut vivre sans Antéros. Le grand spasme divin a besoin du petit spasme physique dont tant se contentent avec le vulgaire accouplement...

Typhon, le géant, poursuit Vénus. C'est l'Homme qui se croit dieu. (N'a-t-il pas essayé d'escalader l'Olympe?). C'est l'Homme qui ose rêver de s'emparer de l'Attraction sans les qualités requises : c'est une Brute, Vénus le fuit.

Mais elle peut aimer l'Homme s'il est l'Adonis, simplement beau (moralement) et accomplissant normalement son rôle (Adonis vit de sa chasse, c'est-à-dire fait le nécessaire pour se nourrir des produits de la terre). Ainsi, ces amours accomplies sur le plan terrestre peuvent être parfaites, — car Vénus aime enfin réellement — et justifient le culte purement physique de l'amour (que méprisera le catholicisme et qu'honorait l'antiquité)... Mais, hélas! la mort d'Adonis nous rappelle aux lois fatales de la vie humaine. Vénus pleure; elle ne peut empêcher le corps de périr — ce corps dont elle garde le souvenir en faisant jaillir de son sang l'anémone, nom qui précisément en grec est synonyme de frivolité...

L'Attraction s'unit ensuite au Temps, nécessaire à la mise en œuvre des potentialités. Vénus couche avec Mercure. L'Amour naît sous le nom d'Eros dit encore Hermaphrodite, car l'amour n'a point de sexe et demeure l'apanage de tous.)

Nous avons dû négliger de nombreux détails qui cependant ont, *tous*, une valeur ésotérique. De même nous ne nous étendrons pas sur l'explication si curieuse de la guerre de Troie, depuis son origine jusqu'à la blessure reçue par Vénus, de cette guerre qui est le plus humain, le plus réaliste des mythes anciens, le plus splendide aussi par la hauteur des conceptions métaphysiques qu'il renferme...

Vénus est blessée en défendant Enée (qui est l'Art, fils des amours de la déesse avec Anchise, le berger représentant la nature toute simple... Ah! que nos ultra-modernistes devraient songer un peu plus à cet enseignement lointain!). Alors elle remonte au ciel parmi les Grâces, les Joies, les Harmonies, pour présider à la Gravitation universelle et à la Sympathie qui, seule, rendra heureuse l'Humanité.

*
* *

Voici d'autre part, et analogiquement, de nouvelles gloses ésotériques de cet admirable mythe :

Vénus représente la Femme, mieux : l'Amante, « crème humaine », comme l'écume est crème des vagues. La Jeune Fille est bercée « dans le coquillage nacré de son amour sans but, sur l'océan de ses illusions, pendant que les zéphires de la destinée la conduisent vers l'île de la réalité ».

Elle se marie, souvent trop vite, généralement mal. Combien de fiancées n'épousent qu'un Vulcain après avoir rêvé d'un Apollon!... Alors elle rencontre l'homme de joie, le marsien qui la séduit par la hardiesse mais à qui elle se donne par dépit plutôt que par affection, n'en recevant qu'une jouissance physique.

Avec l'adultère commencent les tribulations, les pièges tendus par le mari soupçonneux. La « faute » (s'il y a faute) est-elle découverte? Celui que le Public appelle d'un mot si amusant, le Cocu, se proclame outragé. Mais le Public se moque du Cocu et non des amants. Et parfois c'est ce spectacle même qui provoque le désir chez d'autres mâles...

La Femme procrée plus volontiers dans la passion

charnelle, et les Vénus ont souvent des Arès un fils, le fils du plaisir plus que de l'amour vrai. Typhon, c'est le satyre, le violenteur, l'homme de proie, que la femme digne de ce nom fuit toujours. Adonis, au contraire, c'est l'homme de choix, le seul qui fasse harmonie avec l'aimée. Vénus et Adonis n'ont point besoin d'être beaux tous deux. *Il suffit qu'ils se comprennent.* Hélas! cette idéale union est plus souvent entre amants qu'entre époux. La mort, seule, sépare ces amours-là...

Mercure, c'est l'amant riche. Comme Mars, on l'aime pour les plaisirs qu'il donne et l'on consent également à en avoir un fils...

Le triomphe de Vénus, lors du jugement de Pâris, est celui de la Femme, uniquement belle, sur la régularité matrimoniale de Junon, et sur la science, la virginité de Minerve. La guerre de Troie, c'est la lutte éternelle des hommes, au sein de laquelle succombe, blessée, l'amante peu faite pour ces batailles sociales, et qui, définitivement, se retire pour exercer sa seule fonction : l'Amour, l'Amour qui gouvernera toujours les mondes et l'humanité. Quelle plus noble poésie que celle du mythe de Vénus!

**

Et le mythe de Vénus est encore l'histoire de la Femme à travers les âges. La Femme est née de la pureté psychique, blanche comme l'Ecume, et non de la Côte d'Adam, signe d'esclavage et d'infériorité.

Mais les exigences de la vie matérielle l'on forcée au mariage. Vénus et Vulcain, c'est la Femme et le Primitif. Leur union est celle des premiers âges. C'est, a dit Bachofen, la période d'hétaïrisme où la Femme appartenait à la tribu.

Mars est un des hommes de cette époque gynécocratique où la Femme gouvernait l'Etat grâce à son affinité, supérieure à celle des brutes primitives. Vulcain, surprenant les amants, c'est la revanche du mâle (voir le Liminaire) rétablissant l'anthropocratie, asservissant la Femelle par le mariage indissoluble, selon la Loi. Mais Vénus-Eve s'échappe des tenailles par l'Adultère en attendant qu'elle reprenne un jour, à son tour, sa revanche, par le Féminisme.

Typhon, c'est le Barbare des temps patriarcaux et romains... La Femme s'en débarrasse par la froideur, jusqu'à l'ère galante du Moyen Age où la Chevalerie pare l'union de l'enchantement des consentements réciproques. Vénus trouve son Adonis...

Mais voici naître l'Epoque moderne où Vénus recherche Mercure, où la Femme recherche l'Amant riche qui lui procure plaisirs et satisfactions. La Tradition fut prophétique !

Nous sommes, au XX° siècle, en plein triomphe de la Femme-Vénus qui éclipse Junon et Minerve, la Maternité et la Sagesse, la Vertu et la Science. L'Homme préfère la Beauté du corps; les maîtressses sont parées et fêtées au détriment des épouses. Ce pendant que Vénus-Suffragette veut devenir citoyenne, réclame ses droits, veut se mêler à la Politique...

Mais il est probable que ce temps du Féminisme passera. Non qu'il soit mal que la révolte d'Eve s'accomplisse et lui assure une place dans la vie sociale. C'est justice et peut-être nécessité pour l'harmonisation que souhaite un noble Victor Margueritte... Mais il faut espérer que, la conquête accomplie, la Femme redeviendra l'Amante divine qui lui donnera sa véritable autorité sur les mœurs et sur les lois.

．•．

Etudiant avec un don merveilleux de pénétration des Sciences secrètes l'ésotérisme des mythes, Pierre Piobb expose qu'il y a quatre sens à donner à ceux-ci : un sens poétique, un sens historique, un sens uranographique et un sens cosmologique engendrant chacun trois interprétations, ce qui porte à douze le nombre des connaissances qu'on peut avoir d'un même sujet.

C'est ainsi que le sens poétique comprend la base même du fait, sa narration ramassée à travers des textes qui nous sont parvenus, et encore la narration cosmique, c'est-à-dire l'étude des rapports du poème avec les phénomènes physiques, et enfin la narration céleste, étude des rapports avec les astres, les dieux, à la fin de tous les mythes, se plaçant dans le ciel.

De même, le sens historique se développe suivant une narration positive (affabulation de l'histoire), une ethnique (synthèse humaine) et une terrestre (rapports avec la géologie).

Le sens uranographique apparaît sous les formes de description céleste (rapports du mythe avec la cosmographie) astrologique (rapports dynamiques des astres entre eux) et évolutive (genèse des émanations, processus de la pensée dans le concret).

Le sens cosmogonique complète le précédent par une triple gnose : statique, arithmologique et noologique. C'est de la haute science mythique à laquelle nous ne nous attarderons pas dans ce livre.

Non plus nous ne développerons point les douze sens, d'après cette méthode, du mythe vénusien. Aussi bien en avons-nous donné trois exemples, les plus limpides, les plus intéressants. Ajoutons-leur une quatrième interprétation au point de vue astrologique avec une figure schématique.

Le Zodiaque, on le sait, se compose de douze signes

ou plutôt de douze zones (1). On peut estimer que chacun correspond à une des formes de la Divinité. Vénus, dans toute astrologie, correspond au septième signe, celui de la Balance, avec lequel elle a des rapports étroits et certains, bien que son nom se soit autrefois traduit par *Phosphoros* en grec, et *Lucifer* en latin. Dans la Balance, en effet, il y a une triple idée d'équilibre, de force et de cohésion, et ce sont là, précisément, les qualités de l'Attraction.

La carrière de Vénus commençant à la Balance, nous allons la suivre au travers des douze autres constellations...

Le premier épisode de sa vie, le mariage avec Vulcain, correspond au signe qui suit celui de la Balance : le Scorpion. Le Scorpion symbolise l'effort vers le progrès. Il est laid comme Vulcain; mais, familier de l'eau, il vit aussi sur terre et sait grimper aux arbres, donc s'élever. Vénus de même, née des Eaux, va, en passant par l'épreuve terrestre, gagner le Ciel.

L'adultère de Vénus avec Mars se place dans le Sagittaire (le Centaure Chiron, grand coureur de filles, arc toujours tendu et flèche prête). La mal mariée se console avec un don Juan qui lui procure du plaisir et lui fait un enfant.

La vengeance de Vulcain trompé s'accomplit sur le signe du Capricorne, qui est le signe du péché et de la chair selon les ésotéristes, péché qui n'est pas si monstrueux, dans la légende et dans la vie, puisque si peu hésitent à l'accomplir ! « La chair est faible », a dit le Christ. Et capricieuse, disent les mages. Caprice : Capra : Chèvre.

Antéros naît au Verseau. Antéros est le plaisir et

---

(1) V. à ce sujet, dans l'*Encyclopédie des Sciences occultes,* ce qui est dit à ce propos dans le chapitre sur l'astrologie.

le Verseau personnifie le génie humain. Le plaisir d'amour est ingéniosité. La volupté commence quand l'ingéniosité d'amour atteint son maximum.

L'épisode de Typhon a lieu sous le signe des Poissons. Les Poissons sont les animaux qui font le plus chastement l'amour. C'est par la chasteté, c'est-à-dire le refus de sa chair, que Vénus met une barrière entre elle et le monstre avide de son corps seul.

Le Bélier est le premier signe zodiacal de l'année astrologique. Il implique une idée de commencement. Vénus ne débute en amour vrai qu'avec Adonis, doux comme le mouton, et qui glisse en elle l'habitude moutonnière de l'amour, car elle le suit partout comme une agnelle suit le troupeau charmant des toisons floconneuses.

Adonis meurt sous le signe du Taureau, représentant des bovidés travailleurs (comme le chasseur gagnant sa nourriture) et il est tué par un sanglier, bête sauvage comme la mort brutale, mais hélas ! inévitable.

Aux Gémeaux, Vénus rencontre Mercure. Les Gémeaux (Castor et Pollux) disent l'amour fraternel et aussi l'affection. C'est d'affection que Vénus aime Mercure, et non d'amour sexuel comme elle aimait Mars, ni d'amour idéal comme elle aimait Adonis. Elle en a son son enfant préféré, Cupidon.

Sous le Cancer, la scène de la pomme d'or. Le Cancer, c'est la vie, plate, gauche, inassouvie. Nous ne nous en évadons que par des rêves de beauté comme les symbolise Vénus.

La guerre de Troie, suite du jugement de Pâris, ne pouvait se passer que sous le signe du Lion, roi féroce de l'animalité.

Avec la douce Vierge, Vénus remonte dans l'Olympe abstrait, — sourire et bonheur... Preuve que l'Attraction, malgré ses altérations de toutes sortes, demeure nécessité, joie et moralité.

Voir l'image schématique de l'explication uranographique du mythe vénusien :

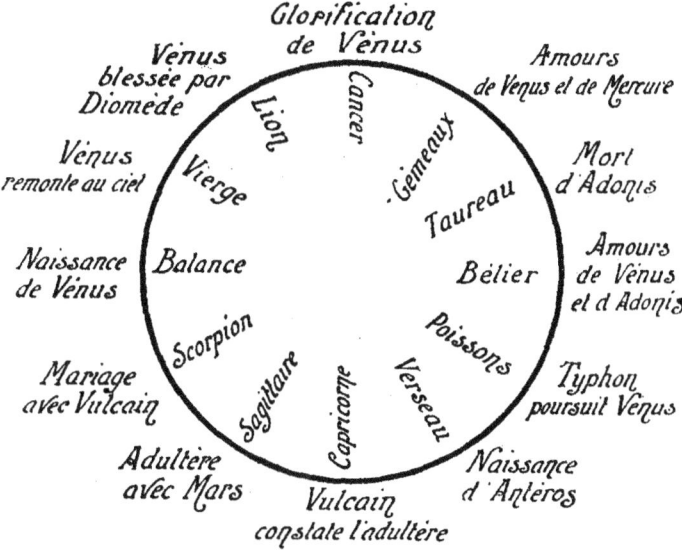

Développement zodiacal du Culte de Vénus

II

LE RITE VENUSIEN

Il y eut *une religion de Vénus,* religion dont nous avons perdu complètement le sens, et qui aujourd'hui, la rafale chrétienne passée, nous paraît, au lieu d'une chose sainte, une ignominie !

Oh ! certes, l'hypocrisie — qui seule est immonde — a bien soin, derrière ce voile de pudeur, de pratiquer les voluptés traditionnelles. Mais avec on ne sait quel arrière-goût de péché... Le péché, ce fut la grande invention des prêtres. On croirait qu'ils ont voulu par là pimenter le geste le plus naturel qui soit, avec une sorte de sadisme qui serait monstruosité, s'il n'était inconscience et sottise.

Revenons donc à quelques milliers d'années en arrière. Oublions la civilisation, la prétendue pureté catholique, le confessionnal et les couronnements de rosières. Et jetons un coup d'œil aux rites sacrés de jadis...

Une religion suppose toujours des sacrements, marques de l'adeptat, et dont le principal est la Communion.

La Communion, c'est le contact étroit de l'adorateur

et de son dieu, c'est l'Attraction résolue, c'est de la Haute-Magie (1).

La Religion de Vénus aura comme les autres ses sacrements et aussi ses sacrifices. Et le principal sacrement, la Communion, sera l'union intime des chairs dans le spasme divin.

Qu'est le spasme? C'est le terme du plaisir, la seconde éblouissante où la chair sursaturée de fluide amoureux se décharge soudain. A ce moment, l'âme éperdue s'abîme aux infinis de l'Attraction, comme en plein ciel. Le Croyant et la Déesse ne font qu'un. L'acte créateur, le plus sublime qui soit et qui seul nous fait dieu, s'accomplit...

Le profane ne cherchera là qu'une jouissance vulgaire et au hasard de l'étreinte. L'initié, guidé par sa science et sa foi, s'accouplera savamment, s'appliquant à la communion logique et complète.

Conclusion nécessaire : l'Amour demande donc une initiation. Il a ses dogmes et sa morale, que nous avons oubliés, au nom d'une folle et factice chasteté, ou bien au nom d'une imagination qui croit pécher, et fait avec honte ce qu'elle devrait faire avec piété.

Le corps humain est un milieu apte à recevoir et transmettre les vibrations cosmiques. Le spasme est le résultat de ces vibrations, lui-même vibration suprême, sensation *para-physique,* intermédiaire entre l'abstrait qui lui est supérieur, et le concret qui lui est inférieur, moyen unique et merveilleux de recevoir l'induction électromagnétique de tous les courants attractifs du Cosmos.

Le spasme est moral, car il est naturel et humain. Il est dans le sens de l'évolution universelle. Il est le souverain bien, l'utilité importante entre toutes, le plaisir des

---

(1) Cf. P. PROBB, son *Formulaire de Haute-Magie* et ses *Mystères des Dieux*, dont nous tirons la présente gnose.

plaisirs. Il est aussi un besoin, et faute de l'assouvir on risque des troubles physiologiques graves.

Quelle étrange conception de la vie et de la vertu l'a fait en quelque sorte honnir !

..

La religion de Vénus comporte cinq sacrements, dont la Communion dont nous venons de parler, la Rémission de la défectuosité originelle, la Confirmation de la vibration attractive, le Mariage et l'Hiérodulisme.

Un mot de chacun.

Le *péché originel* se trouve dans toutes les religions. C'est l'union de l'âme et de la chair. Mais ici par péché il faut entendre défectuosité. Au sens étymologique, *peccatum* signifie défaut.

L'amour humain peut être en effet considéré comme une défectuosité en ce sens qu'il n'est qu'une forme inférieure de l'Amour abstrait, c'est-à-dire de l'Attraction supérieure, qui est la Spirituelle. En effet, l'hiérophante trouvait dans le corps lui-même un obstacle qui, chez la Femme, est la membrane hymen, et chez l'Homme, le ligament du prépuce.

Pour arriver au spasme complet, à la communion suprême, il faut donc remédier à la défectuosité originelle. D'où le sacrement ayant pour objet de fendre la membrane et de couper le ligament.

C'est en somme une dévirginisation qui doit se faire au début de l'existence, pour rendre apte à la réception des autres sacrements. Tout comme le baptême, chez les chrétiens, est le geste premier du prêtre qui rend l'enfant apte à continuer l'initiation catéchismale.

Quand arrive l'âge de la puberté, un second sacrement intervient : la *Confirmation*. Nous employons exprès les mots rituels d'un autre culte. Ici se confirme la vibration attractive : premières règles rouges des filles, première éjaculation des garçons, premiers frissons des fluides chez les deux sexes. Qui sait la Religion d'Amour doit respecter ces manifestations, les consacrer par des rites symboliques, instruire en conséquence les jeunes gens au seuil du grand mystère.

Voici le *Mariage*. Résultat physique et social de l'Attraction. Union rituelle, toujours, des sexes qui communient en la Déesse, mais pour une fin familiale cette fois, ce qui distingue ce sacrement du premier. Mais ici rien des liens indissolubles imposés par la Religion, pas même les liens que la Loi peut trancher au coup d'épée du divorce. Non, pas de Code civil dans la Religion de Vénus. Union libre pour le plaisir, le spasme et l'enfant...

Enfin il est un cinquième sacrement vénusiarque, une troisième communion : l'Hiérodulisme, ou prostitution sacrée.

Notre prostitution, née des défenses d'Eglise, du goût du péché, du dogme de la fidélité conjugale, de la corruption des mœurs et des enfers sociaux, notre prostitution est une chose triste et basse. Quelle différence avec l'hiérodulisme « ordination hiérophantique, consécration complète du croyant au service de la Déesse ! »

La prostitution, si méprisée à cause de ses origines (dans notre civilisation) est cependant la consécration du fait indéniable de la polygamie et de la polyandrie. Mais nous en faisons maintenant un hétaïrisme anti-familial et pour cela immoral. Or la famille est un fait, une nécessité, une beauté. L'hétaïrisme provoque l'adultère, et d'autre part, propage les pires maladies sexuelles. Heureuse Antiquité méditerranéenne, ignorante des tares qui pourrissent notre Société, ou qui portent les prudents à la sodomie, l'onanisme, remplaçant ainsi le danger du

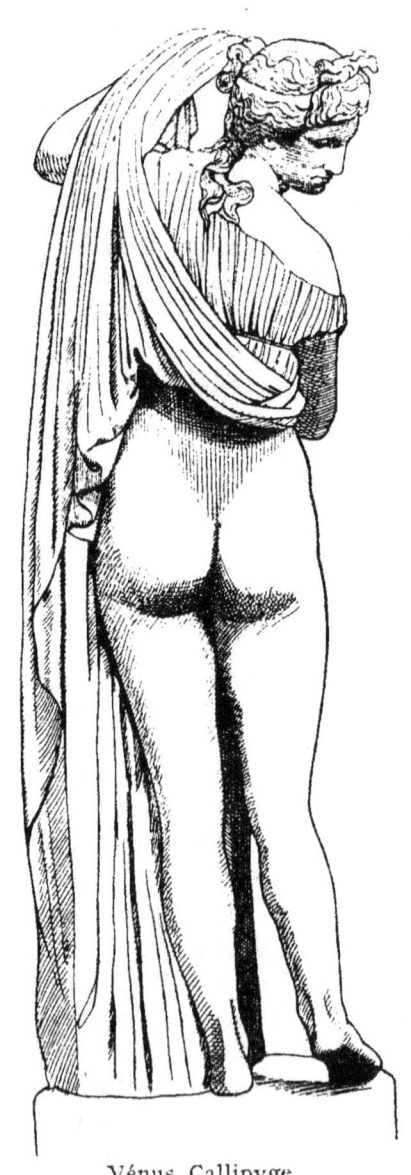

Vénus Callipyge.

mal des ardents par le danger du mal des épuisés, le danger des vices honteux !

L'hiérophante de Vénus, lui, connaissait l'erreur possible. Aussi n'a-t-il établi le mariage ni sous forme d'union indissoluble ni sous forme d'union hétaïrique, mais sous la forme d'union sexuelle libre et procréatrice, distincte de l'union également libre mais sans lendemain, de cette prostitution noble en soi qui, fonction cosmique, n'était que « la recherche du meilleur spasme par changement de polarité du conjoint ».

*_**

Comment administrait-on les sacrements vénusiarques ? On ne le sait guère. L'ésotérisme a scellé la bouche des initiés. On ne trouve dans Hérodote, Strabon, Pausanias, et aussi saint Augustin, que l'indication de l'immolation de la virginité des enfants en l'honneur de la Déesse. C'est plutôt par le raisonnement, par l'étude approfondie des mythes, qu'on a essayé de reconstituer les cérémonies en question. Voici ce qu'en pense Pierre Piobb à qui nous en référons principalement dans cet essai de reconstitution de la Religion de Vénus :

La naissance de Vénus dans le signe de la Balance, dit-il en substance, nous fait comprendre, la Balance correspondant à l'équinoxe d'automne, au *crépuscule à l'horizon*, que l'amour doit être fait principalement la nuit et dans la position couchée.

D'autre part, les correspondances du signe de la Balance et de la planète Vénus, du Scorpion et de Mars, de Vénus avec le cuivre et de Mars avec le fer etc... nous font deviner la symbolique rituelle qui en toute religion est parallèle à la symbolique graphique. D'où la très possible et très probable description suivante du sacrement de la dévirginisation :

Au soleil couchant, le catéchumène est amené au Temple, étendu tête à l'ouest, les reins sur le seuil (afin qu'une moitié seule de son corps eût l'honneur d'être dans le lieu saint). On lui écarte les jambes... Le prêtre élève la main gauche, celle de la passivité, vers le ciel. De la droite (celle de l'action), il prend un couteau d'airain (fait du cuivre vénusien et du fer martien), le trempe dans de l'eau bouillante (afin qu'il ait le contact de l'eau et le contact du feu, et aussi qu'il rappelât la fermentation marine d'où naquit Aphrodite) et tranche enfin la membrane hymen de haut en bas (filles) ou le ligament de gauche à droite (garçons).

Le sacrement de la Confirmation correspondant à l'épisode de l'union de Vénus avec Mars, les filles et garçons devaient apporter en offrande les preuves de leurs facultés génésiques. Sans doute on brûlait alors des linges tachés de sang; plus tard on promena des phallus en procession; probablement avait lieu un repas ou son simulacre, avec du pain (la Vierge est figurée avec un épi) et du vin (le Sagittaire, signe sous lequel a lieu l'union de Vénus et de Mars, a un rapport étroit avec Dionysos et le vin). En tous cas point d'unions sexuelles au Temple, mais instruction sur l'amour.

Car, autrefois, on enseignait l'Amour. On expliquait les pratiques propres à stimuler le désir, les postures, les paroles, les gestes. On analysait le Spasme qu'on tenait en vénération et non en ironie. On apprenait à embrasser, car le baiser n'est pas qu'une volupté des lèvres; il est aussi un échange de fluides, et son application savante *sur toutes les parties du corps* amène un paroxysme d'attraction. On étudiait l'étreinte, car l'œuvre des bras et des mains est magnétique et ne doit pas être livrée au hasard. Enfin, le coït lui-même demande une initiation. Et il est presque certain, quelque étrange que cela nous puisse aujourd'hui paraître, que l'union homosexuelle devait être considérée dans le temple d'Amathonte, l'idole de Vénus portant les attributs des deux sexes. Et l'on n'ignore plus combien il y eut alors d'amours de jeunes gens entre eux, et dont le reflet est dans tant de poèmes anciens !

Le sacrement du Mariage doublé de celui de la Communion, tira sa forme rituelle de l'épisode des ébats de Vénus et de Mars, de l'épisode de la Guerre de Troie, et des deux signes où ils se placent : Capricorne et Lion.

Le Capricorne, c'est l'œuvre de chair en soi. Le Lion, c'est l'œuvre sociale L'Astrologie donne à l'un, pour maître du signe, Saturne, à l'autre, le Soleil. D'où la grande solennité de la cérémonie. Mais Saturne est un astre peu visible, solitaire, concentratif, et le Capricorne le point solsticial de l'hiver, en l'hémisphère nord, le temps des jours abrégés. Les conjoints devaient donc, lors du sacrement, s'unir à part et selon leur fantaisie (capricorne, caprice) dans l'ombre de la nuit, en tel bois sacré voisin du temple...

Mais la fête comportait un autre élément : celui du changement, pour trouver le meilleur spasme, celui, donc d'une prostitution sans frein. On y préludait, pense P. Piobb, par des danses rituéliques amoureuses (le Capricorne est le signe zodiacal de la chorégraphie) lentes (à l'encontre de celles de Dionysos) souriantes (car le spasme n'entraîne pas au rire fou, mais à la gravité du visage) langoureuses avec des mimiques ad hoc, giratoires ou spiraliformes (pour rappeler la conque de Vénus naissante et aussi l'idéographisme du signe léonin).

Des chants accompagnaient ces cadences du geste, sortes de litanies, de mentrams attractifs... Plus tard vinrent les processions phalliques. Hérodote dit que ces phallus promenés par la ville étaient énormes pour fêter la puissance de la force générative. Toute distinction de sexe et de caste était abolie. Mais on gardait la distinction des deux faces du sacrement : union charnelle et mariage, et on écartait toute préoccupation familiale. Aussi bien tous les Anciens nous disent que chez les peuples à religion vénusienne, les filles se prostituaient (au sens noble du mot) avant d'habiter avec leur mari.

Certains initiés affirmaient même que la prostitution devait se faire avec des étrangers. Dans le rite des Mylitta (chez les Assyriens) l'union des femmes avec un étranger du pays, dit Hérodote, était obligatoire une fois l'an. Dufour, dans son *Histoire de la Prostitution*, remarque à ce propos que la pratique sacramentelle était sédentaire pour la femme et nomade pour l'homme. La femme va au temple attendre l'homme. L'homme entre et choisit... De là est née cette caricature lamentable qu'est la maison close : le Temple sacré a dégénéré en bordel !...

L'Antiquité, du moins celle qui, la plus sage de toutes, pratiquait le Vénusianisme rituel, ne considérait pas, comme nous, la prostitution comme une infamie pour la femme et comme une pratique polygamique acceptable pour l'homme, ou tout au moins, mise au simple rang de faute vénielle réclamant l'indulgence, proclamait l'égalité des sexes, mais en conservant à chacun son caractère. La femme était maîtresse, mère, épouse, normalement, selon sa constitution même. Voilà pourquoi l'hiérodulisme était essentiellement féminin, avec une allure en quelque sorte sacerdotale. Ce n'est qu'avec la décadence du culte que la claustration des courtisanes prit un caractère infamant. Le *dictérion* vénusien établi selon la sagesse d'un Solon était peuplé de femmes libres. Quand plus tard il y eut des esclaves, alors naquit le *pornéion*. La contrainte engendra la honte et la vénalité.

La forme sacramentelle de l'hiérodulisme fut tirée des signes du Verseau et du Cancer (naissance d'Anteros et jugement de Pâris). Le Verseau est le signe de la Science amoureuse perfectionnant le plaisir pour parfaire le spasme. Le Cancer est celui de la Vie, de l'Homme. Aussi l'hiérodulisme comporte l'instruction vénusienne supérieure, jointe à la matérialité des gestes, la spiritualité des gnoses. On voit très bien une prêtresse d'alors se prostituer avec une sorte de fureur et passer de l'étreinte à de savantes dissertations sur la Haute Kabbale. Les philosophes grecs fréquentaient publiquement les courti-

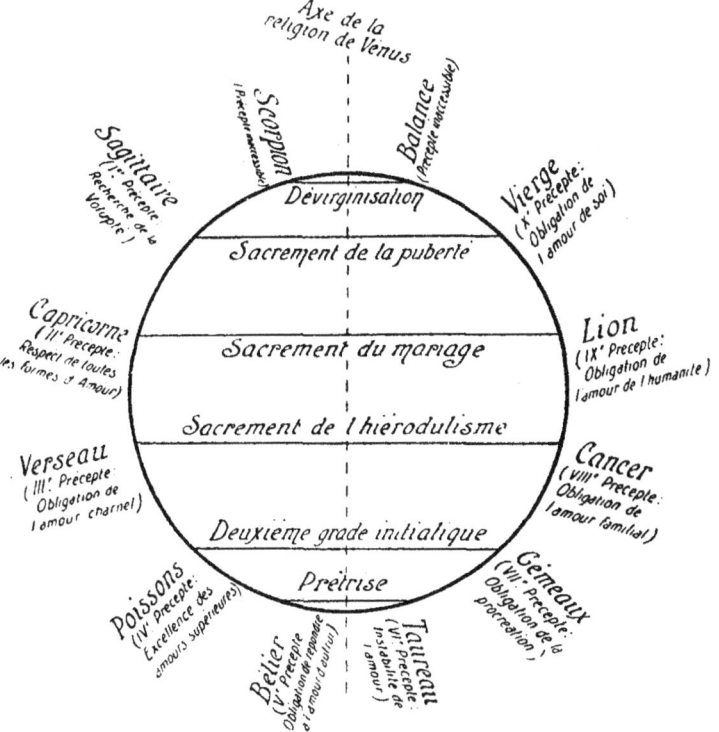

Développement zodiacal de la Religion de Vénus

sanes parce qu'elles étaient instruites. Ils se fussent ennuyés en la compagnie de petites ânesses purement voluptueuses. Au Japon, la prostituée d'aujourd'hui reçoit encore de l'instruction, par un reste des souvenirs initiatiques (V. Gomez Garillo : *Terres lointaines*).

Mieux, l'hiérodulisme vénusien n'allait pas sans une certaine gloire. La courtisane était respectée, dépassant les autres femmes dans la science des caresses, possédant le secret des rites. Certaines furent même des magiciennes, capables de composer des philtres, ce qui ne va pas sans un grand savoir.

Le sacrement, prélude de l'initiation pour l'hiérodulisme, devait se faire en grand secret, et comporter une sorte de purification (le Cancer est un signe d'eau, la figure du Verseau répand de l'eau). De cette initiation aux mystères de Vénus, nous allons parler. Mais voir, sœur jumelle de la figuration zodiacale du mythe, la figuration également zodiacale et schématique de la religion de Vénus.

L'INITIATION VENUSIENNE

III

L'Initiation est, toujours, un enseignement confidentiel et non dogmatique. Elle ignore le prosélytisme. Elle laisse les appelés devenir eux-mêmes des élus dans la mesure de leur intelligence et de leur volonté. Elle donne les moyens d'initiation plutôt que l'initiation même. Elle offre des symboles, correspondant aux grades conférés et laisse le disciple en dégager ce qu'il croit l'explication vraie. Les interprétations peuvent varier pourvu que le symbole ne soit pas altéré. Ce qu'il faut, c'est garder intacts les symboles. Or, seuls les profanes peuvent produire cette altération. D'où le serment du silence demandé aux initiés, et contre la vulgarisation des symboles. C'est pourquoi nous avons tant de mal à retrouver ceux-ci dans leur fraîcheur et dans leur vérité.

L'Initiation s'appelait, en Grèce, *mysterion*. D'où le mot français *mystère*, et l'expression : « le mystère de tel dieu », ce qui veut dire : l'initiation à la religion de tel dieu.

Il y avait toujours, dans l'Initiation, deux parties : celle des *Grands-Mystères* et celle des *Petits-Mystères*. Les premiers consistaient dans l'étude et l'application de la Kabbale ordinaire. Leurs adeptes s'appelaient proprement les *Initiés*. Au-dessus d'eux existait une classe de Hauts-Initiés, connaissant Haute-Science et Haute-Kabbale. C'étaient les *Prophètes*. Ceux-ci planent. Ils n'ont plus de religion particulière. Pour eux, toutes les religions dérivent d'une seule, enfermée dans des formules scientifiques.

Les Petits-Mystères formaient l'initiation particulière à chaque religion. Ses adeptes s'appelaient des *mystes*.

« De sorte, conclut P. Piobb, que, pour envisager seulement la Religion de Vénus, le croyant qui en connaissait l'essence intime était un myste; celui qui savait la rattacher aux hiératismes, un initié; et celui qui la considérait seulement comme une forme de la compréhension du divin, un prophète ».

Ce sont les Petits-Mystères que nous résumerons ici. Les autres nous conduiraient à des généralisations hors du sujet.

.

Toute initiation se compose de divers grades et ensuite de plusieurs enseignements. Les grades opèrent une sélection constante et chacun d'eux a son enseignement. Il y en a trois que nous nommerons, comme en Franc-Maçonnerie : l'Apprentissage, le Compagnonnage et la Maîtrise.

L'Apprenti, c'est l'élève, c'est le servant qui regarde, observe, cherche le sens caché de ce qu'il voit.

Le Compagnon, aide ou acolyte, c'est l'ami qui a déjà compris l'utilité des symboles.

Le Maître, l'hiéreute, le prêtre connaît la valeur des symboles et des rites : il officie.

Dans la Religion de Vénus, l'apprenti, c'est l'hiérodule simple, la courtisane, vivant aux abords du temple, et se prostituant le plus possible; au deuxième degré, le compagnon n'aime que par choix; au troisième degré, n'ayant plus rien à connaître de son dieu, il sera admis aux Grands-Mystères, lesquels sont communs à toutes les religions.

L'Apprenti se voit conférer ce premier grade par le sacrement de l'hiérodulisme. Sa fonction est à la fois publique (prostitution) et secrète (assistance aux cérémonies). Sa fonction publique exige de la passivité. La passivité est féminine. Donc ce sera la femme qui se prostituera dans l'Apprentissage, ce pendant que l'homme se consacrera au culte.

Le rituel du premier grade comporte une purification par l'eau (Cancer et Verseau, nous l'avons vu). Juvénal parle d'une secte de *Baptes* qui buvaient des liqueurs excitantes dans des verres en forme de phallus. Cette secte célébrait ainsi le culte de *Cotyto*, déesse de la lubricité. On a prétendu que les femmes en étaient exclues. Quoi qu'il en soit, ce culte se pratiquait dans le secret le plus grand et par les nuits les plus sombres. Les initiés s'y présentaient habillés en femmes, fardés, parfumés, cheveux longs, et s'exerçaient aux voluptés les plus raffinées.

Mais Cotyto est-il un autre nom de vénus? Ou un autre nom de Cybèle, ou de Dionysos? Ce qu'on sait des cérémonies de Cotyto permet de croire qu'elles étaient bien vénusiennes et correspondaient au premier grade.

Le second grade permettait seul d'utiliser des symboles que le premier grade se contentait d'étudier. Le Compagnon va donc se servir des fluides et par ainsi faire de la magie. Magie différente selon les formes religieuses.

En religion vénusienne, le second grade est en corrélation avec la fuite de Vénus devant Typhon, et avec la naissance de Cupidon, avec, par conséquent, le signe des Poissons et le signe des Gémeaux. En Astrologie, Vénus est dite en *exaltation* dans les Poissons, c'est-à-dire

Vénus Aphrodite.

qu'elle y atteint sa toute-puissance d'influx astral; et d'autre part Mercure est le dieu des Gémeaux, comme, dans le mythe, Mercure fut amant de Vénus et père de Cupidon.

Donc le second grade initiera à la différence existant entre le plaisir et l'amour; il proclamera l'excellence et la spiritualité de celui-ci, supérieur à l'essence purement matérielle de celui-là. Le rituel de réception comportera donc une sorte de serment de chasteté, et l'initiation à la composition des philtres aphrodisiaques.

P. Piobb pense qu'on peut connaître les cérémonies du second grade par celles du culte de *Derceto* qui est, comme Cotyto, un autre nom de Vénus. De même que Cotyto n'est connue, et mal connue, que par Juvénal et Macrobe, anticléricaux et non initiés, Derceto ne l'est que par la lecture de Lucien (*la Déesse Syrienne*), Pline l'Ancien (*Histoire naturelle*) et Tertullien (*Apologétique*). Il semble qu'on ait confondu à tort Derceto et Atargatis, car leur culte est très différent, comme le prouvent les cérémonies galliques du temple d'Hierapolis. C'est avec Vénus qu'il faut l'identifier, comme le disent Hygin (*Fables mythologiques*) et Dupuy (*Origine de tous les cultes*). Au reste le signe des Poissons a pour noms latins, indifféremment : Pisces, Derceto, Dea syria, Vénus et Cupido...

Derceto est donc la Vénus du second grade initiatique, et le rituel rappelait ce sous-mythe de la fille de Vénus, qui engendra Semiramis reine d'Egypte, tua son amant et se noya dans un lac proche d'Ascalon. Selon ce souvenir, le Compagnon doit donc n'être plus vierge mais retrouver sa chasteté spirituelle sous le symbole des Poissons, et répandre autour de lui l'amour en composant des philtres magiques.

Magicien, oui, sera le Compagnon du Rite de Vénus. Et Dufour dans son *Histoire de la Prostitution* nous rappelle ce procès célèbre où Démosthène fit condamner à mort une des maîtresses de Sophocle, connue par ce dernier dans un cénacle ésotérique, donc initiée et sans doute trop experte en l'art des mixtures et des ensorcellements.

Selon Picatrix (*la Clef des Clavicules*), ces magiciens vénusiarques mettaient l'âme du sujet visé en état de réceptivité vibratoire et lançaient sur elle ensuite les courants appropriés. Œuvre redoutable, car les envoûtements sont dangereux et amènent fréquemment la mort, comme l'a démontré, en les reproduisant, le célèbre Albert de Rochas (voir *les Frontières de la Science*).

.•.

Le troisième grade, la Maîtrise, conférait les pouvoirs les plus étendus : commandement, action, offices. Son rituel devait être empreint d'un cachet sombre. Le récipiendaire s'abandonnait au geste de consécration, dans un temple obscur et triste, symbole du Néant, de l'intermédiaire entre le concret qui échappe, et l'abstrait qu'on ne possède que par l'esprit. Il atteignait l'inconnaissable, et aussi l'idéal, que rappelaient les épisodes des amours de Vénus et d'Adonis et de la mort de celui-ci.

Précisons le second sous-mythe : Adonis était fils de l'union incestueuse de Cinyras roi de Chypre et de sa fille Myrrha. Elevé à la cour phénicienne de Byblos, il charmait tout le monde. Vénus le rencontra comme il chassait et s'en éprit éperdûment. C'est Mars, jaloux, qui suscita le sanglier monstrueux de cette fable. La bête, dans les forêts du Liban, se précipita sur le beau chasseur, le blessa aux parties génitales de façon à l'atteindre en sa virilité. Adonis mourut de la terrible perte de sang qui s'en suivit. Vénus, désolée, pleura si abondamment que ses larmes et le sang mêlés donnèrent vie à une fleur d'anémone. Adonis descendit aux Enfers où Proserpine aussitôt l'aima, ce pendant que Vénus remontant aux cieux, sollicita de Zeus la résurrection de son amant. Proserpine s'opposa au geste divin. Les deux rivales se disputèrent. Zeus, arrangeant, décréta qu'Adonis passerait six mois aux Enfers et six au Ciel.

En cette jolie légende, Cinyras représente l'initié devenu Maître. Son nom signifie : *qui se désole*. Cypris est l'appellation initiatique du troisième grade. En grec, *Cupris* signifie Vénus; *cupros*, Chypre; *cupridios*, amoureux; *cuprixo*, fleurir. On voit les analogies étymologiques de Vénus-Cypris, Cupidon, fleur (d'anémone).

L'amour est la fleur de la chair. La fleur est l'amour du végétal. Le végétal fleurit pour aimer. L'être humain vit également pour produire un jour la fleur divine de l'amour. Femme, Fleur, Amour : triple beauté !...

Et Myrrha encore veut dire « parfum suave... » Le Maître, le Prêtre connaît enfin, après l'amour physique, après l'amour intellectuel, l'amour divin. Il touche à l'Attraction suprême. Attraction qui prend ici allure d'inceste puisqu'elle est l'amour du créateur pour son œuvre.

De cet inceste naît Adonis, qui est l'amour humain complet, c'est-à-dire sous ses trois formes : matérielle, spirituelle, divine. L'union de Vénus et d'Adonis représente, pour la déesse, l'*incarnation* et la *passion*, ces deux phases qu'on trouve dans la vie de tous les dieux, même celui des chrétiens. Tout dieu descend sur terre et y souffre. Vénus, incarnée, jouit de l'Homme et connaît la Douleur.

Au point de vue astrologique, Cinyras est au signe du Bélier (opposé à celui de la Balance). Il s'unit à Myrrha sous le signe du Taureau, en a un fils sous le signe des Gémeaux; celui-ci est élevé par les Nymphes, au signe d'eau du Cancer, passe à Byblos sous le signe royal du Lion, charme son entourage sous celui de la Vierge, inspire la passion de Vénus sous son signe, à elle, de la Balance, et se voit enfin attaqué par un sanglier sous le signe du Scorpion, qui s'oppose, sur le Zodiaque, au Taureau; de la sorte, quand un des deux signes se couche, l'autre se lève; quand le Scorpion s'évanouit à l'horizon, le Taureau paraît à l'opposé, et avec lui la Grande-Ourse qu'on appelle aussi le Sanglier d'Erymanthe. Et Mars est précisément l'astre du Scorpion, le dieu jaloux que suscite la bête vengeresse. Adonis est blessé sous le signe du Sagittaire, symbole de l'ardeur génésique. Il meurt sous le signe du Capricorne, au sommet du Liban (le Capricorne représente les cimes aimées des chèvres). La Déesse pleure au Verseau (verseur d'eau) et va trouver Jupiter, astre des Poissons, qui sont le signe à la fois des Enfers et de la Résurrection (se rappeler les poissons enlacés que les premiers chrétiens gravaient sur les tombeaux des catacombes).

Comme tout s'enchaîne et se tient dans ce développement zodiacal du sous-mythe vénuso-appollonien ! Mais le culte d'Adonis arrivera un jour à supplanter celui de Vénus, car il est plus accessible aux profanes, plus *public* étant plus humain, plus facile à adapter à l'évolution de l'année. Du moins les initiés ne s'y tromperont pas. Et voici maintenant le probable rituel du troisième grade :

Nous avons évoqué un temple triste. Il devait être tendu de noir. Le récipiendaire, tête rase, coiffé d'un diadème à cornes, recevait le simulacre d'une attaque de sanglier aux parties génitales, était piqué à l'aine pour qu'un peu de sang coulât, s'étendait, comme Adonis mourant, sur les dalles, ce pendant que les assistants pleuraient en jetant sur lui des fleurs.

Puis il apprenait, devant la statue ornée à son tour du diadème à cornes, qu'il devait être docile et travailleur, comme le taureau, chaste comme Adonis blessé au sexe... Dans tous les ésotérismes, le prêtre doit d'ailleurs être chaste. Après quoi l'adepte était instruit de tous les mystères de la religion vénusienne. Il ne voyait plus en Vénus qu'une forme de la Divinité Inconnaissable (comme tous les dieux, du reste, n'étaient chacun qu'une des potentialités du Dieu unique) une forme de l'Attraction Universelle.

Après quoi, s'il le voulait, il se faisait initier aux Grands Mystères, à l'interprétation nouvelle des symboles dont la *Théogonie* d'Hésiode est en quelque sorte l'Apocalypse. Il apprenait l'existence des autres potentialités-dieux qu'il rassemblait « dans un même hiératisme sous le nom générique de Dieux-Cabires ». Il ne concevait plus qu'Une Religion, c'est-à-dire qu'il n'avait plus de religion, planait au-dessus des croyances vulgaires, voire des initiations inférieures. « Alors, dit Piobb en conclusion émouvante, armé de sa raison, froidement, sans enthousiasme comme sans dédain, il entrait, s'il en était capable, dans la Haute-Initiation). *Il savait.*

IV

LE DECALOGUE DE L'AMOUR

Toute doctrine religieuse (ou philosophique) se résout pratiquement en une morale.

La morale est l'adaptation de la vie du fidèle à la forme religieuse adoptée par lui. Comme cette forme est calquée sur le mythe du dieu de cette religion, la morale devient l'adaptation de la vie du fidèle à la vie même de son dieu. C'est pourquoi tel livre célèbre s'appelle l'*Imitation de Jésus-Christ*. Le Chrétien veut imiter le Christ. Le Vénusien voudra imiter Vénus.

On *imite* son dieu sur les douze plans suivants hors desquels il n'y a pas d'autres idées générales, et que voici :

1° *Le Moi* qui est la personnalité même de l'être humain.

2° *La Série* composée des éléments sociaux entourant le Moi : famille, état, société.

3° *L'Espèce* dont fait partie cet être humain, au point de vue sexe, type, race, etc...

4° *L'Astre* qui porte le Moi et la société humaine. Pour nous : la Terre.

5° *Le Cosmos*, partie du ciel où évolue cet astre. Pour nous : le système solaire.

6° *L'Univers*, ensemble des Cosmos.

7° *La Vie*, attribut général de l'Univers.

8° *Les Forces*, dont le jeu engendre la Vie.

9° *L'Absolu*, qui résume les raisons dernières des Forces.

10° *L'Existence en soi*, le fait d'être, condition unique de l'Absolu.

11° *Le Non-Etre*, envisagé comme le contraire de l'être, « chaos » dont l'Existence est sortie.

12° *La Divinité*, qui a séparé l'Etre du Non-Etre.

Ces deux derniers plans sont inaccessibles. Ils constituent l'Inconnaissable. Nous n'avons de devoirs possibles qu'envers les dix autres. C'est l'ensemble de ces dix autres, qui, selon la Kabbale, forme un Décalogue. Il y eut plusieurs Décalogues, jadis, dont celui de Moïse est le plus connu.

Toute morale comprend donc dix ordres de devoirs envers (suivons la liste) : *Soi-même, la Société, l'Humanité, la Nature, le Cosmos, l'Univers, le Principe vital, les Forces cosmiques, l'Absolu, le Fait d'Etre.*

Ces données, il faut les appliquer à chaque hiératisme, car il ne peut pas y avoir *pareille morale* pour *toutes les religions*. Chaque religion a sa morale (mais il peut se faire qu'il y ait des points communs entre les morales des religions différentes). Il y a dix types de religions, correspondant aux dix formes de la Divinité. Il y a donc dix morales. La morale vénusienne s'adaptera à sa religion vénusienne.

Quelle sera sa base?

Les dix formes de morale correspondant aux dix

formes religieuses, aux dix formes de potentialité divine sont les suivantes, selon Pierre Piobb :

Morale de l'intérêt personnel ou du *plaisir*.... Vénus
de l'intérêt humanitaire ou *sociale*.......... Mars
de l'harmonie physique ou de l'*esthétique*. Apollon
du déterminisme physique ou *positive*...... Mithra
du déterminisme intellectuel ou *idéaliste*.. Brahma.
de la nature ou d'*utilitarisme général*........ Isis
de la nature humaine (*utilitarisme personnel*). Dyonysos
cosmologique théocentrique (*du mérite et du démérite*) .... Jéhovah
cosmologique anthropocentrique (*du mérite et du démérite*) .... Christ

Ces deux-ci partent de principes différents pour arriver à la même conclusion, mais l'une place le dieu vis-à-vis de l'homme; l'autre, l'homme vis-à-vis du dieu.

Aucune de ces morales n'est supérieure ou inférieure aux autres. La morale vénusienne ne saurait donc être « immorale » comme notre hypocrisie est portée à le faire croire.

.˙.

Le premier précepte du Décalogue vénusien (qui a trait à l'union de Vénus et de Mars, là où commence le *plaisir*, Vénus était la potentialité divine de l'Attraction) sera donc la *souveraineté du plaisir*.

Epicure fit la philosophie de cette morale qu'il pratiqua lui-même, *noblement*, comme demeure noble tout philosophe qui met en harmonie sa vie et sa foi. Il était d'ailleurs lui-même fils de magicien.

Le devoir épicurien se résume à l'ataraxie, c'est-à-dire à la suppression de la douleur, qui est la principale entrave du plaisir. Et les quatre moyens de l'obtenir sont :

la prudence, la tempérance, la justice et l'amitié. Nous n'épiloguons pas sur chacun d'eux, mais on se demande comment cette doctrine en somme sévère peut devenir synonyme de débauche (les pourceaux d'Epicure).

On doit vénérer et rechercher le plaisir de la volupté, parce que c'est notre devoir envers le plan de l'*existence générale,* envers la forme concrète de la potentialité attractive qui chez l'homme est l'amour. Le plaisir existe, donc nous y avons droit (1).

.*.

Second précepte (Adultère de Vénus, constaté par Vulcain, sous le signe du Capricorne).

Ici nous voyons apparaître la loi du caprice en amour, le devoir envers l'*Absolu.* Tout doit aimer. Tout peut être aimé. L'amour humain est divers. Ses formes mêmes choquantes sont logiques.

On doit respecter toutes les formes de l'amour.

.*.

Troisième précepte. Relatif aux *forces cosmiques,* au plan des fluides. L'homme y atteint par une extériorisation consciente de son corps psychique : l'extase, forme de la prière qui, au besoin, y supplée.

La prière, selon l'hiérastime que l'on veut considérer, se dirigera vers tel ou tel groupe de forces. Ici ce sera vers l'Attraction. En Vénusisme, prier ce sera aimer, ce sera s'abîmer dans cette extase : le spasme, où l'on communie avec la Déesse.

Mais la prière vénusienne peut aussi être faite par

---

(1) On pourra lire le roman de M.-C. POINSOT: *Les Ivresses désespérées,* tout inspiré de la vraie doctrine épicurienne.

l'ensemble des fidèles à leur dieu, et selon un rituel cosmologique. Il y eut en effet un culte public à Vénus, et ordonné fort savamment.

L'amour étant une forme humaine et terrestre de l'Attraction, le troisième précepte (correspondant à la naissance d'Anteros et au signe du Verseau) sera : *On doit prier, donc aimer, car l'amour est une prière.*

*
* *

Quatrième précepte. Relatif au *principe vital* (Vénus fuyant Typhon sous le signe des Poissons).

La première forme de l'attraction est la cohésion moléculaire; l'affinité chimique, c'est l'amour minéral, pourrait-on dire. A mesure qu'on s'élève dans l'échelle des êtres, l'attraction s'affine, se fluidise. Il y a dans les plantes une forme d'amour supérieure à celui des pierres ou des métaux. Chez l'être humain, l'amour terrestre atteint son sommet, car l'intensité de la vibration amoureuse est en raison directe de l'intensité même du principe vital.

L'amour supérieur est l'amour le plus vif. *On doit donc respecter les amours supérieures, c'est-à-dire les plus vives.*

*
* *

Cinquième précepte : Devoirs envers l'*Univers* (Vénus et Adonis sous le Bélier).

Dans l'harmonie universelle, l'amour-attraction joue un grand rôle. L'amour humain y tient sa place. Toutes les fois qu'on ne satisfait pas à l'appel de l'amour, on cause une interférence de vibrations, donc de la douleur. Il ne faut pas contrarier l'amour. Nul n'échappant à l'amour (filial, familial, conjugal, etc.), c'est un devoir d'aider partout à l'amour.

On ne doit contrarier aucun amour. On doit contenter et favoriser l'Amour sous toutes ses formes.

*_**

Sixième précepte. *Devoirs envers le Cosmos* (Mort d'Adonis. Désolation de Vénus. Signe zodiacal du Taureau).

Notre système solaire est un fragment de l'Univers. Il a son autonomie bien qu'obéissant à des lois plus générales.

De même l'Amour universel se repartit en amours cosmiques, et chaque amour cosmique en amours planétaires, dont l'amour terrien. L'amour terrien lui-même se différencie pour chacun, et l'on ne doit point entraver ses formes individuelles.

Le corps, comme tout ce qui est sur terre, est instable, et meurt à un moment donné, comme Adonis. Notre existence est courte et nous en aimons pourtant l'instabilité même. L'amour humain, éternel d'essence, est passager pour l'individu.

Soumis à la loi de l'instabilité, l'amour doit donc être considéré, pour chacun de nous, comme momentané.

Nous avons donc droit au changement en amour. Certes ce n'est pas un devoir, mais comme, presque toujours, la loi d'instabilité pèse sur nous, le changement, c'est-à-dire la fidélité, ne nous est pas non plus un devoir.

*_**

Septième Précepte. Devoir envers la Terre, envers la Planète que nous habitons.

Il faut la féconder, c'est-à-dire procréer, comme

Vénus au signe des Gémeaux mit au monde Cupidon, son fils préféré, né des amours de Mercure. Cupidon est fils de la Richesse et symbole de l'établissement de la Famille.

Il faut féconder encore la Planète par amour d'elle, en la travaillant (industrie, commerce) en mettant en valeur ses richesses, en mélangeant ses races et ses idées en vue d'une fusion fertile de tous ses éléments, en vue aussi de son bien-être, qui est également un devoir, le devoir social.

Formule : *Il faut rechercher le plaisir paternel, se rendre la vie agréable, et par là contribuer à l'évolution de notre globe.*

.•.

Huitième Précepte. Devoir envers la race humaine : Glorification de Vénus sous le signe du Cancer.

Car le Cancer est un symbole de la vie terrestre, et le jugement de Pâris l'indication de notre devoir envers la beauté humaine. Beauté double d'ailleurs : corporelle et intellectuelle. Léguons à nos enfants une hérédité saine, au physique et au moral.

Aimons la race humaine et rendons-la toujours meilleure.

.•.

Neuvième Précepte. Devoir envers la société humaine : Episode, sous le Lion, de la Guerre de Troie.

La société est formée de groupements, familiaux, amicaux, sociaux, syndicaux, etc. Une solidarité nous lie à chacun de ces groupes, dans notre sphère, et cette solidarité est faite par l'attraction dont Vénus est la suprême déesse.

Considérons les hommes comme des frères et aimons-les socialement.

***

Dixième Précepte. Devoirs envers soi-même; Vénus remonte au ciel sous le signe de la Vierge.

Il faut s'aimer soi-même, non en égoïste, mais en ayant le sens de sa propre valeur, de sa propre dignité, avec discernement et sagesse.

Il faut s'aimer soi-même, mais en harmonisant ce devoir à tous les autres.

***

... Et voici, résumé à la façon du Décalogue mosaïque, le Décalogue vénusien :

1. Tu respecteras la Volupté et tu éviteras la Douleur.
2. Tu ne médiras d'aucune forme de l'Amour.
3. Tu aimeras pieusement l'Amour.
4. Tu rechercheras les amours supérieures.
5. Tu ne contrarieras jamais l'Amour et tu contenteras la femme qui t'aime.
6. Tu ne croiras aucun amour éternel.
7. Tu procréeras des enfants et des œuvres utiles.
8. Tu feras des enfants harmonieux.
9. Tu traiteras tous les hommes comme tes frères.
10. Tu t'aimeras toi-même avec sagesse et dignité.

***

Qu'avons-nous fait de ce Décalogue d'amour? demandent tristement les vénusiens conscients au souvenir du culte divin maintenant oublié?

On ne respecte plus l'Amour qu'on « fait » en vitesse et n'importe où sans plus tenir compte d'aucune des prescriptions antiques. On se marie sans réflexion. On a des maîtresses par vice ou parade. Les courtisanes n'ont plus d'éducation amoureuse. On médit des sortes d'amours qui ne sont pas le coït banal, et l'on a inventé le Péché, cette conception aussi stupide que celle qui verrait du mal à manger ou dormir. On a même été, autre absurdité, jusqu'à louer la Douleur. Les enfants se font au hasard, sont élevés à la diable, fatigués d'études inutiles, négligés pour le principal. Les amours basses sont les préférées, à la fois pratiquées et raillées de la plupart. On a codifié l'Amour et décrété la fidélité, à l'inverse de toutes les lois naturelles. La haine sévit partout, et son résultat fut la Grande Guerre, incommensurable de sottise et de honte.

Voilà ce qu'on a fait des dix commandements offerts par le sourire de Vénus à nos légitimes désirs, à nos passions normales, à la Loi d'attraction... Lecteur, à toi de réfléchir et d'apprécier...

V

LE CULTE DE PRIAPE

On l'a entrevu, ce culte, dans les pages précédentes. Précisons-le maintenant avec des études sérieuses comme celles de Richard Payne Knight, de William Hamilton (après les curieuses découvertes faites à Isernia, non loin de Naples) et quelques autres...

C'est un culte frère du vénusien ou plutôt une partie de ce culte même ayant pour objet spécial d'honorer l'organe mâle, le symbole de l'idée génératrice. Mais nous remarquons qu'il est bien plus exotérique, sans toutefois comporter en soi un sens burlesque ou luxurieux.

On ne s'étonnera donc point que Plutarque nous rappelle qu'Osiris, en Egypte, était souvent représenté avec un phallus en érection, qui aussi bien symbolisait la puissance créatrice. Une foule de figurines, gravures et objets d'art trouvés dans les fouilles depuis un siècle et demi nous permettent aujourd'hui d'avoir une idée nette du *priapisme*, mot devenu expressif de l'ultime dépravation, alors qu'il n'était expressif à l'origine que de la plus noble des facultés physiques humaines.

Mais tout s'est corrompu depuis la Haute-Antiquité. Non seulement le populaire, mais les artistes eurent très tôt tendance à anthropomorphiser les attributs de la Divinité unique entrevue par les anciens sages, et à multiplier aussi les dieux qui, dans l'esprit de l'initié n'étaient que des formes, des faces d'un seul Dieu. Le Dieu multiple devint ainsi la multitude des dieux. Le vénérable Priape descendit au rang de divinité rurale de subalterne. On le suppose fils des amours de Bacchus avec quelque nymphe excitée. Il se dégrade même au point de devenir un épouvantail pour oiseaux, pis encore, selon le mot de Pétrone dans le *Satyricon* : *Nac cunnum, caput hic, præbeat elle nates.*

Néanmoins, il continua d'avoir un temple, ses prêtres et ses oies sacrées, de recevoir des offrandes, de présider à des cérémonies rituelles.

C'est ainsi qu'avant le mariage on plaçait la fiancée sur sa statue, de façon à ce que la vierge fût rendu féconde; celle-ci lui demandait même parfois de jouir pleinement des plaisirs qu'il bénit.

Une fois le *sacrifice accompli*, les dames venaient le remercier en présents, et certaines lui en apportaient autant qu'elles avaient connu de fois l'étreinte désirée.

L'abolition des fêtes priapiques marque la destruction de ce culte. Elles se prolongèrent toutefois, comme à Isernia, mais leur signification échappa dès lors aux officiants. On peut même se demander si les figures obscènes qui souvent décorent nos cathédrales ne sont pas un reste de l'idée perpétuée à travers la chrétienté.

Le culte priapique, disions-nous s'est prolongé, fût-ce en se dégradant. On en a eu la preuve avec les découvertes d'Isernia, mais il est certain que ce n'est point la seule ville où l'on continua d'honorer les pouvoirs générateurs, comme l'indiqua Dulaure dans son volume sur les *Divintés génératrices chez les Anciens et les Modernes*.

Parmi les débris de la civilisation romaine dans les Gaules, en Italie et ailleurs, on a retrouvé maintes statuettes de Priape, maints autels qui lui étaient dédiés, maints jardins et champs confiés à ses soins, maints phallus sculptés sur les monuments publics ou employés pour la parure.

A Aix-en-Provence, un énorme phallus en marbre blanc ornait les anciens bains. Un autre apparaît sur l'emplacement d'une ancienne ville romaine, près du Châtelet en Champagne. A Nîmes, alors appelé Némausus, des traces également du culte, aux murs des amphithéâtres : sur le linteau d'un des vomitoires du second rang de sièges, on voit même un double phallus; on en voyait un triple sur le faîte d'un pilastre (il est au musée de la ville).

D'autres centres du culte priapique ont été relevés dans la Gaule romaine, en Rhénanie, dans la province d'Anvers, en Grande-Bretagne où l'on a recueilli quantité de scènes peintes sur des poteries et dont le sujet ne laisse aucun doute.

Les rites priapiques se retrouvent dans l'Allemagne ancienne, en Suède où leur siège était à Upsal dont un des dieux était Fricco (Frea, Freyr, Fro, noms de Priape en anglo-saxon, en norse et en vieux germain).

Dans le nord de l'Europe, c'est le cinquième jour de la semaine que l'on consacrait à Priape. Le mot anglais *friday* vient même de l'anglo-saxon *frige-dæg,* jour de Friga (Vénus teutonique) car c'était le même que le jour de Priape.

Le culte phallique romain persista donc au moyen âge. On suspendait au cou des enfants et des femmes un *fascinum* (d'où est venu le mot *fascination*), représentation de l'organe mâle. On parle de *fascinum* au VIIIe siècle, dans un traité ecclésiastique intitulé *Judicia sacerdotalia de criminibus.* Un acte d'Emile de Chalons (IXe siècle) prohibe sa pratique, et le synode du Mans de même (1247) ce qui prouve qu'elle existait. La même injonction se lit dans le Synode de Tours en 1396, où le mot *fascinum* est traduit en français par *fesne*... Mais nous arrivons ainsi aux représentations du phallus dont nous avons

Fig. 2

Illustration priapique d'une vieille Ballade.

prédémment parlé et dont nous reparlerons dans le chapitre suivant.

En somme, l'effigie des organes sexuels, placée sur les monuments comme des talismans contre les influences malignes, ou sur des objets de parure dans le même but, montre bien une indéniable survivance du culte en question. Mais ce qui est plaisant, c'est que de Priape, dieu d'autrefois, l'Église a fait un saint. La preuve est que dans le Midi on l'honora sous le nom de saint Foutin !

(V. *La Confession de Sancy*). Il est vrai qu'elle a fait aussi des démons de tous les personnages mythiques dont elle ne comprenait pas le sens. Et il est des peintures représentant des démons priapiques.

Quand d'autre part, le paganisme devint un crime, il se fit de curieux mélanges pagano-chrétiens... Ainsi naquit une secte d'*adamites* proscrivant le mariage et dont les convents se faisaient dans des cavernes et endroits secrets où tous les assistants étaient nus. Ces schismatiques existèrent jusqu'au XVIII" siècle. La pratique de la promiscuité dans les assemblées, fut pratiquée non seulement par les adamites, mais aussi par les nicolaïstes qui mettaient leurs femmes en commun, par les ébionites, les basilides, etc... Epiphane parle d'une secte où l'on sacrifiait un enfant en le piquant d'épingles à forme obscène. Les gnostiques étaient accusés de prostituer leurs femmes à leurs hôtes, de communier avec du *sperma virile*, etc... Mais il faut prendre garde au parti-pris des ennemis de ces sectes diverses.

Dès le XI" siècle, mêmes schismes en Italie. Les *patarini* dans leurs cérémonies, baisaient un gros chat noir sur les pattes, la queue ou les génitoires, selon leur degré d'humilité, et après quoi ils se coïtaient entre eux, jusqu'au bout de leurs forces.

Mais c'est la vieille terre des Gaules qui semble avoir le mieux gardé les rites obscènes, reste des rites sacrés. Au XI" siècle à Orléans, était une société pratiquant les ordres trouvés paraît-il dans le cartulaire de l'abbaye de Saint-Père, à Chartres et où il était dit d'aller à l'Assemblée avec une lampe allumée, de chanter des litanies des démons, d'éteindre ensuite les lumières afin que chaque homme s'empare de la première femme venue et se livre sur elle au commerce sexuel, que ce soit sa mère, sa sœur ou une nonne.

On sait que les Templiers furent, probablement à faux,

accusés aussi des pires turpitudes, notamment de cracher sur la croix, lors de la réception, de baiser le templier récepteur sur l'anus et sur la verge, de se livrer entre eux aux vices antinaturels, etc...

Les sorciers joignaient des restes de priapisme à leurs manigances. On le verra mieux dans le chapitre consacré au Sabbat. Et nous arrêterons ici ces remarques, prouvant jusqu'à l'évidence que de toute grande idée qui meurt, reste une image infidèle, mais qui la perpétue.

Ornement phallique trouvé dans la Seine.

VI

VENUS UNIVERSELLE

Pour terminer cette étude de la part donnée à l'Amour dans les Religions, nous allons errer maintenant parmi celles-ci, et au hasard des rencontres nous y saluerons le culte vénusien qui, dans presque toutes, prit une forme spéciale pour marquer l'hommage rendu à la grande loi sexuelle.

Et par loi sexuelle, vous entendez bien loi d'attraction. Nul jadis n'aurait omis d'étendre ainsi le sens de l'éternelle victoire de la Vie dont l'acte humain procréateur n'est qu'une phase et pour nous l'image la plus vive.

Rappelez-vous cette jolie assimilation du poète hindou : « ... Quand vint l'heure, les nuages lançant la pluie comme un époux sa semence, rafraichirent la terre, et celle-ci après une séparation conjugale de huit mois en prit pleine jouissance; elle lui livra ses seins baignés et rafraîchis. » Ondée fécondante, Etreinte amoureuse; deux faces de l'amour universel !...

L'amour est sacré pour *presque* toutes les religions. Il n'est guère que les Juifs autrefois et les Chrétiens aujourd'hui qui considèrent l'acte charnel comme une sorte de honte, juste permise dans un but procréateur, et nous verrons tout à l'heure les résultats déplorables d'une telle conception.

L'Inde — pour parler de la civilisation connue la plus ancienne — respecte l'amour en le libérant d'entraves. Les amours védiques sont pures parce qu'elles sont libres et sincères. L'homme n'y abuse pas de sa force ni la femme de sa grâce. Aimer, le dire et le montrer, est le triple acte dont rien ne ternit la chasteté.

Un des dieux de l'amour dans l'Inde était Kâmadêva dont l'arc est fait de fleurs avec une corde formée d'abeilles, les cinq flèches ayant chacune pour pointe une fleur inspiratrice d'un de nos sens. Kâmadêva, seigneur des Apsaras ou nymphes célestes, est doué d'une éternelle jeunesse et d'une incomparable beauté.

Un autre dieu d'amour est Krishna, et un autre Siva, dont le lingham est le symbole qu'on trouve à profusion sur les carrefours et les places publiques, le long des routes et dans les champs. Tous les ans, au Cambodge, on promène en procession par les rues un immense lingham creux dans lequel est couché un garçon qui en forme la tête épanouie. C'est la fête du Renouveau, de l'Amour et de la Fécondité.

Voici une jolie page extraite de *L'Occultisme et l'Amour* de MM. Nagour et Laurent :

« Transportez-vous un instant avec nous par la pensée à Bénarès, la cité sainte des Hindous. Le soleil se lève. C'est l'heure des ablutions. Or, nulle onde n'est plus sainte et plus purificatrice que celle du Gange. Des ghats ou escaliers, hommes, femmes et enfants descendent vers le fleuve et se plongent dans les eaux saintes qui lavent de toute souillure. Avec un vase de cuivre luisant, ils se versent de l'eau sur la tête et la poitrine. Les femmes égrènent dans le fleuve des guirlandes d'œillets d'Inde et de jasmins. Le Gange semblait rouler des fleurs. Des fakirs, immobiles comme des statues, les bras étendus vers le soleil levant, sont abîmés dans une contemplation muette. Du haut des plateformes, les brahmines montrent à la foule les linghams sacrés. Au-dessus du fleuve, les palais découpent leurs arceaux croulants dans le ciel bleu, les temples dressent leurs pyramides de pierre ciselée où s'entassent les images des dieux, des animaux symboliques et sacrés. C'est une profusion de sculptures, une floraison monstrueuse de la pierre. Sous les porches, d'énormes taureaux de pierre sont accroupis; puis l'image,

Temple indien. — Le Lingham.

à tout instant répétée, de Ganesha, le dieu de la sagesse, le dieu à tête d'éléphant.

Les ablutions sont terminées; la musique résonne dans les temples; la foule se presse dans leurs parvis. Les statues des dieux sont couronnées de fleurs. Mais les hommages vont surtout aux linghams, que les femmes couronnent de roses d'Inde, arrosent de beurre fondu. Ils se dressent autour des temples, au carrefour de chaque rue.

Des fakirs circulent, entièrement nus, le corps barbouillé de bouse de vache. D'autres sont accroupis dans une attitude morne, qui ressemble à la mort.

    Autour des temples, on promène sur des palanquins les images de Siva, Siva le Verbe et la Force, le dieu dont les formes indécises, homme et femme à la fois, tenant d'une main le lingham et de l'autre un phallus d'or. Les prêtres, vêtus de blanc, portent avec vénération des emblèmes phalliques devant lesquels se prosterne le peuple. En avant, au milieu des musiciens, marchent les bayadères, jambes et bras nus, les chevilles cerclées de bracelets d'argent, les doigts et les orteils chargés de bagues, un anneau d'or dans l'aile droite du nez. Elles agitent des écharpes de soie et font vibrer, en marchant d'un mouvment rythmique des hanches, les grelots d'argent attachés aux franges de leurs jupes. Dans le temple, un brahme au crâne dénudé est accroupi à terre. « Je suis Brahma ! dit-il. Je suis l'univers. » Au rythme lent des violes et des tam-tams, les bayadères évoluent, se cambrent en contorsions sacrées. Pendant ce temps, les brahmes ont fait apporter les phallus sacrés, en argent massif, ornés de pierreries. Les fidèles les baisent avec recueillement, les arrosent de l'eau du Gange. Les femmes, avec des contorsions d'hystériques, étreignent le monstrueux symbole, le baisent avec frénésie, puis le couronnent de fleurs. Dans la foule circulent les vaches consacrées, aux cornes dorées. Puis le brahme se lève et dit : « Nous venons nous laver de la souillure du péché ! Faites-nous féconds et prospères ! » Et, touchant son nombril et son organe créateur, il ajoute : « Là habitent le feu, le soleil et la lune. » Puis il raconte aux assistants qui se barbouillent de bouse de vache, l'histoire merveilleuse de Krishna qui, à quinze ans, avait séduit toutes les vachères du royaume ; il dit les vertus de Siva, symbole de la nature qui, sans cesse, crée et détruit. »

D'autre part, à propos des cérémonies érotiques de l'Inde, M. E. Lamairesse décrit les « Rites de la main gauche » qui « unissent les deux sexes en supprimant toute division de caste ». Dans des réunions qui ne sont point publiques, les affiliés, gorgés de viandes et de spiritueux, adorent la sakti sous la forme d'une femme, le plus souvent celle de l'un d'eux; elle est placée toute nue sur une sorte de piédestal, et un initié consomme le sacrifice par l'acte charnel. La cérémonie se termine par l'accouplement général de tous, chaque couple représentant Siva et sa sakti et devenant identique à eux. C'est absorbé dans la pensée divine et sans chercher la satisfaction des sens que le fidèle doit accomplir ces actes. Les catéchismes qui enseignent ces pratiques sont remplis de hautes théories morales et même d'ascétisme.

**

Les religions chaldéo-assyriennes ne négligèrent point non plus le culte de l'amour physiologique. Bélit, Sin, Ishtar y représentent la déification de la volupté, de la puissance génésique. Un fragment de littérature assyrienne nous raconte les amours d'Ishtar et de Tanmouz, et la mort tragique de celui-ci, très voisine de celle d'Adonis tué de même en montagne par un fauve et pleuré de la déesse inconsolable.

Une des premières notions des religions mésopotamiques fut, comme ailleurs, celle d'un dieu créateur; puis cette conception anthromorphique enfanta celle des principes mâle et femelle. Enlil et Ninlil, qui devint par la suite Ishtar avec tous ses attributs. « Mais remarque G. Contenau (1), tandis que ces principes divins mâle et femelle, objets d'un culte dans toute l'Asie antérieure,

---

(1) *La Civilisation assyro-babylonienne.*

étaient adorés sous cet aspect du côté de l'Asie Mineure, la Chaldée accorda plutôt au dieu mâle le caractère de divinité des éléments dont l'action assure la reproduction. Ishtar, au contraire, garda son aspect de déesse de la fécondité, et conserva sa place lors du développement du panthéon chaldéen.

Ishtar est la Vénus de l'Asie Occidentale. Elle finit par synthétiser diverses traditions. C'est pourquoi les uns la donnent comme la fille d'Anu, les autres comme la fille de Sin. « Les Assyriens, peuple d'un naturel guerrier, la connurent surtout comme Dame des Batailles et la donnèrent comme épouse à leur dieu Assur. Cette double nature (amoureuse et guerrière) d'Ishtar se retrouve dans les aspects de la planète qu'elle régissait, Vénus, qui brille le soir et aussi le matin. »

Les Assyriens adoraient aussi Belphégor (Baal Peor), sorte de Priape aux temples fertiles en débauches, et qui était le dieu Pénis des Hébreux. Un de ses temples était bâti sur le mont Peor et les jeunes filles venaient s'y prostituer.

*
* *

En Phénicie, nous trouvons Baal et Astarté, dieu et déesse de la volupté. Pierre Dufour (1), nous montre leurs prêtres comme efféminés, s'habillant en femmes, se fardant. Ils étaient jeunes, beaux, imberbes, épilés, parfumés. Ils se livraient à la pédérastie et déposaient sur les autels le produit de leur prostitution. Ils élevaient des chiens dressés à toutes les perversités qu'on peut leur demander et les vendaient ou les livraient également au profit du Temple. Dans certaines cérémonies, ils allaient au fond des bois sacrés, la nuit, se battaient au couteau

---

(1) *Histoire de la Prostitution.*

mais pour ne se faire que de légères entailles qui les échauffaient; et au son de musiques excitantes ils tombaient pêle-mêle, au milieu d'une luxure ensanglantée.

.*.

L'Egypte avait ses fêtes d'Isis. Les prêtres y portaient le tau et le van. Le tau figurait le membre viril, le van l'organe féminin. Ainsi se retrouve le culte phallique.

Culte en somme à peu près universel; sauf en Amérique, partout on en relève des traces... Chez les Papous guinéens, le phallus orne les toits des huttes. En Arabie est un tombeau cheik surmonté d'un phallus de basalte usé par les baisers des femmes. Dans les mers du Sud, de grandes pierres noires à forme essentielle jaillissent de certaines îles et sont adorées comme emblématiques du sexe mâle.

En Grèce, lors des fêtes dionysiaques, voici, selon Saint-Yves (1), l'ordre du défilé : « En tête s'avançaient les mystes comprenant les bacchants et bacchantes, les unes sur des ânes, les autres traînant des boucs, la chevelure en désordre, les yeux hagards, ils passaient en soulevant des phallus gigantesques, représentés dans un état d'érection constant. Puis venaient les canéphores, jeunes vierges qui tenaient des corbeilles remplies de prémices de tous les fruits, de fleurs, de gâteaux représentant des organes génitaux mâles, et un phallus couronné de fleurs. Suivaient des phallophores, la tête toute couverte de lierre, de violettes, de serpolet et d'acanthe, portant, eux aussi, des phallus gigantesques et entourant une statue de Bacchus, remarquable par un triple phallus en bois de figuier. » Pendant ces fêtes, toutes les femmes étaient tenues de se faire couper les cheveux ou de se livrer pen-

---

(1) *La Littérature amoureuse.*

dant un jour aux étrangers, en l'honneur de la Déesse et devant sa statue.

Les prêtres grecs de Cybèle apportèrent de Phrygie en Etrurie le culte phallique où il se localisa un certain temps pour passer ensuite dans le reste de l'Empire romain.

La preuve, selon E. Dupuy, que ce culte mit un certain temps à se répandre, c'est qu'un écrivain, Athænius, dit quelque part que les Etrusques sont impudiques, que les Messapiëns, Samnites et Locriens prostituent leurs filles, mais que les Romains ne le font pas.

Le dieu étrusque dont le culte consistait à déflorer les vierges avant le mariage, et à adorer le phallou asiatique, analogue au lingham indien, s'appelait Mutunus au dire d'Arnobe et de saint Augustin, et la déesse, sa céleste compagne, Mutana. C'est à Rome que le symbole-phallus prit le nom de Priape : on le faisait de grandes dimensions, rigide, en bois (généralement de cyprès ou de figuier). On lui offrait les premiers fruits du jardin. On y suspendait des *ex-voto*, et quand il s'agissait des parties intimes dont on demandait la guérison, ces *ex-voto* naturellement étaient de leur forme.

Les fiancées, à Rome se rendaient aux jardins de Priape, avant la cérémonie nuptiale, pour faire au dieu l'offrande de leur virginité. Elles se plaçaient sur le phallus de bois pour être rendues fécondes.

Le phallus se portait aussi en amulettes et affectait alors des formes artistiques; on les garnissait de pierreries, de sonnettes, d'ailes ou de pattes d'oiseaux. Il en existe un grand nombre dans un cabinet spécial du musée de Naples, où on peut les voir.

Nous avons, d'autre part, suffisamment parlé du culte de Vénus sous les noms divers d'Aphrodite, Paphéia, Cythérée, Anadyomède, Génésyllide. M. Lujard a consacré un volume à ses *Recherches sur le Culte de Vénus en Orient et en Occident*. Il a trouvé que ce culte n'était pas encore éteint partout. Les Druses du Liban, dans des vêpres secrètes, honorent les parties sexuelles de la Femme, en une cérémonie qui a lieu le vendredi, jour même où Mahomet exige que le fidèle musulman aille à la mosquée et à la couche conjugale. Les Nozaïriens ont

Vénus des Vandales.

également une cérémonie d'adoration du *Ctéis*. Les Oulitaos et les Taïtiens, en Océanie, forment certaines sociétés secrètes dans ce même but et rendent hommage à l'acte génésique.

Ainsi, partout, Vénus fut adorée, où tout au moins fit adorer ce qu'elle représentait. Si l'on étudie les mœurs anciennes de l'Arménie, de Lydie, de Scythie, de la Perse, on trouve Vénus Anaïthis à qui l'on consacrait les jeunes prostituées. En Suède et en Germanie, Vénus s'appelait Herta. En Scandinavie, c'était la belle Freya, fille de Niord, femme d'Odin, sœur de Freyr qui est le Priape de la froide péninsule. Chez les Lithuaniens, c'était Milda, qui eut de Kawas, dieu de la Guerre (comme Vénus de Vulcain) ce beau Kaunis qui donna son nom à la ville de Kowno, sise en l'une des plus belles vallées d'Europe...

Mahomet divinisa la copulation. « Dieu créa les hommes d'une goutte de sperme... Adam dit que le coït était bon, car tout en procurant à l'homme et à la femme d'ineffables jouissances, il faisait de l'homme, principe actif, un créateur, un exécuteur de la volonté engendrante de Dieu... Et il vit que le coït était la base de toute la création, le principe qui devait en assurer la perpétuité et la conservation. » Le Koran commande : « Va, prends pour femme une vierge que tu caresses et qui te caresse. Ne te mets pas en coït avant de t'animer par ses caresses. » L'auteur d'*El-Ktab* s'écrie : « La copulation est le plus grand et le plus saint des cantiques. » Et le même théologien arabe, Kohdja Omer Aléby Aben Othman enseigne : « Coïtez donc, ô vous qui croyez, selon les enseignements divins; coïtez avec l'esprit, avec votre âme élevée vers Dieu; coïtez comme un créateur, comme un homme puissant en œuvres et en force, ayant conscience de ce qu'il fait, et vous aurez ainsi une puissance double, une éjaculation vigoureuse et de beaux enfants. »

Comment s'étonner que le paradis islamique soit peuplé de houris qui sans cesse « multiplient sous leurs caresses de flamme l'ardeur sans déclin des sens et donnent aux élus le coït éternel? »

*_**

Il fallait arriver à Jésus, ou plutôt au Christianisme, pour voir sombrer la Volupté antique dans la basse notion du Péché.

Le péché de luxure, voilà la grande, l'abominable invention chrétienne. Jésus était-il donc un chaste? On ne sait. Il semble pourtant qu'il fut aimé et qu'il aima. Mais son admirable enseignement — si déformé par les prêtres — paraît très spirituel, peu enclin aux choses charnelles. Il faut dire aussi qu'il dérive du judaïsme, également assez éloigné du sensualisme ancien.

Et voici l'absurde amplification doctrinale. Voici l'œuvre de chair condamnée. Voici des conciles qui se demandent si l'on pèche en mettant quelque plaisir dans le devoir conjugal, et le pape Innocent III répudiant la volupté même dans le mariage. Voici les casuistes qui étudient comment on doit pratiquer le coït pour ne pas mériter l'anathème! Voici le R. P. Debreyne dissertant sur le baiser, déclarant infernal celui qui va de la bouche à la bouche, surtout si la langue s'en mêle (*colombinum*). Voici saint Liguori étudiant de même les baisers donnés « sur les parties insolites ». Spectacle immonde plus encore que ridicule, cette controverse qui dégrade les gestes les plus sacrés, et qui, selon le mot d'un Michelet indigné, presse, tord ces impuretés, et d'une bouche grimaçante délibère sur ce qu'il y a de plus secret et de plus doux dans la nature.

M. Paul de Régla, dans son étude sur *El Ktab*, remarque de même que l'Eglise en agissant ainsi s'est montrée plus érotique que ne le fut jamais le paganisme, a étendu effroyablement la prostitution, et contraint le beau culte antique à se réfugier dans les lupanars.

Bien plus, en rejetant l'Amour, le Christianisme a ouvert toute grande la porte à la Basse Magie, aux Sabbats et Messes Noires, au Satanisme et à la Sorcellerie. Sans lui, ces pratiques se fussent cantonnées dans d'autres sujets. Par lui, elles ont sali l'Amour en l'exaspérant, en le tirant de ses voies normales. Par lui, la continence, la chasteté sont devenues des monstruosités physiologiques. Par lui naquirent le sadisme et toutes les turpitudes.

Un essai de réaction se dessina au temps de la Chevalerie, des cours d'amour. On mêla tout au moins l'amour et la dévotion sans les polluer l'un et l'autre. Et alors on vit des troubadours faire dire des messes pour leur succès sentimentaux, des hommes mettre l'image de leur maîtresse dans leur livre-d'heures, des amantes porter celle de leur ami au fond d'un médaillon qui montrait en surface le portrait de quelque saint.

Aujourd'hui encore, vingt siècles d'éducation chrétienne pèsent sur une foule d'Européens, sur les protestants en particulier. Et c'est en Amérique qu'on voit se dessiner une renaissance de l'amour simple et sain dans une liberté qui n'exclut nullement les convenances modernes. Malheureusement, le puritanisme entrave cette réaction bienfaisante. Ces gens exagèrent toute chose, comme nos Méridionaux. La concentration des capitaux y aboutit à des trusts formidables. L'antialcoolisme y va jusqu'à la suppression du vin. Le grand y devient gigantesque. La nouveauté tourne tout de suite à l'excentricité. Nulle *tempérance d'âme*. Ils en deviennent agaçants. On voudrait espérer pourtant qu'ils mériteront un jour ce beau nom de *Nouveau-Monde*.

Le Nouveau Monde ! Celui où l'Amour redeviendra ce qu'il fut dans la brume des passés lointains : la splendide, simple, douce, franche et naturelle application au couple humain de la Loi d'Attraction Universelle.

VII

LES ACCOUPLEMENTS MERVEILLEUX

A l'idée universelle du besoin d'amour, exprimée dans les pages précédentes, il faut joindre l'idée, non moins universelle (tout au moins jadis) du besoin de procréer. Tous les peuples jeunes furent persuadés qu'ils devaient être féconds, ce qui explique leur horreur de la stérilité, l'hommage naturel qu'ils rendaient aux organes génitaux, l'emploi enfin de tous moyens, même surnaturels (ou magiques) pour obtenir des fruits de l'arbre d'amour.

Nous examinerons plus loin les pratiques magiques en amour; mais donnerons ici les preuves de l'appétit de fécondité, et aussi quelques-unes des légendes se rattachant à la fécondation obtenue en dehors des rapports sexuels humains.

Les premiers civilisés, Hindous et Chinois (pour ne point remonter aux époques atlantéennes) bénissaient la prolificité. Avec Olaüs Rudbeck, nous pouvons dire que si les femmes, anciennement, honoraient le phallus, c'est surtout au nom du respect de la maternité.

Cette mise à l'honneur de la maternité a pris les formes les plus curieuses, et qui aujourd'hui nous choquent surtout parce que nous ne les comprenons pas. Ainsi chez les Finnois, jadis, nulle honte n'existait pour ce que nous appelons la fille-mère, d'un mot méprisant et si douloureux pour elle. Au contraire, les fiancés la recherchaient puisqu'elle donnait l'espoir d'avoir d'autres enfants. Les Malgaches, d'une résistance au malheur, d'une résignation si surprenantes, ne sont déconcertés que par ce fléau : la stérilité. Pour y échapper, ils n'hésitaient pas à introduire dans la famille un élément étranger. D'où cette coutume, chez eux et d'autres peuples, d'offrir, ce qui nous étonne, le lit conjugal au visiteur inopiné; l'étreinte de quiconque est noble, qui a chance d'engendrer.

Les Hébreux avaient eux aussi le culte de la fécondité. Ne voit-on pas, dans la Bible, Abraham coucher avec Agar, que lui offre Sara, sa femme, espérant par elle avoir une progéniture, Nachor obtenir des enfants de sa concubine Ronia, Jacob épouser en même temps deux sœurs, Rachel et Léa, et celles-ci ne pouvant plus enfanter lui proposer leurs servantes, les filles de Loth enivrer leur père afin qu'il les caresse et les engrosse, Thamar se déguiser en prostituée, se porter au passage de son beau-père qui ne la reconnaît point, l'achète et la féconde?

Dévergondage tout cela? Que non : *horreur de la stérilité*.

Une telle obsession de la descendance ne pouvait manquer d'appeler religion et magie au secours des époux. C'est pourquoi nous trouvons dans l'Histoire ou plutôt la Légende une série de fécondations miraculeuses que P. Saint-Yves a récoltées et classées dans son curieux livre : *Les Vierges-Mères et les naissances miraculeuses*.

***

Voici d'abord des histoires de pierres fécondantes.

C'est en marchant sur l'empreinte d'un vaste pied laissée sur la pierre que conçut la mère de Dong, avant-dernier prince de la dynastie annamite de Hung, et de même la mère de Héou-tsi, fondateur de la dynastie chinoise de Tchéou. Ce culte de la pierre fécondante, aussi bien se retrouve dans toutes sortes de pratiques chrétiennes, mulsulmanes et autres.

A Saint-Ours, dans les Basses-Pyrénées, il est une pierre où les filles vont glisser sur le derrière pour trouver un mari et les femmes pour avoir un enfant. Non loin de Rennes on saute sur la Pierre des Epousées. Près de Verdun, on s'asseoit sur la Chaise de Sainte-Lucie. A Tananarive, la Pierre à Chiffons (dite ainsi à cause des ex-voto en étoffe dont on l'accable) passe pour rendre fertiles les terres et les gens.

Il faut remarquer que beaucoup de ces pierres miraculeuses affectent plus ou moins vaguement la forme phallique. Telle la Pierre fichée du Bourg-d'Oueil, le bloc de granit de Sarrance, le pilier d'Orcival, le menhir de Kerveathon (les menhirs ne sont-ils pas des phallus dressés sur la terre celte?), la Pierre levée de Poligny, dite Saint-Foutin, etc. A Tangore, dans l'Inde, une pagode célèbre contient trois cent soixante-cinq linghams de toutes dimensions et bien alignés qu'on vénère d'un bout à l'autre de l'année, à tour de rôle, en les oignant d'huile et les couronnant de fleurs... Et il est aussi des pierres fécondantes à forme ronde d'œuf, de mamelle, de ctéis ou de croupe de femme. Tels le menhir de Plouarzel, le mégalithe de Ker-Rohan, etc.

*
* *

Certaines eaux jouissent de même de propriétés génératrices miraculeuses. Les Kirghizes noirs (tribu tartare) affirment descendre d'une princesse qui se trouva enceinte après s'être baignée dans un lac sacré.

Les Guèbres vénèrent, sous le nom d'Ebrahïm, un

prophète qui est en quelque sorte leur Zoroastre : « Passant une rivière, disent-ils, ce saint laissa tomber dans l'eau trois gouttes de sa semence d'où naîtront trois enfants dont la destinée sera sublime et qui réduiront tous les peuples à la véritable religion, en suite de quoi aura lieu la résurrection universelle. »

Cette fécondation par l'eau se trouve même dans des ouvrages philosophiques. Aristote raconte qu'une femme fut fécondée pour s'être baignée dans une eau d'où sortait un homme. Albert le Grand admet le fait et l'explique à sa manière. Le culte des Eaux fut d'ailleurs toujours populaire en raison de l'importance fertilisatrice de cet élément, et l'on comprend assez qu'on ait transposé cette puissance utile, de la Terre à la Femme.

Au Penjab, les épouses stériles se plongent dans le puits de Pûran. En Grèce, la rivière Elatus, les sources chaudes de Sinuessa, le fleuve Scamandre, étaient réputés. Il est possible que des prêtres aient abusé de la crédulité des gens à ce propos. Eschine rapporte qu'un jeune homme, amoureux de la belle Callirohé, se déguisa en ministre des dieux quand elle vint offrir sa virginité au Scamandre. Il la conduisit dans une grotte, l'y dépucela tout à son aise en lui apprenant qu'il remplissait ainsi l'office divin. Un peu plus tard, la belle, rencontrant ce charmant initiateur, le désigna très sérieusement à ses compagnes en leur disant : « Tenez, voici le Scamandre ! » Cette exclamation ingénue fit découvrir le stratagème, et l'usurpateur des grâces de la jouvencelle dut fuir le châtiment qu'il méritait.

Combien de fontaines et de sources remplirent le rôle sacré ! C'est la fontaine des Génies, dans la région de Fez, la source Bourmal er Raba, près de Constantine, la source de Saint-Einhard, en Prusse. Une fontaine des environs d'Orange était ainsi vénérée, proche d'une chapelle où l'on voyait, est-il dit dans la *Confession de*

Sancy, « un énorme phallus en cuir muni de ses appendices » et qui fut détruit en 1562 par les protestants.

Il arriva même que dans leur naïveté (qui tout de même contenait, semble-t-il, un grain de perversité) des femmes, combinant les deux adorations, employèrent dans l'eau sainte un saint petit phallus de pierre, en guise de divinité.

* * *

Les Primitifs ne concevaient pas une démarcation bien nette entre les êtres animés et inorganiques. En quoi ils n'avaient peut-être pas tout à fait tort si l'on en croit la philosophie des alchimistes. Mais jadis — et encore dans mainte peuplade sauvage — cette idée, mal digérée, engendrait les superstitions les plus extraordinaires. Le *totémisme* découle de cette foi en la parenté de l'Homme et de la Nature.

Le premier couple serait né sous la forme d'une mandragore ou d'un pied de rhubarbe... Dans le poème de l'*Edda,* il sort du frêne et du tremble. A Malabar, on prétendait que certains arbres donnaient comme fruits des hommes et des femmes... Ne dit-on pas chez nous aux enfants qu'ils naissent d'un chou, et n'est-ce pas là un vieux reste de croyance populaire?

Chez les Mèdes et les Perses, on ordonnait aux femmes, pour avoir de beaux bébés, de boire du jus de soma. Ainsi serait né Zoroastre. Pline dit que l'eau de gui féconde les animaux et aussi les femmes. Nous voici donc, après la Pierre et l'Eau, en présence de la puissance fécondante de la Plante.

Béranger-Féraud, dans ses *Superstitions et Survivances,* auxquelles nous empruntons ici une foule de vieilles croyances, rappelle que lors du pèlerinage effectué aujourd'hui encore par des couples à la Sainte-Baume, afin de voir bénir leurs amours (1), le mari et la femme doivent embrasser chacun le premier chêne rencontré dans la forêt qu'ils traversent pour arriver au saint lieu, et ce en invoquant sainte Magdeleine.

Comme arbres fécondants, voici encore le châtaignier de Collobrières, sur les racines duquel les femmes glissaient pour ne point rester stériles. Ce châtaignier, d'ailleurs, avec sa maîtresse branche parée de deux bosses globuleuses, a l'apparence d'une énorme verge.

Au point de vue de la théogamie végétale, il est une légende hottentote bien curieuse : celle d'une jeune fille qui, ayant avalé le jus d'une plante grasse dite hobéga, se trouva enceinte d'un fils qui fut appelé Heitsi-Eibib et devint d'une force prodigieuse.

Au Moyen Age, on croyait que la manducation du lys rendait fertile, et dans l'antiquité, que celle de l'amande et de la grenade remplissait le même rôle. Aussi bien, l'amande, la noix, la noisette, ont toujours eu une signification phallique, et la grenade a toujours symbolisé la vulve de la Femme. Un proverbe autunois dit même : « Année à noisettes, année à putains » les filles venant au monde cette année-là devant avoir, paraît-il, un riche tempérament.

Rien de curieux, à ce propos, comme la *théorie des Signatures*, qui est une idée remarquable de la Magie et sur laquelle tant de pages furent écrites, et de laquelle vinrent tant de vieles recettes. Ce n'est, au fond, qu'une application de la loi occultiste des correspondances. Pour en rester à notre sujet, disons que le Moyen Age aima fort retrouver dans les plantes, analogiquement, les différentes parties du corps, concluant à l'action, sur ces parties, des

---

(1) Le fait même, chez les époux les plus chrétiens, de « demander à Dieu de bénir leur union » ne suppose-t-il pas la foi en l'intervention divine dans le résultat de la copulation, alors que, par une anomalie étrange, cette copulation nous paraît un acte honteux !

plantes qui les rappelaient le mieux. Ainsi le lys, malgré qu'il demeure sysmbole de pureté, contient un gros pistil que déjà Nicandre comparaît autrefois à une verge d'âne : d'où la croyance en l'action fécondante de cette fleur. De même la fève, selon l'abbé Gaffarel, « porte d'un côté la figure des parties honteuses de l'homme, de l'autre celle des organes de la femme » : d'où la même croyance. Et faut-il rappeler que sainte Catherine Emmerich raconte dans ses visions que Jésus entra dans le sein de la Vierge sous la forme d'une fève? Le thélygonon absorbé par la femme fait naître des filles, affirmait Pline, tandis que l'arsegonon fait naître des garçons, la graine de ce dernier ressemblant à des testicules, la graine de l'autre à une vulve. La pomme de mandragore (qui est une solanée à racine phallique) rend enceinte la femme qui la mange. Une vierge céleste enfanta le chef de la dynastie des Kien-Long, et une autre, Marjata, eut de même un fils après avoir mangé certaines baies. Dans une légende péruvienne, on voit le pillard Findach regarder la fille de Ronan, roi de Leister, et laisser tomber du sperme sur une feuille de cresson que mangea cette vierge, ce qui la fit engendrer le divin Bœthin.

Ajoutons qu'une croyance populaire veut qu'une femme avalant le sperme de son mari exaspère ainsi son amour. Si bien qu'un traité de confession indique pour ce péché une punition particulière (Cf. Burchard : *De Pœnit.*, Decret, lib. XIX).

*
* *

L'action miraculeuse des plantes et des eaux peuvent se combiner. Elle est un peu marquée déjà dans l'histoire précédente. Elle l'est davantage dans celle de la princesse Rawati qui, se baignant dans le Gange, voit et mange une fleur sur laquelle un rishi avait laissé tomber du *sperma genitale,* se trouve enceinte, et accouche par le nez. Gubernatis, en sa *Mythologie zoologique*, conte la fable hindoue de la nymphe Adrik qui, changée en poisson, mange une feuille tombée du bec d'un épervier, et sur laquelle était une goutte de sperme du roi Uparichas. Pêchée par un riverain, elle est apportée à ce prince, recouvre sa forme première, et engendre deux poissons.

Le culte végétalo-aquatique se retrouve en Grèce dans les légendes relatives à Junon, et en Australie où l'on dit que sur les bords de la rivière Proserpine le dieu Kunya taille les enfants dans des racines de pandanus et les introduit dans la mère pendant qu'elle se baigne. Aux îles Fitji, les femmes stériles vont se plonger, avec leur mari, en certain fleuve fécondant, puis, aussitôt avant « le congrès », prennent une boisson de caroube et de safran. Les princes de la dynastie mandchoue veulent descendre d'une vierge-mère qui, se baignant dans un lac de la plaine d'Odoli, mangea un fruit qu'une pie lui laissa tomber sur le ventre et se trouva enceinte d'un fils qui parla le jour même de sa naissance. C'est encore de Chine que vient l'histoire de la vierge Ching-Mou qui conçut après avoir mangé du lotus, et celle de la vierge Ma-Tso-Pô, dont la mère engendra de la même façon et qu'on invoque contre la stérilité... L'Asie est fertile en légendes où intervient le lotus, plante sacrée entre toutes, et sacrée jusqu'en Egypte où on l'appelait l'épouse du Nil. Le lotus, comme le lys, est double symbole de chasteté et de fécondité. Rien là d'étonnant car c'étaient deux vertus qui ne se contredisaient pas autrefois.

*
* *

Nous voici arrivés aux théogamies thériomorphiques, terme barbare qui veut simplement dire : aux engendrements par des dieux à forme animale.

Rappelons tout de suite, avec *la théorie des Signatures*, que l'animal, comme la plante, est, en tant que fécondant, en fonction de la loi des correspondances. Ainsi, dans les préparations magiques aphrodisiaques, on mettra des fragments d'animaux très chauds en amour. C'est dans cette idée qu'en France, autrefois, on servait aux jeunes mariés un plat de testicules de chevreuils ou de taureaux, et qu'en Angleterre on prescrivait aux femmes désireuses d'enfanter, de prendre des testicules de renard ou de lièvre dans du vin. C'est encore parce que les poissons ont beaucoup d'œufs qu'Hartland, dans sa *Légende de Persée*, nous montre une femme s'introduisant un poisson dans le vagin avant de le donner à manger à son mari, et ce pour accroître sa fécondité.

Bref, les animaux remplissent le rôle que nous avons vu attribuer aux autres éléments de la nature. Et c'est sous forme animale qu'on voit Jupiter aimer, mué en taureau, la belle Europe qui dut trouver à ce coït une certaine brutalité... Le taureau fut d'ailleurs animal sacré dans toute l'antiquité, et nous n'allons point rappeler son culte, de l'Inde à l'Egypte, et de l'Assyrie à la Gaule. Dans le temple de Phtah, l'Apis était visible aux femmes pendant quarante jours, et elles venaient devant lui pour découvrir leur sexe (Diodore et Sicile).

Jupiter prit aussi, pour s'introduire au sein d'une élue, la forme d'un serpent, ce qui était fort commode, et celle d'un cygne, ce qui était fort esthétique. Les serpents eurent aussi commerce avec Nicotéléa qui en eut Aristomène, et avec Aristodama de Sicyone, qui en eut Aratus (Pausanias). Plutarque conte les amours d'une jeune fille d'Ætolie et d'un reptile qui lui donnait de grandes jouissances; Elien, celle d'Hélia, fille de Sibaris, avec un énorme ophidien qui la couvrit et engendra la race des Ophiogènes. Le Coran permet aux femmes stériles de manger du serpent. En Egypte, le serpent de Gebel était exposé dans une mosquée, et les dévotes le caressaient comme un phallus pour obtenir de lui la fécondité.

Léda est plus jolie avec sa légende du baiser jupitérien que lui offrit le dieu-cygne, et quels beaux marbres elle suscita en sculpture ! Tout concourt, là, pour la volupté du geste : ce cou serpentin que termine une tête au bec ardent, ces ailes étendues mêlant leur blancheur à la blancheur des chairs et abritant le secret du coït qui fait pâmer la belle, toute rouge de ce plaisir inattendu... Combien de jeunes filles excitées à ce tableau charmant, rêvèrent d'avoir ainsi commerce avec le plus beau des oiseaux et qui est aux bêtes ce que la rose est aux fleurs !

Mais voici Zeus, imaginatif, qui s'unit à la fille de Clétor sous forme de fourmi, et à Phtiah sous forme de colombe, Chronos qui devient étalon pour aimer la vierge Philyre, Prajapati qui poursuit sa fille de ses assiduités sous forme de chevreuil, Neptune qui se fait bélier pour séduire la fille de Bisaltus.

O rêveries d'amour, quelles visions singulières vous fûtes autrefois !

On nous permettra de passer rapidement sur les « fécondations météorologiques », les totems n'étant pas limités — ce serait une erreur de le croire — aux animaux, aux plantes, ni même aux pierres et aux eaux; car furent totems toutes les choses à quoi l'on prêtait vie.

Ainsi le Vent (mettons des majuscules !) est totem dans bien des tribus indiennes d'Amérique. La Pluie en est un autre pour certaines peuplades d'Afrique. Anderson et Morgan nous ont renseignés à cet égard. Frazer dit que les Miamis du Nouveau-Monde se considèrent comme des hommes-neige. Turner affirme dans *Samoa* que les gens de cette ville mettent parmi les totems le Nuage, l'Eclair et l'Arc-en-Ciel. Howit raconte que les habitants d'une certaine région d'Australie s'apparentent au Tonnerre.

Virgile chante avec lyrisme, en ses *Géorgiques*, l'union des Vents rapides et des Animaux. Pline parle quelque part des juments lusitaniennes aspirant les souffles féconfants. Plutarque estime que les oiseaux s'accordent maritalement avec les zéphyrs. Dans le poème des *Runes*, on voit le nuage Ilmatar engendrer sous les caresses du Vent d'Est. Spencer et Gillen ont vu les femmes Aruntas (Australie) fuir devant les tornades dans la crainte de devenir enceintes.

En Californie, c'est la Pluie, selon Charencey, qui féconda la vierge dont le fils a bâti Casas Grandes. Chez les Hottentots, après la fête de la Puberté, les filles courent toutes nues sous l'averse qui doit leur fertiliser le sein. Le Taureau Apis ne naquit-il pas d'une génisse fécondée « par une lueur venue du ciel », et les Eginètes ne se disent-ils pas fils de la Foudre ?

Après les météores, les astres.

Le roi d'Argos étant sans postérité mâle, l'oracle de Delphes lui prédit que sa fille Danaë aurait un fils qui malheureusement, un jour, tuerait son aïeul. Le père, apeuré, fit enfermer la belle en une tour d'airain, mais les dieux rient des plus solides enceintes. Et Zeus-Soleil vint, sous forme de pluie d'or, engrosser la vierge qui accoucha de Persée. Cette légende solaire semble venir d'Asie, car les Chaldéens acceptaient l'idée de l'action procréatrice des rayons de l'Astre du Jour... Quant aux Chinois, aux Célestes, ils s'intitulent fils du Ciel (en l'espèce, le Soleil). Une légende mandchoue veut que le roi So-li, étant en voyage, trouva au retour sa concubine « ronde comme un tambour », selon l'expression populaire. Il la voulut tuer. Mais elle affirma que « l'accident » était dû à une vapeur tombée du ciel par la fenêtre. Le roi prit le nouveau-né quand il apparut sur terre et le jeta dans une étable à porcs. Ceux-ci, au lieu de le manger, le réchauffèrent de leur haleine, le bercèrent de leurs grognements. Et le roi, convaincu de son origine firmamentaire, l'éleva sous le nom de Tong-Ming... En plein XVIe siècle, Hideyoshi, taïko du Japon, affirmait à l'ambassadeur de Grèce que sa mère l'avait eu du divin coït d'un rayon solaire.

Du rayon solaire au rayon spirituel, il n'y a que l'épaisseur d'une crédulité. En Chine encore, la mère de l'empereur Chin-Houng conçut à la faveur d'une apparition (Cf. Premarre : *Recherches sur les Temps antiques aux Chou-King*). Tchang-Shi vit en songe un jeune homme cuirassé d'or qui lui demanda si elle désirait être mère, et sur sa réponse affirmative, déposa dans son sein une perle qui devint un fils au bout de douze mois (Charencey : *Folk-lore dans les Deux-Mondes*).

L'enfantement par esprit, avec annonciation, pullule sur les cinq continents. Il ne faut donc pas s'étonner du passage de l'Evangile de saint Luc où l'on voit un ange annoncer à Zacharie que sa femme Elisabeth aura un fils du nom de Jean; ni s'étonner que ce même ange Gabriel aille à Nazareth s'incliner devant Marie : « Je te salue, toi qui es pleine de grâce et bénie entre toutes les femmes... » et lui annoncer qu'elle enfantera Jésus. Ce récit se retrouve dans mainte tradition antique (1).

Quant aux vierges-mères, on en connaît chez tous les peuples. Les Tartares de Precops virent leur premier roi, Ulanus, naître d'une vierge. L'épouse du dieu-soleil des Finnois, Angué-Patroï, eut quatre fils et quatre filles après avoir approché un homme. Ce thème de la conception virginale est même classique chez les Chinois (Nin-

---

(1) Le culte du soleil est presque toujours associé à celui des étoiles, qui influencent les héros de légendes (c'est de l'Astrologie). Dans le *Daghoral*, on voit qu'une étoile annonce la naissance de Krichna, de même une comète annonce la gloire de Mithridah, l'étoile Ira celle de César, etc. On conçoit ainsi l'origine du thème de la nativité de Jésus : l'étoile d'Orient informant les rois Mages de cet événement.

Sing, Nin-Va, etc.). Les vieux sages Lao-Tsé et Çakyamouni en bénéficièrent. Maya-Devi resta vierge et engendra Bouddha. Combien d'autres histoires pourraient justifier le titre plaisant qu'on donne à des feuilletons imaginaires : Vierge et Mère !

.*.

Mais toutes ces théogamies ne sont-elles que de la légende? Maspero incline à croire ce que nous avons déjà entrevu à propos du Scamandre : les prêtres, surtout en Egypte (pour légitimer les pharaons), devaient parfois remplir l'office des dieux. Et pour ce, ils firent disparaître le souvenir des théogamies animales, végétales et autres, au profit des théogamies humaines, afin d'en profiter...

Flavius Joseph rapporte qu'un certain Mundus, repoussé par une noble dame du nom de Pauline, se concerta avec les prêtres d'Isis. L'un d'eux, bien payé, fit savoir à la belle vertueuse que le dieu Anubis était épris d'elle et désirait la voir, ce dont elle fut fort honorée. Elle y alla, s'en vantant auprès de ses amies et de son mari même. Le pseudo-Anubis l'enferma dans une chambre noire et la besogna toute la nuit à son gré. Après quoi, la dame s'en vint conter son plaisir aux siens qui s'étonnèrent un peu mais la savaient si chaste qu'ils ne se choquèrent point. C'est Mundus qui, peu après, rencontrant sa victime, lui dit en ricanant : « Je vous sais gré d'avoir refusé de moi deux cent mille drachmes et pourtant fait avec moi, sous le nom d'Anubis, tout ce que je désirais. » Seulement alors la belle et chaste Pauline sut l'horrible tromperie. Mais en eut-elle vraiment du regret?

Aussi bien cette histoire n'était pas si effrayante au temps des prostitutions sacrées dont nous avons eu déjà l'occasion de parler... Rappelons à ce propos le curieux usage de la flagellation dans certains cas, par exemple lors des Lupercales. Au cours de ces cérémonies (Cf. Hérodote, Ovide, etc.) les prêtres, nus sous des peaux de chèvres et armés de lanières découpées dans la peau des mêmes bêtes, couraient après les femmes et les frappaient au passage, ces coups devant les rendre fécondes.

Le bouc, le bélier, la chèvre, favorisaient la grossesse par le contact. Pseudo-Callisthène conte l'aventure de Nectanebo, ancien pharaon détrôné que vint consulter Olympios, épouse de Philippe, à propos de sa postérité. Le mage assura qu'un dieu la viendrait féconder sous la forme d'un bouc. Il se déguisa donc en cet animal et, la nuit venue, s'introduisit chez la reine, enleva la peau dont il s'était couvert et coucha avec elle en lui disant : « Réjouis-toi, tu vas concevoir de moi un mâle qui sera un des maître de l'univers. » Voilà ce qu'on peut appeler de la théogamie anthropomorphisée !

Or, cette théogamie... fort agréable pour les prêtres, se répandit vite. « La superstition, dit Buffon en son langage choisi, a porté certaine peuples à céder les prémices des vierges aux prêtres de leurs idoles. Ceux du royaume de Cochin et de Calicut jouissent de ce droit. » Hors de l'Egypte où elle fut très répandue, on la trouve chez les Sémites, comme la Bible en témoigne en parlant de l'union des mortelles et des Elohims, dans l'Inde où toutefois le dieu Indra, qui prit l'aspect d'un ascète pour subjuguer l'épouse de Gautawa, fut châtié (dit le *Ramayana*) par la perte de ses testicules, en Grèce où Plutarque spiritualise d'ailleurs le fait et le ramène à la fécondation par le simple aspect des dieux... Cette conception, déjà très en progrès sur les autres légendes que nous avons rapidement passées en revue, forme la base du thème des conceptions virginales dont celle de Marie, mère de Jésus, est la plus célèbre.

VIII

DU PLUS SACRE DES GESTES
AU PLUS LAMENTABLE DES TRAFICS

L'admirable conception vénusienne dont nous avons esquissé les principes indiscutablement nobles parce que fondés sur la Nature, les symboles émouvants et profonds, et, en conséquence, le culte éminemment respectable, ne pouvait conserver sa pureté dans une Humanité vouée par la Civilisation même à toutes les dégradations.

Nous disons, avec amertume mais certitude, *toutes les dégradations* : esthétiques, physiques, morales. Qui ne se rend compte aujourd'hui de la dégradation esthétique en comparant les splendeurs de l'art ancien aux élucubratives modernes, — de la dégradation physique, en comparant les solides gaillards de jadis à nos générations infectées d'alcoolisme, de tuberculose et de syphilis, — de la dégradation morale, en comparant les saines idées plus haut exposées aux dépravations d'aujourd'hui.

Nous avons dit art ancien et non art préhistorique, pour marquer que nous n'ignorons pas qu'il fallut une montée intellectuelle pour arriver aux chefs-d'œuvre de l'art grec. Et de même, il en fallut certainement une pour arriver aux conceptions philosophiques auxquelles nous faisons allusion. Nous n'ignorons pas davantage qu'il y eut des progrès dans l'ordre matériel et même hygiénique. Mais à coup sûr une ère superbe dut exister où les Hommes, où une élite au moins des Hommes, avaient atteint une grande hauteur de pensée, d'art, de santé et qui nous paraît toute lumineuse comme un Age d'Or qui aurait été par la suite en de désagrégeant sous le pic du Mal.

Cet Age d'Or est-il unique? Il semble que non. Il semble que la légende de l'Atlantide, reprise par les hexagrammistes modernes, corresponde à un premier Age d'Or antédiluvien dont l'idée de l'Eden est aussi une forme. Il semble qu'un second Age d'Or a dû régner au temps du pur vénusianisme. Il semble enfin possible que l'effort actuel d'une élite nouvelle tende vers un troisième Age d'Or que nous ne verrons certainement pas, mais qui ne paraît pas impossible.

En parlant de ces choses, nous restons dans notre sujet. Car nous croyons pouvoir remarquer qu'un Age d'Or correspond d'autre part à un sommet de connaissances occultes et de haute Magie. Si nous nous en rapportons en effet aux hexagrammistes, la civilisation qu'ils appellent Adamite fut gouvernée par une Elite prodigieuse, très avancée en science secrète (1). L'Age d'or, que nous appellerons Vénusien, comprenait, nous l'avons vu, une initiation magique très importante. L'Age d'Or qui peut-être vient a pour première étape l'étonnante faveur dont recommence à jouir depuis cinquante ans l'Occultisme, et qui fera plus, nous osons le dire, pour le progrès humain que toutes les théories bolchevistes et autres,

---

(1) Ils en donnent comme exemple le fait de la domestication de certains animaux. due à un effort de suggestion de longue haleine opérée sur certains fauves. C'est ainsi que le loup aurait été transformé en chien, bête qui lui est identique. Or, depuis, *on n'a jamais pu réobtenir* le passage de cet animal de l'état sauvage à l'état domestique.

qui prennent plaisir, au nom d'un matérialisme grossier, d'un vulgaire désir de mieux-être allant de pair avec une diminution constante de l'effort personnel et du travail, à extirper de l'être humain ses tendances spiritualistes.

..

Examinons, à la lueur de ces idées, la décadence du Vénusisme.

Nous serons bref dans cet examen qui serait en somme une histoire de la Prostitution. Cette histoire a été faite à plusieurs reprises, et magistralement, par des écrivains comme Dufour, Reuss et quelques autres.

Rappelons seulement que la Prostitution a pour origine, d'une part, le fait que l'hiérodulisme fut pratiqué de plus en plus et ensuite exclusivement par les femmes (l'hiérodulisme masculin tombant dans la sodomie), d'autre part que cette pratique féminine devint de plus en plus l'apanage des esclaves. Au temps de Solon, les fidèles du Vénusisme avaient encore une prostitution sacrée et qui s'effectuait dans les *dictérions* où les femmes étaient libres et gardaient un cachet presque sacerdotal. Plus tard seulement, les courtisanes furent de préférence des esclaves. On les enferma dans des *pornérions* et alors leur claustration commença de devenir infamante. La noblesse du culte disparut. D'autres courtisanes, libres, ne virent plus dans la prostitution qu'une besogne salariée. Le trafic devint une honte du jour où l'argent donné pour l'acte d'amour n'alla plus au culte, mais resta dans les mains des donneurs de volupté. Les hiérodules devinrent des galériennes. La traite des femmes l'accentua. On en arriva enfin à l'épouvantable état de chose où ces deux mots augustes : le Temple et la Prêtresse devinrent ces deux termes de grossièreté écœurante : le Bordel et la Putain.

Il resta cependant des traces de vénusisme, d'hiérodulisme dans presque toutes les religions. L'initiation vénusienne se perdit tout à fait en Occident, mais en Orient (et même encore aujourd'hui au Japon), la courtisane recevait une certaine instruction. Toutefois, d'une façon générale, la décadence fut universelle.

Aussi ne s'étonnera-t-on pas — prenons un ou deux exemples dans l'impossibilité de multiplier les preuves — de l'esprit de certains livres hindous tels que *le Bréviaire de la Courtisane* ou *les Leçons de l'Entremetteuse*. Si l'on se souvient que la Courtisane dans l'Inde antique était considérée, admirée, regardée comme l'ornement, la joie, la gloire même de la Cité, que la condition d'épouse était inférieure à la sienne et que par conséquent elle bénéficiait de cette sous-estime, on peut en déduire que son état d'alors était intermédiaire entre l'hétaïre sacrée du culte vénusien et l'hétaïre abominablement dégradée de nos temps modernes (exception faite bien entendu de certaines demi-mondaines qui gardent quelque allure).

La courtisane hindoue nous est en effet présentée ainsi dans de vieux livres tels que le *Baratyana'yacastram*, le *Jataka* ou le *Kamasutra*. Le premier par exemple nous dit que la Courtisane doit être une mime experte, exempte de tares, toujours maîtresse de ses désirs, nuançant avec adresse tous les sentiments, alliant l'énergie à la douceur et à la distinction, maîtresse dans les soixante-quatre arts de plaire, habile aux méthodes secrètes érotiques, agréable en ses propos, infatigable, brillante... Ah ! que nous sommes loin de nos « petites femmes » bêtes à en pleurer, simplement capricieuses, expertes en toilette bien plus qu'en érotisme; et quant aux tares...

La danse et le chant étaient les principaux moyens de séduction des courtisanes hindoues. Il reste de ces beaux souvenirs le charme des bayadères, qui aujourd'hui encore jouissent d'une grande considération.

Mais revenons au *Bréviaire de la Courtisane*, poème du XI° siècle, dû au polygraphe Ksemendra, dont Louis de Langle donna une excellente traduction. On n'y parle guère de magie ! Ce n'est, d'un bout à l'autre que le Bréviaire de la rouerie féminine. Il y est dit d'ailleurs en propres termes que l'amour vénal n'étant qu'illusion et mensonge, c'est donc de l'illusion que la courtisane doit servir à ses amants, en en tirant le plus large bénéfice possible.

Aussi quels portraits sont donnés des parfaites hétaïres !

Voici par exemple, l'histoire d'Arghagharghatica... A six ans, avantagée d'un joli minois, elle commence sa vie d'amoureuse en escamotant les boucles d'oreilles d'un marchand qui la trouvait jolie. Un peu plus tard, mais de fort bonne heure encore, la voici qui déjà plume des galants, couchant avec plusieurs à la file, et le matin venu levant pour finir quelque noctambule. Ayant empaumé un gardien de temple, elle en profite pour se faufiler dans le sanctuaire et dérober les bijoux de la divinité. Après quoi elle dépiste un gentleman farmer, la grise de baisers payants, le brouille avec les siens, et tombe sur le père qu'elle revigore avec des plantes magiques, du bouillon de poisson, du beurre liquide, de l'ail et autres adjuvants de la virilité... Le bonhomme se tue. Elle râfle tout ce qu'elle peut dans la maison qu'elle quitte pour aller dans une autre ville jouer à la veuve contristée. Là elle va rendre, au bord du fleuve, ses devoirs au dieu Kali, s'acquitter des offrandes rituelles, pleurer « le cher disparu ». Ce qui fait qu'un riche chevalier se laisse prendre à ces simagrées comme une limace par un héron et lui offre une consolation qu'elle reconnaît en prenant pied dans sa maison. Il succombe au bout d'un mois à une maladie bizarre qui rend la belle propriétaire de ses biens, tout en simulant un tel chagrin qu'on dut l'empêcher de monter au bûcher suivant la coutume. Elle asservit ensuite bientôt à ses charmes le scribe des écuries royales « véritable étalon d'amour » dont elle suça le sang et la fortune comme une sangsue. Comme les fils, déjà grands, du bonhomme, se révoltaient de cette emprise et mirent la main sur ce qui restait, elle porta l'affaire en justice, séduisit un juriste et obtint les biens en litige. Aussitôt elle réalisa et s'enfuit.

Vieillissante, mais d'autant plus rusée, la Courtisane se teignit, se farda, et sous un autre nom se lança comme une nouvelle étoile de l'hétaïrisme. Ayant un jour recelé des objets volés elle écopa de la prison, mais subjugua vivement son gardien qui la bourra de poissons, de gâteaux et de miel. En récompense, au milieu de son sommeil, elle lui coupa la langue d'un coup de dent, le vêtit en femme, et le mit à sa place durant qu'elle prenait la poudre d'escampette. Une fois en sûreté, elle changea encore de nom, s'appela Ancepama, se fit passer pour la fille d'un ministre, enjôla le riche Bhogarnitra, se surchargea de pierreries, releva ses seins tombants, se voila en partie le visage... mais son corps nu n'était plus plaisant : « Comme une galerie glacée en la saison froide, s'écrie le pète, comme une rangée de lampes en plein midi, comme une couronne de fleurs fanées, une vieille putain ne sert plus à rien ni à personne ». L'hameçon ne mordant plus, la fille de Vénus se contenta de racoler des étrangers qu'elle tirait le soir par les pans de leur habit. Puis elle se fit pénitente et conquit un pénitent qui partagea ses mendicités avec elle. Mais le collyre avivant son regard, un collier de cristal au cou, ses chairs flasques bien serrées, elle excitait encore les imbéciles.

La famine s'étant abattue sur le pays, la pauvresse alla dans un cloître, et elle fut nonne avec la même sincérité qu'elle avait été amoureuse. Elle jouait à l'extatique et à la devineresse. Quand elle sortait, c'était pour aller de porte en porte vendre des charmes d'amour pour filles de joie, des secrets magiques pour marchands avides de s'enrichir, des conjurations et ensorcellements au service des sots... Elle s'acquit ainsi sous une forme nouvelle, argent et réputation, se fit prendre pour nourrice par le ministre Mitrasena, vécut comme un coq en pâte, laissa crever son nourrisson parce qu'elle mangeait trop et déguerpit le jour même non sans enlever les galons d'or du poupon.

Alors, dans un pays perdu, elle essaya de l'élevage de chèvres; mais un orage dispersa son troupeau. Elle acquit des gâteaux et se fit marchande, ayant soin de voler et de recuire les pâtisseries offertes aux idoles, et qu'elle revendait comme fraîches dans les rues. Achetant à crédit et ne payant pas, il lui fallut s'éclipser à nouveau. Sous des noms différents, elle rôda autour des maisons de jeu pour passer des dés pipés; elle distribuait de l'eau fraîche dans les fêtes villageoises et se sauvait après avoir pillé l'achalandage des baraques, elle mariait en écartant des conjoints les six fléaux, elle lisait dans les astres. Elle géra un lupanar. Elle singea la folie. Elle se fit passer pour magicienne. Elle tint un débit de boissons enivrantes, et ayant saoûlé des voyageurs, s'enfuit après les avoir volés. Elle fit le portefaix. Elle devint une brahmane errante du nom de Satyavati et trouva moyen de gagner gros dans les palais des rois. Elle se faisait fort de paralyser une armée, puis, le combat venu, s'évanouissait dans le brouillard. Elle disait détenir les secrets de l'alchimie et empaumait les simples. Elle voyagea encore et revint enfin au pays, flétrie à jamais mais si savante qu'elle pouvait être donnée comme matrone, comme maquerelle suprême digne de mener une jeune fille de joie sur les chemins de la courtisanerie enrichissante.

...C'est elle qui maintenant « règle l'orchestre des feintes amours ». Ksementra la montre enseignant l'art de plaire et ce qu'il faut dire et faire pour gagner des cœurs et des écus, pour vider méthodiquement un amoureux, le chasser quand il n'a plus le sou, le reprendre quand il a refait sa fortune, mentir, mentir toujours... Et tout le poème déroule les anneaux de ce serpent magnifique et maudit qu'est une fille de joie.

On le voit, nous sommes loin du rite vénusien, mais si près du rite actuel !

Les Leçons de l'Entremetteuse de Damadaragapta sont du même acabit que le *Bréviaire de la Courtisane*. Nous nous dispenserons de l'analyser, rappelant simplement que ce poème est antérieur de trois siècles au précédent. L'Inde amoureuse fut donc de bonne heure dépouillée de la haute idée vénusienne tout en gardant un mysticisme qui n'est d'ailleurs pas encore éteint.

Et à ce propos, il est intéressant de mettre sous les yeux une des formes actuelles des fêtes orgiastiques de l'Inde. Il nous plaît d'en prendre la description dans un grand écrivain comme E. Gomez Carillo, et le hasard nous l'a fait découvrir dans le livre passionnant qu'il a consacré à la troublante et célèbre Mata-Hari. A propos des fausses danses lascives qu'elle disait avoir apprises en Orient, l'auteur en rappelle de réelles auxquelles il assista :

« Je me remémore, dit-il, la vision inoubliable d'une nuit où j'assistai, moi aussi, à une de ces fêtes obscures et étranges. Seulement ma fête à moi, ne se déroule pas dans un cabinet de restaurant parisien, après souper, mais bien dans les Indes lointaines, aux environs de Colombo, dans une espèce de cloître où une humble bayadère reçoit, en dansant devant les Cingalais accroupis à ses pieds, les dévotions de tout un peuple.

« Silencieuse, tel un fantôme, la bayadère paraît.

« C'est la danseuse populaire, la plante indigène, le fruit naturel du pays. Sa peau bronzée ne macéra jamais dans les essences, et si les ongles de ses orteils sont dorés, c'est uniquement au soleil qu'ils le doivent. Aucune influence savante n'adultère son art instinctif. Aucun rituel ne mesure ses pas. Et, de toutes les pierreries qui la parent, les seules qui ne sont pas fausses sont les deux grands diamants noirs de ses yeux. Qu'importe? Telle qu'elle, humble et divine, faite non pour divertir des princes, mais pour bercer l'ivresse des marins malabares et des dockers singalais, telle qu'elle est et telle qu'elle se présente cette nuit, parmi de modestes guirlandes de fleurs, sous le manteau phosphorescent du ciel, elle semble la digne sœur des mystiques *devadasis* des légendes.

« La musique continue de m'halluciner. C'est le même rythme endormeur et monotone par lequel les psylles charment les serpents. Je l'ai observé en voyant de quelle façon la bayadère dresse son cou et remue sa tête. C'est le rythme ophïdien! Et ces ondulations des bras ronds, et ces mouvements d'ascension des jambes, et ces spirales de tout le corps, sont de serpent aussi, de serpent sacré.

« Lentement, glissant plutôt que marchant, la belle ballerine s'avance jusqu'à toucher de la pointe de ses pieds nus les spectateurs du premier rang. Les cercles dorés qui emprisonnent ses chevilles, et les autres plus nombreux qui lui servent de bracelets, scandent tous ses rythmes d'un murmure léger. Au cou, un triple collier de pierres multicolores palpite sans cesse, montrant que même aux instants où il y a une apparence de quiétude le mouvement de sa chair enfiévrée persiste. Et ce n'est pas seulement un mouvement des bras et des jambes, ni un mouvement de la ceinture et du cou, mais bien un mouvement de tout le corps.

« La peau, elle-même, s'anime; et il y a une telle harmonie, une telle unité dans l'être tout entier, que lorsque les lèvres sourient, la poitrine sourit aussi, et les mains, et les pieds. Tout vit, tout vibre, tout jouit, tout aime. C'est une pantomime d'amour plutôt qu'une danse, ce que la bayadère exécute. Ses gestes sont d'enchantement. En faisant tinter ses joyaux, elle s'approche de l'élu et l'invite à venir voir en détail les trésors de beauté qu'elle lui offre. Que de coquetterie instinctive et ardente en chaque geste ! « Ces yeux » — semble-t-elle dire — « ces yeux d'ombre et de tristesse, ces yeux et ces lèvres de sang, et ces bras qui sont des chaînes voluptueuses, tout ce corps qui tremble est tien, est pour toi, contemple-le ! » Et pour se mieux montrer, elle s'approche, puis s'éloigne, puis tourne.

« Ses regards sont comme un philtre de luxure. Ses narines respirent voluptueusement l'air imprégné de capiteux parfums asiatiques dans lesquels il y a de l'extase et de l'animalité. Le corps, toujours palpitant, s'étire de nouveau, se tordant en enveaoppantes spirales. Les mains, qui se lèvent en ondulant, semblent monter, monter sans cesse. La musique accélère sa pénétrante, sa lancinante, sa désespérante mélopée... Et, hallucinés par le rythme, nous finissons par ne plus voir là-bas, tout au fond, vers le centre, parmi les branches et les fleurs, au-dessus de la foule extatique, qu'un beau serpent rutilant de pierreries, un serpent de volupté et d'or, qui danse. »

« Les admirateurs parisiens de Mata Hari ont-ils quelquefois éprouvé, en la voyant officier dans ses fêtes secrètes, une impression aussi profonde, aussi mystérieuse que celle par moi ressentie devant la modeste bayadère de Kandi ? Je ne le crois pas. En bonne élève des apsaras de Kanda Swany, la ballerine illustre, dédaignant la simplicité des fêtes populaires, exerçait sa liturgie sans jamais perdre de vue les exigences du terrible Siva, dieu de tous les péchés, de toutes les complications, de toutes les cruautés. Dans ses lettres, quand elle s'adresse aux poètes et aux musiciens chargés de lui préparer ses arguments, elle avoue son désir de ne jamais rien laisser aux caprices de l'improvisation et de toujours se soumettre aux règles précises d'un symbolisme mythologique. Chacune de ses pantomimes prétendait être, en effet, la réalisation plastique de quelque poème sacré, dans le goût de celui que, sur l'autel de granit pourpre de la pagode des voluptés malabares, exécutent, durant les nuits des mystères orgiastiques, les bayadères nues qui incarnent le triple mythe de Pahvany, Lakmy et Sakty.

« — C'est sur cet autel que je dansai pour la première fois, à treize ans, toute nue — lui arrivait-il fréquemment de dire, en se dépouillant de tous ses voiles devant ses admirateurs ébahis.

« En réalité, Mata Hari n'avait vu l'orgie mystique du sanctuaire de Siva que dans les livres; et, probablement, dans ces mêmes livres où je viens de la contempler, moi aussi, non sans un frémissement d'horreur et de nostalgie à la fois. Car, vraiment, ils inspirent du même coup des curiosités perverses et de profondes répugnances, ces tableaux que les voyageurs d'autrefois nous tracent des saturnales sacrées où les bayadères du temple de Siva pratiquent les rites monstrueux du culte du Lingham. « Autour du tabernacle, — dit l'explorateur Jacolliot — apparaissent en posture d'extase une trentaine de ballerines nues, en sueur, haletantes, devant lesquelles prêtres et fidèles s'extasient avec des mines de ravissement. Soudain, obéissant à la voix du chef des pundjarys, toutes ces femmes abandonnent leurs attitudes et se jettent à terre, mêlant et enlaçant leurs cuisses, leurs bras, leurs cous, leurs mains. Seules, les trois prêtresse qui incarnent les trois déesses de la Prostitution universelle, restent debout, au milieu de la masse humaine qui palpite. Jamais, dans les rêves les plus fous, l'imagination d'un fumeur d'opium n'a rien pu concevoir d'aussi horrible, que ce spectacle de luxure mystique, que cette vague de chair féminine qui s'offre aux stupres des fakirs ivres, et dont les nudités produisent une sensation de bestialités. Les sexes se confondent, les cris se mêlent aux soupirs et se fondent avec eux en un profond rugissement. Les trois apsaras, comme si elles ne voyaient rien, continuent à danser, tranquilles, jusqu'au moment où les prêtres qui incarnent les trois dieux, se précipitent sur elles pour jouir de leurs caresses virginales. » Evidemment, si somptueuses qu'aient été les orgies de Mata-Hari, elles ne peuvent avoir ressemblé, même de loin, à ces fêtes brahmaniques des pagodes de Siva; mais elle savait, leur donnant un air de mysticisme sensuel, combiner ses danses de telle façon que les savants orientalistes, eux-mêmes, s'inclinaient quand elle répétait, très grave :

« — C'est là-bas, sur l'autel de granit pourpre de Kanda Swany, que je fus initiée...

« La seule chose qu'elle pouvait, au fond, avoir étudiée ou tout au moins vue, c'est la danse des menues Javanaises, dans les villes où son mari tint garnison comme officier de l'armée coloniale hollandaise. Et entre cet art fin, artificieux, fait de gestes stylisés et de mouvements traditionnels, et la dramatique danse des apsaras malabares, il y a une différence énorme. Comme des idoles d'or et d'émail, les figurines de Java ou de Sumatra, timides, hiératiques, immaculées, n'ont, en apparence, ni chair, ni esprit. Elles sont des incarnations quelque peu abstraites de rites ancestraux, et elles se conservent invariables, comme si le temps n'existait pas pour elles, en se transmettant leurs postures et leurs costumes, leurs mouvements et leurs tiares, leurs bracelets et leurs sourires, à travers les millénaires. Telles que les virent en des époques reculées les premiers princes jaunes, nous les voyons, nous autres, aujourd'hui. La soie était encore inconnue en Occident qu'elles exhibaient déjà leurs tuniques de brocart. Les temples, dans l'atrium desquels elles dansent, pourraient s'écrouler, qu'elles ne feraient pas pour cela un pas plus long que l'autre. Elles ne paraissent, en somme, ni sentir, ni penser, ni vivre. Et si ce que leurs historiens nous assurent est exact, elles n'éprouvent jamais la moindre tentation amoureuse.

« Il est peu probable, donc, que les chastes Javanaises de Vanjoe Biroe ou de Semarang aient été les inspiratrices de Mata-Hari.

« Il n'y a qu'à lire les descriptions que ses adorateurs ont faites de ses fêtes intimes, pour se convaincre qu'en ses danses tout est luxure, séduction, étude voluptueuse. Les costumes, si légers fussent-ils, semblaient toujours la gêner, au point qu'elle ne les supportait qu'au théâtre et dans les salons aristocratiques. Dès qu'elle se trouvait seule parmi les hommes, son premier mouvement était de se dépouiller de ses longues tuniques de voile. En ses derniers temps encore, deux ou trois jours à peine avant d'être fusillée, elle voulut, en un élan de diabolique ivresse sensuelle, offrir une fois de plus le spectacle de sa beauté nue, et elle se mit à danser dans sa cellule, jusqu'à ce que les pauvres sœurs de charité, qui assurent le service de la prison Saint-Lazare, averties par un des gardiens, accourussent pour l'exorciser. »

*
* *

On nous excusera d'une citation un peu longue, mais si intéressante par son écriture artiste et sa documentation. Nous voilà renseignés sur ce qui peut rester du Vénusisme en Orient. Chez nous, c'est encore moins et c'est encore pis. Le Vénusisme est devenu la pâle et plate prostitution des rues, des music-halls, des cafés, des maisons closes. Le Vénusisme est devenu l'ignoble traite des blanches, l'échelon dernier où il pouvait descendre ! Ce n'est même plus ici la Femme qui se vend, — ce qui serait encore un peu son droit. C'est l'Homme qui la vend, — pour en vivre... Et du plus sacré des gestes a fait le plus odieux des trafics (1).

O Déesse ! Pardon pour les marchands du Temple !

---

(1) On comprendra que nous ne nous étendions pas sur ce sujet qui finirait par sortir complètement de notre cadre. Mais on nous permettra, à nous qui, dans ce livre, sommes plus qu'indulgents envers l'amour sous toutes ses formes, parce que nous en comprenons la base sacrée, à nous qu'écœure la police des mœurs comme elle est pratiquée, de nous indigner d'une façon particulière non seulement contre la Traite des Blanches, crime plus révoltant encore que le vol et même le meurtre passionnel, mais contre la complaisance des Pouvoirs Publics à cet égard. Réprimée à l'apparence, elle continue à sévir et l'on est loin de faire ce qu'il faut pour l'anéantir. *On sait* qu'il y a de véritables agences de placement, avec bureaux, personnel et dactylos. *On connaît* la plupart des marchands de chair à plaisir. Et au lieu de les envoyer au bagne où c'est leur place, à coup sûr, les trois quarts du temps, on prétexte telle ou telle insuffisance des lois ou règlements pour les laisser librement continuer cet infâme commerce. Ce n'est ni plus ni moins qu'une honte pour les nations civilisées.

DEUXIEME PARTIE

I

LE CHAPITRE DES SECRETS D'AMOUR

Les livres de magie et de sorcellerie, grimoires et autres, fourmillent de recettes et de pratiques plus ou moins étranges, — terribles ou comiques, dangereuses ou simplement ridicules — relatives à l'Amour, dans le but de l'allumer ou de l'éteindre aux moëlles des intéressés, de l'entretenir ou de le contrarier, de l'empêcher de naître ou de le briser. Philtres et drogues, incantations et envoûtements, enchantements et charmes, observations justes et théories bizarres décèlent la fièvre ou l'imagination érotiques des temps où le Grand Caprice Naturel s'interprétait sans simplicité en l'esprit foisonnant de chimères. Toutefois il ne faut pas accuser spécialement le Moyen Age de ces prétentions à forcer ou à dompter l'Amour. Dès la plus haute Antiquité on en chercha le moyen, et nous avons vu des spécialistes s'occuper de l'étude des fluides, au second grade de l'initiation vénusienne, ce pendant que d'autres s'exerçaient à diverses méthodes pour agir sur la sensibilité amoureuse physique ou psychique.

De nos jours on a simplifié ou bien dégradé ce code d'action. Les tout jeunes gens s'excitent à parcourir des journaux polissons, les hommes mûrs boivent ou lisent des ouvrages corsés qu'éditent des librairies spéciales, les gen fatigués ou qui prennent de l'âge ont recours à des aphrodisiaques ou à des pratiques usitées dans les maisons de rendez-vous. On en voit qui ajoutent à leurs idylles l'attrait du danger et vont aux « bois d'amour ». Des romanciers ont étudié ces débauches que Georges-Anquetil a synthétisées dans son rude et magistral pamphlet : *Satan conduit le bal*. Mais on verra que peut-être il ne faut pas trop crier haro sur le... bouquet de nos turpitudes. Car nous allons en trouver qui furent de taille aux jardins de l'Autrefois.

*
* *

RECETTES D'AMOUR. — Commençons notre moisson en parcourant le *Grand* et le *Petit Albert*, qui forment, on le sait, une partie de l'œuvre extraordinaire du magicien et savant Albert le Grand.

Savant, il l'était à coup sûr. Et des plus notables de son temps. Son enseignement intéressait au point qu'il dut parler en plein air, à l'endroit précisément dit place Maubert. Il fit des trouvailles réellement scientifiques, en chimie notamment. Et cependant il crut aux pires extravagances de son époque et en commit lui-même, ainsi qu'on en va juger.

Il partait néanmoins d'un principe qui, en soi, n'est pas absolument dénué de vérité, à savoir : que les propriétés particulières des corps (minéraux, végétaux, animaux) doivent se conserver dans l'utilisation de ceux-ci (1). Ce qui vient du lion doit engendrer la bravoure, pensait-on à son époque, et ce qui vient du lièvre engendrer la crainte, puisque le lion est courageux et le lièvre peureux. Appliquez cette théorie dans son intégralité, et vous arriverez à des formules fantastiques... jusque dans le cocasse. Surtout si vous y mêlez les influences astrales et la force du verbe... D'autre part, certaines formules ont ceci de commode... pour la réputation des magiciens, qu'on ne peut pour ainsi dire pas les employer tant les composants en sont difficiles à se procurer.

Exemple : Pour qu'un homme s'excite à l'acte génésique, il n'a, paraît-il, qu'à porter en amulette le poumon droit d'un vautour. Parfait. Mais est-il bien facile d'attraper un vautour?

Voici d'autres recettes du même genre :

— Pour engendrer l'amour entre deux personnes, prendre une pierre dite *échites* et qu'on trouve dans le nid des aigles (?) La porter au bras gauche.

— Si l'on veut mettre une personne en amour, prendre d'un animal ardent le cœur, les testicules (ou la matrice) et les lui faire manger (2). Naturellement c'est l'organe mâle qui doit être donné à une femme, et, réciproquement, l'organe femelle à un homme.

— Prenez un cœur de colombe, un foie de passereau, une matrice d'hirondelle, un rognon de lièvre; faites sécher; réduisez en poudre; ajoutez un poids égal de votre sang; faites sécher de nouveau et mêlez cette cendre

---

(1) Se rappeler à ce propos la théorie de Brow-Séquart, de Voronof, etc., dont nous parlerons plus loin. Ce n'est pas avec le cœur ou le foie d'un animal que ces médecins redonnent de la vigueur, par injection ou par greffe. C'est bel et bien avec le liquide séminal ou avec le testicule lui-même.

(2) L'hirondelle, la colombe et, en général, les oiseaux, surtout ceux qui font beaucoup l'amour comme le pigeon, étaient naturellement réputés chauds. De même le taureau, le loup, le cerf. C'est donc des éléments pris à ces animaux que l'on formera des excitants génésiques.

animale aux aliments de celle que vous désirez : elle succombera bientôt entre vos bras !...

— Rien ne résiste à l'hippomane, morceau de chair et d'os qu'on trouve au front des poulains. Maint auteur l'affirme, et la croyance s'est perpétuée jusqu'à nos jours, puisque des « sorcières modernes » l'utilisent dans les philtres qu'elles composent pour les amoureux. Cet hippomane doit être séché au four dans un pot de terre neuf. On en fera avaler à la personne convoitée, sans qu'elle le sache, et fût-ce de la grosseur d'un poids, avec sa nourriture. L'effet est prompt et indubitable.

— Il est bon d'engendrer l'amour. Il est meilleur encore de le faire durer. Pour ce, prenez la moëlle du pied gauche d'un loup, faites-en une pommade avec de l'ambre gris et de la poudre de Chypre, et discrètement frottez-en, avec votre paume, en la caressant, la personne aimée. Elle sera de plus en plus chaude à votre égard.

— Si l'homme qui sent décroître ses forces génésiques se compose un baume fait de cendre de stellion, d'huile de millepertuis et de civette, et qu'il s'en oigne le gros doigt de pied gauche et les reins une heure avant de commencer le combat d'amour, il aura une victoire éblouissante qui enchantera sa compagne.

— Une autre pommade faite de graisse de jeune bouc, de civette et d'ambre gris est d'un heureux effet si l'on s'en enduit le gland, et suscite à l'amie un chatouillement délicieux.

— Si une femme est froide, son mari ou amant lui fera manger des testicules d'oie et du ventre de lièvre assaisonnés d'épices, ainsi que des salades abondantes en roquette, satyrion et céleri et mouillées de bonne huile et de vinaigre rosat.

— Par contre, pour apaiser une belle trop ardente, réduisez en poudre le membre génital d'un taureau doux et mettez-en le poids d'un écu dans du bouillon de veau, pourpier et laitue.

— Voici de quoi réparer un pucelage perdu : Prenez une once de térébenthine de Venise, un peu de lait de feuille d'asperge (?), un quart d'once de cristal minéral infusé dans du jus de citron, un blanc d'œuf, un peu de farine d'avoine, faites une pâte et introduisez-la dans le déduit d'une fille déflorée après l'avoir seringué de lait de chèvre et oint de pommade de blanc de rhazis... Il ne paraîtra plus rien du viol consenti.

— Et voici de quoi se prévenir du cocuage : Prenez de la moëlle dorsale ou le bout du membre génital d'un loup, du poil de ses yeux et de sa barbe, calcinez et faites avaler à votre femme sans qu'elle le sache : Vous pourrez aussitôt partir tranquillement en voyage.

— Secret d'amour du *Petit-Albert* : Ayez deux couteaux neufs et allez un vendredi matin, dans un lieu où vous savez trouver des lombrics. Prenez-en deux, joignez ensemble les deux couteaux et coupez à la fois les deux têtes et les deux queues de ces vers de terre; gardez les corps, revenez chez vous, enduisez-les de sperme, faites sécher, réduisez en poudre et donnez-en un à la chère désirée qui ne vous résistera pas.

— Autre secret : Cueillez de la main gauche un bouquet de verveine, plante chère aux magiciens; et dites en le confectionnant : « Je te cueille par la force de Lucifer, Prince des Enfers, et de Belzébuth, mère des trois démons; qu'elle commande à Attos, à Effeton et à Canabo d'aller tourmenter (ici nommer la cruelle espérée) de haut en bas afin que dans les vingt-quatre heures, elle accomplisse ma volonté.

— Autre secret : Arrachez-vous trois poils aux environs du sexe et trois sous l'aisselle gauche; faites-les brûler sur pelle à feu chauffée; réduisez-les en poudre, et introduisez-les dans un morceau de pain afin de les mettre dans la soupe. Femme ou fille qui aura mangé ce charme sera éprise à jamais de vous.

— Autre secret à employer par une femme : avoir un petit pain chaud au moment des règles; en enlever la calotte et faire tomber sur la mie neuf gouttes de sang; saigner du nez et faire tomber neuf autres gouttes; remettre la calotte et faire sécher le pain au four, le réduire en poudre et le faire prendre dans du café ou du bouillon en quatre ou cinq fois, secrètement, à l'amant dont on désire connaître le baiser sexuel.

— Autre secret pour qu'une femme ne puisse souffrir personne d'autre que son mari : Celui-ci prendra de la graisse et du fiel de bouc, séchera cette mixture, puis au moment de s'en servir, la trempera dans de l'huile et en frottera les parties de la femme, tout autour de son déduit. Elle ne consentira plus à connaître d'autres ardeurs que celles de son fournisseur habituel.

— Et puis, voici un moyen de se délivrer des pertes séminales que l'on fait parfois la nuit en rêvant d'étreintes amoureuses : se mettre une petite lame de plomb sur l'estomac. Vous empêcherez ainsi le malin Eros de vous travailler pendant le sommeil et de vous faire perdre ainsi la liqueur qui ne doit être émise qu'en état de veille pour le plus grand plaisir du petit vase de chair auquel seul elle est destinée.

Pour conserver l'amour une fois conquis, des auteurs réputés sérieux recommandent ceci afin d'aimer sans fin : Le lendemain de la première étreinte, sanctionnée ou non par les autorités civiles, prendre au coucher du soleil deux tourterelles, l'une mâle et l'autre femelle, les égorger et faire couler leur sang dans une coupe n'ayant jamais servi; y ajouter un peu de son propre sang et quelques cheveux de l'épouse, calcinés. Prendre la première page blanche d'une bible neuve et écrire dessus avec une plume d'or trempée dans le sang des tourterelles : « Partout où tu iras, j'irai; partout où tu resteras, je resterai; ton peuple est mon peuple et ton dieu est mon dieu; je mourrai où tu mourras. Seule la mort nous séparera. » Parfumer ce papier à l'encens et le mettre sous l'oreiller nuptial. Verser le breuvage dans une second coupe vierge et y mêler du vin. En boire la moitié et faire boire le reste à l'aimée. Plus rien ne brisera les liens sacrés unissant les deux conjoints.

Quant à rompre une liaison dont on est las, vingt recettes sont données pour cela. Mais nous nous garderons de les reproduire ici : ce serait une mauvaise action !

Tiré de « la Magie naturelle », de Porta. — Gambattista della Porta est un Napolitain (1540-1615) dont le savoir fut célèbre, surtout en sciences naturelles; mais il y mêlait comme Albert le Grand, mille idées superstitieuses. Son fameux livre : *la Magie naturelle* a eu un immense succès. Daragon, il y a quelques années, en fit une édition nouvelle, conforme à celle de 1631 et où nous puisons, nous contentant de ce qui touche à l'amour, les curiosités suivantes :

— Prendre, piler, réduire en poudre et tamiser de la racine de jayet; en mettre dans de l'eau ou du vin et le faire boire à une jeune fille. Si incontinent elle éprouve le besoin d'uriner, c'est le signe qu'elle aura perdu son pucelage; dans le cas contraire, elle pourra se retenir. L'ambre blanc opère de la même façon. On peut encore se servir de feuilles de glycine, les brûler sur de la braise ardente et forcer la fille à en recevoir la fumée dans la vulve au moyen d'un entonnoir. « Si elle est déflorée, écrit Porta, elle pissera aussitôt et ne pourra retenir son urine. Mais si elle est chaste et qu'elle n'a jamais coïté, elle recevra ce parfum dans sa vulve sans aucun dommage et ne pissera pas, ce qui prouvera qu'elle est toujours pucelle (1). Si quelqu'un, par manière de passe-temps, voulait que la fille non seulement pissât, mais répandît sa semence, il ferait ainsi : il scierait du bois d'aloès et le ferait brûler; il en ferait passer la fumée par la vulve, et aussitôt la semence en sortirait avec abondance, chose vraiment assez plaisante. » (Livre II, chap. 22.)

Porta parle aussi longuement de l'hippomane. Il est double, affirme-t-il, l'un qui est une semence distillée des parties honteuses de la jument enflammée d'ardeur démesurée, l'autre, grosse comme une noix de chair et posée sur le front du poulain naissant. Souvent la jument arrache elle-même cet apostème. Il sied donc de le dérober pour s'en servir utilement.

Virgile avait déjà chanté l'hippomane en ces vers dont nous trouvons une traduction assez médiocre :

...De là finalement cette semence lente
Qu'on estime à bon droit horrible ou violente,
(et que du nom fort clair d'hippomanès appelle
des pastoureaux experts la charmante séquelle)
La distille une ardeur faite d'embrasement
Du membre naturel de la chaude jument.

Accas, Pausanias et maint autre, dont Porta, donnent une force extraordinaire d'excitation amoureuse à cette humeur, os, ou boule de chair hippomaniques. Séchée, mise en poudre, et donnée à quelqu'un dans un breuvage, elle engendre des désirs forcenés auxquels nul ne résiste, pas plus une vierge pure qu'une femme sage, un

---

(1) Avicienne — un grand esprit, pourtant ! — donne une formule du même genre. « Pour savoir, dit-il, si une femme est infidèle ou non, pilez de la pierre galériate, sorte de cinabre qu'on trouve en Lybie et même en Bretagne, et faites-la laver par la suspectée. Elle pissera aussitôt si elle n'est pas fidèle, et non dans le cas contraire. »

prêtre qu'un vieillard. Tous sont saisis d'un prurit de luxure qui bon gré mal gré doit se satisfaire.

* * *

Charmes, philtres et enchantements. — Bien connus des Anciens : l'aventure d'Apulée en est la preuve. Le célèbre écrivain latin fut accusé d'avoir conquis une riche veuve carthaginoise par l'emploi d'un philtre magique où étaient entrés du poisson, de l'huile et de l'écrevisse. Les parents de la veuve attaquèrent l'auteur de l'*Ane d'or* en s'appuyant sur ce fait que la femme « charmée » avait soixante ans et depuis quinze ans ne songeait nullement à renouer des liens conjugaux. Apulée se défendit en arguant simplement des soins que sa jeune vigueur avait prodigués à la personne en question, et il parla si bien qu'il gagna son procès.

Il est probable que les philtres d'amour étaient à base aphrodisiaque; mais pour leur donner un petit air magique on y mêlait les choses les plus étranges : du sperme, du sang menstruel, des rognures d'ongles, des viscères, des reliques, des fragments d'ornements d'Eglise ! (selon Delrio).

Les *charmes* se distinguent des *philtres* en ce que les philtres sont des mixtures qu'on fait boire, les charmes ne sont que dans les paroles que l'on fait entendre. Il est vrai qu'on dit aussi : boire les paroles de quelqu'un ! La musique peut également charmer, au sens magique du mot. Témoins les charmeurs de serpents, et l'antique Orphée... Toutefois le charme par le chant s'appelle plutôt enchantement. C'est par enchantement que tuait la Lorelei postée derrière son roc, sur le Rhin... Les sirènes enchantaient...

* * *

Voici la recette, un peu compliquée, d'un philtre d'amour dit *Boisson dorée* et que nous trouvons dans les *Philtres magiques triomphateurs de la Femme* (1).

Le premier vendredi, après une nouvelle lune d'été, aller à midi quérir une vipère, la tuer et lui couper la tête qu'on emporte en un sac de soie rouge. En arrivant chez soi, jeter à l'orient le bâton dont on s'est servi pour assommer la bête, et suspendre le sac dans un endroit obscur et chaud. La nuit suivante, aller pieds nus dans un pré et cueillir avant minuit deux feuilles de trèfle blanc, deux de trèfle rouge, six de taconnet et six tiges d'euphorbe qu'on rapportera dans un panier neuf.

Détacher ensuite de deux rosiers un bouton blanc, un bouton rose et une jeune feuille de chacun, les envelopper d'un parchemin vierge sur lequel on écrit en latin : *revarin myrtol her kulbata*, avec une plume d'oie neuve trempée dans votre propre sang.

Placer cette feuille et son contenu, et aussi le panier à la tête du lit, sur une table où une lumière brûlera trois heures au moins; se coucher et prier. Au réveil, humecter fleurs et feuilles d'eau fraîche de puits et les placer au lieu où sèche la tête de vipère. Attendre la nuit. Vers onze heures étendre sur une table, dans la chambre, du parchemin vierge, y dessiner avec une pointe vierge et rougie une étoile à six branches, à la lueur d'un vieux cierge d'église placé dans un chandelier d'argent.

Se procurer alors un hachoir neuf, deux couteaux neufs, une coupe vierge en porcelaine, une bouteille neuve et bien rincée, un verre noir, une bouilloire d'alcool, une carafe d'eau fraîche, un bâton de cire neuf, un cachet, un mortier et un bouchon neuf en liège.

A minuit, après trois signes de croix, prendre la tête de la vipère, la placer dans le mortier avec feuilles et

---

(1) Ed. Guérin aux galeries Laferrière.

fleurs conservées et réduites en fine pâte, piler le tout pour en faire une mixture homogène, placer le mortier sur la flamme de l'alcool jusqu'à ce que le contenu soit sac; réduire encore en poudre. Pendant que le mortier chauffe, se prendre du sang avec les couteaux neufs, en laisser tomber six gouttes dans la coupe, y ajouter de l'eau, verser le contenu du mortier dans la coupe, agiter, faire bouillir. Se prendre trois cheveux, les calciner et jeter dans la coupe. Faire de même avec le parchemin et le sac. Verser le tout dans la bouteille, ajouter de l'eau pour la remplir jusqu'à ce qu'elle déborde; boucher, cacheter, mettre dans le lit, étendre la lumière, prier et s'endormir.

Au bout de trois jours seulement, après l'avoir laissée dans l'obscurité puis exposée à la fenêtre, au troisième minuit, la liqueur pourra servir : à raison de cinq gouttes au plus pour les hommes et trois pour les femmes, mêlées à la boisson ou aux aliments.

L'effet paraît-il, est prodigieux ! Un vieux redevient sous son action juvénile comme à vingt ans. Une jeune fille grisée de ce philtre se jette aux bras de qui l'aime, fût-elle vierge comme la Mère de Jésus ou sainte comme Cécile, patronne des musiciennes. Une fois, certaine jouvencelle, qui avait un frère mais brûlait pour un ami de celui-ci, mit discrètement dans le verre du désiré quelques gouttes du précieux élixir. Or, il advint que les deux camarades ne prirent pas les verres à chacun destinés; et, en l'absence de la belle, passée un instant dans la cuisine, c'est son frère qui avala le liquide magique. Mal lui en prit. Durant tout le repas le voilà jetant sur sa sœur des regards concupiscents. L'ami parti, il la lutine, la cajole, veut consommer l'inceste. Atterrée de l'erreur devinée, elle le repousse, mais en vain, Il l'emporte, la viole, s'en désepère et va se jeter dans le fleuve proche. Tel avait été l'horrible farce de la Boisson dorée !...

Inutile de dire que nous ne croyons pas un mot de cette histoire, ni de la vertu de ce philtre fantastique. D'ailleurs qui donc aurait la patience de composer ce fantaisiste breuvage, que remplacent avantageusement quelques pastilles d'un aphrodisiaque moderne...

*
* *

Extrait des « Pratiques des harems marocains ». — Il était curieux et difficile de se documenter sur les coutumes arabes actuelles touchant les secrets d'amour plus ou moins magiques pratiqués dans les harems ou connus des vieilles du pays marocain. Mme A.-R. de Lens, fille d'ailleurs de médecin, très au courant des mœurs de ce pays et même admises dans les familles si fermées du Nord-Africain, réussit à connaître un bon nombre de ces recettes mystérieuses qui tant se rapprochent, on le verra, des formules, extravagantes souvent, des anciens grimoires. Elle les a publiées dans le *Maroc médical*, puis réunies en un volume à la librairie orientaliste de Paul Geuthner. Quelques extraits de l'édition de 1925 montreront que tant de coutumes bizarres, qu'on croyait mortes depuis des centaines d'années, vivent encore, et bien près de nous ! Nul doute que dans tous les pays du monde il n'en subsiste ainsi. Ce qui suit ne sera donc qu'un lot d'exemples pris entre mille qu'on pourrait découvrir par une étude approfondie de la médecine et de la sorcellerie populaires.

La médecine, nous la laissons ici de côté, pour ne mentionner qu'un choix de secrets d'amour et de beauté.

— Contre l'impuissance virile, l'homme devra prendre un mélange d'eau de rose, de sucre et d'amandes pilées, agir aussitôt après « avec une ânesse comme avec une femme » puis aller se purifier au hammam. Il en sortira bien portant. Une bonne ingestion au retour du bain, d'un mélange de gingembre, clous de girofle, noix de muscade, noix du Sahara, aistoloche et lavande sauvage cuits ensemble, est également recommandée.

— Pour avoir des enfants, la femme cherchera une souris qui vient de mettre bas sept petits, les lui prendra, les roulera dans la farine et les avalera tout vivants avec de l'eau.

— Autre procédé : Prendre sept gousses d'ail, les faire cuire, les tremper dans l'huile. Et chaque jour « s'en introduire une ». La matrone aussitôt après réchauffe le ventre de la femme avec une poêle à frire rougie au feu et qu'elle approche à petite distance de la peau sans la toucher. Puis elle frictionne avec de l'huile, lui recouvre le ventre de menthe verte et la ceint d'une étoffe de laine.

— Si au contraire elle ne veut pas d'enfant, la femme « s'introduira » du camphre et de l'alun pilé, enveloppés dans un chiffon de laine, qu'elle gardera trois jours pendant lesquels elle avalera du camphre dans de l'eau.

— Pour « faire tomber le fil d'Adam » autrement dit pour avorter, la femme prendra chaque matin du piment rouge macéré dans du vinaigre (1).

— La fille qui désire époux, taillera dans sa chemise une lanière d'étoffe de sa grandeur, la coupera en sept morceaux, enfermera dans chacun de la poudre des sept épices mâles (?) pilés ensemble, et les disposera la nuit dans une veilleuse allumée au seuil de la porte, en répétant sept fois « O mon époux, viens chez moi. » Et elle ne tardera pas à être demandée en mariage.

— Pour rendre à une mariée déflorée avant ses noces

---

(1) Bien d'autres formules sont données par les vieilles matrones pour avorter, aussi bien que pour ne pas avoir d'enfants, ou en avoir, ou procréer mâles ou femelles, etc. Nous insistons sur ce point que ces sottises sont des plus dangereuses et que nous ne les donnons qu'à titre documentaire. Nous sommes sûrs que nos lectrices n'auraient pas la folie de tenter ces expériences extravagantes dont, de l'aveu même des vieilles marocaines, il arrive souvent qu'elles entraînent la mort.

les apparences de la virginité, piler d la noix de galle, de l'alun, et « la bouche d'une grenade ». La matrone en saupoudre la mariée « où il convient ». Et le marié ne s'aperçoit de rien ! Si la mariée au contraire est anémique et qu'on craigne l'insuffisance des preuves de sa virginité, piler et passer de l'alun que la mariée « s'introduit » avant de partir pour la maison nuptiale.

— Afin de s'assurer la suprématie à la maison, la matrone conseille à l'épousée d'uriner au matin de la nuit nuptiale, sept petites fois de suite dans sa main, de verser le contenu chaque fois dans un bol, et de vider ce bol dans le thé qu'elle préparera à son mari en disant :

Je t'ai fait prendre de mon eau
Afin que tu ne voies plus que par mes yeux
Que tu n'entendes plus que par mes oreilles,
Que tu ne parles plus qu'avec mes paroles.

— Pour « rabonnir » un mari violent ou obtenir la fidélité de son conjoint, l'épouse devra mesurer sa verge pendant son sommeil, avec un fil de rouet qu'elle ensevelira dans une cotonnade et enterrera dans le jardin... Il y a aussi une recette tellement macabre qu'elle déchaîne le rire : Aller au cimetière, la nuit, y déterrer un cadavre récemment inhumé, l'asseoir sur ses genoux, et, lui prenant la main lui faire pétrir un pain; dès que le mari aura mangé de ce pain, il deviendra, entre les bras de sa femme, aussi docile qu'un mort !

— Une épouse maltraitée fera bien de se procurer des moustaches de hyène, qu'elle brûlera pour en mêler les cendres au café de son méchant époux. Le remède sera plus actif si c'est de la cervelle de hyène qu'elle met dans la harira (soupe épicée) du soir.

— Quand son mari est absent, et qu'elle voudrait bien le voir revenir, l'épouse éplorée brûlera du benjoin (du noir et du blanc) et s'accroupira au-dessus de la fumée pour que son orifice amoureux en soit pénétré, en disant :

> Les gens t'appellent « ma chose »
> Moi je te nomme « Madame la folle »
> Attire un tel, fils d'une telle (elle nomme l'époux)
> Fût-il en pays inconnu.

Au moment du départ, elle peut aussi, étant pressée de le revoir, lui dire quand il franchit la porte :

Que le ciel sur ta tête soit brûlant comme celui de l'Inde
Que le ciel sous tes pieds soit comme le foie d'un chien
    Afin que tu reviennes vite, vite
    Jusqu'à mon cher petit endroit.

— Sentant diminuer l'ardeur de son mari, la femme, chaque soir et durant sept jours « s'introduira » une datte, la gardera toute la nuit, et le matin s'arrangera à ce que l'époux la mange sans se douter d'où elle vient. Ou encore elle « s'introduira » un petit morceau de viande, le gardera quelque temps, le suspendra au mur, le fera griller et le mélangera adroitement à celle que le conjoint mangera. Si au contraire, elle veut diminuer une ardeur qui trop souvent veut s'user avec elle et la fatigue, l'épouse va recueillir au hammam un peu de l'eau sale qui coule du conduit, pétrira, avec, un de ces petits gâteaux qu'on nomme « kerchel » et le fera manger au trop brûlant conjoint.

— Si de deux nouvelles mariées arrivant au harem, l'une veut à l'autre du mal, elle prendra du fiel de grenouille et en enduira le seuil de la maison de l'autre. Puis elle prendra des poils d'un ventre de chienne et les mettra sous le lit nuptial de sa rivale qui ne sera plus qu'une chienne aux yeux de son mari.

— Une belle-mère qui veut détacher son fils d'une épouse trop aimée prendra « un linge » de sa bru, le lavera et en exprimera l'eau dans la nourriture de son fils.

.*.

Voici maintenant quelques recettes de beauté :

— Pour rester jeune et frais, prendre deux cuillerées chaque matin et deux chaque soir d'un sirop fait d'huile ou de miel, ajouté à une mixture faite en pilant ensemble du gingembre, des clous de girofle, de la muscade du Sahara et de la racine de galanga. Excellente habitude aussi de faire ses ablutions avec de l'eau très froide.

— Pour se blanchir le visage, étendre dessus une pâte faite de fenugrec pilé et d'eau. Ou encore une pâte faite de coquillage vierge et d'urine de jeune garçon impubère. Ou encore de la pommade de ghalia ajoutée à une pâte faite de safran, de cannelle et de date pilée. Ou encore de la gomme saudaraque délayée dans du sang de porc-épic, etc... etc... Pour le rendre éblouissant, faire fondre du beurre et y ajouter céruse, carmin, benjoin blanc et bois de Canari pilés.

— Pour embellir les yeux : Se soulever les paupières et se frotter les yeux avec des épluchures de radis. Ou encore se verser chaud sur les yeux du miel où ont cuit des pelures d'oignons. Si l'on peut recueillir de la pisse de chat, y ajouter de l'alun grillé et pilé, tremper dedans un linge et s'en bander les yeux; « le remède leur donne un éclat insoutenable ».

— Le bon khol doit être préparé à la maison, avec des clous de girofle, du corail, des noyaux d'olives noires, un grain de poivre et de l'antimoine. Le tout doit être pilé par sept fillettes encore nubiles ou par une femme « dont l'heure est passée ». Tamiser la poudre à travers un mouchoir, et l'étendre sur les cils et sourcils.

— Les Marocaines coquettes noircissent leur lèvre

inférieure avec des écorces de noyer, pour faire apparaître la blancheur des dents. D'autres, pour avoir les lèvres douces et lisses les enduisent avec du cerumen extrait de leurs oreilles. La beauté des dents s'obtient avec de la poudre de charbon de bois sucrée, ou de l'écorce de noyer, ou en gardant une heure ou deux dans la bouche du tym pilé.

— Pour réduire des seins trop gros, il paraît qu'il suffit de se les frapper sept fois avec les babouches d'un jeune célibataire. Et pour faire grossir des seins trop petits de les frotter avec des fèves qu'on jettera ensuite dans un puits en disant :

O fèves, quand vous enflerez
Eux aussi enfleront.

.*.

Telles sont les recettes de ces vieilles sorcières, matrones, apothicaires, tolbas (scribes publics), qui par surcroît vendent des amulettes aux naïfs, barbiers passant de harem en harem... Voici comment on raconte là-bas l'origine du pouvoir mystérieux des vieilles femmes :

Un jour, au fond du passé des âges, les vieilles voulurent mettre la main sur le Diable, et sachant qu'il aime la dispute, se mirent à s'injurier.

Le Diable arriva et les cris aussitôt se changèrent en gémissements.

— Qu'avez-vous? demanda le Diable.

— C'est que nous voudrions voir le Diable, et nous savons qu'il est mort.

— Mais non, il n'est pas mort, puisque je suis ici.

— C'est toi le Diable? Menteur, nous ne te connaissons pas.

— Je dis vrai !

— Entre dans cette amphore et nous te croirons.

Il entra et les femmes, vite, fermèrent le vase.

— Ouvrez, coquines ! hurla le Diable en se débattant.

— Jamais de la vie, nous te tenons et te gardons.

— Ouvrez, chiennes ! chamelles ! prostituées !

— Tais-toi, gredin qui n'as qu'un cheveu.

— Ouvrez, mes belles ! Je vous le rendrai en bien.

— Comment peux-tu faire du bien, toi, Père du Mal ?

— Je vous apprendrai mes secrets et l'art de l'emporter sur les hommes.

Les vieilles consentirent, le Diable sortit et leur enseigna la Sorcellerie. Et si cette Sorcellerie vient de l'Enfer, on comprend qu'elle sente le sabbat à plein nez, qu'elle aime mêler à ses recettes des excréments et tout ce qu'on peut imaginer de sale, de cocasse, de répugnant, qu'elle redoute enfin les médecins européens. En fait, on appelle ceux-ci à la dernière extrémité. On tient plus ou moins compte de ses prescriptions. On y ajoute les remèdes des bonnes femmes. Et si le malade guérit, c'est grâce à ceux-ci. Et s'il trépasse, c'est qu'Allah le voulut.

Allah soit loué !... Après tout, cette résignation est-elle si loin de celle des chrétiens qui disent : Que soit faite la volonté de Dieu !

Extrait des « Kama-Shastra ». — Les *Kama-Shastra* sont, comme les *Kama Sutra* un « Art d'aimer », une sorte de code d'amour riche en prescriptions et recettes de toutes sortes. L'auteur, Kalyana Mala, brahmane de caste, né à Kalinga, l'écrivit pour l'éducation sexuelle de Lava Khan, fils d'Ahma-Khon, vice-roi de Guzerate, au XVIe siècle. Traduit en anglais en 1885, il le fut ensuite en français, par Isidore Liseux. Nous en détacherons ici quelques formules du chapitre des médecines utiles : prayogas (applications externes), recettes, cosmétiques, charmes, etc... Si, sans vouloir lire l'œuvre complète de l'archipoète Kalyana Mala, on en veut simplement quelques larges extraits, on les trouvera dans le premier volume de la collection l'*Art d'aimer, en Orient*

Pour procurer à la femme le paroxysme de la jouissance pendant le *congrès*, appliquez auparavant au lingham une application faite de graine d'anis réduite en poudre fine, colorée et dont on a composé un électuaire avec du miel. Ou une application de graine montée de rui (asclépiade) broyée et pilée au mortier avec des feuilles de jasmin double jusqu'à ce que le jus en soit exprimé. Ou une application de fruit de tamarinier broyé au mortier avec du miel et du minium. Ou une application de miel broyé avec, à parties égales, du camphre, du borax et du vif-argent pur. Ou une application de miel, beurre fondu clarifié, borax brut et suc de feuilles d'agosta, le tout en parties égales bien pilées. Ou une application de mélasse, fève de tamarin et poudre d'anis, à parties égales, liées avec du miel.

Pour retarder l'orgasme de l'homme, car s'il arrive trop tôt il le laisse insatisfait, voici quelques recettes : Pulvériser de la racine de sensitive (*mimosa pudica*) dans du lait de vache et appliquer cette composition sur la plante des pieds avant le congrès; elle prolongera la rétention de la liqueur vitale. Ou bien appliquer de même de la racine pulvérisée dans du miel avec du pollen de fleur de lotus. Ou encore, mais sur le nombril, du camphre, du vif-argent purifié et de l'écorce de shishu (*dalbergia sissoo*) par parties égales et bien pilés.

Comme aphrodiaques (en hindou : vajikarana), voici quelques recettes des sages anciens :

Exposer du suc de bhuya-kokali (*solanum jacquini*) au soleil jusqu'a dessication, y mêler du beurre clarifié, du miel et du sucre candi. Cet excitant permet à un homme de contenter dix femmes.

Autre recette : Extraire de la sève de l'écorce de l'anvalli (*phyllantus emblica*), l'exposer au soleil jusqu'à dessication, mêler à de la poudre du même arbre, et, avant le congrès, manger cette poudre avec du miel, du sucre candi et du beurre clarifié. Cela transforme un vieillard même en étalon.

Autre recette : Mêler à parties égales avec du lait, de la poudre de kuili (*dolichos pruriens*) de kantagokhru (*tribulus lanuginosus*) de kakri (concombre) de chikava (*hedysarum lagopodivides*) de lechi et de laghu-shatavari (*asparagus racemosus*) : Vigueur aussitôt retrouvée. D'autres recettes sont données pour revigorer les gens âgés ou fatigués, ou pour donner « une salacité de moineau, capable de jouir de sa femelle des dix et vingt fois de suite ». En voici pour renforcer le membre viril en grosseur, vigueur et dureté :

Mélangez dans de l'huile de sésame orientale, à parties égales, de la myrrhe en poudre, du sulfure rouge d'arsenic, du *costus arabicus*, de l'anis et du borax. Oignez le membre, et l'éréthisme désiré se produira. Ou bien prenez des bilva (noix du *semicarpus anacardium*), du sel noir, des feuilles de fleurs de lotus, réduisez en cendre, trempez dans du suc de solanum épineux, appliquez sur le lingham après l'avoir oint d'excrément de moufflonne : il deviendra dur comme un pilon à broyer du riz. Ou encore mélangez des fruits de dorli (*solarum macrorrhizon*) des bilva et de l'écorce de grenade avec de l'huile amère (huile de moutarde, à brûler). Enduisez le membre. Il deviendra gros comme un poignet.

Mais il n'est pas mauvais non plus, au lieu d'amplifier le lingham, de rétrécir le yoni, qui avec l'âge ou par suite des maternités, tend à trop s'élargir chez la femme. Voici pour cela quelques bonnes formules :

Introduire dans le yoni, tige ou fleur de lotus pilées dans du lait et pétries en petites boulettes : Eût-elle cinquante ans, la femme reprendra l'apparence d'une vierge. De même, on obtient la constriction des tissus en appliquant intérieurement de l'écorce de sapin broyée avec du curcuma, du zédoaire et du pollen de lotus. Même raffermissement utile en frottant le yoni avec de la graine en poudre de tal-makhana imbibé du suc de la même graine. Une femme paraîtra également pucelle en s'introduisant du miel où elle aura pilé ensemble à quantités égales du triphala (mélange des trois myrobolans, le jaune, le bellerie et l'emblic) de la fleur de dhavhati (*grislea tomentosa*) du cœur de pommier rose et de cotonnier soyeux. On tanne en quelque sorte l'intérieur de la vulve en y introduisant en guise de suppositoire du miel contenant du sel produit par la vapeur d'écorce ébouillantée de moh (*bassia latifolia*).

L'auteur donne ensuite des recettes pour obtenir l'épilation complète du « triangle sacré », pour combattre l'arrêt brusque du flux menstruel, ou au contraire son excès, pour favoriser la fécondation, protéger des fausses-couches, faciliter la délivrance, assurer, si besoin est, la stérilité, etc... Puis viennent la série des cosmétiques pour faire pousser ou colorer en beau noir les cheveux, nettoyer la peau, enlever les taches du visage, purifier l'odeur de la bouche, etc... Nous ne retiendrons de toute cette droguerie que les recettes pour les seins et la finale sur le cadre de l'amour.

Pour durcir les seins mous ou pendants, l'auteur, donc, préconise d'appliquer dessus du suc de narvel (*narwelia zeylonica*) bouilli dans de l'huile de sésame. Ou bien de l'écorce de grenade en poudre, bouillie dans de l'huile de moutarde.

Enfin, retenons cette vision du lieu où doit s'accomplir l'amour :

Ce sera la chambre la plus spacieuse de la maison, la mieux aérée. On la purifiera au lait de chaux, puis on la décorera de peintures et autres objets sur quoi les yeux se poseront avec délices. Elle contiendra des instruments de musique. Sur des petites tables seront disposés des rafraîchissements, des aphrodisiaques, des flacons d'odeurs suaves, des éventails, des livres de chansons amoureuses, des albums lascifs. De nombreux miroirs réfléchiront les objets et les lumières. Et là « l'homme et la femme dégagés de toutes réserves, de toute fausse honte, se livreront, en parfaite nudité, aux ébats d'amour, sur un lit large, élevé, garni de nombreux coussins et surmonté d'un splendide baldaquin, aux draps semés de fleurs et parfumés de vapeurs exquises... C'est là que, monté sur le trône d'amour, l'homme jouira de la femme en toute aise et confort, donnant pleine satisfaction à ses désirs, à ses caprices et à ceux de sa compagne ».

Hélas ! il faudrait aujourd'hui être prince pour se payer le luxe d'un tel nid ! Trois fois hélas ! la religion d'amour a sombré en tant que théorie et sa pratique nous donne aujourd'hui pour visions de banales étreintes dans de banales chambres d'hôtels, ou dans combien de pièces étroites, voire de taudis, créés par la crise du logement...

... Et vous voudriez qu'on ne regrette pas les temps anciens ?

*
* *

Rêves d'amour. — Dans sa *Physiologie de l'Amour*, Pierre Darblay indique l'importance des songes lascifs. Les sens, dit-il, restent sous l'influence des idées de la veille, même pendant le sommeil. C'est au point que l'âme peut faire naître ainsi les mouvements nécessaires à l'exécution des volontés que suggèrent les idées qu'elle suscite. Sans insister sur ce sujet délicat, on sait que le désir, activé par des visions luxurieuses, transforme la possibilité en réalité.

L'auteur rapporte à ce propos, dans un de ses livres, qu'un jeune Égyptien assez pauvre, éperdûment épris d'une courtisane fameuse nommée Archidice, lui offrit tout ce qu'il possédait pour passer une nuit avec elle. Archidice refuse dédaigneusement. Notre amoureux désespéré sollicite Vénus de lui donner au moins en songe les faveurs que la belle lui refusait en réalité. Soit que la déesse exauçât ses vœux, soit que son désir fût si puissant qu'il parvint à lui obtenir en rêve l'étreinte complète si ardamment désirée, il eut en fin de compte, pendant son sommeil, la joie qu'il cherchait. Or, ayant eu l'imprudence de raconter cette aventure à des amis, le récit en vint aux oreilles de l'avide courtisane qui assigna son soupirant devant un tribunal pour qu'il payât le prix du songe voluptueux qu'il lui devait. Les juges avec sagesse la déboutèrent d'ailleurs de sa demande, en lui conseillant de demander à son tour à Vénus de lui donner un songe où elle recevrait l'indemnité qu'elle réclamait !

A Rome, les jeunes filles allaient dormir dans certains temples pour obtenir de beaux songes d'amour. L'une d'elle éprise d'un jeune homme dont elle ignorait l'inconduite, se rendit au temple de Serapis, et supplia les dieux de lui accorder en songe une heure d'intimité tendre avec cet amoureux qui lui paraissait si charmant. Mais le rêve qu'elle fit devint si libidineux, ce jeune perverti l'accabla de telles caresses à contre-sens de ce que réclame l'amour ordinaire, que, par la suite, elle ne voulut plus le voir et fit tout pour l'oublier.

En Poldachie, les jeunes filles récitaient la veille de la Saint-André, avant de se coucher et afin de voir leur fiancé pendant le sommeil, neuf *pater* debout, neuf à genoux, et neuf assises, puis elles chantaient :

> Saint André, je sème ce lin
> Le jour de ta fête,
> Donne-moi la connaissance
> De celui avec qui je le cueillerai.

Une demoiselle Masielska conte en ses *Mémoires* que le moyen était bon et lui réussit. Car elle vit ainsi en rêve le fiancé qu'elle épousa et dont elle dit ingénûment : « M. Etienne est un galant parfait. Sa moustache est si bien peignée et sa chevelure si bien relevée, qu'il semble que Cupidon lui-même lui sert de valet de chambre ! »

Voici deux formules tirées de l'*Art de se rendre heureux par les Songes* :

I. Recette pour voir des femmes nues en rêve : Prendre une demi-once de semence de cerf ou de nature de biche calcinée, 3 onces de crâne de loup calciné, 1 once de terre sigillé, 2 drachmes de bol d'Arménie, de la noix muscade, 3 drachmes de tragacanthe, 1/2 drachme de sel de nitre. Pulvériser le mélange et s'en saupoudrer le sommet de la tête.

II. Recette pour rêver qu'on couche avec une femme : Prendre 2 onces de scamonnée et de camomille romaine calcinée, 3 onces d'arêtes de morue et d'écailles de tortue, mélanger dans 5 onces de graisse de castor mâle et 2 onces d'huile de scamonnée bleue cueillie dans les premiers jours du printemps. Bouilli avec 1 once de miel et de la rosée recueillie sur des fleurs de pavot, ce mélange, pour donner des résultats, doit rester au soleil pendant deux mois d'été, puis passer tout un hiver en cave dans le sable frais.

APHRODISIAQUES ET REVIRILISATIONS MODERNES. — Les temps modernes ont pensé tout comme les anciens aux moyens de *forcer l'amour*. Mais leur magie et leur « sorcellerie » sont plus rationnelles et ont abandonné puérilités et bizarreries pour ne s'attacher qu'aux excitations et revigorisations réellement efficaces. Nous allons les passer en revue mais rapidement, car si nous gardons un pied dans le sujet de ce livre, force nous sera de mettre l'autre sur un domaine qui sort de son objet précis.

Ces moyens de forcer l'amour peuvent, il nous semble, se diviser en cinq catégories : 1° les moyens psychiques qui tiennent spécialement à notre cadre, mais qu'on ne nous blâmera pas d'élargir en y ajoutant : 2° les moyens sensoriels (excitation des cinq sens); 3° les moyens physiques ou mécaniques; 4° les moyens chimiques (aphrodisiaques proprement dits); 5° les moyens naturistes (injections et greffes).

Les moyens psychiques ne doivent pas être dédaignés, pour subtils qu'ils soient. La simple volonté de conquête peut agir puissamment sur l'être qui la subit. Elle peut se combiner au charme naturel, qui déjà est un opérant, mais non toujours suffisant.

Sans doute une femme peut plaire à un homme par ses formes, et un homme à une femme par son allure. Et la beauté n'est pas toujours en jeu. Il y a des attractions qui lui sont étrangères. Nous avons déjà dit que ces attractions pouvaient se rapporter à une sorte de vampirisme spirituel. La sympathie et l'antipathie sont des phénomènes psychiques déclanchant, soit l'amitié (ou la défiance), soit l'amour (ou la haine). Mais combien plus la sympathie amoureuse s'accroît du fait de la volonté qui tend à l'imposer ! Dans certains cas elle est cependant subtile, quasi-irrésistible : c'est ce qu'on nomme « le coup de foudre ».

Mais l'attraction voulue peut s'exercer sur un sujet non

préparé. C'est le cas des conquêtes, fugaces ou sérieuses, des courtisanes. Voyez-les dans un lieu public, ou même dans la rue. En voici une qui, si elle ne fait point attention à vous, vous laisse froid. Mais qu'elle veuille vous avoir ! Et voici qu'œillades et sourires opèrent, vous parcourent d'un frisson tentateur, font naître une sympathie, sans doute simplement charnelle, c'est-à-dire le désir d'étreinte... Certes, vous pouvez résister. Mais vous ne résistez pas toujours, et une fois de plus la Ruse féminine aura vaincu.

A votre tour, homme, une femme vous a séduit. Vous la désirez. Si c'est une courtisane, elle ne tentera même pas de résister, sachant la récompense monétaire de son abandon. Le cas ne nous intéresse point. Mais si c'est une jeune fille, une femme mariée, une veuve, il vous faudra mettre en action votre volonté de conquête. Et ce sera un assaut peut-être difficile, rarement impossible si le bon hasard a voulu qu'il n'y ait pas antipathie foncière à l'origine du combat, de volonté plus puissante que la vôtre, ou née aux sources du devoir.

C'est alors une lutte qui a son intérêt, une belle lutte d'influences entre deux psychies affrontées.

Et dans cette lutte, comme dans toutes les autres, il faut réunir les éléments du succès, appliquer une méthode, mettre en jeu l'intelligence. Nous citerons à ce propos un fragment d'étude de Paul Jagot :

« De la part de l'opérateur, écrit-il, la *netteté*, la *continuité*, l'*intensité* des représentations mentales sont les trois facteurs de la puissance psychique. Cette puissance, mise en action, rencontre de la part du sujet une résistance plus ou moins grande. Si l'expérimentateur (mettons ici : l'amoureux) cherchait à imposer brusquement en bloc ce qu'il désire, la résistance du sujet serait intégralement mise en jeu. (Ici, de même, il serait ridicule de proposer à une femme ou fille honnête, tout de go, de coucher avec elle.) C'est pourquoi, au début, il convient de s'adapter à la condition mentale actuelle du sujet, de tâcher d'en modifier quelques nuances, puis quelques autres, et de continuer ainsi la transformation graduelle. C'est en somme de la « persuasion télépsychique ».

Et, dans le fond, c'est ce que pratique, sans savoir qu'il s'exerce en magie expérimentale, tout comme M. Jourdain ignorait qu'il parlait en prose, le jeune jeune homme ou le don Juan qui *fait sa cour*. Il essaie de deviner l'impression qu'on a de lui, puis de modifier cette impression en sa faveur.

Mais ce que le *courtisan* (au sens amoureux du mot) oublie presque toujours (ce qui ne l'empêche d'ailleurs pas de réussir parfois, mais en cas d'insuccès prolongé, il serait bon d'y penser) c'est, pour se rendre un compte très exact de la mentalité de la douce proie choisie, de se documenter sur *la signature astrale*. Par la physiognomonie, par la chiromancie quand on le peut (on peut le proposer galamment par manière de distraction inoffensive... alors que c'est au contraire une très utile offensive, par la graphologie, par l'horoscopie, quelle grande force de connaître un être, parfois mieux que lui-même, et son caractère, ses tendances, ses faiblesses !...

C'est comme si l'on découvrait le défaut de la cuirasse d'un chevalier pour y jeter le divin coup de lance qui blesse au cœur !

Ainsi vous saurez de quelle façon flatter la désirée — on peut le faire honnêtement d'ailleurs — dans ses penchants, selon qu'elle est de telle ou telle signature (voir la quatrième partie de ce livre pour bien comprendre tout cci), éviter, par contre, de la froisser, bref vous rendre sympathique.

Mais cela, c'est encore une forme courante de la petite guerre d'amour. En magie on peut aller beaucoup plus loin; il y faut toutefois un grand entraînement.

C'est ainsi qu'un magiste amoureux peut, dans une pièce tranquille et un peu sombre, évoquer avec force l'image de la dulcinée, son double en quelque sorte, avec une précision telle qu'il agit ainsi sur le double éthérofluidique de celle-ci. La meilleure heure pour cette opération semble être la fin de la nuit dans le silence qui précède l'aurore.

Un magiste également peut, au lieu de se créer l'hallucination de la présence du sujet, aller vers lui par la pensée, projeter même son double dans l'endroit où se trouve l'aimée (voir le chapitre des amours désincarnées).

Si le sujet est plus faible que l'expérimentateur, il est bien rare qu'il ne succombe pas à une volonté si violente et si forte... Toutefois, on a vu des résistances aux plus rudes efforts de conquête et l'on rapporte à ce propos l'histoire fantastique de deux êtres d'une haute culture psychique qui se livrèrent ainsi un duel mémorable :

C'était, l'un, un véritable mage, exercé, subtil, arrivant à des dédoublements prodigieux, et l'autre une femme également très versée dans la sorcellerie, mais n'ayant rien des créatures terribles et laides qu'on voit dans le *Macbeth* de Shakespeare. Au contraire, elle était belle d'une beauté prenante et redoutable. C'était une sartunienne douée d'une énergie extraordinaire. La première, elle devina la passion du mage, elle en lut en quelque sorte dans la pensée la force impure, aboutissant au désir de la posséder : ce qu'elle ne voulait pas, car, faillir en sa chair, c'était se diminuer en sa force psychique. Ce n'était donc point par pudeur mais par ruse qu'elle résistait. Lui, très fort, arrivait à la visiter, en sortie astrale, dans sa chambre. Elle parvenait quelquefois à l'en empêcher. Une nuit, tous deux pensèrent ensemble à un cimetière où ils voulurent se rendre avec leur double seulement pour obtenir la protection des mânes d'un ami commun puissant et disparu... Et les deux fantômes se rencontrèrent sur la tombe d'où sortit, non certes, une voix, mais une inspiration de concorde. Ils allaient peut-être se heurter dans une sorte de bataille rageuse d'emprises quand la paix leur vint ainsi de l'au-delà... Et le mage renonça, non sans admirer la force psychique de sa belle rivale.

En revanche, on cite le cas d'un abominable sorcier don juanesque de village, à la fois très érotique et très fort en son art diabolique (les deux s'accordent rarement) et qui faisait ainsi à chaque saison printannière un grand ravage parmi les filles et femmes du pays doté de ce triste cadeau par on ne sait quel démon. Il s'arrangeait, une fois son dévolu jeté sur une malheureuse, petite ou grande, pucelle ou non, à lui inspirer une attraction fabuleuse et en quelque sorte fascinatrice, à laquelle elle ne pouvait résister (étant naturellement de médiocre psychie), et l'affaire était dans le sac, s'accomplissant dans une clairière, sous une meule, en quelque grange... Ayant ainsi besogné tant et plus l'élément femelle de l'endroit, il fut un jour trouvé au fond d'un taillis, bel et bien criblé de chevrotine par le frère d'un de ses victimes, et vengeant en une fois toutes les autres.

Tenons-nous en donc, en magie, à ce qui est dit plus haut : à un effort de conquête loyale et qui réussit souvent s'il est appliqué avec méthode.

*
* *

Les moyens sensoriels sont ceux, le mot l'indique, qui excitent les sens. Les plus efficaces ont évidemment pour base le toucher. On peut même se demander si le sens du toucher, tant tout se tient dans la Nature, ne participe pas à l'action psychique comme une sorte de matérialisation du fluide qui est le résultat de celle-ci. Une poignée de mains ne déclanche-t-elle pas parfois, par exemple, comme une commotion électrique? Mais combien est plus profonde cette espèce d'étincelle délicieuse et troublante quand s'accentue la pression des doigts ou de la paume! A plus forte raison si, au lieu de la main, c'est le poignet, le bras, la joue, la nuque, la poitrine, les seins... et la suite, dans l'ordre des intimités... et la lèvre par surcroît, qui opèrent le contact. La caresse comprend une gamme merveilleuse dont l'épiderme nu est le siège et qui atteint son maximum quand les muqueuses sont en jeu. Si une seule des muqueuses opère, dans le cas du baiser d'un des amants sur le corps de l'autre, le charme est déjà très actif, mais quand les lèvres rencontrent d'autres muqueuses, leur sensibilité accentue si prodigieusement le plaisir tacite que la volupté peut aller jusqu'à la pâmoison.

Si déjà, de sentir la chair sous les vêtements dans le cas d'une taille serrée affectueusement, dans le cas plus typique encore de la danse, une sensation délicieuse et excitante se produit, combien celle-ci se décuple au contact précité des muqueuses! Le maraîchinage et certaines autres caresses que l'on devine, sont l'ultime perfectionnement que l'Amour apporte à ses élus.

Mais les autres sens peuvent avoir aussi leur part dans ces joies délicates. La vue provoque le désir. Ici, sans doute, le charme naturel intervient, mais Eve est devenue experte à amplifier le sien, et c'est toute une histoire de la cosmétique et du fard, de la toilette et de la coiffure qu'il faudrait écrire pour raconter les annales de « l'art de plaire ». C'est encore de la magie si l'on veut, car un véritable ensorcellement naît d'un visage « arrangé », aux yeux cernés de khol et à prunelle agrandie par l'atropine, aux joues poudrées et aux lèvres rougies de carmin... Les femmes de théâtre sont particulièrement versées dans cet art « de se faire une beauté ». Et la scène — surtout dans le musci-hall d'aujourd'hui —

offre un large champ à l'étude des psychologues désireux d'analyser jusqu'à quel point le désir peut naître de la seule joie des yeux.

Un coin de cette psychologie rend compte de ce qu'on appelle le déshabillé suggestif. Par une contradiction qui paraîtrait singulière si l'on ignorait le piment du péché, ou, ce qui est la même chose, du fruit défendu, l'œil, ému de concupiscence devant la nudité, l'est souvent davantage si cette nudité, au lieu de se montrer complète, ne se révèle qu'à demi pour *suggérer* (et en plus troublant, du reste, que la réalité) le charme de sa totalité. Les filles de joie le savent bien, qui gardent leurs bas pour qu'on goûte l'opposition du tissu foncé et de la claire couleur de leurs cuisses ; mais leurs patronnes en maisons closes sont-elles sûres de ne pas faire fausse route, lors du sacramentel : « ces dames au salon », en jetant d'un bloc sur le marché, si nous osons parler ainsi, l'appât de cinq ou six poupées toutes nues, donnant comme une indigestion de viande au client ? Combien plus adroites les théâtreuses de revues, qui par les décolletés du haut, du bas ou du côté, émoustillent les bons bourgeois ou provinciaux venus exprès pour « se rincer l'œil » ! En fait, le désir s'accroît lui-même par autosuggestion si l'on a soin de ne le point combler au premier coup. D'où la tactique connue de nombre d'hétaïres qui, au boudoir, ne se dévoilent qu'avec lenteur, à la suite des supplications montées de l'amoureux d'un jour vers leur affriolante nudité.

L'ouïe est également un canal propre à laisser entrer le désir en nous. Rien que la parole d'un être cher est douce émotion. Les propos poivrés d'une diablesse d'amour vénal, sont de même « exciting », comme disent les Anglais accablés chez eux de leur puritanisme, et recherchant chez nous ce que ce même mot, privé d'une syllabe, leur promet de basse jouissance. Nombre de « vieux marcheurs » font agrémenter l'entrée en matière d'une séance de récits qu'il exigent fort relevés des belles à qui tout à l'heure ils vont demander de joindre le geste au discours. N'est-ce pas à l'un d'eux, sollicitant une histoire corsée, qu'une fille imaginative, plutôt cependant flamande qu'algérienne, inventa séance tenante le récit suivant :

« A Constantine, dont je suis native, vivait une jeune veuve extrêmement ardente qu'aucun des gars, pourtant solides du pays, ne pouvait satisfaire. Elle s'en lamenta auprès de sa femme de chambre qui lui promit de lui trouver le mâle souhaité et lui amena en effet, le surlendemain, certain nègre qui passa un accord avec elle pour que, par douze fois, il lui prouvât en une nuit le plaisir vénusien. Et de fait, le soir venu, il entra en fonction et chaque étreine était inscrite sur une ardoise par une petit bâtonnet. Or il advint qu'aux environs de la dizaine, une querelle éclata entre le fournisseur et la cliente exténuée — enfin ! — qui prétendit qu'on en était à onze, cependant que le batteur de records affirmait en être à neuf. Agacé, celui-ci effaça le tableau des inscriptions en disant : « Eh bien ! recommençons ! ». Et il se remit à la besogne tant et si bien que la malheureuse expirait au matin. Effrayé, notre noir s'enfuit et se cache. On devine le drame, on cherche partout le meurtrier. Où le trouve-t-on ? Dans un fourré du parc en train de liquider avec une mulâtresse le surcroît de sa puissance génésique. »

Voilà un exemple des inventions saugrenues d'une marchande d'amour pour donner du nerf à un visiteur.

Mais sautons vite à des joies de l'ouïe plus nobles, et parlons musique.

Il est certain que les sons produisent sur les nerfs des effets différents de ceux des formes, des couleurs, des parfums, des impressions tactiles. Combien de chanteuses ont subjugué de cœurs grâce seulement à leur voix ! La courtisane Lamia plut au roi Démétrius Polyorcète, ayant déjà quarante ans passés, parce qu'elle jouait admirablement de la flûte, et il la préféra à toutes ses autres maîtresses : Chrysis, Antypira, Demo... Quand on plaisantait sur l'âge de cette fée : « Vénus est bien plus vieille encore ! » répliquait-il.

L'Art musical recèle des pages qui sont de magnifiques poèmes d'amour. Les citer serait trop long, mais qui ne se souvient de telle ou telle d'entre elles dont éperdûment il vibra ! Bien mieux, certains morceaux nous plaisent parce qu'ils contiennent un doux souvenir : ce fut une jolie femme, ou une fiancée, ou une maîtresse qui nous le chanta ou nous le joua. Et, depuis, son audition ne se sépare plus de la vision chère... Mais d'autres contiennent réellement un sentiment d'amour par eux-mêmes, et tout le *Tannhauser* est dans ce cas, et aussi la *Symphonie fantastique* de Berlioz, composée d'ailleurs sous l'empire d'une grande passion.

Nous parlerons peu du sens de l'odorat, mais il est évident que l'*odor di femina* est un excitant très appréciable. Nous avons connu des femmes qui sentaient véritablement le printemps. Mais les inodores savent demander aux coiffeurs de quoi les imprégner de cette atmosphère qui, parfois, devient grisante. On sait quel développement formidable a pris l'industrie qui met en flacon cette ivresse subtile à laquelle bien peu restent indifférents.

Un dernier mot sur les danses. De tout temps, ce fut un accord charmant du rythme et de la forme, des joies de l'ouïe et de la vue combinées, mais il était donné à notre âge avide de jouissance, d'intensifier la danse qui, à ces voluptés de l'oreille et de l'œil, joint celles du toucher et de l'odorat.

En somme, quand on tient entre ses bras une femme dansant avec vous, que l'on sent les contours de sa chair sous la pulpe des vêtements, qu'on la respire, ayant son visage tout près du vôtre, on peut dire qu'on réalise la synthèse des excitations sensorielles. Et il ne faut pas s'étonner que la danse engendre la tentation, que les prêtres la prescrivent comme un péché, et que les parents la redoutent pour leurs filles si elle ne doit pas aboutir à un mariage. Elle est divine, la danse, qui est une demi-possession... mais comme elle est dangereuse !

... Même si l'on ne fait que de la contempler...

Empruntons à MM. Nagour et Laurent cette jolie page à ce sujet et qui complètera celle, citée d'autre part, due au maître Gomez-Carillo :

« Pour bien se rendre compte de l'influence mystérieuse de la danse sur les sens, il faut se rendre un soir à Biskra où les filles des Ouled-Naïl viennent se prostituer et danser. Entrons dans un café indigène. Voici une jeune musulmane au teint bruni. Ses grands yeux noirs, encore agrandis par le kôhl, ont l'éclat des lames des yatagans tirés au soleil : ils boivent l'âme. Ses sourcils, arcs gracieux, descendent jusqu'aux tempes par une ligne délicate. Le souak a rougi ses dents et ses gencives, et ses lèvres sont pourpres comme la chair des grenades. Bras et jambes nus, elle a teint avec le henné ses mains jusqu'aux poignets et ses pieds jusqu'aux chevilles, de sorte que le bout de ses doigts ressemble au fruit du jujubier. Son front, son nez, son menton, ses pommettes, ses poignets, sont tatoués de petites étoiles bleues. Elle porte une longue robe avec des voiles aux couleurs éclatantes et qui flottent à ses côtés comme deux ailes. Sur son front, un diadème d'argent. Une ceinture du même métal ceint ses flancs. A ses poignets et à ses chevilles, de lourds bracelets qui font un cliquetis sonore. Sur son cou et sa poitrine une profusion de sequins, de colliers, d'amulettes, de bijoux d'argent et de corail, un chapelet de pièces de monnaie soutenant une ceinture symbolique. On dirait une madone chargée d'ex-voto.

« Elle esquisse d'abord quelques attitudes lascives et inviteuses, prélude du drame charnel qu'elle va simuler. C'est l'appel à l'amant, appel plein d'amoureuses promesses, car déjà, la tête renversée en arrière, les yeux perdus, les lèvres humides, la gorge tendue, les hanches frémissantes, elle s'offre. Puis, voici l'Attendu. Elle le reçoit avec transport; elle le possède avec ivresse; son ventre tressaille et roule comme une vague; elle monte de spasme en spasme, s'épuise en caresses éperdues, jusqu'à ce qu'elle tombe épuisée, palpitante encore, le front baigné de sueur.

« Comme la danse des bayadères de l'Inde, comme la danse des houris musulmanes, la tarentelle que dansent les petites napolitaines, le flamingo que dansent les gitanes espagnoles, la czardas que dansent les brunes tziganes dans les clairières solitaires, aux lueurs sanglantes du crépuscule, sont des danses provocantes, sensuelles, voluptueuses, de véritables pantomimes de l'amour, dont elles expriment toutes les fureurs et toutes les ivresses. »

.*.

Les moyens physiques ou mécaniques nous retiendront peu longtemps car ils ont moins de rapport avec la magie qu'avec l'hygiène, la médecine, voire la tératologie sexuelle.

Bons procédés revigorants sont l'exercice, le grand air, les bains, les douches... D'une façon plus précise, excitants sont les bains locaux sinapisés, l'électrisation cutanée, les applications vésicantes.

Et ceci nous amène à dire un mot de l'urtication et de la flagellation. L'une et l'autre se réservent à la croupe des sujets frigides et déterminent une chaleur spéciale, une inflammation aphrodisiaque. On dit que l'immonde baron médiéval connu sous le nom de Barbe-Bleue, que Tibère, que des coloniaux détraqués obtinrent ce bienfaisant feu génésique en s'asseyant dans les entrailles chaudes d'un enfant éventré, qu'une omelette brûlante plaquée sur les rotondités d'arrière de vieux beaux leur fait le même effet... Mais nous entrons ici dans le domaine des folies érotiques. On y est encore avec la castigation infligée aux femmes devant les planteurs qui, jadis, satisfaisaient ainsi à la fois aux lois excessives des châtiments permis et à leur lubricité atroce, tout comme certains Romains autocrates, ivres d'exercer leur justice de vainqueurs ou d'acheteurs d'esclaves... Mais, sans tomber dans ces sadismes cruels, ni même dans un masochisme dégradant, il est certain que des cinglées modérées peuvent avoir un excellent résultat dans des cas de semi-impuissance. Le danger est que l'habitude se prenne de ces moyens et devienne une véritable passion... Et quand arrive le goût de la passion, on ne sait jamais jusqu'où il peut entraîner...

***

Nous appellerons plus spécialement aphrodisiaques les moyens chimiques de provoquer le désir amoureux, encore que ce mot, dans son sens général, les désigne tous, et encore que dans ces moyens chimiques nous comprenions l'ingestion de toutes les substances virilisantes, aliments ou drogues.

Un dictionnaire quelconque nomme en effet aphrodisiaques ce qui excite au coït, qu'il s'agisse des moyens hygiéniques ou extérieurs que nous avons passés en revue, ou des moyens médicamenteux auxquels l'usage a limité le terme et dont nous allons parler brièvement.

Au vrai, certains aliments suffisent parfois à mettre en appétit vénusien. Ce sont notamment les poissons (à cause de leur abondance en phosphore), les huîtres, les écrevisses, le riz, les truffes. Ce sont aussi les épices : poivre, piment, vanille, gingembre... De même les boissons alcooliques prises sans excès mettent en train. Pour quelques personnes, l'excès même accentue le désir; chez d'autres, au contraire, il le tue. On a toutefois remarqué qu'au neuvième mois qui suit des réjouissances publiques (comme celles du 14 juillet) les naissances s'accusent en plus grand nombre, ce qui constitue certainement une indication... Le champagne semble avoir des effets supérieurs à ceux des autres boissons; mais là encore des différences de tempéraments sont avérées : toutefois, nombre de femmes sont sensibles à cette gaîté mousseuse de nos crus célèbres. Et vous pouvez toujours essayer de les émoustiller avec quelques bonnes coupes qui ne pourront, au pis aller, que leur faire plaisir au gosier.

Un régime alimentaire aphrodisiaque pourra se compléter par des fortifiants et toniques : fer, quinquina, coca, etc... Mieux vaut néanmoins encore une bonne santé générale que des excitants passagers.

Pourtant voici apparaître les propriétés alléchantes, parce que rapides, des drogues (pilules, poudres, comprimés, etc.), plus spécialement appelées aphrodisiaques.

Beaucoup d'entre elles sont à base cantharidique, mais il faut s'en méfier à cause du danger qu'elles présentent.

La cantharide, on le sait, dite encore mouche d'Espagne, est un insecte coléoptère hétéromère du groupe des vésicants (qui comprend aussi les meloes, mylabres, sitarides, zonites, etc.). Il y en a deux douzaines d'espèces dont l'officinale est le *cantharis vesicatoria,* qu'il ne faut pas confondre avec la cantharide dont parlent les Anciens et qui était le mylabre de la chicorée. Son odeur est forte et assez désagréable; elle envahit surtout les frênes, troënes, lilas et sureaux qu'elle met à mal, étant en nombre, comme les hannetons.

Pour récolter les cantharides, on les surprend à l'aube,

quand elles sont encore endormies, en secouant les arbres où elles se trouvent, et en les faisant tomber sur des nappes ou des draps. On les jette aussitôt dans de l'eau bouillante ou du vinaigre, où elles meurent; puis on les fait sécher et on les met en poudre par les moyens industriels ordinaires.

Le principe actif de la cantharide est la cantharidine, qui a surtout des propriétés vésicantes, mais on ne saurait nier ses propriétés aphrodisiaques; toutefois, celles-ci engendreraient plutôt du priapisme que du désir véritablement vénusien, c'est-à-dire simplement une forte érection qui devient douloureuse si elle persiste, et analogue à celle de la blennorrhagie (car elle est, comme celle-ci, la conséquence de la phlegmasie du canal ou du col vésical). L'ingestion de la cantharidine est dangereuse, et peut provoquer des empoisonnements mortels, d'autant plus périlleux que nous ne croyons pas qu'on en connaisse l'antidote.

De tout temps, on a reconnu le danger d'administrer la cantharide à l'intérieur. Galien en proscrivait l'usage. Mais les fabricants de philtres n'y regardaient pas et souvent encore, aujourd'hui, n'y regardent pas de si près. Ovide chante l'action vénusienne de cet excitant puissant. De nos jours, on donne avec précaution de la teinture alcoolique de cantharide qui, à dose modérée, est acceptée par l'organisme et stimule la virilité (trois à dix gouttes par jour), mais encore une fois il faut prendre garde à la cantharide et à ceux qui la débitent inconsidérément sous forme de poudres et de pilules.

Nous avons dit que le phosphore était le stimulant contenu dans la nourriture ichthyophagique. Mais il existe des préparations médicamenteuses phosphorées qui agissent plus rapidement. C'est le cas, par exemple, du *phosoforme*.

L'acide formique (extrait des fourmis) donne aussi

d'heureux résultats, de même que la noix vomique, l'opium à dose très modérée, l'ambre, le musc, la civette, la myrrhe. Le musc est antispasmodique et stimulant. Il s'administre en pilules, en poudre, ou délayé dans une potion. La myrrhe est un tonique et un excitant qui agit en teinture et en fumigation.

D'autres aphrodisiaques ont été trouvés en ce siècle. N'en rappelons qu'un : la yohimbine, extraite d'une plante tropicale et qui se prend en comprimés. Son action est satisfaisante et n'offre aucun danger.

∴

Bref sur ces produits, nous le serons également sur deux procédés tout à fait modernes de virilisation : l'injection et la greffe testiculaire.

Nous rappellerons donc, pour mémoire seulement, le sérum spermatique de Brown-Sequard et les injections préconisées par les docteur Jaworski.

Quant aux greffes, elles méritent une mention spéciale, car il y a là tout un domaine plein de promesses... Et, chose curieuse, l'idée qui en domine la théorie rejoint par-dessus plusieurs siècles l'idée ancienne qui voulait — nous l'avons mentionné — que les propriétés des corps se conservassent dans l'utilisation qu'on en veut faire.

La greffe humaine était déjà connue depuis assez longtemps lorsque le docteur Serge Voronoff (il a un frère, Georges, également docteur et greffeur) pensa l'utiliser d'une façon spéciale et pour l'objet qui nous occupe. On avait déjà remis des doigts et des nez vivants, replaqués sur des joues excavées des chairs qui « reprenaient » comme des salades repiquées, mais ce n'était là que des opérations, en quelque sorte, d'esthétique extérieure. Puis la science s'avisa de penser que les homogreffes, qu'il s'agisse d'os ou de glandes, devaient mieux réussir que les hétérogreffes, s'aperçut qu'un organisme mâle ou femelle bénéficiait physiologiquement de l'inclusion et de l'assimilation d'une glande sexuelle similaire, découvrit enfin qu'à défaut de greffons testiculaires humains, on pouvait utiliser ceux d'animaux proches de nous par leur parenté biologique, en l'espèce les anthropoïdes, et plus particulièrement les chimpanzés dont la qualité sanguine, au point de vue globulaire et humoral, se rapproche beaucoup de la nôtre (1).

C'est sur ces données que Voronoff commença, en 1917, ses expériences, et qu'il appliqua, en 1920, la greffe testiculaire. Après lui, l'essayèrent avec succès le docteur Baudet, à l'hôpital Bichat, à Paris; le docteur Yvor Back, à Londres; le docteur Dartigues, puis bien d'autres.

Le docteur Dartigues perfectionna la méthode et travailla devant une grande assistance de médecins de tous les pays dont plusieurs désirèrent servir de sujets.

Voici, exposé rapidement, en quoi consiste l'opération : On prend un singe, de préférence — mais d'autres espèces sont employables — un chimpanzé *pubère;* on l'anesthésie, on incise l'enveloppe testiculaire, on libère la bourse spermatique et on la débite en greffons (généralement six). D'autre part, on incise le même organisme humain et on fixe sur chaque testicule trois greffons, un médian et deux latéraux, qu'on enfouit le mieux possible. Nous ne pouvons donner naturellement ici la technique chirurgicale de l'opération qui ne peut être faite que par un spécialiste; d'autant qu'il faut agir avec une grande dextérité, aussi rapidement que possible, et prendre tous les soins d'asepsie accessoires.

---

(1) Ces détails sont pris dans la *Technique chirurgicale des greffes testiculaires du singe à l'homme* (d'après la méthode de Vornof), par l'éminent chirurgien Dartigues.

Généralement l'opéré reste une semaine allongé, jusqu'à l'ablation des fils ou agrafes.

Après quoi, une vigueur étrange commence à pénétrer tout son être. Il rajeunit véritablement. Et ce miracle a inspiré à M. Paul Mathiex les belles lignes ci-dessous :

« Le rêve ambitieux qui, depuis des millénaires, hantait le cerveau humain, sera-t-il demain une réalité ? Le secret de redonner les forces de la jeunesse à qui les a perdues, est-il enfin trouvé ? La science de nos modernes thaumaturges fera-t-elle, à volonté, un homme plein de ressort et d'énergie d'un vieillard fléchissant sous le poids des hivers ? La merveilleuse aventure du docteur Faust cessera-t-elle, enfin, d'être une fable ?

« Des physiologistes l'affirment, et des patients se présentent pour l'attester. Hier sans vigueur, ces derniers, grâce à l'intervention des premiers, se disent aujourd'hui robustes et vaillants ; on les voit tout prêts à porter des défis et à fournir les preuves de leur ardeur galante. Ils ont cessé d'être des velléitaires, condamnés à ne plus avoir que des désirs ; un mystérieux remède les a rendus capables de renouveler les exploits dont ils gardaient le souvenir nostalgique mais que l'âge semblait devoir leur interdire à jamais d'accomplir.

« La fontaine de Jouvence, inventée par le génie poétique des Anciens, et placée en un site où les dieux seuls avaient accès, — l'eau magique dans laquelle se baignait la superbe Junon pour conserver sa jeunesse et sa beauté aux yeux de Jupiter, — la source introuvable dont l'existence n'était admise que dans les récits mythologiques, a été retrouvée par nos modernes praticiens ; elle possède bien les vertus que lui attribuaient les poètes : elle redonne la vigueur d'aimer à ceux qui l'avaient perdue !

« Cette fontaine emblématique, Pausanias, historien et géographe fameux en son temps, la situait près de Nauphie. Au lendemain de la découverte du Nouveau-Monde, le bruit s'était accrédité qu'elle existait en Amérique, et c'est en allant à sa recherche qu'un navigateur espagnol découvrit la Floride. Mais il n'était pas besoin de la chercher au delà des océans !

*
* *

« Il appartenait à M. Voronoff d'imaginer et d'appliquer le procédé original et hardi qui, avec la collaboration d'un chimpanzé et le secours d'un bistouri, fait glisser, semble-t-il, dans les veines, la flamme d'un sang généreux.

« Et voici que, par un procédé moins cruel, mais non moins singulier, le docteur Jaworski se dit en mesure d'opérer des cures, dont Mme Colette et le peintre Guillaumin viennent attester la réalité, car ils affirment qu'ils en sont les vivants témoignages.

« Ainsi, le secret du rajeunissement, que les chercheurs avaient tenté vainement de ravir aux dieux, depuis des siècles, ce merveilleux secret est maintenant à la disposition des humains; pour connaître les bienfaits de la formule héroïque, il leur suffit de recourir à l'expérience d'un chirurgien sachant la manière de s'en servir. Les vieillards épuisés, présentant même les signes de la décrépitude sans espoir, peuvent, par l'effet de la greffe miraculeuse, retrouver sinon l'apparence séduisante de la jeunesse, du moins ses précieux avantages .

*
* *

« Mais n'est-ce point l'apparence, surtout, qu'ils voudraient reconquérir? A quoi bon posséder certains privilèges, que la nature dispense généreusement à l'homme en son bel âge, si l'on garde l'aspect d'un vieillard, ses cheveux blancs, son teint blafard et son masque griffé de rides ? Quand Faust, ayant signé avec Méphisto son pacte magnifique et terrible, redevint jeune, il dépouilla soudain son enveloppe flétrie, et il se retrouva tel qu'il était au printemps radieux de sa vie. Eût-il pu retenir l'attention de la candide Marguerite, troubler son cœur virginal, la faire chanceler dans un vertige des sens et la serrer pâmée dans ses bras, s'il s'était présenté sous la forme d'un vétuste ancêtre, tout en ayant reconquis la vigueur de tempérament d'un jeune amoureux ?

« Que veulent, au fond, ceux qui vont consulter le docteur Voronoff ou faire appel aux lumières du docteur Jaworski ? Conserver la plénitude de leurs facultés intellectuelles, rentrer en possession de leur puissance de travail, garder la vivacité de leur esprit ? Oui, peut-être ; oui, sans doute ! Mais aussi, mais surtout, ils souhaitent recouvrer l'enivrante illusion d'être aimés pour eux-mêmes, revivre la sublime aventure de Faust avec Marguerite. Et les aventures de ce genre ne sont plus, hélas ! le lot des messieurs qui semblent avoir atteint la septantaine, même quand ils sentent battre en leur poitrine un cœur tout jeune et qu'ils se savent capables de prouver qu'ils ont encore l'impétueuse ardeur de leur vingtième année !... »

II

LES ENVOUTEMENTS D'AMOUR
ET DE HAINE

Envoûter quelqu'un, c'est agir sur lui, à distance.

L'envoûtement, selon la théorie occultiste, s'opère au moyen de la volonté s'appliquant à commander aux fluides du plan astral ou plutôt aux éléments qui y vivent, et à les lancer dans une direction donnée afin de les faire pénétrer dans le corps astral de l'être visé.

Cela, c'est de la haute Magie. En Sorcellerie, on s'aide, pour opérer, d'une image d'argile ou de cire de la personne à envoûter. En Métapsychie, on extériorise la sensibilité du sujet en le plongeant en sommeil hypnotique profond, et l'on agit sur elle après l'avoir emmagasinée dans ou sur une substance molle.

L'Antiquité connaissait surtout les deux premières formes de l'envoûtement qu'elle appliquait à l'amour ou à la haine, pour les faire naître au gré du désir des intéressés. Divers poèmes rappellent les cérémonies en usage à ce sujet.

Le Moyen Age envoûtait grâce à ses sorciers et même à certains mauvais prêtres. De curieux procès nous en ont apporté l'écho.

Aujourd'hui, on abandonne volontiers les poupées de cire pour les photographies. D'ailleurs on trouve déjà dans Paracelse des formules d'envoûtements au moyen d'un portrait. Formules très curieuses parce qu'elles précisent qu'une partie de la sensibilité du sujet se fixe par rayonnement dans l'image qu'on a fait de lui. On a ainsi la preuve de la connaissance par les anciens occultistes de ce que les modernes appellent l'*aura*. Balzac et Lermina (ce dernier dans *L'Envoûteur*) ont développé cette idée en certaines pages de leurs romans.

Au reste, à quoi sert une photo de maîtresse ou d'amant — voire le portrait partout répandu de telle jolie actrice en célébrité du moment, — sinon à opérer *un charme* sur qui la contemple ? Bien mieux, il est curieux de savoir que beaucoup de ces reproductions servent elles-mêmes à certains envoûtements, d'adorateurs ou de jaloux, donc d'amour ou de haine !

Les envoûtements d'amour, selon Jules Bois, se rattachent soit au rite gréco-romain (usage de poupée de cire) soit à l'influence de certains mets ou liquides, soit à l'emploi des philtres, soit à l'emploi des talismans. Nous avons déjà parlé des philtres et nous parlerons des talismans.

Parmi les mets envoûteurs, J. Bois cite la pomme, autrement dit « le fruit défendu » croquée après un *benedicite* magique dans le genre de celui-ci : « Démons qui avez la puissance de bouleverser l'homme et la femme, influencez ce fruit sans retard pour que celui (ou celle) qui le mangera, dès cette nuit se rende à mon amour ».

On envoûte aussi en écrivant à l'objet de sa flamme un billet à l'encre sympathique, encore dite d'amour, et composée de cendres de lettres amoureuses, de poudre d'aimant et de lait de femme. Au lieu du billet mieux vaut prendre du parchemin vierge (peau tannée d'animal n'ayant pas encore fait œuvre de chair).

Picatrix, dans *la Clef des Clavicules*, donne plusieurs formules d'envoûtement d'amour :

I. — Pour unir d'amour deux personnes, prenez leurs portraits. Joignez-les face contre face et enterrez-les à l'heure de Jupiter ou de Vénus, avec le Lion à l'Ascendant, quand la Lune sera dans le Lion en bon aspect avec Vénus, alors que le Seigneur de la Maison VII sera en sextile ou trigone avec le Seigneur de la Maison

II. — On peut opérer de même pour les images dans le moment que la première moitié du Cancer se trouve à l'Ascendant, à condition que cette moitié contienne Vénus et que la Lune soit en Maison XII dans les quinze premiers degrés du Taureau.

III. — Prendre les deux portraits, écrire 220 fois sur l'un le nombre 200 et 284 fois sur l'autre le chiffre 248 (nous ne conseillons pas dans ce cas des épreuves de kodak !) et les joindre quand la Lune sera en conjonction avec Vénus dans le Cancer.

Au Cambodge on conseille ceci : Mettez sous votre oreiller un papier sur lequel vous aurez écrit le nom chéri. A l'heure où vous voudriez aimer celui ou celle qui porte ce nom, prenez ce papier et serrez-le sur votre poitrine avec une grande ardeur amoureuse. La personne ainsi envoûtée ressentira du plaisir à ce moment-là.

Dans un *Livre des Secrets de Magie* (manuscrit anonyme conservé à la Bibliothèque de l'Arsenal) on trouve ceci : Prendre une parcelle du corps de la personne à envoûter (linge usagé, cheveux, ongles, etc.), y ajouter une parcelle identique de la personne qui désire se faire aimer. Entortiller le tout dans un ruban rouge en inscrivant dessus leurs prénoms avec le sang de l'une d'elles. Lier le ruban pour que les noms se touchent. Enfermer le tout dans le corps d'un moineau. Donner ce moineau à la personne qui désire se faire aimer afin qu'elle le mette sous son aisselle, le garde un certain temps, puis le jette au feu. Pendant qu'il brûlera, que cette personne aille trouver celle qu'elle convoite, et celle-ci ne lui résistera pas.

Dans le grimoire dit *Clavicule de Salomon*, on lit une autre formule, propre à l'homme pour envoûter une femme : Qu'il se fasse une figurine en cire vierge si elle est pucelle, en cire commune si elle ne l'est plus. Prononcer cette formule : *Veni de sancta sede Adonay timor qui omnia ad voluntatem nostram coarctabit.* Après quoi, qu'il encense et conjure. L'aimée viendra vers lui...

De nombreuses histoires ont été racontées sur les envoûtements. Une des plus connues est celle de l'évêque Guichard (XIV° siècle) prélat pillard, vicieux et magiste qui gagna la protection, néanmoins, par son adresse, de Jeanne de Champagne (celle qui épousa Philippe le Bel). Guichard devint conseiller du roi. Ses excès lui valurent, malgré tout, des ennemis puissants. Et comme il finit par se brouiller avec la reine, celle-ci le fit chasser du Conseil. Mal lui en prit. Elle et sa mère moururent peu après. On accusa Guichard de les avoir envoûtées. Il fut mis en jugement. Une sorcière qui se dit être sa complice et un moine jacobin comparurent comme témoins. La sorcière assura que l'évêque était venu lui demander le moyen d'avoir jouissance avec la reine, et sur son refus elle fit venir à son tour le jacobin, sans plus de succès. Telles étaient certaines mœurs de l'époque.

En revanche le curé des Accoules, à Marseille, vers les mêmes temps, et qui passait pour un saint homme, fut accusé par deux Ursulines qui le détestaient, d'avoir envoûté et débauché leurs compagnes. Enfermé, « cuisiné » comme on dit aujourd'hui en style policier, il finit par s'affaiblir au point de divaguer. Alors il raconta toutes les folies possibles, prétendit avoir fait un pacte avec le diable, violé mille femmes dont les mères de ses accusatrices, été au Sabbat... L'aveuglement fanatique de ses juges ne comprit pas que ce pauvre homme était devenu un dément. Il fut condamné au bûcher !

***

Un mot maintenant des envoûtements de haine.

Le *nouement de l'aiguillette* est une sorte de charme par lequel on *noue* la sympathie de deux amoureux, la rendant ainsi en quelque sorte immobile, et par suite la détruisant. Le *chevillement* est un sortilège par lequel on *ferme* les conduits naturels si bien que les amoureux, au meilleur de l'étreinte, ne peuvent plus émettre le liquide sacré, donc connaître la jouissance du spasme. La *ligature* est le maléfice par lequel on paralyse les facultés physiques.

Selon le P. Crespet, prieur des Célestins, il existe onze méthodes pour annuler les effets du mariage :

1° Par certaines plantes refroidissant l'ardeur amoureuse ;

2° Par certains maléfices qui empêchent le désir d'accouplement ;

3° Par un ensorcellement qui rend le corps inerte ;

4° Par aliénation de la volonté d'un des éléments du couple;

5° Par chevillement (en étouffant les conduits naturels);

6° Par sortilège empêchant l'homme de se remuer pendant le coït;

7° Par sortilège en convainquant une partie que l'autre ne l'aime pas;

8° Par sortilège en perturbant les mouvements du coït;

9° Par sortilège en tendant trop le membre viril, ou le grossissant trop, ou fermant trop l'orifice féminin, bref en rendant le coït impossible.

10° En inspirant du dégoût à l'homme pour les parties génitales de la femme;

11° Par sortilège, en enchâssant tellement l'homme avec la femme alors que le tenon est dans la mortaise, qu'ils ne peuvent plus se disjoindre.

Comme on le voit, le P. Crespet était bien renseigné sur l'acte du coït, et sur tout ce qui peut l'entraver ou l'annihiler !

Il y a parfois confusion dans les vieux auteurs entre l'envoûtement et le nouement; ils mêlent ces deux sorcelleries. C'est ainsi qu'Ovide et Virgile parlant de la manière de nouer l'aiguillette en leur temps, disent qu'on prenait une figure de cire, qu'on l'enrubannait, qu'on prononçait sur elle des conjurations, qu'on serrait les cordons comme pour une strangulation et qu'on enfonçait ensuite des clous à la place du foie. Nous sommes évidemment ici en présence d'un envoûtement et non d'un nouement.

Le nouement était pratiqué par les Grecs, les Romains, etc... et son usage passa au Moyen-Age. Il devint si commun que plusieurs conciles le frappèrent d'anathème. Le noueur d'aiguillette, on le sait, faisait un double nœud à un cordon au moment du passage de deux amants (ou fiancés, ou jeunes mariés) en ayant soin d'exécuter ce mouvement à la seconde d'un échange de regards entre les amoureux, en prononçant des paroles magiques et en concentrant sur les intéressés une volonté de haine.

Le *Petit Albert* conseille à propos du nouement de prendre le membre viril d'un loup nouvellement tué, d'aller à la porte d'un des amoureux visés et de prononcer haut son nom. Dès réponse à cet appel, lier le membre avec un bout de fil blanc... Et le garçon deviendra aussitôt impuissant.

Pour se dégager du maléfice, divers moyens sont donnés : manger du pic vert rôti et assaisonné de sel bénit, ou bien respirer la fumée d'une dent de mort jetée dans un réchaud, ou bien porter un anneau dans lequel est enchâssé l'œil droit d'une belette, ou bien mettre du sel dans sa poche, ce qui est évidemment plus simple que de se mettre à la chasse d'un oiseau peu commun ou d'inspecter subrepticement la mâchoire d'un cadavre.

Pline conseille de frotter, dans des cas semblables, le chambranle de la chambre à coucher avec de la graisse de loup.

Parfois le maléfice est un objet caché et portant malheur. Ainsi Delancre, qui raconta tant d'histoires de sorcellerie, cite le cas d'un gentil Etrusque qui s'éprit tout à coup d'une sorcière. A tel point qu'il négligea complètement sa femme, la privant des étreintes sur lesquelles une épousée est en droit de compter. Pis : le jeune homme quitta sa maison et ses enfants pour aller demeurer avec la maudite qui jouissait de lui avec l'âpre plaisir d'accaparer la joie due à une autre. La pauvre abandonnée pleurait sans cesse de désespoir. Un jour, quelqu'un vint l'avertir du maléfice grâce auquel son mari se passionnait pour l'Autre. En l'absence des coupables, elle fureta dans la maison du péché et découvrit sous le lit un pot contenant un crapaud dont les yeux étaient bouchés et cousus. Elle le prit et le brûla. Tout aussitôt, le jeune homme se rappela qu'il aimait sa femme dont il avait en quelque sorte perdu la mémoire, quitta la sorcière et revint, repentant et plus enflammé que jamais, au lit conjugal où ses embrassements répétés rattrapèrent le temps perdu. Il se fit même préparer un philtre cantharidique tel qu'en quelques jours, il put donner à sa tendre épouse toute la somme de plaisir dont elle avait été privée pendant son absence.

∴

Analogiquement, aux envoûtements astrologiques d'amour plus haut cités, voici, selon divers auteurs, un envoûtement contraire du même genre :

Se procurer un cheveu du sujet, y faire un nœud chaque jour pendant neuf jours, et le neuvième qui doit tomber un samedi (influx saturnien) frapper le cheveu à coups de talons; la personne haïe le ressentira.

Commencer l'opération un vendredi à l'heure de Vénus, de préférence lors d'un aspect maléficié de la Lune avec Mars et Saturne placés dans les Gémeaux ou le Cancer, et la continuer chaque nuit.

Nous rappelons qu'un traité d'Astrologie ou plus simplement l'*Encyclopédie des Sciences Occultes*, renseignera sur les expressions employées au sujet des états célestes les plus propres aux envoûtements.

III

LES TALISMANS D'AMOUR

Amulettes, talismans, sont de tous les pays et de tous les temps. L'art, à peine né aux doigts inhabiles des premiers hommes sensibles à la beauté, se consacra en tremblant à leur donner un aspect agréable ou frappant. Et c'est encore ici le phallus qui, modelé avec maladresse et passion, fut un des premiers porte-bonheur inventés par les humains. Les hétaïres le portaient en fétiche au cou, orné, ciselé, ailé, et plus tard les patriciennes de Rome, tout comme les courtisanes de l'Inde...

Dupouy rapporte, dans son *Histoire de la Prostitution*, qu'au temps où se disputaient capucins et jésuites missionnaires jaloux les uns des autres, les capucins accusèrent les jésuites de permettre aux femmes de porter ces amulettes libidineuses; les jésuites rétorquèrent qu'ils pensaient préférable de ne pas heurter les populations en supprimant cet antique usage. Le Pape leur donna raison mais les pria d'obtenir qu'au lingham du taly on ajoutât une petite croix, de sorte que les deux symboles au moins fussent portés par les Indiennes !

Le Moyen-Age compliqua l'art talismanique à un haut degré, faisant intervenir l'Astrologie et la Kabbale en ses combinaisons. Sans compter qu'il y mêla certaines traditions venues de l'Antiquité et de l'Orient, de sorte qu'une véritable alliance avait lieu pour la protection des porteurs de signes entre les dieux olympiques, les démons infernaux, les anges célestes et les génies arabes.

Les talismans sont composés d'une seule ou de plusieurs substances. Tantôt c'est une petite plaque de métal unique, une gemme, un collier fait de même pierre, une bague d'or ou d'argent, et en correspondance astrologique avec le sujet. Tantôt c'est un assemblage complexe et précis de pièces métalliques, une union de divers minéraux, végétaux, fragments d'animaux.

Les talismans peuvent être kabbalistiques, astrologiques, mathématiques, sacrilèges (telle la main de gloire). Ils peuvent être actifs ou passifs, c'est-à-dire agir sur l'âme ou les sens de la personne désirée, ou repousser l'action magique d'un autre talisman, d'un autre vouloir humain.

※

On trouve dans *le Petit Albert* quelques talismans d'amour. Il faut qu'ils soient faits sous la constellation de Vénus. Divers Kabbalistes ont indiqué les nombres mystérieux et figures hiéroglyphiques que ces talismans doivent contenir.

En voici un, en cuivre purifié et poli sur lequel seront mentionnés certains nombres d'un côté et, dessiné de l'autre, une femme vêtue lascivement, munie d'un instrument de musique, ayant à sa droite un Cupidon tenant un arc et une torche enflammée, et au-dessus de la tête, une étoile avec le mot *Vénus*.

L'impression se fera sous la constellation de Vénus en bon aspect avec quelques planètes favorables, la Lune étant entrée au premier degré du signe du Taureau ou de la Vierge.

Voici un autre talisman fabriqué dans les mêmes conditions mais portant des signes au lieu de chiffres d'un côté, de l'autre une symbolisation vénusienne semblable, sinon pareille.

Un autre ouvrage que MM. Jaf et Caufeynon appellent la *Sacrée magie* et dont ils parlent dans leur *Magie Noire dévoilée*, offre une série de talismans qu'il n'est pas nécessaire, paraît-il, d'écrire autrement que lisiblement, sans encre particulière, ni choix de jour astrologique, et qui ont le pouvoir de se faire aimer :

1° D'une parente, 2° d'une fille non vierge, 3° d'une personne mariée, 4° d'une veuve, 5° d'une fiancée, 6° d'une vierge.

On prendra le talisman approprié et on le fera toucher, sans qu'elle s'en doute, par la personne dont on souhaite de connaître les appas intimes. Ou bien on l'enterrera sous sa porte. Ou bien on le mettra sur son chemin en tâchant qu'elle marche dessus en passant. Ou bien on le glissera sous son lit. Ou bien on le cachera dans sa chambre.

Voici encore un talisman contribuant à la conception, chez la femme, et au renforcement, chez l'homme, de la puissance copulatice. Il s'appelle le Carré Magique de Vénus, et porte d'un côté des chiffres, de l'autre des signes. Il sera en argent.

L'anneau nuptial n'est au fond qu'un talisman. Et combien y réfléchissent parmi ceux qui se moquent de toutes les autres formes de la magie amoureuse et ne voudraient pour rien au monde le perdre ou le vendre ! Et la preuve est qu'il répond à une formule nette, à une tradition précise et qu'il n'est jamais une bague ordinaire (nul ne le confond avec la bague de fiançaille, laissée à la fantaisie et au budget du futur époux) mais un anneau simple, d'un seul et pur métal, d'or si possible. Les noms ou initiales entrelacés des époux ajoutent à sa puissance protectrice. Et le plus curieux de l'affaire est que l'Eglise elle-même consacre sa valeur talismanique puisque son rituel prévoit les paroles que le prêtre doit prononcer en le remettant au couple qu'il marie !

Quant aux amoureux toujours en quête d'un langage muet, ils en ont trouvé un avec les bagues et bracelets. Voici celui qui est proposé par la ruse féminine pour répondre au désir d'un soupirant :

Bague à l'index : Je veux bien que nous nous aimions.

Bague au médius : J'ai déjà donné mon cœur.

Bague à l'annulaire : N'y pensez pas ! Je suis déjà mariée (ou fiancée).

Bague au petit doigt : Je veux coiffer sainte Catherine.

Bracelet au poignet droit : Je suis libre, mais n'accepterai que le mariage.

Bracelet au poignet gauche : Je suis libre pour telle union que vous désirez.

Bracelets aux deux poignets : Rien à faire. Je suis enchaînée !

Revenons à l'anneau nuptial. Beaucoup de gens attachent d'autre part une grande importance à la façon dont il est passé au doigt.

Si le mari arrête l'anneau avant la seconde jointure, la femme sera maîtresse dans le ménage; il en sera le souverain au contraire s'il pousse l'anneau à fond.

Partant de cette idée, nombre de jeunes filles rusées s'arrangent à ce que l'anneau ne passe pas, soit en mettant leur annulaire en crochet, soit en le faisant un peu enfler au préalable par un moyen quelconque.

Voici une autre superstition attachée au bijou nuptial : Pour prendre de l'empire sur son mari, la jeune mariée aura soin, sans avoir l'air de le faire exprès, de laisser choir son alliance, le jour même de sa noce, au seuil de l'église où elle a reçu la bénédiction.

Il existe des talismans qu'on ne porte point sur soi, mais qu'on va toucher, ou embrasser, pour emporter d'eux une parcelle de leur puissance. Il est possible que les animaux colossaux placés à l'entrée des temples assyriens fussent des talismans de cette nature. De même le sont certaines statues, divers monolithes, les gigantesques phallus de granit des pays grecs et romains, et les non moins gigantesques linghams de pierre qu'on trouve encore dans l'Inde. (Voir notre Première Partie.)

Le fameux Saint-Pierre, à Rome, dont les lèvres chrétiennes usent le pied de marbre noir, n'est-il pas un genre de talisman, aussi bien que l'améthyste épiscopale ou la mule du Pape que respectueusement baisent les fidèles pour en recevoir une action bénéfique ? (1)

Dans le château de Blarney, en Irlande, on trouve une pierre portant la date de 1703, et que les pèlerins viennent embrasser; elle doue d'éloquence et de persuasion amoureuse ceux qui viennent y poser leur bouche.

Dans bien des campagnes, combien reste-t-il encore de pierres enchantées, de rochers magiques, d'arbres fétiches que les jeunes hommes, et surtout les jeunes filles, viennent implorer secrètement dans l'ardeur de leur désir !

***

Un mot maintenant des métaux ayant quelque rapport avec l'amour.

---

(1) Nous apprenions, naguère, une nouvelle que nous donnions sous toutes réserves : le Pape, par raison d'hygiène, aurait décidé de ganter la main qu'il accorde des centaines de fois aux lèvres des croyants. Nul doute qu'ainsi il perde, en partie, la valeur talismanique (si elle existe) de son geste sacerdotal.

Le Cuivre est celui de Vénus. Les Grecs l'appelaient *aphrodon* et les Chaldéens *bilati*, un de ces noms rappelant Aphrodite et l'autre celui même de la Vénus mésopotamique. Berthelot le chimiste remarque que l'Etoile du Soir a précisément un éclat bleuâtre rappelant la teinte des sels de cuivre, métal dont le nom français d'ailleurs est tiré de celui de l'île de Chypre, consacré à Cypris (nom grec de Vénus. Cuivre en latin se dit : *cuprum*).

L'Etain fut aussi consacré à Vénus, d'après une légende contée par Zosime et dans laquelle on dit qu'il existait jadis une source d'étain liquide dont il fallait invoquer le dieu en lui amenant une vierge afin de l'attirer dehors. Le dieu s'élançait pour atteindre la jeune fuyarde. La source coulait avec lui. Et les jeunes gens avec des haches la coupaient en lingots.

Enfin il semble que le culte de Vénus, selon M. Schutzenberger, ait été en faveur dans les localités possédant des eaux sulfureuses. En Italie, une chapelle, souvenir de temple païen, orne beaucoup de sources de ce genre, et s'appelle Venera, Venerina, étymologie fort claire. L'île grecque de Milo, où l'on a trouvé l'admirable Vénus mise au Louvre, possédait une source médicinale. Le Soufre était donc aussi une substance vénusienne.

.

Talismans végétaux :

La verveine fut toujours considérée comme propice à l'amour. Au vrai, elle est en effet légèrement aphrodisiaque. Le *Grand Albert* conseille d'en porter une couronne sur soi « afin d'être vigoureux dans le coït » dit-il crûment, à son habitude.

La mandragore, dont la racine rappelle vaguement la forme des testicules, devait nécessairement être aussi vénusienne. On croyait qu'elle pouvait engendrer des lutins. Avicenne donne cette bizarre formule : Percez un gros œuf de poule noire, faites-en sortir du blanc gros comme une fève et remplacez-le par du sperme humain. Bouchez hermétiquement avec du parchemin. Mettez cet œuf à couver au premier jour de la lune de Mars dans un heureux aspect de Mars et Jupiter. Au bout d'un certain temps, de cette mandragore artificielle naîtra un petit monstre qu'on devra nourrir de graines d'aspic et de vers de terre.

Jadis on cherchait avidement à découvrir cette espèce de solanée voisine de la belladone et dont la possession donnait toutes sortes d'avantages. Mais on prétend qu'elle criait quand on l'arrachait. Aussi avait-on dressé des chiens à chercher cette racine mystérieuse. Ces chiens devaient être noirs et avoir les oreilles bouchées pour éviter qu'ils ne prissent peur aux cris déchirants de la plante assassinée. Un croquis du musée de Nuremberg rappelle cette chasse étrange et indique que le maître s'essouffle à jouer du cor pour éviter que l'animal ne s'effraie des lamentations sorties de terre.

Certains exégètes bibliques prétendent que la pomme mangée par Eve était une pomme de mandragore, dite pomme d'amour. On appelait aussi la mandragore herbe à Circé, parce que c'est en l'employant que la fameuse magicienne aurait transformé en pourceaux les compagnons d'Ulysse. Au temps du procès de Jeanne d'Arc, on répandit le bruit que la guerrière lorraine devait son pouvoir à ce qu'elle possédait de la mandragore en guise de talisman. Aujourd'hui encore, la mandragore n'a pas perdu son pouvoir aux yeux de certains peuples. Il y a cinquante ans, on en vendait aux moujiks sous le nom de *têtes d'Adam*. Des Chinois la payaient jusqu'à 6.000 fr.

pièce, à condition que sa racine représentât bien une tête humaine.

Mais est-il de bons talismans modernes? Oui, affirment les magistes, pourvu qu'ils soient constitués avec la science réelle que possèdent désormais les occultistes.

Raisonnons donc la confection d'un sérieux talisman d'amour. Il sera de cuivre, métal vénusien par excellence, rond parce que la courbe est la ligne préférée de la Beauté, fabriqué aux heures favorables, c'est-à-dire un vendredi, jour de Vénus, de préférence quand son étoile se lève ou se couche, mieux encore sous un ciel astrologique d'influx vénusien favorable, un 23 du mois de la Balance.

Un tel talisman sera buriné par celui qui s'en veut servir, et non par un mercanti quelconque. On mettra dessus soit un H, lettre de Vénus, soit les nombres 6 et 23, soit une image de colombe, soit celle d'un taureau, soit celle d'un autre animal lascif, soit celle de la déesse même.

Mais on le consacrera selon les rites en concentrant dessus toute la volonté qui par suggestion s'en ira imposer l'amour dans l'esprit de la désirée. On mettra ce talisman dans un sachet *vert* avec, si l'on veut, un pétale de rose, fleur de Vénus, une feuille d'olivier, arbre de Vénus, une gemme verte. On parfumera d'une odeur excitante, celle qu'on préfère ou que préfère l'aimé. Et l'on s'attachera au cou ce talisman avec un ruban vert.

Il y a d'autres correspondances vénusiennes que celles que nous venons de citer pour la confection d'un talisman. Sont dédiées en effet à Vénus la note de la gamme ré, et en général, comme genre de musique, les mélodies. On sera donc bien inspiré en faisant jouer à une jeune fille qu'on aime, si elle est musicienne, des mélodies en ré, autant que possible des romances d'amour.

Les nombres 6 et 23 sont vénusiens, avons-nous dit, mais le chiffre 7 aussi. Car 7, d'abord, est le chiffre astrologique de Vénus. Puis 7 intervient dans la grossesse. Selon Varron, il faut sept jours, une fois la femme fécondée, pour que s'amalgament bien les germes féminins et ceux de la semence masculine. C'est au bout de sept semaines que le fœtus est achevé, au bout de sept mois que l'enfant est terminé dans le ventre maternel. La preuve est que des naissances à sept mois sont souvent viables. Les deux autres mois parachèvent simplement l'œuvre de la nature.

En Kabbale on trouve les nombres suivants dédiés à Vénus avec leurs noms mystiques :

7 — Ahéa.
49 — Haghiel.
157 — Kedemel.
1252 — Ben Seraphim.

La table ci-dessous, inscrite sur une lame d'argent portant sur l'autre face l'image de Vénus serait un talisman d'amour des plus puissants :

22	47	16	41	10	35	4
5	23	48	17	42	11	29
30	6	24	49	18	36	12
13	31	7	25	43	19	37
38	14	32	1	26	44	20
21	39	8	33	2	27	45
46	15	40	9	34	3	28

Il n'en coûte pas beaucoup d'essayer.

•.•

Un mot des gemmes :

Ce sont, dans un sens, des talismans, puisqu'on leur accorde une valeur de symbole et certaines puissances occultes.

Depuis la plus haute Antiquité, en effet, l'homme a doté les pierres précieuses de vertus qu'il a par la suite rapportées à l'Astrologie. Nous nous bornerons à parler, sur ces sujets, de ce qui a trait à l'amour.

Selon certaine auteurs :
Les pierres blanches signifient : pureté, fidélité;
Les pierres rouges : ardeur, force;
Les pierres bleues : constance, félicité;
Les pierres jaunes : adoration, soumission;
Les pierres vertes : désir, espérance;
Les pierres violettes : passion, souffrances;
Les pierres orangées : enthousiasme, folie d'amour;
Les pierres lilas : flirt, passionnette.

D'autre part, les pierres ont individuellement pour emblème et pour vertus ce qui suit :

Lapis. Pierre vénusienne par excellence et propre à donner l'amour.

Escarboucle signifie : amour dévorant.

Diamant. Réconciliation. Rend fidèle aux engagements.

Grenat. Loyauté. Suscite la sincérité sentimentale.

Jaspe. Sagesse. Cette pierre apporte constance et bonheur conjugal.

Saphir. Vérité. Conscience pure. Inspire le repentir des fautes. Garde la chasteté.

Emeraude. Espérance. Pierre des vierges. Fait deviner l'avenir.

Cornaline. Joie et paix. Dissipe les pensées mauvaises.

Topaze. Ardeur. Accentue la force virile. Talisman contre la haine et la vengeance.

Turquoise. Courage. Assure la victoire amoureuse.

Péridot. Coup de foudre. Favorise la rapidité des conquêtes du cœur.

Sélénite. Développe les amitiés ambiantes.

Rubis. Détruit la tristesse et les chagrins d'amour.

Œil-de-chat. Préserve des envoûtements et du mauvais-œil.

Chrysolithe. Pierre de sagesse contre la folie amoureuse.

Cornaline. Déjoue les trahisons.

Chéridon (sorte de turquoise rayée de noir). Bon talisman d'amour.

Chrysoprase (sorte d'agate). Engendre la gaîté.

Hyacinthe. Donne la fidélité.

Il y a toute une littérature sur les pierres précieuses. Chacune d'elle a fait l'objet d'études quelquefois d'ailleurs assez fantaisistes et d'anecdotes toujours savoureuses.

C'est ainsi par exemple que, dans l'*Odyssée,* on voit Eurymarque, un des prétendants de Pénélope, lui offrir un collier d'ambre serti d'or pour attirer son amour. L'ambre fut et reste en effet le symbole de l'engagement d'amour. Au Moyen-Age, les princes fiancés échangeaient des bijoux d'ambre. Tel Guillaume de Saxe-Weimar et Charlotte de Saxe qui se donnèrent l'un à l'autre un cadeau : lui, offrant un petit Cupidon d'ambre; elle, un main tenant un *vergiss-mein-nicht* (1).

---

(1) Traduction : *Ne m'oubliez pas.* Nom vulgaire et joli du myosotis.

L'opale serait une gemme néfaste, la pierre maudite des amours malheureuses. N'en offrez jamais en cadeau, dit la baronne Staffe. La pierre de jade a, aux yeux des Chinois, des propriétés occultes. Un de leurs livres sacrés lui compare le Sage, car, y est-il dit : Son éclat tempéré est humain; sa dureté ressemble à la science sûre d'elle; ses angles que rien n'émousse représentent la justice; le son qu'il rend quand on le frappe est pur, harmonieux et exprime la joie; son éclat est sans tache; sa substance est celle de l'arc-en-ciel.

IV

ONOMANTIQUE AMOUREUSE

Parler aujourd'hui d'Onomantique — autrement dit du caractère magiquement indiqué par les noms, et particulièrement les prénoms — paraîtra puéril à certains, tandis que d'autres, obstinément, sincèrement, affirment qu'une vertu occulte demeure attachée à ces noms de famille et surtout de baptême.

— J'ai l'expérience pour moi ! s'écriait un jour devant nous une dame fort sérieuse à qui nous parlions de ces choses. Les Jeanne que je connus furent toutes bonnes. J'ai remarqué de même chez les Louise d'excellents sentiments. Au contraire les Raymonde et les Marcelle sont des âmes médiocres et je n'eus avec elles que des ennuis. Les Emile sont de braves garçons, les Charles ont des sentiments élevés, les Ernest sont souvent bluffeurs et les Oscar vaniteux... D'ailleurs, continua-t-elle avec un sourire narquois, voyez-vous une Gertrude amoureuse, une Barbe élégante? En revanche, ne trouvez-vous pas que Pierre nous indique instinctivement un homme de solide bon sens, Joseph un type que sûrement sa femme trompera?

Il est de fait que, soit par suite des événements dont la Légende ou l'Histoire enveloppent quelques noms, soit par suite de nos mœurs qui ont doté les villageois et les citadins, les fils de famille et les gens de condition plus basse de certains noms plutôt que d'autres, soit par suite d'on ne sait quels obscurs atavismes, notre sympathie ou notre antipathie va naturellement à ce qui semble autre chose qu'un quelconque assemblage de lettres.

Mais n'y aurait-il pas aussi, d'une part, une origine étymologique à cette opinion toute faite, et de l'autre, engendrée par la première, une influence réellement magique? En tous cas les patronymiques et les prénoms avaient jadis un sens qui était la traduction même d'une qualité, d'un défaut, d'une manière d'être. Si Dubois ou Leroux voulurent probalement désigner un monsieur qui avait un bois à lui ou qui possédait les cheveux roux, il est plus certain encore que Mélanie indiquait une brune puisque ce mot est la traduction littérale du latin (Cf. : Mélanaisie : île des noirs) et Clémence une personne précisément clémente (clementia : qui pardonne).

Mais il y a mieux. Pour l'occultiste, donner un nom à quelqu'un, c'était autrefois le vouer par la puissance du verbe à tel destin contenu implicitement dans ce nom. Le nom avait ainsi quelque chose de bénéfique ou de maléfique, dépendant des lettres mêmes le formant, et des nombres kabbalistiquement relatifs à ces lettres. Car, ne l'oublions pas, les lettres (et l'hébreu le prouve surabondamment) avaient une signification; elles étaient vivantes et représentaient toujours symboliquement quelque chose.

Voilà pourquoi, même à l'heure actuelle, alors que les symboles sont oubliés ou perdus, la phonétique d'un nom garde on ne sait quoi de subtil, d'impressionnant, et qui fait qu'il plaît ou déplaît, qu'on lui en préfère un autre ou qu'on le préfère à un autre au moment d'un baptême, toute question à part de souvenir ou convenance de famille. Notre interlocutrice de tout à l'heure n'avait donc pas tout à fait tort — réserve faite des hasards qui lui firent rencontrer mainte Jeanne bonne ou mainte Marcelle détestable; et avec elle on peut dire que rarement un homme aimera que sa maîtresse s'appelle Brigitte ou Cuéngonde, que des noms possèdent en eux une attraction ou une répulsion. Oui, certains sont ridicules, ou banals, ou prétentieux, ou vieillots, et certains autres aimables, engageants, vigoureux, porte-bonheur. A tous, tant que nous sommes, les noms, en un mot, ne nous sont pas indifférents.

.•.

Nous avons donc établi ici une sorte de dictionnaire onomantique, forcément incomplet d'ailleurs, et résumant le sens étymologique des prénoms les plus communs, en même temps que l'impression normale, traditionnelle en quelque sorte, qu'ils présentent à la plupart des gens. Nous ne prétendons pas refléter ainsi des opinions unanimes. Du moins avons-nous eu soin de laisser de côté nos préférence personnelles et d'en référer à des nomenclatures diverses du même genre afin de choisir précisément les traits qui, étant les plus communs, avaient le plus de chance d'être généralement admis.

Ajoutons que, bien que les qualités et divers défauts aient leur importance dans le mariage ou l'union libre, nous nous en sommes surtout tenus aux notations de sensibilité amoureuse, nous intéressant particulièrement dans ce livre.

Commençons par les usuels prénoms féminins, sinon dans l'ordre alphabétique rigoureux, du moins dans celui des lettres. Et surtout, que les présages médiocres ne vous choquent ni ne vous découragent. Le *vox populi, vox dei* est parfois sujet à caution, et le destin onomantique se corrige par la volonté... quand on en a.

Alba : Ce nom signifie « la blanche ». Il contient donc une idée de pureté. Les Alba sont, ou devraient être des naïves, droites, mais peu fermes comme toutes les âmes candides. L'idée de blancheur appelle celle du lis, et l'idée du lis celle de mysticisme. Les Alba auront donc peut-être une tendance à rester vierges, à se faire religieuses. La forme *Albine* évoque mieux l'albâtre d'un corps voué davantage à l'amour.

Agnès : Signifie « la douce », la « pure » et son atmosphère est voisine de la précédente : fragilité, tendresse, dévouement (Agnès Sorel). Les Agnès sont de petites femmes frêles et gentilles, timides et volontiers se sacrifiant.

Adèle : « L'inconnue », « la noble ». De grandes coquettes enjouées, changeantes, peu sûres, bien faites de leur corps, sans haine pour les caresses. Epouses peu fidèles et mères insouciantes. Les brunes ont, paraît-il, ces défauts atténués. *Adelina* de même, prénom d'ailleurs rare. *Adélaïde* sent la vieille fille.

Anne : « La gracieuse », « la miséricordieuse ». Prénom pour femmes clémentes, saines d'esprit, franches, courageuses, bonnes épouses et bonnes mères. En général pas très jolies, mais avec de beaux yeux. Anne n'est pas sans aspect aristocratique. La forme *Anna* est plus citadine, et la forme *Annette* plus villageoise.

Angèle : « La désignée ». Un peu d'ange en elles qu'on voit blondes, glissantes, légères, visage clair aux prunelles d'azur, rêveuses, poétiques, devenant mystiques sur le tard, ou neurasthéniques. *Angélique* est plus rustique, *Angelina* plus distingué.

Alice : « La dompteuse ». Convient aux femmes hautaines, graves, sculpturales; mais il est de petites Alice agréables encore qu'elles soient un peu fières à toutes les tailles. Race de courtisanes de haute lignée, mais aussi de femmes sérieuses et d'âme élevée. *Alix* accentue l'atmosphère de fierté d'Alice, mais dans un sens aristocratique.

Aimée : « La chérie ». Gracieuses, aimables et faites pour être aimées, naturellement bonnes, sachant garder l'amour, simples, sages, modestes, vouées au long bonheur et à la vieillesse tranquille.

Aurélie : « L'auréole ». Nom un peu prétentieux. Intelligence et volonté. Peu d'attirance en ce vocable.

Agathe : « La précieuse », « la bonne ». Bonne fille

Augustine : Féminin d'Auguste, qui veut dire « grand ». A l'origine : noblesse, intelligence, fierté. Mais *Augusta* répond mieux à l'idée qu'a démocratisée l'autre forme. On a remarqué la différence d'impression que donnent les terminaisons d'un même radical. Il semble qu'une Augusta peut porter manteau d'impératrice, une Augustine la robe de laine. D'aucuns disent que la première est prédisposée aux ruptures amoureuses, la seconde aux idylles faubouriennes, où volontiers on l'appellerait Titine.

Aline : « La fine ». Douceur, indolence, droiture; taille mince; goûts affinés; du sentiment et le sens du devoir. Assez souvent une bouche délectable.

Adrienne : « La belle ». C'est léger, coquet, vif, minutieux. Parfois de l'allure. Du calme et une nuance de naïveté. Bonne camarade transformant volontiers en amitié un amour agonisant.

Amélie veut dire : « La puissante ». Simplicité. Bonté.

Agathe veut dire : « La précieuse », « la bonne ». Bonne fille sans raffinement.

Autres noms en A dénués d'influx d'amour : *Adélaïde, Aglaé, Arsinoé.*

Autres noms voués à l'amour : *Armanda, Anaïs, Aurore, Aspasie.*

Berthe : « La belle ». C'est court, simple et doux. Une amoureuse apparaît, grassouillette sans excès, bonne pour les amies, travailleuse, agréable, économe, assez pratique, un peu réservée. Avec ce nom d'origine tudesque (il évoque aujourd'hui « la grosse Bertha ») on a fait *Bertrade,* d'allure médiévale, *Bertrande,* fort élégant, comme la plupart des noms masculins féminisés par une simple addition de muet.

Béatrix : « La bienheureuse », « la valeureuse ». Les Béatrix se doivent d'être belles, nobles, hardies, combatives, artistiques, originales. Dante aima une Béatrix. *Béatrice* est une Béatrix en plus doux.

Brigitte : « La servante ». Comme *Barbe,* nom vieillot de personne dévouée, bonne pour les enfants, effacée, affable, soumise. On ne les voit guère sensuelles.

Bérénice : Très beau nom qui se perd et où chante la poésie racinienne.

Blanche : C'est aussi doux qu'*Albine,* et malgré l'étymologie devinée, moins évocateur d'innocence peu corruptible. Nom certain de maîtresse assez ardente quand elle n'est plus une jeune fille dont les yeux déjà distillaient le désir.

Bathilde fut un joli nom perdu ajourd'hui, de princesse belle et fière.

Cécile : Evoque la sainte musicienne. Harmonie un peu froide. Ame élevée dans un corps parfait. Bon cœur mais susceptibilité. Haute intelligence dominant la passion.

Claire : « La lumineuse ». Une Claire est éveillée, nerveuse, droite, jolie, brune, simple, pas très grande mais bien modelée. Elle se marie, aime moins qu'on l'aime et devient jalouse. *Clara* est moins simple et plus rusée en amour.

Claudine : « La sotte ». La littérature nous l'a rendue plus tendre que bête, et délurée, sensuelle, gentille et gamine. *Claudia*, l'élève aux noblesses de blason, *Claudienne* aux noblesses de l'art, *Claude* aux virilités modernes.

Cornélie : « Dur comme la corne ». Prénom cornélien où précisément on sent la puissance subtile du verbe en certains phonétismes. Cornélie suppose un tempérament décidé, quasi-héroïque, noble et froid au physique, ardent au moral.

Clémence : « Qui pardonne ». Femme sensible, lente, peu expansive, généreuse, modeste, indulgente. Peu de beauté, mais du cœur. Du sens maternel surtout.
Clémence vieillit heureuse, banale et gourmande. *Clémentine* a la même atmosphère bourgeoise.

Charlotte : « La forte ». De l'énergie, de la sagesse et de la droiture. Une Charlotte est active, laborieuse, agréable, capable de passion, assez élégante, saine au physique et au moral.

Camille : « De condition libre ». Nom hermaphrodite, donc virilisant, comme Claude. Les Camille sont pimpantes, dégourdies, éveillées, garçonnières. Elles plaisent, bonnes camarades, bonnes épouses, ayant de l'initiative.

Carmen : « Mélodie ». Nom d'allure espagnole inspirant ardeur, volonté, fierté, caprice. Les Carmen sont nerveuses, vindicatives, rétives. Mais quels yeux de velours ou de braise ! Quel minois enjôleur ! On les voit une rose à la bouche... et un poignard dans le corsage.

Caroline, Catherine, Célestine, Céline sont devenus noms de glèbe.

Christine. On oublie l'éthymologie religieuse. Ce n'est plus une fille du Christ, mais une petite bourgeoise sans originalité. *Christiane* aristocratise le vocable.

Colette : « Fin col ». Joli nom de femme exquise et spirituelle, avec de beaux yeux vivants, insouciante, habile, primesautière. Peut-être la littérature lui a-t-il donné désormais cette hérédité : c'est aussi de l'amour magique, cela !

Clotilde : « Fille illustre ». Nom de prestance un peu diminuée, mais il garde une allure d'élégance, de charme indéniables, de fierté qui sait s'annoblir devant un regard tendre.

Cora, de la famille des Clara, Léa, Laura, Nina, Ida, Eva, est de ces vocables où l'amour a l'on ne sait quel relent de courtisanerie et de mercantilisme.

Diane. Bon sens et force juvénile. On songe aux Dianes grecques, robustes et sportives. Ce sont des femmes bien portantes, magnifiques, volontaires, impératives. Le nom sonne en fanfare. Influence certaine du verbe : qui donc verrait une Diane malingre, bossue, humble, naïve?

Denise. Souvenir de Dionysos. Charme et douceur. De la distinction native. Pas de passions turbulentes.

Une amoureuse très gentille toutefois, agréable et gaie.

Damienne, Donatienne. Noms élégants trop négligés aujourd'hui.

Eve : « La Vie ». La mère des hommes. Mais une mère éternellement jeune, jolie, curieuse, bien portante. Les Eve se marient jeunes et sont fécondes. Les *Eva* ont des amants.

Elisa : « Saluée de Dieu ». Heureux prénom qui fait l'humeur charmante, teintée de poésie. *Elisabeth* est plus aristocratique, *Elise* plus démocratique, *Lise* plus champêtre.

Estelle : « L'Etoile ». Nom d'orgueil, d'élégance et de chute amoureuse facile.

Esther : « La sûreté ». Timidité. Maintes qualités morales. Savent plaire sans être aguichantes. Elles aiment le théâtre, la lecture et la méditation.

Eugénie : « La bien née ». Prénom un peu commun de brune robuste à beaux yeux noirs. Aime les bijoux et les atours. Coquette et cependant reste honnête. Mariage tardif.

Emilie. L'Emilie est patiente, douce, un peu entêtée, un peu jalouse. Elle se marie assez jeune et cependant reste en général stérile. La rousse a plus d'attrait que la blonde mais moins que la brune. Travailleuse et dévouée. Les *Emilienne* sont moins familiales.

Eulalie, qui veut dire : « je parle bien », et *Euphrasie,* qui veut dire « je charme », tombent en désuétude.

Elvire est devenu — ô domination du génie ! — indubitablement un nom lamartinien, romantique à souhait, avec tout ce que la rêverie y attache de grâce et de mélancolie.

Eveline était bien joli... Pourquoi l'abandonner?

Eléonore sonne bien, avec une pointe de vanité, de même qu'*Edith*.

Emma : « La protectrice ». Nom doux, un peu ancien déjà.

Noms attirant l'amour : *Edmée, Elvina, Emmeline*.

Noms éloignant l'amour : *Elodie, Eudoxie, Euphrasie, Euphémie*.

Félicie, Félicité : « Heureuse ». Bien partagée. Caractère indépendant. Conscience un peu large. Beaucoup plus d'aplomb que de cœur.

Françoise : « L'intrépide ». On la devine bien faite, pas très grande, jolie, hardie, joyeuse, adroite, vive, plaisante, moderne. Peut-être lit-elle M. Marcel Prévost ! *Francine* est plus rustique.

Fernande. Brave et pas méchante. Mais n'est-elle pas un peu « arriviste », intéressée, trop adroite? Le nom germain signifie d'ailleurs « femme de guerre ». Jeune elle sera garçonnière et deviendra sportive, enjouée d'ailleurs, mais elle aura peu d'amitiés, car on devinera trop qu'elle s'en sert à ses propres fins.

Fanny. Délicieux et coquet prénom qu'il faut joindre aux dérivés d'Etienne. (V. ce mot aux noms masculins). *Stéphanie* a moins d'intimité.

Fabienne. Nom bien porté, de femme élégante, un peu grande, musicienne, sérieuse, courtoise.

Frédérique. Influence bénéfique et virilisante des noms d'homme dont la phonie ne change pas en se féminisant. Les Frédérique ont plus de tête que de cœur.

Flora, Florine. Evoque la fleur, une fleur épanouie et capiteuse. Attention aux chutes faciles ! *Florence* a quelque chose de campagnard. *Florentine* serait plus agréable, n'était cette terminaison en « tine » qui a toujours un relent populaire.

Autres jolis noms d'amour : *Faustine, Flavie, Floriane, Francine.*

Gabrielle. Très agréable nom de tendresse sincère, de jolie fille aimante.

Gisèle : « Vassale ». Et cependant, par une contradiction singulière, l'idée en est plutôt de suzeraineté. Convient aux filles riches, ou tout au moins de famille aisée. N'aime pas trop les « bagatelles de la porte ».

Gilberte. Encore une nuance de masculinité, quoique moins prononcée : D'où parts égales de la tête et du cœur. Très beau nom de femme sérieuse et cependant tendre.

Georgette. Souvent prétentieuse encore que d'un physique quelconque. Parfois maigre, sotte, menteuse, curieuse d'aventures, et lâche dans le péril. Certaines Georgette ont cependant du cœur. *Georgina* est un nom plus relevé.

Germaine. Elle est brune, douce, un peu molle et malléable, assez charnue, amusante, sympathique. On la voit relativement grande, et elle ne dédaigne pas les douceurs de la sensualité.

Geneviève : « Qui habite les bois » et « qui engendre le courage ». Elle a, en effet, du courage et de la noblesse d'âme comme la patronne de Paris. Elle est droite, gracieuse, d'esprit juste et de grande volonté. Elle charme vite, attire, et garde.

Gertrude. « Qui protège la maison... » Oui, comme *Barbe, Brigitte, Ursule!*

Henriette : de maison puissante. Nom germain. Intelligence, calme, volonté, positivisme, souplesse.

Hortensia : qui vient du jardin. Jeunesse jolie, maturité aigrie. Se fane comme la fleur. *Hortense* a plus de longévité.

Hélène : Qui vient de Grèce. Prénom délicat, convient à la beauté, à l'élégance, à la douceur. Intelligence moyenne mais esprit fin. Chez beaucoup, corps dédaigneux de ce qui n'est pas la « grande caresse ».

Huguette : Charmant et léger prénom de coquette amoureuse, enjouée, un peu dépensière. Mais que ne donne-t-on pour un de ses sourires? On verra aux noms d'hommes le sens de Hugues, qui féminisé, ajoute de la grâce à sa gravité. De même pour *Hubertine*.

Irène : « Paisible ». Ce mot contient « reine ». On voit une belle femme un peu hautaine, assez froide, mais qui, ne détestant pas l'amour, le veut discret, hors des yeux du vulgaire.

Isabelle : Déformation gauloise d'*Elisabeth*. De même *Ysabeau*. Noms de fierté et de dissimulation. Femmes ardentes et cruelles. Mais les Isabelle sont moins dures que les Ysabeau, sans grande tendresse, néanmoins.

Irma : « De race germaine ». Et aussi de race « demi-mondaine ». Nom dangereux, adorant la vénalité amoureuse, comme *Ida* (dont la forme *Idelette* est plus relevée).

Indiana : Nom romanesque ne se portant plus guère. *Inès* se rapproche d'Irène.

Julie : « Née en juillet ». C'est gracieux et plus encore sous la forme *Juliette*. Bons sentiments. Idées fines.

Volonté moyenne mais soutenue. De la constance dans l'affection. Quelque susceptibilité. *Julia* est moins aimable.

Jacqueline : De la grâce qui vite se fane. D'où évolution vers un caractère difficile. Mais, en son bon temps, des qualités solides.

Joséphine : « Jugée de Dieu ». Nature molle, peu éclairée, commune. Bonté superficielle. Sottise et vanité.

Jeanne : « Le Refuge », « la Grâce ». Nom de tendresse plus que de beauté. Les Jeanne sont bonnes à leurs heures, dévouées avec excès, souvent sensuelles, parfois vicieuses, toujours impressionnables. Nom en tous cas bien français, paré quelquefois d'héroïsme, très souvent de solide initiative. On dit les Jeanne un peu gourmandes, avides de voyages. La forme *Jane* sent trop la coquetterie. *Jehanne* la naïveté fausse, *Jeannette* la campagne. *Jeannine* l'élégance.

Jenny : Il n'y a plus rien à faire : La chanson l'a définitivement consacrée midinette !

Judith : « Qui loue ». Grande femme aux qualités solides. Elle ne tranche pas toujours des têtes, mais elle « tranche » les situations difficiles avec une fermeté habile. Un peu froide, d'apparence seulement.

Justine : Ah ! les noms en « tine »... Celui-ci va rejoindre ses compagnes aux champs, aux faubourgs... ou à la cuisine.

Louise : « La douce ». C'est un prénom un peu commun, simple, craintif, aimable, sans ardeur. Plus attirants les dérivés : *Louisette, Louison*.

Lucie : « La lumineuse ». Prénom pimpant. Intelligence solide. Caractère vif. Volonté inégale. Jeunesse sentimentale et romanesque. Charme sans beauté mais qui se fait aimer. *Lucienne* a plus d'attrait superficiel.

Léonie : Vient de leo, lion. Caractère décidé, susceptible, vindicatif. Activité pratique et moralité assez large. *Léontine* a ces qualités et défauts atténués. *Léone* les exapère. *Léa* les fait choir dans l'amour vénal.

Liane : Nom d'enlacement, de hardiesse et d'élégance. Goûts de paresse et de luxe. Peu de cœur et beaucoup de ruse. De même *Lia*, mais en moins intense.

Laure : Malgré l'influx d'amour que lui donna Pétrarque, les Laure ne paraissent point des passionnées ardentes. Encore moins *Laurence*.

Autres noms de mince influx amoureux : *Léocadie, Léopoldine, Louisa, Lucrèce.*

Meilleurs noms d'amour : *Lydie, Lucile, Lodoïska, Lélia.*

Marthe (V. plus loin étude spéciale).

Marie : « La très haute ». Nom galvaudé, primitivement superbe, fait pour l'imagination, le grand cœur, la volonté forte. Mais il a basculé vers le plaisir facile, l'esprit ancillaire, le goût commun, — sauf exceptions.

Marguerite : « La perle ». Prénom excellent, en général bien porté par des femmes fermes et douces à la fois.

Mélanie : « La brune ». On les voit toutes ainsi, séduisantes, aux prunelles de velours, un peu bavardes, avec un on ne sait quoi qui rappelle la soubrette.

Madeleine : Des blondes jolies, sensibles, expansives, délicates, passionnées, se défendant mal de l'amour. *Madelon :* c'est pire !

Marianne : (Marie-Anne). Nature sympathique, vive et douce, conciliante et ferme, peu élégante.

Marcelle : Prénom gracieux. Intelligence moyenne. Moralité souvent douteuse. Tendance à la volupté. Cœur sec. Hardiesse. Ne pas oublier, en certains noms, l'influence subtile et dissimulée de l'origine. Marcelle est le féminin de Marc, qui vient de Mars. Il a donc un peu d'influx marsien en lui.

Mathilde est le féminin de *Mathieu* qui veut dire « don du seigneur ». Nom joli, d'une riche évocation aristocratique dont le charme hautain se reflète sur qui le porte dans les classes moyennes. Les Mathilde ne se donnent pas facilement, mais sont fidèles, une fois prises.

Monique : Nom d'amour, intelligent et fier. Les Monique, comme les Mathilde, ne s'offrent pas au premier venu. Il faut les conquérir. Mais, la forteresse tombée, le cœur apparaît.

Micheline, Michelle, Michèle, Michelette. Si Michel signifie « semblable à Dieu », sa féminisation à des ressemblances, par opposition, avec le Diable. Ces jeunes filles et femmes aux noms ci-dessus, sont, comme eux, avec une charge de ruse dont on fera bien de se garder.

Noms d'amour : *Malvina, Manon, Marceline, Margot, Martine, Mauricette, Mirande, Marinette, Mireille.*

Odette : Adorable d'évocation romantico-médiévale. Nom où s'infuse de la noblesse gracieuse, de la bonté qui n'est point faiblesse, de l'amour qui n'est point luxure. Une Odette est très sensible mais n'aime pas qu'on la bluffe. Elle est loyale, ce qui lui donne, en apparence seulement, quelque hauteur dans l'attitude.

Olga : Nom russe introduit chez nous. Il a donc en lui de l'influx slave, apportant beauté, intelligence, (ou plutôt faculté d'assimilation), mais aussi indolence et prodigalité. Même remarque pour *Sonia*.

Jolis noms en O : *Octavie, Octavienne ,Olympe* (un peu froid). *Ophélie* (romanesque).

Paule : Nous avons dit le côté virilisateur du prénom mâle appliqué à la femme sans changement de prononciation. Les Paule auront donc les défauts et qualités des Paul. Indépendance. Nervosité. Inégalité d'humeur. Quelque égoïsme. Tantôt froides et tantôt ardentes. *Pauline* voit ces caractéristiques atténuées. *Paula* les ennoblit un peu. *Paulette* les adoucit.

Quelques noms attractifs : *Paméla, Pascaline, Philiberte, Pierrette.*

Quelques noms réfrigérants : *Pélagie, Pernelle, Perpétue, Pétronille, Pulchérie.*

Quelques mots neutres : *Philomène, Prudence.*

Rose : « La fleur ». La fleur des fleurs. Beaucoup de charme, de passion. Mais des épines et de la fugacité. Elles viennent, elles charment, elles passent, coquettes, indépendantes, peu sensibles. Les *Rosalie* n'ont même point toujours le charme des roses.

Renée : « La reine ». En général assez grandes, éveillées, sentimentales, peu sensibles, décidées, vaillantes. *Reine* amplifie encore ces qualités.

Rachel : « La brebis ». Les Rachel sont passionnées, sensuelles, profondément intelligentes et d'un charme personnel très puissant même quand il ne vient pas de la beauté.

Raymonde : Si les noms en « tine » sonnent trop populairement, les noms en « onde » sonnent aristocratiquement, même désuets. Oyez *Radegonde, Aldegonde, Rosemonde, Esclarmonde, Frédégonde.* (Exceptions pour le ridicule *Cunégonde*). Raymonde a de la noblesse en lui, de la fierté, malheureusement sur un fonds plus sensuel que sentimentale, plus orgueilleux que loyal. De nombreux défauts. Nom de maîtresse plus que d'épouse.

Rolande : Tient de Roland comme Paule de Paul. Nom de race, d'honneur, de grâce hautaine. Elle embrasse un peu trop du bout des lèvres.

Noms attractifs : *Régine, Régina, Rosine.*

Noms neutres : *Rébecca, Robertine, Rodolphine, Ruth.*

Sophie : « La sagesse ». Nom qui se perd, et c'est dommage. Il disait : Intelligence, volonté calme, valeur personnelle, qualités solides. Pour cela sans doute, hélas ! il a cessé de plaire.

Sylvie : Poésie champêtre. Simplicité charmante. Naïveté. Intelligence moyenne et chimérique.

Suzanne : « Le lys ». Intelligence claire. Bon sens pratique. Orgueil et mobilité. Beauté captivante. Grand amour-propre. Tenue correcte. Simplicité plus apparente que réelle, mais sincérité profonde. *Suzette* atténue tout cela. *Suzon* le rend rustique. Relire l'adorable page de Victor Hugo sur ces transformations de la phonie.

Simonne (ou *Simone*) : « L'hérétique ». Imagination, sensualité. On les voit blondes, un peu grasses, sentimentales, rieuses, élégantes, aimables. Leur vie est quelque peu mouvementée.

Solange : « Unique ». Nom très joli, un peu mystique, empreint de noblesse d'âme. Va bien à une jeune fille chaste ou qui aimera d'un cœur élevé et pur.

Sabine : Nom un peu antique, de grâce et de fermeté romaines.

Noms gracieux et purs : *Séraphine, Séverine, Stella.*

Noms faits pour l'amour : *Sarah, Silvaine, Symphorienne.*

Noms neutres ou froids : *Sidonie, Simplicie, Sophronie.*

Thérèse : Prénom pour nature sensible, expansive, affectueuse, passionnée à certains moments, à d'autres très gaie.

Théodora : Nom d'impériales amours, prétentieux pour une fille du commun, de même que *Théodorie, Théodorine, Tullie.*

Yvonne : « Remplie de grâce ». Nom très distingué pour beauté réelle, au physique et au moral. Intelligence active, volonté persévérante et calme.

Yolande : Evoque des amours très élégantes et très ardentes à la fois, mais qui ne durent pas.

Valentine : Aimable. Un peu commun. Amours sans façon.

Virginie : Nom de pureté virginale, légèrement démocratisé. Peu sensuelle, mais bon cœur.

Noms chauds : *Véronique, Viviane.*

Noms tièdes : *Valérie, Victorine.*

Noms froids : *Victoire, Vivienne.*

.*.

Noms d'hommes (avec recherche des meilleures correspondances onomantiques féminines).

Auguste : « Qui est grand ». Nom d'intelligence et de force, de bonne fortune, de réussite et de fécondité. Pas très aristocratique peut-être, mais de qualités solides (Auguste — août — signe du Lion). Il cherchera donc de préférence une gentille femme à nom de bonne mère, non martienne, pas trop coquette, une Aimée, une Amélie, une Gilberte.

Antoine : « Qui se présente bien ». Nom de bonne santé, de mauvaise tête et de cœur d'or. Il fait de bons compagnons, des volontaires sensibles, des gens aimant le travail manuel. Il lui faut comme Auguste une femme assortie, sans fierté excessive, une Louise, par exemple.

Albert : « De bonne ressource ». On le voit peu imaginatif, mais pratique et d'idées larges. Il s'accorderait avec un prénom un peu chaud, une Denise, une Madeleine...

Armand : « Le redoutable ». Il est railleur, positif, tenace, original. Assez beau garçon, aime les succès féminin. Il ne craindra pas les Adèle, les Carmen, les Diane, les Flora, les Marcelle.

André : « Le dompteur ». Physique agréable. Manières simples. Se marie tard. Une Clémence, une Charlotte, une Eugénie, une Lucie conviendrait.

Adrien : « Courageux ». Moyen en tout. Caractère droit, s'aigrissant vite. Donc, pour le compléter, une femme douce et plus intelligente que lui, et qui d'ailleurs peut-être le dominera : une Béatrice, une Félicie, une Marguerite.

Alphonse : « Tout flamme ». S'est relevé d'une impression mauvaise. En principe : beau gars, tête folle et cœur vide. Une Aline, une Berthe, une Henriette, lui siéraient.

Arthur : Il lui faut une Sophie, dirait notre ami Paul Reboux.

Noms élégants et attractifs pour femmes : *Albéric, Alexandre, Alfred, Amaury, Arnaud, Antony.*

Noms neutres ou refrigérants : *Abel, Achille, Adam, Adolphe, Ambroise, Anatole, Anselme.*

Benjamin : « Fils de ma droite ». Fait pour être choyé par une Berthe, une Charlotte, une Madeleine.

Baptiste : Nom quelque peu campagnard, propre à s'allier aux Justine, aux Catherine, aux Annette.

Bernard : « Le solitaire » et « fort comme l'ours ». Une Alice, une Clotilde, une Esther ferait la paire avec lui.

Bertrand : La noblesse et les solides qualités de ce nom, s'associeront bien à celui d'Odette, Clotilde, Diane, Gisèle, Rolande.

Noms neutres : *Balthazar, Barthélemy, Basile, Benoît, Bernardin, Blaise, Boniface.*

Charles : « Le fort ». On les donne comme bien cérébrés, volontaires, pratiques, habiles, travailleurs. Ames souvent d'élite. Un Charles fera bon ménage avec une Caroline (la vaillante), une Aimée, une Alice, une Frédérique, une Henriette, une Monique, une Suzanne, etc.

Claude : « Le boiteux ». Etymologie oubliée. Claude est un nom doux à qualités excellentes pour une Albine, une Angèle, une Blanche, une Germaine, une Hélène, une Lucie, une Raymonde,.

Christian : Nom d'élégance certaine mais de fidélité douteuse. Réussit auprès des femmes. Il aura facilement pour maîtresses celle qui ont un nom dominateur.

Autres noms plaisants pour femmes : *Constantin, Cyprien, Clément, Conrad, Cyrille.*

Moins plaisants : *César, Casimir, Célestin, Christofle, Colas, Crépin.*

Daniel : « Jugement de Dieu ». Nom léger, sentimental, effectueux, un peu fantasque, conciliant, aimant la simplicité d'une Agnès, d'une Blanche, d'une Elvire, d'une Thérèse.

David : Un peu antique, mais noble. Il faut, ou le réchauffer auprès d'un nom ardent, ou l'accorder avec un nom de même nature, choisi entre les Liane ou les Irène...

Gentils noms : *Désiré, Damien, Denis, Didier, Dominique, Donatien, Dieudonné.*

Edmond : « Heureux ». Bon enfant, blond souvent, cordial, distingué, d'intelligence moyenne, camarade agréable. Propre aux Alba, Aline, Agathe, Camille, Estelle, Geneviève, Julie, Madeleine, Suzanne, Solange.

Eugène : « Le bien né ». On craint avec ce nom un mariage peu heureux. Les Eugène passent pour de bons garçons, un peu fanfarons, pratiques toutefois, mais sans grande ardeur au travail. Il y a certainement d'heureuses exceptions. Les Eugène, à cause de leur étymologie, évitent les alliances avec des noms communs : Alphonsine, Brigitte, Catherine, Gertrude, Marie et ses dérivés (Maria, Marion, Mariette, Marianne), Joséphine et... pour appeler l'influx favorisant d'un nom de noblesse ou de courage : Berthe, Clotilde, Gisèle, Antoinette, etc. (V. étude détaillée.)

Emile : « Qui aime les combats ». Force, loyauté, courage, énergie, intelligence. Un peu d'entêtement, cœur d'or. Excellent mari. Lui va comme un gant :

Anne, Berthe, Suzanne, Fabienne, Marguerite, Odette, Rose, Simone, Jeanne.

Etienne : « Couronné ». Qualités sérieuses, naturelles, rachetant un esprit peu cultivé. Souplesse et décision. *Stéphane* est le même nom en plus poétique. Jugement averti. Les Etienne font fortune assez souvent, ont peu de goût pour le mariage, mais aiment le charme des Adèle, des Adrienne, des Claudine, des Estelle, des Raymonde, des Sylvie.

Emmanuel : « Dieu avec lui ». Cerveau riche, manières élégantes. Sensuel. Fait pour les Irma, les Claire, les Hélène, les Rose, les Rolande, les Simone.

Autres noms aimables : *Edouard, Edgar, Elie, Evariste.*

Autres noms inquiétants : *Ernest, Eusèbe, Eloi.*

François : « L'Intrépide ». Un assez joli garçon, jovial, adroit, vif, d'une sensibilité moyenne. On aimerait assez pour lui une femme du même genre, et, à défaut d'une Françoise, une Berthe, une Camille, une Emilie, une Germaine, une Fernande, une Huguette, une Julie, une Marthe.

Fernand, Ferdinand : Ce sont là noms de séducteurs prudents, froids, moqueurs. Ils n'auront guère à craindre des noms féminins donnés comme un peu dangereux : Adrienne, Carmen, Diane, Flora, Héloïse, Isabelle, Irma, Léone, Marcelle, Paule, Raymonde.

Frédéric : Nom d'énergie et de tendresse mêlées, mais une tendresse sérieuse, à qui conviendra pour donner la réplique : Alice, Monique, Henriette, Blanche, Berthe, Fabienne.

Noms coquets : *Fabrice, Félicien, Flavien, Florian, Francis, Frantz.*

Noms désuets : *Faustin, Fiacre, Fortunat, Fulbert, Flo-*

rimond, Fridolin. Et qui dit désuet, dit un peu ridicule, pour une femme.

Noms neutres : *Félix, Firmin, Florentin, Francisque.*

Gaston : « L'hôte ». Homme sans façons, indépendant, calme, initiatif, volontiers blond, de sens moral assez large, insouciant, galant. Se plaît avec Claire, Colette, Damienne, Donatienne, Elisa, Hélène, Mélanie, Michelle, Olga, Sonia, Renée, Suzanne, Sylvie, Thérèse, Marcelle.

Gabriel : « L'homme de Dieu ». Généreux et fier. Combatif et nerveux. Gagne à être connu. Serviable et sait aimer, notamment les mystiques et nobles hautaines : Aurélie, Béatrice, Bathilde, Cécile, Cornélie, Clotilde, Estelle, Eveline, Gisèle, Bertrande, Irène, Odette, Renée, Rolande, Solange.

Germain : « Sincère ». Nom rustique d'homme solide, ferme, plein de bonnes qualités qu'il partagera avec des Augustine, des Berthe, des Christine, des Camille, des Eugénie, des Jenny, des Jacqueline, des Jeanne, des Léonie, des Louise, des Marthe, des Yvonne.

Gilbert : Sensibilité, douceur, volonté ferme et câline, grande activité intérieure, à qui s'allieront bien une Blanche, une Cécile, une Charlotte, une Esther, une Geneviève, une Gilberte, une Lucie...

Guillaume : Vieux nom de noblesse aujourd'hui démocratisé et qui ne va pas mal avec une féminité plus affinée mais non mondaine, indiquée par Alice, Agathe, Colette, Denise, Eléonore, Sylvie.

Georges : Physique agréable et bonne santé. Bonhomie plus apparente que réelle. Peut affronter Diane, Fernande, Hortensia, Isabelle, Marcelle, Paule, Rose. Il en utilisera les qualités.

Noms conquérants : *Geoffroi, Gaspard, Gustave, Girard, Guy, Gontran*.

Noms peu attirants pour les dames : *Gaëlan, Gontier, Grégoire*.

Henri : Travailleurs de cœur un peu sec, bien faits mais un peu infatués d'eux-mêmes. Ils semblent appelés à l'aisance et à une bonne progéniture. Seraient peu heureuses avec eux des femmes trop sensibles. Mieux leur vaut les Diane, les Estelle, les Léontine, les Paule.

Hugues : « Penseur ». On en a fait *Hugo*, prénom et nom propre. Notre grand Hugo a dû songer parfois au passionnant mystère enclos en la magie des patronymiques. Un Hugues, un Hugo, se doit d'être un intellectuel. Il aimera moins avec le cœur qu'avec la tête et les sens. Lui agréeront donc une Esther, une Adèle, une Juliette, une Françoise, une Charlotte.

Hector : Nom sonore dont l'antique fierté est muée aujourd'hui en quelque prétention. Il est porté par des êtres légèrement infatués d'eux-mêmes, d'ailleurs assez bien faits pour espérer conquérir des Hélène, des Bertrande ou des Irène. Mais un meilleur complément leur sera des Léone, des Claire, des Fernande.

Les femmes aiment beaucoup, dans ce groupe les doux *Hégesippe*, les hautains *Harold*, les sportifs *Herbet* et *Hubert*, moins les *Harry* aux traits assez durs, les *Hilaire*, les *Hippolyte*, les *Honoré*.

Joseph : Nom de simplicité, de calme, voire de naïveté. On dit que la trahison féminine guette souvent les Joseph. Il leur est nécessaire de prendre une correspondance de franchise, d'honnêteté, comme en respirent les noms de Berthe, Claire, Cornélie, Geneviève, Gilberte, Louise, Monique, Sophie.

Julien : Rien d'original. Fadeur. Calme. Effacement. Digne des Joséphine, des Louise, des Marie, des Virginie.

Jean : Joli nom simple, doux, ferme pourtant, fleurant la noble indépendance, le goût du vrai; sa réserve cache de hauts sentiments. Bon pendant des Agnès, Bérénice, Cécile, Denise, Esther, Eveline, Fanny, Gilberte, Hélène, Judith, Mathilde, Odette, Thérèse.

Jacques : Nom solide de terrien. Goûts démocratiques, mais amitié sûre, bonnes qualités dignes de tenter Anne, Amélie, Berthe, Célestine, Catherine, Emilie, Justine, Sylvie.

De bons noms sont : *Jack,* qui est un Jacques d'allure anglaise, *Jérôme,* bien qu'assez austère; *Joachim, Jonas, Jules,* de type faubourien, *Justin,* d'aspect campagnard, sont moins goûtés.

Léon : Vient de *leo,* lion. L'influx de noble fierté courageuse semble très atténué dans ce nom bourgeois, voire populaire, odorant plutôt des goûts mobiles, sensuels, mercantiles. Un Léon fera bien de se revigorer moralement par le contact d'une Albine, d'une Angèle, d'une Judith, d'une Monique, d'une Solange. *Léonard* est un Léon plus ferme, *Léo* un Léon plus gracieux.

Lucien : Vient de Luc, *lux,* lumineux. Voir Lucie; mais l'influx est moins bénéfique. Les *Lucien,* toutefois, ne sont pas méchants, mais un peu égoïstes, sans gêne, crâneurs. Ils s'accommoderont d'une femme dans leur genre mais les dominant : Adèle, Diane, Françoise, Frédérique, Henriette, Isabelle, Léonie, Rolande.

Louis (Voir plus loin, à l'étude détaillée d'un prénom). *Ludovic* en est une forme plus distinguée.

Assez prenants : les *Léopold*, les *Lionel*, les *Lubin*, les *Léandre;* on aime moins *Lazare, Lambert, Landry.*

Marc : « Né en mars ». Nom bref, sec, marsien, inspirant force, volonté, décision. Un Marc réussit souvent sa vie. Il ne déplaît pas aux femmes. Il se complètera bien avec une Anne, une Berthe, une Emilie, une Fernande, une Frédérique, une Henriette, une Monique, une Rachel, une Thérèse.

Michel : « Semblable à Dieu ». Quelque orgueil dans ce nom qui, pourtant, se démocratise. On prétend les Michel un peu bigames, jaloux, artistes. Leur conviendront de bonnes filles simples et fermes, dans le genre des Camille, des Charlotte, des Geneviève, des Renée.

Marius : Nom du Midi, jovial, ensoleillé. Mais il respire la blague. Ce pourquoi il fera bon ménage avec des noms gais : Claire, Flora, Lucie, à moins qu'il ne se sentimentalise avec les Mireille de son pays d'origine.

Maurice : Nom fort prisé de l'élément féminin pour l'habileté amoureuse qu'il évoque. C'est un partenaire aimable aux jeux de plein air. Il va de pair avec les Adèle, les Adrienne, les Fernande, les Marcelle, les Simone, les Yolande.

Des dérivés nombreux en cette série. De Marc : *Marcel* et *Marcelin,* noms marsiens, alors que le sont davantage *Martial* et *Martien.* — De Maxime, nom d'estime aux amours sérieuses : *Maximilien, Maximin,* plus virils. — De Michel : *Michelin,* plus pâle.

On aime *Manuel,* nom aimable; *Méderic,* nom d'énergie. — *Martin, Mathurin,* sentent la campagne. —

Melchior a de la race. — *Macaire* fait sourire. — *Modeste* fait pitié.

Nicolas : « Victoire ». Et pourtant nom calme, modeste, agreste. Bon époux, bon père. Il ne doit pas chercher des Liane ou des Adèle, mais de bonnes filles, une Augustine, une Jacqueline, etc.

Cette tribu alphabétique est fertile en noms peu voluptueux : *Noël, Nathaniel, Nestor,* et même drôlatique : *Népomucène, Nicodème, Nicomède...* Quant à *Napoléon*, ne le porte pas qui veut ! Faste oblige. Tombant mal sur l'indigne, il le ridiculise.

Oscar : « Brut ». Nom de forfanterie et d'égoïsme tombé des hauteurs de l'aristocratie à un bourgeoisisme un peu ridicule. Quel romancier conterait les amours d'Oscar avec Euphrasie, Gertrude ou Cunégonde ?

Olivier : « Qui porte des fruits »... des fruits de paix. Encore un frappant exemple de l'empire secret des mots. Qui verrait un Olivier hypocrite ou brutal ? Ce nom délectable est plein de bravoure chevaleresque et aussi de noble sensibilité. Un Olivier se doit d'aimer une Béatrix, une Alba, une Bathilde, une Clotilde, une Gisèle, une Irène, une Odette, une Bertrande, une Rolande, une Solange...

Octave : Ce beau nom engendre noblesse et douceur jointes pour un amoureux élégant. Se plairont avec lui les Rolande, les Irène, les Yolande, les Renée, les Odette. La forme *Octavien* est plus banale.

Assez agréables les noms d'*Omer, Oswald, Ovide.* Un peu prétentieux : *Onésime, Odilon.*

Pierre : Non pas dur de cœur, mais ferme de caractère. Très beau nom trop réservé à la plèbe. Les Pierre sont droits, un peu frustes, peu idéalistes, mais de bonne pâte humaine. Ils aiment solidement. Donnons-leur une Augustine, une Berthe, une Geneviève, une Henriette, une Jeanne, une Marie-Anne, une Thérèse, une Yvonne.

Prosper : « Heureux ». Intelligence lente mais pratique. Peu de charme physique. L'amour timide, encore qu'un peu de vanité au fond. Prosper doit secouer son âme par le contact d'un nom alerte comme Claudine, Colette, Frédérique, Huguette, Jeanne, Léone.

Philippe : « L'amant ». Voilà un vrai nom pour amoureuse. Le Philippe a du charme, de la passion. Il porte beau mais manque un peu d'énergie. Il a chance de réussir auprès d'une femme légèrement naïve, une Sylvie, une Solange, une Madeleine, une Jenny, une Geneviève, une Elvire, une Clémence, une Agnès, Mais celle-ci n'en sera-t-elle pas parfois handicapée?

Paul : On a tendance à l'appeler Po-Paul. Bon garçon en principe. Il a souvent un cœur d'artichaut. Il a parfois la langue mauvaise, moins par méchanceté que par besoin de bavarder. Toutefois, ce n'est pas un paresseux. Il fera bien de fixer sa vie auprès d'une femme un peu rassise, et après les Liane et autres Irma, de se fonder un foyer avec une Virginie, mieux encore, une Yvonne, une Thérèse.

Noms aimable de la série : *Pascal, Philibert, Philias.* — Bizarres : *Pamphile, Pancrace, Polycarpe, Polydore, Pépin, Philarète.*

Raymond : « Donneur de conseils ». Ce nom plaît aux femmes. Sensible et mélancolique, un Raymond sait penser et aimer. Il est doux et un peu faible, à la fois romanesque et tranquille. Les noms correspondant à Philippe peuvent ici se répéter avec chance, cette fois, d'une alliance sans danger.

Robert : « Brillant orateur ». Il sait en effet parler, d'amour comme d'autres choses. Il n'est pas timide mais on le dit ombrageux, susceptible, un peu âpre au gain, volontaire. Il peut donc tomber sans trop de danger sur des femmes de passion dont, sans doute, il jouira sans les craindre : les Liane, les Diane, les Florine, les Héloïse, les Isabelle, les Irma, les Marcelle, les Micheline, les Paule, les Rose.

Raphaël : Nom ailé, poétique, élégant, parfumé d'art. « Il ravit » selon son étymologie. Beauté physique et morale. Energie plutôt intellectuelle. Les Raphaël se donnent beaucoup, s'usent et meurent vite. Ils auront une belle vie courte avec les Alba, les Agnès, les Béatrix, les Bérénice, les Hélène, les Cécile, les Hortensia, les Marthe, les Solange; mais peut-être pourront-ils avoir un amour plus long avec une alliance de nom à vie solide : Aimée, **Rachel, etc.**

Richard : Ardeur, audace, indépendance. Nom d'homme solide de corps, de cœur et d'esprit. Quelque fierté entraînant à la susceptibilité. Bien fait, souvent sportif. A lui Alice, Monique Frédérique, Eve, Germaine, Judith, Rachel, Simone.

On aimera ici les *Raoul*, les *Régis*, les *Renaud*, les *René*, les *Roland*, les *Rodolphe*, les *Roger*, tous beaux noms anciens.

On sera peu attiré par les *Rodrigue*, les *Romain*, les *Romuald*, les *Rupert* et les *Rigobert*.

Sébastien : Prénom sérieux (il signifie : respectable), agréable, assis. Mariage ou célibat également heureux. Qu'il craigne les folles passionnées, les Irma, les Liane, et préfère une bonne amie nommée Thérèse, Yvonne, Sylvie, Juliette, Louise, Gilberte, Emma, Cornélie, Berthe.

Sylvestre : « Qui est des champs ». Nature aimante et simple que l'on voit très bien associant son destin à celui de Sylvie ou Geneviève, Yvonne ou Marguerite.

Séverin : « Grave et sévère ». Intelligence et patience. Pas de coups de tête. Foin pour lui des écervelées ! Il recherchera des noms de positives à tranquille sensibilité : Yvonne, Rachel, Mélanie, Louise, Henriette, Gilbert, Esther, Emma.

Ici un lot de beaux noms : *Sébastien, Serge, Sigismond, Stanislas;* — de noms moins aguichants : *Simon* (quoi qu'il ait de fortes qualités), *Siméon, Samuel, Saturnin* (nom à influx dangereux), *Servais, Eymphorien, Sigisbert, Silvain, Sixte;* — et de noms importables : *Sosthène, Saül, Sidoine, Socrate, Spiridion.*

Théodore : Imagination abondante et quelquefois fantaisiste. Franchise. Il s'amusera fort à se laisser ensorceler par le charme des Adèle, des Liane, des Flora, des Colette, des Georgette, des Irma, des Paule. Mais s'il veut la paix du ménage, il prendra pour femmes celles dont le nom l'évoque, d'Augustine à Yvonne.

Thomas : Gros bon sens. Fortes qualités. Dédain des inconnues. Va bien avec Pierrette, Jacqueline, Augustine (et autres noms en « tine »), Amélie, Louise, Marie (et ses dérivés), voire même Marthe et Simonne.

Tony : Prénom d'art. Volonté soutenue. Imagination modérée. Peu d'ennemis. Bon parti pour une

Angèle, une Aimée, une Blanche, une Berthe, une Cécile, une Fabienne, une Gilberte, une Lucienne, une Odette.

Quelques noms élégants : *Tancrède, Tristan.* Quelques noms peu gracieux : *Théodule, Théobald, Timothée.* Quelques noms étranges : *Théotime, Trophime.* Quelques noms que certains savent porter : *Thierry, Tiburce.*

Victor : « Triomphant ». Sent un peu l'arrivisme. Plus d'intelligence et de volonté que de cœur, car ce n'est pas avec trop de sentiment qu'on triomphe dans la vie. Un Victor se disputera donc avec une Fernande. Mieux lui vaut une femme effacée : une Emma, une Aimée, une Agathe, une Louise, une Eveline, une Joséphine...

Beaux noms : *Vincent, Valentin, Valeri, Vivien.* Noms à savoir porter : *Wenceslas, Waldemar, Virgile.*

Xavier : Manières douces, élégantes, agréables, genre Olivier... donc les mêmes femmes proposées à celui-ci.

Derniers noms alphabétiques intéressants : *Ulric, Urbain, Wilfrid, Yvon, Yves.* — Impossibles : *Vital, Zaccharie, Zéphirin.*

.˙.

Quelques lecteurs, férus d'onomantique, ont dû certainement trouver nos indications trop rapides et surtout trop tranchantes. Ils n'ont pas tort, car c'est le danger d'une nomenclature commentée forcément très vite, de supprimer une foule de nuances nécessaires. Mais ils se seront rendus compte aussi qu'un travail complet sur la matière entraînerait à l'établissement d'un volume entier.

Nous allons en donner la preuve en traitant plus complètement quatre noms — deux masculins et deux féminins — pris au hasard et en notant les réflexions et les conseils qu'ils peuvent inspirer. Ces noms seront : Eugène et Louis, Rose et Marthe.

Eugène. — Comparez l'esquisse tracée plus haut au dessin ci-dessous :

Eugène veut dire, « le bien né ». Cet influx étymologique lui donne parfois un peu de forfanterie, mais aussi de confiance normale en soi-même. Un Eugène est, de ce fait, peu idéaliste. Mais, sûr de lui et tourné vers les choses matérielles, il croit souvent que, « bien né », il « n'a pas à s'en faire ». D'heureuses exceptions, disions-nous, corrigent ce défaut initial. Dans ce cas, dédaignant les chimères et même les sentiments, les Eugène travaillent à leur réussite sur le plan des réalités terre-à-terre. Peu originaux (par manque d'idéalité) et prudents (pour la même raison, car ils craignent les songe-creux), leur « bon garçonnisme » ne se laisse pas facilement piper, et est sujet à des excès de vivacité quand ils pensent, à tort même, qu'on les veut tromper. Ils aiment à rendre service, prisent la vie d'intérieur, préfèrent le confort à l'esthétique.

La pierre bénéfique des Eugène est l'agate blanche; sa plante, le marronnier; son animal, la souris; son métal, le fer; son jour, le mercredi. Et c'est le mercredi parce que son nom d'homme pratique est mercurien. C'est donc au mercredi qu'il fera bien de remettre débuts d'entreprises ou décisions graves. Il sera bon qu'il porte sur lui un sachet contenant du poil de souris et une feuille desséchée de son arbre-mascotte; au doigt, une agate montée sur une jolie bague en fer ciselé. Il pourra s'amuser à sculpter des marrons et à en orner une étagère. Il s'habillera de préférence de vêtements gris fer.

En amour, on l'a deviné, l'Eugène ne fera guère de

folies. Il est trop peu « emballé » pour cela. Etant « bien né », il préfèrera les charmes élégants. Etant pratique, il aimera les qualités solides. Donc, d'une part, il devra éviter les noms trop communs dont nous avons donné la liste et, de l'autre, chercher ceux qui lui donneraient un peu de l'idéalité et du courage lui manquant, noms que nous avons également énumérés.

Louis. — Le nom est bon, marque de la valeur, de la variété d'aptitudes, une intelligence vive et ouverte, mais aussi, malheureusement, un manque de volonté, de persévérance, de ressort. Les Louis sont ingénieux, assez éloquents, d'une franchise parfois excessive, d'une gaîté souvent lunatique (leur jour est le lundi), d'une susceptibilité déplorable. Ils sont travailleurs, font bien, mais ne finissent pas toujours ce qu'ils entreprennent. Bons camarades, à condition qu'on sache les prendre. Du penchant pour les arts. Réussissent quand ils surmontent leur découragement trop facile.

En amour, ils sont sensuels et jaloux (par suite de leur susceptibilité). Qu'ils évitent donc les caractères pointus et recherchent de passionnées bonnes filles : les Berthe, les Blanche, les Clémence, les Simone. Enjôleurs, sensibles, ils ont d'ailleurs diverses maîtresses avant de fixer leur vie, et d'autant plus que leur humeur les porte à rompre assez souvent...

L'animal favorable aux Louis est le chat; leur plante, le chêne (ce que savait Saint-Louis, qui aimait à rendre la justice à son ombre bénéfique); leur pierre, l'agate rouge; leur métal, l'étain; leur jour, le lundi. Donc, si Louis se fait un talisman, que ce soit par exemple un médaillon d'étain, blasonné d'un croissant, orné d'une agate et contenant une feuille de chêne et du poil de chat, — plutôt de chat roux. S'il se confectionne une mascotte, que ce soit une bague d'étain à chaton d'agate, ou un petit chat d'étain entaillé dans l'agate, ou une breloque en étain représentant une feuille de chêne.

Marthe. — Les Marthe sont douces, curieuses, positives, un peu apathiques. Pas aventurières pour un sou. Aimables causeuses, elles aiment à interroger, à s'instruire, se montrent avenantes pour plaire, aiment les compliments. On les dit susceptibles, nerveuses et de caractère inégal. Elles réussissent assez bien dans leur vie qu'elles préfèrent tranquille et sans orages.

On les voit brunes en général, très affectueuses, même sensuelles. Elles adorent être flattées. Curieuses de caresses comme du reste, il faut savoir pour elles les renouveler le plus possible, ce qui, précisément, n'est pas pour déplaire à leur amant ou leur mari.

Les correspondances de la Nature sont pour les Marthe l'agate azurée, la mésange, la jacinthe et l'argent. Donc elle aura une bague ou bracelet d'argent, un pendentif à mésange d'argent et, pour mascotte, une plume de mésange et un pétale de jacinthe enfermés dans un médaillon d'argent.

Rose. — Nom de beauté plus que de bonté. De la réserve qui ne laisse pas le sourire aller trop vite au rire, le flirt dégénérer en chute, le baiser sur les doigts monter presqu'aux lèvres.

Les Rose sont coquettes mais peu passionnées, intelligentes, originales, persévérantes, assez exigeantes quant à leur soupirants. La mélancolie qu'on rencontre parfois chez les Rose vient de ce qu'elles trouvent difficilement leur idéal. Elles ne sont pas, par conséquent, capricieuses. Elles aiment peu, mais bien.

Les porte-bonheur de Rose sont la rose (naturellement), le corail, l'ivoire, le rossignol. Elle pourra se confectionner un sachet de soie verte, y mettre un grain de corail, une parcelle d'ivoire, une feuille de rose, une plume de rossignol.

Son étoile est Vénus. Si donc elle remplace le sachet par un médaillon, qu'il soit d'étain, avec l'image de Vénus gravée dessus.

Elle pourra porter la rose en broche, bague, bijou quelconque... Et aussi au naturel, au corsage, en la saison, avec une ou deux feuilles (à cause du vert)... Que toujours, enfin, elle porte sur elle quelque chose — ruban, nœud, bouton, etc. — de la couleur vénusienne, c'est-à-dire verte.

．·．

On le voit, s'il nous fallait, sur chacun des cinq cents noms de baptême, donner une étude comme les quatre précédentes, un gros volume n'épuiserait pas la matière. Elles suffiront pour indiquer le vaste domaine où la méditation, en magie amoureuse, peut errer sans perdre de vue son objet.

V

LES FLEURS ET L'AMOUR

De même que nous avons reconnu un symbolisme des gemmes et un symbolisme des noms, il existe un symbolisme floral. Il a des attaches beaucoup plus ténues avec la Magie, mais certainement son origine n'est point uniquement fantaisiste. La preuve, d'abord, est que l'Astrologie a depuis longtemps, depuis toujours peut-être, établi une correspondance planéto-florale, du fait de la vieille loi d'analogie et de la certitude que tout se tient dans la Nature. Et puis la Tradition, qui nous fait encore aujourd'hui prêter un sens moral, une atmosphère psychique, une signification à certaines corolles, est certainement le résultat de longs atavismes, d'observations parfois mêlées du souvenir des propriétés médicales de certaines « simples », de réminiscences mythologiques et autres.

Au demeurant, rien n'est naturel comme l'idée de pérennité attachée à l'immortelle aux pétales infanables, de fidélité au lierre qui se cramponne. Rien n'est normalement historique comme l'idée de gloire attachée au laurier, ou de paix attachée à l'olivier. Rien n'est plus parlant que telle fleur violette, comme le colchique d'automne, signe de mélancolie et de séparation, ou telle fleur éblouissante et parfumée, comme la rose, symbole de beauté.

Mais les fleurs étant moins rares que les gemmes, et l'Amour étant bavard, il s'est facilement constitué tout un Langage floral, infiniment commode, pour correspondre entre amoureux trop surveillés ou trop timides. Mieux : ils ont inventé des *salams* (1), c'est-à-dire une suite de phrases représentées chacune par une fleur, le tout constituant un bouquet. Un bouquet-lettre : quoi de plus ingénieux et de plus charmant !

Ce vocabulaire floral, nous allons le donner ici, en élaguant ce qui n'aurait point trait à l'amour ou aux complications sentimentales (suppressions minimes, car le langage des fleurs est essentiellement un langage amoureux) et en invitant les intéressés qui s'en voudraient servir, à l'avoir en double, car certaines fleurs ont deux sens, et il convient de supprimer d'un commun accord entre correspondants, et au préalable, celui des deux qu'on ne veut pas conserver :

Abricotier (fleur) : Mon amour est timide. Encouragez-le.

Acacia : Vous êtes gracieuse.

Aconit : Votre dédain me tuera.

Amaryllis : Vous aimez trop briller.

Ancolie : Je suis fou (ou folle) de vous. (Sa fleur en clochette ressemble à une marotte.)

Anémone : Rupture. Partez ! (Rappel de la nymphe volage.)

Angélique : Inspiration. Je suis en extase ! Que vous êtes délicieuse !

---

(1) Mot arabe. L'origine des salams est une légende où deux amoureux musulmans, dans l'impossibilité de se voir et de s'avouer leur tendresse, échangeaient des bouquets dont les composantes disaient leurs pensées.

Aristoloche : Vous me tyrannisez ! (Suc puissant et larges feuilles.)
Asphodèle : Je regrette le passé. (C'est une fleur violette et mélancolique.)
Aster : Elégance. Et aussi : M'avez-vous bien dit la vérité ?
Aubépine : Doux espoir. Prière timide.
Azalée : Votre passion est fragile et passagère.
Balsamine : Vous m'avez fait souffrir d'une offense.
Bardane : Vous m'importunez. Laissez-moi tranquille.
Basilic : Je suis pauvre, hélas ! (Le basilic fut toujours symbole de la pauvreté.)
Bégonia : Prenez garde ! Je suis fantasque.
Belladone : Je porte malheur. (Envoi funeste.)
Belle-de-Jour : Vous êtes une coquette !
Belle-de-Nuit : Je suis timide. Et encore : A ce soir.
Bluet : Délicatesse. Charme innocent. Cœur d'azur.
Boule-de-Neige : Calomnie. Ou : Je vous aime moins.
Bouton d'Or : Raillerie. Ne vous moquez pas de moi !
Bruyère : J'aime la solitude.
Buglosse : Mensonge. Vous êtes la fausseté même.
Buis : Je ne change pas. (Il est toujours vert.)
Camélia : Constance. Je vous aimerai toujours.
Camomille : Je vous suis soumis et dévoué.
Campanule : Vous êtes charmante mais un peu fière. (Fleurs très ornementales. S'appelle aussi Miroir de Vénus.)
Capucine : Flamme d'amour : Vous l'allumez.
Centaurée : Notre amour est du bonheur parfait.
Chardon : Je pique. Méfiez-vous de ma vengeance.
Chèvrefeuille : Nous sommes l'un à l'autre.
Ciguë : Gare à la trahison. Et : Il faut mourir !
Colchique : Le beau temps est fini. Séparons-nous.
Coucou : Tu me trompes. (Coucou : cocu.)
Cyclamen : Adieu !

Cytise : Vous m'avez brisé le cœur.
Cyprès (arbre des tombeaux) : Notre amour est mort.
Dahlia (sans parfum) : Beaucoup de mots, peu d'âme.
Digitale : Beauté trop nonchalante, je vous crains. (Narcotique.)
Eglantine : Poésie. Printemps. Début d'amour : Vous m'avez charmé. Voulez-vous m'aimer?
Ellébore : Vous avez trop d'esprit! (Passait jadis pour guérir la folie.)
Epine noire : Que d'obstacles à notre affection!
Epine-vinette : Vous avez mauvais caractère.
Eucalyptus : Amour des voyages.
Fougère : Confiance et Sincérité. Croyez en moi!
Fraisier : Vous faites mes délices. Je suis gourmand de vous.
Fuchsia : Vous êtes plein de prévenance mais perdez votre temps.
Fumeterre : Méchante! (Plante amère.)
Fusain : Votre image est gravée dans mon cœur. (On se sert du bois de fusain calciné pour le dessin.)
Gardenia : Je vous aime en secret.
Genêt : Mes pensées pour vous (ou vos pensées pour moi) sont des papillons d'or.
Geranium blanc : Vous êtes candide.
Geranium rose : Vous êtes naïf.
Geranium rouge : Vous êtes bête.
Gerbe d'or : Vous êtes avare de vos faveurs.
Giroflée jaune : Je voudrais, tout de suite...
Giroflée rouge : Comme vous me plaisez!
Giroflée mauve : Je reste dans ma famille.
Glaïeul : Vous me percez le cœur. (Feuilles en glaive.)
Glycine : Ce n'est que de l'amitié, mais réciproque.
Groseillier : J'adore les baisers.
Gui : Je surmonte tout. Je triompherai.
Guimauve : Vous êtes douce. Soyez bienveillante.

Hélénie : Larmes. Vous me faites du chagrin.
Héliante : Méfiez-vous des apparences.
Héliotrope : Enivrement d'amour. Je suis dans le ravissement.
Hémérocalle bleue : Persévérance.
Hémérocalle jaune : Invitation à l'adultère.
Hortensia : Vous êtes belle mais froide. (Fleur ornementale mais sans parfum.)
Houx : Défiez-vous. (Il pique.)
Hyacinthe : Voulez-vous jouer à l'amour?
Immortelle : Toujours à vous !
Iris bleu : Bonne nouvelle prochaine.
Iris jaune : Pauvreté n'est pas vice.
Iris mauve : Vos yeux m'affolent.
Iris flammé : Je brûle d'amour pour vous.
Jacinthe blanche : Bienveillance. Soyez bonne !
Jacinthe bleue : J'ai des soupçons.
Jasmin blanc : Notre amour sera si doux !
Jasmin jaune : Notre amour sera passionné.
Jasmin rouge : Notre amour sera de l'ivresse, de la folie.
Jonc : Je vous suis soumis. (Il est souple.)
Jonquille : Ardente sympathie. Je languis d'amour.
Julienne : Vous avez commis une faute.
Jusquiame : Je doute de vous.
Laitue (fleur) : Je suis désenchanté.
Laurier : Je triompherai de vous. (Signe de conquête et de gloire.)
Laurier-rose : Ce sera un simple flirt.
Lavande : Amour fervent mais silencieux.
Lierre : Eternelles amours. Je meurs où je m'attache.
Lilas blanc : Premier rêve d'amour.
Lilas mauve : M'aimez-vous encore?
Lin : Je vous sais gré d'être simple.
Lis blanc : Vous respirez la pureté.

Liseron : Humble persévérance. J'attendrai s'il le faut.
Lupin : Besoin de calme. Laissez-moi quelques jours en repos, mais ne désespérez pas.
Lychnis : Irrésistible sympathie.
Marguerite : Innocence. M'aimez-vous?
Reine-Marguerite (Sprée) : Je lutterai contre la fatalité.
Marjolaine : Je vous consolerai. Et : Amour libertin.
Mauve : Affection douce et pure. Cela vous convient-il?
Mélisse : Ayez plus d'audace et vous réussirez.
Menthe : Amour exalté. Je ne dors plus, la nuit !
Millefeuilles : Je suis guéri ! N'en parlons plus.
Mimosa : Vous êtes la délicatesse même.
Monnaie du Pape : Je suis désintéressé.
Mouron : Rendez-vous accepté.
Mousse : De l'amitié, pas plus.
Muguet : Retour du bonheur. Raccomodons-nous ! (Idée de printemps, de renouveau.)
Myosotis : Ne m'oubliez pas.
Myrte : Amour partagé. Moi aussi je vous aime.
Myrtille : Aveu de la tromperie.
Nénuphar : Froideur. Vous êtes de glace.
Nicotiane : L'obstacle est vaincu.
Nielle : Invitation à la luxure.
Nigelle : Liens d'amour. (S'appelle aussi : cheveux d'amour.)
Œillet blanc : Vous m'inspirez des sentiments purs.
Œillet rouge : Vous m'inspirez des sentiments charnels.
Œillet rose : Je vous réponds favorablement.
Œillet violet : Vous ne m'inspirez que de l'antipathie.
Œillet panaché : Je réfléchirai.
Œillet de poète : Vous êtes la perfection en tout.
Olivier (branche) : Réconciliation. Le rameau de la paix.
Oranger (fleur) : Virginité. Je ne pécherai pas.
Ortie : Cruauté. Vous me flagellez le cœur.
Pâquerette : Profitons de la jeunesse, elle est si courte !

Passe-rose : Brevet de beauté. Je vous le donne.
Pavot blanc : Mon cœur sommeille. Attendez un peu.
Pavot noir : Je vous ai oublié.
Pensée : Pensez à moi comme je pense à vous.
Perce-Neige : Espérons des jours meilleurs.
Pervenche : Doux souvenir d'heures charmantes.
Pétunia : Je suis furieux. Ou : Pourquoi cette colère ?
Pied d'Alouette : Lisez dans mon cœur.
Phlox blanc : Déclaration d'amour.
Phlox bleu : Illusion d'amour.
Phlox violet : Tendre rêverie.
Pimprenelle : Vous êtes mon unique amour.
Fleur de pissenlit : Sombre jalousie.
Pivoine : J'ai honte de ce que j'ai fait. (J'en rougis.)
Plantain : Ce sont là des mensonges.
Polygala : On a médit de vous (ou de moi).
Pomme de terre (fleurs) : Je vous remercie.
Primevère : Nous sommes jeunes. Aimons-nous !
Prunier (fleurs) : Je vous rappelle vos promesses.
Pyramidale : J'ai de l'énergie et de la volonté.
Queu de renard : Vous êtes malicieux.
Quintefeuille : Promenade au clair de lune.
Ramie (ortie blanche) : Reproche.
Renoncule : Raillerie. Et aussi : Perfidie, méchanceté.
Réséda : Amour caché. Et aussi : Je suis modeste.
Rhubarbe : Ne perdez pas courage.
Romarin : Amour exclusif.
Ronce : Envie. Jalousie. Injustice.
Rose (en général) : Combien vous êtes belle et comme je vous aime !
Rose rouge : Désir de volupté.
Rose blanche : Vous êtes innocente avec tant de charme.
Rose pompon : Ce ne sera qu'une amourette.
Rose mousse : Nous nous aimerons délicieusement à la campagne.

Rose des Alpes : Je veux vous mériter.
Rose trémière : Brevet de beauté.
Rose-thé : Notre amour sera fécond.
Rose sauvage : Je vous suivrai partout.
Rose très épanouie : Prochain mariage.
Roseau : J'aime la musique. (Souvenir de la flûte de Pan.)
Rue sauvage : J'aime l'indépendance.
Sabine : Mes parents sont mécontents.
Safran : Je vous rappelle à la modération.
Sagittaire : Rupture. (N'employer qu'avec précaution ces ordres floraux définitifs.)
Sainfoin : J'hésite. Et : Vous vous méprenez. (Il a des fleurs oscillantes.)
Salsepareille : Je vous offre une réparation.
Sapin (branchette) : J'ai peur de souffrir.
Saponaire : Amour sensuel.
Sardoine : Je me moque de vous.
Sauge : Je vous estime profondément.
Saxifrage : Je suis désespéré.
Scabieuse : Vous m'abandonnez. Ou : Je vous abandonne. (On la dit fleur des veuves. Elle est violette.)
Sceau de Salomon : Le secret sera bien gardé.
Scolopendre : Diffamations. Calomnies.
Scrofulaire : Je me réhabiliterai auprès de vous.
Seigle (épi) : Je suis pauvre, hélas !
Seneçon : Je suis humble mais fier.
Sensitive : Je suis très sensible. Ayez de la pudeur. Ne me faites pas de peine.
Seringa : Vous me grisez.
Serpolet : Imprudence. Vous avez fait une étourderie.
Soleil : Fausse vertu. Fausse richesse. Et : Mes yeux ne voient que vous.

Souci : Inquiétude. Que devenez-vous ? (Mauvais présage.)
Spirée : Ma volonté est tenace.
Stramoine : Vos charmes sont trompeurs.
Sycomore (feuille) : Je m'éloigne provisoirement.
Sylvie : Ouvrez votre cœur.
Tabac (fleur) : Je désire oublier.
Tamarin : Je me tiens sur mes gardes. Ou : Tenez-vous sur vos gardes.
Tamaris : Comptez sur ma protection.
Thlaspi : Je vous consolerai.
Thym : En vous voyant je suis ému (ou émue).
Tilleul : C'est l'amour conjugal que je désire.
Trèfle : Doute. Incertitude. Puis-je espérer ?
Troène : Je me tiens sur la défensive. Ou : Vous êtes bien jeune.
Tournesol : Votre intrigue est démasquée.
Tubéreuse : Volupté. Et : Je songe à la mort.
Tulipe : Vous êtes admirable !
Tulipe double : Vous réussirez. Nous réussirons.
Valériane : Dissimulation. (Envoi funeste.)
Verge d'or : Gronderie amicale.
Véronique : Nos pensées s'accordent.
Verveine : Amour platonique. Enchantement pudique.
Vespérine : Voici nos derniers beaux jours.
Vigne (feuilles) : Je suis ivre de vous.
Vigne-vierge : Poésie. Imagination. J'aime votre âme.
Violette : Modestie. Pudeur. Tel (ou telle) vous êtes.
Violette de Parme : Laissez-moi vous aimer.
Violette double : Je partage votre amour.
Volubilis : Liaison facile et sans conséquence.
Zinnia : Faites attention. On nous épie.

※

Nous trouvons dans un ouvrage intéressant d'E. Laurent et P. Nagour le curieux tableau comparatif suivant du langage symbolique des fleurs en Orient, au Moyen-Age et dans les temps modernes, dressé non par fleurs mais par signification. Il nous a paru utile de le donner en complément du précédent tableau.

SIGNIFICATION	ORIENT	MOYEN AGE	MODERNE
Abandon	»	»	Anémone
Absence	»	»	Absinthe
Adresse	»	Genêt	»
Affliction	Basilic	»	»
Agitation	»	»	Sainfoin
Amabilité	»	»	Jasmin
Amertume	»	Hysope	»
Amitié	»	Glycine	Myrthe
Ami-amie	Hyacinthe	»	»
Amour	»	»	Lierre
Amour chaste	Giroflée blanche	Giroflée blanche	Acacia
Angoisse	»	Bout. rose rouge	»
Aujourd'hui	Giroflée rouge	»	»
Audace	Hêtre	»	Tremble
Avenir	Giroflée blanche	»	»
Beauté	Giroflée rouge	Giroflée rouge	Rose trémière
Bienveillance	»	»	Jacinthe
Bonne nouvelle	»	Laitue	Iris
Bonté	Muguet	Petite marjolaine	Pomme de terre
Cher	Réséda	»	»
Consolation	»	»	Perce-neige
Constance	Rose blanche	»	Rose-thé
Congé	Romarin	Romarin	»
Consentem^t d'amour	»	Rose blanche	»
Crainte	Menthe	»	Belle de nuit
Consentem^t d'amour (désir)	Marguerite	B. rose blanche	Jonquille
Dédain	»	Rose mousseuse	Chardon
Demain	Giroflée blanche	»	»
Désespoir	Cyprès	»	Cyprès
Distinction	Chèvrefeuille	»	»
Distingué	Tournesol	»	»
Docilité	»	»	Œillet blanc
Douleur	Basilic	Piment	»
Encouragement	»	Thym coupé	»
Epouse	Myrthe	»	»
Espoir	Sarriette	Violette blanche	Aubépine
Eternité d'amour	Lierre	Romarin coupé	Fraxinelle et immortelle
Félicité	»	»	Acacia rose
Fidélité	Chèvrefeuille et rose blanche	»	Chèvrefeuille
Foi	»	Lis	»
Frère	Oreille d'ours	»	»

SIGNIFICATION	ORIENT	MOYEN AGE	MODERNE
Générosité	»	Rose rouge	Feuilles d'orange
Haine	»	»	Basilic
Hier	Giroflée violette	»	»
Honte	»	»	Pivoine
Humilité	Marguerite	»	»
Homme	Œillet	»	»
Infidélité	Rose jaune	»	»
Ingratitude	Lierre terrestre	Lierre terrestre	»
Injustice	»	»	Houblon
Innocence	Muguet	»	»
Ivresse	»	»	Vigne
Jalousie	»	»	Ortie
Je-moi	Narcisse	»	»
Jardin	Jasmin	»	»
Jeunesse	»	»	Lilas blanc
Jeune fille	Rose	»	»
Joie	Anémone	»	»
Jour	Amarante	»	»
Liens d'amour	»	»	Chèvrefeuille
Médecin	Camomille	»	»
Mélancolie	»	»	Feuille morte
Mensonge	»	Gros. marjolaine	»
Mort	Primevère	»	»
Navire	Géranium	»	»
Noirceur	»	»	Ebénier
Nuit	Pavot	»	»
Patience	Camomille	Viol^{te} d'outrem.	»
Persévérance	»	Thym	Gui
Patrie	Violette	»	»
Passé	Giroflée violette	»	»
Pleurs	Romarin	»	Feuille morte
Promenade	Cresson	»	»
Prison	Pavot	Pavot	»
Pûreté	»	»	Lis
Prudence	»	»	Souci et aubépine
Refus	»	Rose mousseuse	»
Secret	»	Rose de Provins	Capillaire
Silence	»	»	Rose blanche
Soldat	Renoncule	»	»
Supérieur	Tubéreuse	»	Myosotis et pervenche
Souvenir	Pavot blanc	Violette	»
Temps perdu	»	Pensée	»
Tourments d'amour.	»	Fleur de genêt	Belle de nuit
Trahison	Ortie	Ortie	Ciguë
Veuf ou veuve	Pensée	»	Scabieuse
Visite	Jasmin d'Espag.	»	»
Voyage	Pied d'alouette	»	»
Volupté	»	»	Tubéreuse
Vice	»	»	Ivraie
Vertu	»	»	Lavande

Les amoureux se servent aussi très adroitement des fleurs pour se fixer des rendez-vous. Ce langage secret, indicatif des heures où l'on se retrouvera, dans tel lieu convenu d'avance, est fondé sur l'heure où précisément les fleurs s'ouvrent. En envoyant donc à quelqu'un, ou en déposant sur sa fenêtre, ou en lui mettant en un mot sous les yeux d'une manière quelconque, telle ou telle fleur (il faut que chacun des amoureux en ait naturellement le tableau), rien ne sera plus facile que de rencontrer l'objet de sa flamme.

Voici une Horloge de Flore :

Matin. A	1 heure s'ouvre	:	Laiteron de Laponie.
—	2	—	: Salsifis jaune.
—	3	—	: Grande picridée.
—	4	—	: Liseron des haies.
—	5	—	: Crépide des toits.
—	6	—	: Scorsonère.
—	7	—	: Nénuphar.
—	8	—	: Mouron rouge.
—	9	—	: Souci des champs.
—	10	—	: Ficoïde napolitaine.
—	11	—	: Ornithogale.
—	12	(midi)	: Ficoïde glaciale.
Soir.	13	—	: Œillet prolifère.
—	14	—	: Crépide rouge.
—	15	—	: Pissenlit taraxacoïde.
—	16	—	: Alysse alistoïde.
—	17	—	: Belle de nuit.
—	18	—	: Géranium triste.
—	19	—	: Hémerocale safranée.
—	20	—	: Liseron droit.

— 21 — : Nyctanthe de Malabar.
— 22 — : Liseron à fleurs pourpres.
— 23 — : Silène noctifère.
— 24 (minuit) : Cactus à grandes fleurs.

Si certaines de ces fleurs ne sont pas faciles à trouver, remplacez-les par leur nom écrit sur un papier et jeté adroitement de façon à ce que la belle le trouve. Nulle autre qu'elle ne saura la signification de ce message.

Voici d'autres indications, peut-être plus simples, sur le même sujet :

Le liseron des haies s'ouvre vers 3 heures du matin, la matricaire à 4 heures, le pavot à 5 heures, le liseron grimpant, bleu ou rose, à 6 heures, le laiteron à 7 heures, ainsi que le nénuphar, le miroir de Vénus à 8 heures, la nolade à 9 heures, le souci à 10 heures, le pourpier et le trigilia (dame de onze heures) à 11 heures, le ficoïde à midi.

Le silène s'ouvre à 5 heures du soir, la belle de nuit à 6 heures, le cierge à grandes fleurs à 7 heures, le liseron pourpre à 10 heures (1)

Nous serions incomplets si, parlant des fleurs, nous nous en tenions à ce langage conventionnel qu'elles ont inspiré. En ce qui concerne les rapports de l'Amour et de la Magie, la fleur eut aussi son rôle. L'une d'entre elles était en particulier consacrée à Vénus, et c'est, on le devine, la Rose.

---

(1) Enfin, les amants, jamais à court d'inventions, se servent aussi des timbres pour se communiquer entre eux. La façon dont on le colle sur une enveloppe, à droite, à gauche, droit, de biais, à l'envers, etc., peut signifier tout ce qu'on veut, à condition d'avoir fait préalablement une *clef*, que chaque couple pourra se confectionner à son idée.

La rose symbolisait la Beauté, surtout chez les Grecs et les Romains. Chez les Egyptiens, elle représentait d'abord la Perfection, mais l'idée est la même car l'Antiquité gréco-latine confondait perfection et beauté, et même beauté et vie. Pour elle c'était tout un, dans sa magnifique compréhension de l'œuvre des dieux.

Toutefois un grand nombre d'autres plantes étaient consacrées à la déesse de l'Amour. C'étaient, notamment : l'Amandier, l'Ancolie, le Buis, la grande Chélidoine, le Citronnier, le Fuschia, la Giroflée, le Gui, l'Iris, la Jacinthe, la Joubarbe, le Lilas violet, le Lis, la Mauve, la Mélisse, le Myosotis, le Myrte, la Pâquerette, la Pensée, la Pervenche, le Pied-d'Alouette, le Plantin, le Pommier, le Réséda, le Satyrion, le Serpolet, le Tussilage, la Verveine. Et même des plantes comestibles comme l'Epinard et le Cresson de fontaine.

D'autre part, les plantes en général avaient, à peu près toutes, des propriétés plus ou moins magiques. Celles qui nous intéressent au point de vue de l'amour (en dehors des recettes précédemment données) sont les suivantes :

L'aloès en décoction facilite la conception.

L'armoise portée sur soi protège des charmes qu'on redoute.

Le bambou noir brûlé remplace la verveine, plante essentiellement vénusienne.

Le parfum de bouleau chasse la mélancolie née d'un amour malheureux.

La mélisse portée sur soi rend aimable.

La mercuriale aide à la formation de l'œuf dans le sein de la femme.

La racine de narcisse procure l'amitié des jeunes filles.

Le nénuphar en infusion augmente la puissance virile (certains disent le contraire).

L'ortie portée sur soi donne du courage pour faire une déclaration.

La verveine est employée comme aphrodisiaque dans les philtres d'amour.

VI

AMOURS ET MAGIE MUSULMANES

La conception musulmane de l'amour est curieuse pour nous, les Européens, chrétiens en principe. Elle nous heurte autant que la nôtre heurte les fils du Prophète, ce qui prouve une fois de plus combien la morale diffère suivant les climats, les religions et les races.

Nous n'avons pas, dans le cadre de ce livre, à examiner tout ce qui concerne l'Amour selon la loi koranique, à discuter la polygamie mahométane, les mœurs arabes et turques, les préceptes énoncés pour pratiquer le coït en conformité avec le Saint Livre. Seuls doivent nous retenir ici les rapports de l'amour et de la magie dans l'Orient soumis à la doctrine de Mohammed. On en trouve ces données dans divers ouvrages parmi lesquels il nous est agréable de rappeler celui que signait voici une trentaine d'années notre ami Paul de Régla et intitulé *El Ktab des Lois secrètes de l'Amour* (1) qui eut en son temps un grand et légitime succès.

Au vrai, le Dr de Régla dit n'avoir fait que mettre en ordre et traduire un manuscrit du Khôdja Omar Haleby

---

(1) *El Ktab* signifie le livre. L'édition à laquelle nous nous reportons est celle de 1893. (Ed. Georges Law.)

Abou Othmân, mais les commentaires apportés par le traducteur donnent une réelle valeur originale à ce curieux document.

Encore une fois, nous laisserons de côté tous les chapitres relatifs aux principes musulmans de l'amour, aux connexions naturelles, aux manières licites et illicites de coïter, à la fornication, aux eunuques, à la prostitution pour ne parcourir que la troisième partie, intitulée *El s'ah'eur*, c'est-à-dire la Magie. Et encore, nous glisserons sur la circoncision, les ablutions, etc... pour nous en tenir aux formules magiques et recettes offertes par le Kôdja et aux passages qui ont trait à la sorcellerie.

Mahomet (on sait que c'est Mohammed qu'il faudrait écrire) croyait certainement à la puissance mauvaise de certains actes magiques. Le Khôdja (maître, docteur) évoque son témoignage à propos de l'influence des sortilèges, du mauvais œil, etc... sur la fécondation. On connaissait de son temps l'envoûtement de haine et le nouement de l'aiguillette.

Au dire d'Amrân, écrit Omar Haleby, le Prophète autorisait le recours aux adjurations pour le cas d'impuissance spermatique, à condition qu'elles ne comprissent pas de termes employés par le polythéisme. Lui-même demandait souvent à Dieu de le préserver de l'Esprit Malin, des insectes et reptiles malfaisants et des effets de tout regard portant le mal. Il ordonnait à qui avait lancé la *jettature* de s'abluer et, avec l'eau d'ablution, de laver la personne frappée du mauvais regard, afin de recevoir le pardon.

Et d'autre part le cheikh Djélâl-ed-din Abou Soleiman Dâoud affirme qu'il y a des pratiques de sorciers, qui tuent, qui donnent la maladie, qui éloignent l'homme de la femme et le rendent incapable de copulation, ou qui jettent la haine entre les époux, ou qui font l'un plus amoureux que l'autre.

Au chapitre CXIII du Koran on trouve enfin l'indication d'une opération magique mauvaise (le maléfice des nœuds) et cette adjuration : « Dis alors : je demande la protection du Seigneur de l'aube du jour contre la méchanceté des êtres qu'il a créés, contre le malheur de la nuit ténébreuse quand elle nous surprend, contre les sorciers qui soufflent sur les nœuds, contre le malheur de qui nous livre.»... Amin ! comme dit le Khôdja...

Quant à la Magie même, ou plutôt la Kabbale, la Science Secrète, Omer Haleby la connaît bien puisqu'il écrivit sur ces sujets un autre livre, et qu'il rappelle ici encore que la Science s'est toujours divisée en deux parties : l'une occulte et l'autre vulgaire, l'une pour les initiés, l'autre pour la masse.

Mais il sait aussi qu'on tend aujourd'hui à divulguer bien des choses gardées jadis par les seuls sages. Et voilà pourquoi il nous apprend au point de vue de l'amour, ce qui suit :

Beaucoup, dit-il, ne voient dans l'amour qu'un acte de volupté procréatrice, ne coïtent que pour satisfaire leur passion, — comme le font les animaux. Ils ont matérialisé l'esprit de la Loi. Ils n'ont pas vu que l'amour est le *fiat lux* du livre de Moïse, la loi divine de la conservation de l'espèce, l'acte supernaturel par excellence, le plus beau des cantiques adressés par la Créature au Créateur, le pourquoi et le comment de tout l'Univers...

Et c'est parce qu'ils n'ont pas compris qu'ils se sont laissés aller aux passions déréglées, à la prostitution, à la sodomie, à l'onanisme, à la pédérastie avec les femmes, les hommes, les enfants, les animaux... Et c'est pourquoi ils ont péché au lieu de voir ce qu'il y a de chaste et de pur dans le coït *pratiqué au nom de Dieu*.

Celui qui coïte doit donc être imprégné de l'idée qu'il accomplit un acte divin, qu'il se fait, pour un instant, l'égal de Dieu, en ayant, par surcroît, *la jouissance la plus profonde* qu'un être humain peut ressentir, et qui est à la fois en quelque sorte une preuve et une récompense mêlées. Et s'il est dans ces dispositions, ajoute le Kôdja, n'est-il pas certain que le coït offrira le maximum de puissance de l'éjaculation, le maximum d'excellence pour la conception du fruit qui sortira d'un acte parfait ?

Conclusion : Homme et Femme qui abordez les béatitudes paradisiaques du coït sacré, « ayez devant vos yeux des images d'enfants admirables... soyez vigoureux sans brusquerie... sachez vous contenir pour attendre que votre compagne soit au même point que vous... savourez votre joie en gourmet et non pas en goulu... Quand l'instant suprême viendra... donnez un coup énergique, faites pénétrer votre *dkeur* aussi avant que possible, et lancez votre sperme en prononçant la formule magique : « Au nom du Dieu clément et miséricordieux ! »

***

Mohammed recommandait d'employer les prières et les parfums pour se réconforter après les jouissances du coït. La copulation déjà fait évanouir les idées érotiques qui troublent l'esprit, mais combien les parfums sont nécessaires également... tout aussi nécessaires que la prière, l'hygiène et l'eau !

Néanmoins il faut distinguer entre les parfums favorables et nuisibles. Il ne faut adopter que les « parfums coïtants et actifs ». Ceux-ci sont simples ou complexes, les uns s'employant pour prédisposer au coït, les autres pour ramener, après le coït, le calme et la force.

Parmi les substances adoucissantes que recommande

le Prophète, il faut citer le *mesk* (musc). C'est un parfum chaud, sec, cordial. Il s'applique aux tempéraments froids et lents (lymphatico-nerveux). Il était le préféré d'Aischah (la grande aimée de Mohammed). Il est bon de l'employer le vendredi pour corriger l'air et chasser les mauvais esprits. Le meilleur vient de Chine ou de l'Inde. On peut par surcroît le mêler d'encens ou de myrthe (qu'on fera brûler sur des charbons ardents).

Voici d'autre part une autre formule de parfum liquide excellente pour le corps et les vêtements :

Mettre dans 500 grammes d'eau de rose :
2 gr. 50 d'encens en poudre fine;
0 gr. 50 de musc en poudre fine;
2 gr. 50 de myrthe en poudre fine;
0 gr. 50 de camphre en poudre fine;
2 gr. 50 de sommités fleuries de sariette.

Faire macérer quarante-huit heures au soleil en fiole bien fermée, décanter, passer, filtrer et conserver dans le même flacon en y ajoutant 75 grammes d'alcool rectifié et trois gouttes d'essence de rose de Bagdad. S'en servir à la dose d'une cuillerée à café dans l'eau des ablutions coïtales.

Formule de parfum coïtant pour la chambre :

Prenez les substances précédentes moins l'eau de rose. Réunissez-les à parties égales. Ajoutez à cette poudre rendue bien homogène $1/6°$ de son poids de poudre fine de gomme arabique et un peu de poudre de cascarille, puis séparez le tout en boules grosses comme des noisettes.

Si vous avez trois cassolettes, mettez gros comme un pois de cette préparation sur les charbons ardents et cela une demi-heure avant d'amener la femme au lieu divin où vous allez jouir d'elle.

Autre formule qui revient moins cher et qu'employait le Prophète :

Mélangez à parties égales de la sariette et de l'oliban (encens).

L'oliban mâle est le meilleur. Il est utile dans l'ulcère et les plaies. Il calme les maux d'estomac, chasse les vents, sèche la pituite, éclaircit la vue, fortifie la matrice et la verge.

*
* *

Le bon Musulman admet la puissance du Verbe à condition qu'il s'agisse de mots tirés du Koran, la suggestion des paroles magiques prononcées ou écrites.

Ainsi le Prophète recommande contre le mal moral et le mal de dents la lecture du verset 98 du chapitre VI du Koran. Il le recommande aussi contre l'impuissance. Et dans ce cas, il faut réciter la formule en posant l'index de la main droite à la base du *dkeur* et la main gauche à plat sur le creux de l'estomac.

Mais il y a d'autres procédés hygiéniques et pharmaceutiques pour vaincre l'impuissance (tout au moins non organique).

Comme hygiène : ablution générale et locale sur le *dkeur* ou *zeubbe* par petits jets énergiques et froids.

Comme alimentation : manger des œufs, du poisson de mer, des truffes, des lentilles, du mouton cuit avec du fenouil, de l'anis et du cumin, et surtout du *hériçah* « mets précieux qui contient la vigueur de quarante hommes ».

Comme procédé mécanique : se teindre de henné et se couper souvent les poils.

Formule d'électuaire aphrodisiaque :

Sommités fleuries de stœchas.......	15 grammes
Anis	20 —
Carottes sauvages bien réduites......	20 —
Safran en fleur.................	15 —
Jaunes d'œufs.................	4 —
Eau pure de fontaine.............	500 —

Ajouter quelques baies de myrthe et quelques dattes sèches. Faire décocter en vase de terre vernissée, bien fermé, pendant vingt-cinq minutes. Oter du feu, passer, laisser tiédir, ajouter 50 grammes de miel et un peu de sang de pigeon.

Laisser macérer vingt-quatre heures en remuant trois ou quatre fois et passer au tamis fin. Prendre de cet électuaire, pendant un septennaire, à raison d'une ou deux cuillers à café une demi-heure avant de se livrer au coït et le soir en se couchant.

Le Kôdja examine aussi les « secrets pour se faire aimer ».

Sans doute on peut se faire aimer par les soins tendres, la noblesse du regard, l'affection des gestes, etc... Mais l'amour est une force psychique capricieuse... Des femmes aiment parfois qui les dédaigne et même les bat. On a vu les plus spirituelles et les plus charmantes s'éprendre de brutes grossières... Cela c'est de l'observation vulgaire.

Ce qu'il faut savoir, c'est que l'amour est double, — organique et spirituel. Organique, il nous donne envie de coïter comme de manger ou de boire; spirituel, il exige l'attraction.

Deux procédés existent pour s'adresser aux sens. Le premier a rapport aux mystères du sang.

Le sang est apte à recevoir les effluves d'une volonté puissante pour agir ensuite à son tour sur les nerfs. Un homme donc qui veut se faire aimer d'une femme résistant à son désir doit regarder fixement celle-ci tout en se faisant au bras gauche une entaille d'où le sang jaillira pendant qu'il dira : « Il n'y a de Dieu que Dieu, et aussi sûr qu'il en est ainsi tout mon sang s'écoulera avant que s'éteigne mon ardeur de te posséder ».

Cette marque de volonté amoureuse influencera l'imagination de la femme au point d'irriter ses organes génitaux.

Que si l'on ne réussit pas du premier coup, recommencer en offrant à la femme des fleurs rouges sur lesquelles on aura soufflé trois fois avec la volonté de déposer en leur calice tous les désirs dont on est allumé.

Le second procédé, c'est la fascination par le regard avec l'injonction mentale à la femme de succomber à votre amour.

Un troisième, très employé en Espagne, est la sérénade nocturne et répétée sous le balcon de l'aimée. On fait ainsi vibrer son cerveau sous une hantise qui finit par la dompter.

Terminons enfin sur ces remarques :

Pourquoi le Musulman méprise-t-il le Chrétien?

Parce qu'il a vu le Chrétien souvent impudique, laissant sa femme montrer son visage, et, pis est, ses bras, son cou, ses seins mêmes, aux regards concupiscents des hommes. Parce qu'il l'a constaté d'une propreté douteuse, souvent extérieure, et négligeant de s'abluer le corps; et qui connaît un peu les annales intimes de la vie française (pour ne parler que de celle-ci) sait fort bien qu'en haut lieu même régna longtemps une insouciance extraordinaire à ce point de vue (un Henri IV « puait le bouc »; une mode voulut pendant des années que les femmes ne se lavassent pas; des dames de la cour, des maîtresses de rois avaient « le derrière noir comme un chaudron » — ce sont des expressions de mémorialistes — Et même au temps de Louis XIV on ignorait l'hygiène...) Parce qu'il a pu s'assurer du triomphe de la prostitution, qui alla toujours en s'aggravant dans les états européens. Parce qu'il s'est aperçu que cette prostitution prenait des formes odieuses : pédérastie, saphisme, dépravations de toutes sortes. Parce que les Chrétiens ne sont point pieux, font de la religion une affaire politique et non publique, une affaire de sectarisme et non d'hygiène mentale et physique personnelle. Parce que nous faisons du coït un usage immodéré, plutôt vicieux, au lieu de le considérer comme un acte normal, pur et saint. Parce qu'il a surpris l'Occidental monogame devant la Loi et hypocritement polygame dans le secret de la vie privée. Parce qu'il a connu la cruauté dont souffrit si longtemps la femme.

Expliquons-nous sur ce dernier point qui, heureusement, ne serait plus aujourd'hui un argument de l'Islamisme contre le Christianisme. Mais il ne faut pas oublier qu'au temps de Mohammed l'Esclavage florissait. Le Prophète sans nul doute avait deviné qu'il serait aboli un jour; il lui était toutefois difficile à son époque de demander qu'on le supprimât brusquement; du moins recommandât-il de l'adoucir.

Or, que voyaient en effet les Musulmans de son époque? La plus abominable des tyrannies, le plus farouche des autocratismes parmi notamment ces conquérents espagnols des Amériques qui prenaient le droit de vie et de mort sur la « chair servile ».

Car il est hors de doute que nombre de maîtres, de planteurs notamment, abusaient de leur main-d'œuvre. Exagérément sévères dans la punition (souvent imméritée et qu'ils compliquaient de sadisme) combien d'entre eux supplicièrent des femmes! L'usage du fouet était courant. S'il n'eût été appliqué que sur les globes charnus et dans une mesure raisonnable, passe encore; ce n'aurait été là que la transposition des méthodes pédagogiques en usage dans les établissements scolaires. Mais combien de malheureuses furent fouettées des heures entières jusqu'à la limite de résistance de l'organisme, et même au delà, succombant dans un atroce martyre? Des fillettes mêmes étaient flagellées sans pitié sous prétexte de les assagir, et chaque jour, pendant des semaines. De jeunes mères accouchaient sous la lanière. On battait les soi-disant délinquantes attachées à un poteau, ou sur un chevalet de façon à les atteindre aux endroits les plus sensibles et les plus intimes, et de façon aussi à ce que les bourreaux pussent assouvir sur elles leur luxure déchaînée, ou suspendues au plafond pour pouvoir utiliser de grands fouets à chevaux, ou étendues à terre et les membres écartés sur une croix de Saint-André. On imaginait mille raffinements pour obtenir d'elles des cris plus perçants et les supplications les plus désespérées, qui chatouillaient agréablement l'oreille des tortionnaires. On rendait ces châtiments publics afin d'effrayer les frères et sœurs de misère des condamnées. En général, dit Omer Haleby, on opérait ces exécutions devant la ferme, et la famille était spécialement tenue d'assister à la peine subie... qui déshonorait surtout les maîtres infâmes et leurs infâmes servants.

On imagine facilement que ces mœurs révoltaient les Musulmans qui trouvaient autrement noble leur gynécée et la condition des femmes soumises au simple caprice amoureux des légitimes possesseurs, autrement normale leur polygamie douce que cette monogamie hypocrite autant que barbare.

Car, et ceci leur paraissait un comble, les planteurs et autres propriétaires d'esclaves, pour multiplier ceux-ci sans bourse délier, constituaient des groupes de nègres-étalons chargés de saillir les jeunes noiraudes et quarteronnes. Quelle différence avec le mot du Prophète à ses croyants : « Aimez, coïtez et multipliez ! »

Amen !...

VII

VENUS MAGIQUE

Nous devons faire une place à part à ce curieux petit livre ancien sans nom d'auteur (1) et qui traite des « théories secrètes et pratiques de la Science des sexes » en s'inspirant des données du magnétisme humain et des doctrines de la Kabbale.

C'est dire que son allure hermétique en rend la lecture assez malaisée au profane. On trouve au début même des phrases de ce genre, après un salut à la Trinité révélée dans le sein de la Nuit-Occulte : « C'est pourquoi le sixième souffle de Lui-les-Dieux fut Sa similitude éternelle, Son unité collective, l'essence homogène de Son ombre. Ce fut une *Terre*, parce que l'astringence fit une plénitude sonore de la quintessence d'amour; ce fut rouge, parce que le G. A. est l'élaborateur suprême, le fécondateur incessant de la Vierge conçue sans péché. Que ceux qui perçoivent ces choses selon le régime minéral, l'astral ou l'intelligible, élèvent leurs conceptions

---

(1) Réédité en 1897, chez Chamuel, mais à un nombre restreint d'exemplaires.

jusqu'à la pensée... L'Univers est un mariage perpétuel (1). »

Pour l'auteur de ce singulier mais captivant ouvrage, Dieu, notre première Père, qu'il appelle aussi le Grand Adam, remplissant seul l'Espace, y désira la première Mère et la créa par l'extase de son baiser marqué du nombre 244. Nous ne relèverons pas sa bizarre conception de l'apparition de la Terre, de l'Homme, de la Femme et du Serpent; il y faut voir surtout des allusions et des symboles. De même, il a des notions d'histoire naturelle qui feraient peut-être bondir si l'on n'y cherchait un noyau de pensée philosophique, sous la chair d'un fruit de fantastique aspect. Laissons donc sa théorie de l'androgynat primitif évoluant vers le Couple où l'Homme devint « viril par les génitoires et la parole, passif par le cerveau, et la Femme ouverte à la fécondation physique et animique, à son tour fécondatrice dans le spirituel ». Et arrivons à des pages moins abstruses où il nous donne une intéressante catégorisation de l'Amour et de la Femme.

A son avis, il y a trois sortes d'amours :

D'abord la luxure, qu'il appelle vampirique (en donnant à ce mot le sens d'aspirateur mortel des fluides) et déclare égoïste, luciférienne et criminelle, car, dit-il, l'un des amants y tue toujours l'autre, soit physiquement, soit magnétiquement.

---

(1) Tout, de ce charabia philosophique, ne sera point, cependant incompréhensible à qui possède déjà quelques notions d'occultisme. Il se rappellera — essayons un langage moins pédantesque ! — que l'occultiste applique la loi du Ternaire à la nature. Pour lui, surtout s'il est chrétien, Dieu demeure, en effet, trois entités en une seule, éternellement semblable à lui-même; c'est le dogos à la fois un et multiple, dont l'unité engendra la multiplicité qui est précisément l'univers. Il conçoit l'univers, en quelque sorte, comme l'ombre projetée du G∴ A∴ (lisez le Grand Architecte) qui le féconde sans cesse, et c'est ainsi que l'univers devient un perpétuel mariage, c'est-à-dire une élaboration perpétuelle de vie.

La seconde sorte est la passion « animique en son essence et vibratoire en son action », faite toujours d'un début, d'un apogée et d'un déclin, sentimentale, jalouse, conjugation imparfaite entre deux désirs non exactement polarisés, suite épuisante d'alternatives de vigueurs et de lassitudes, et ne laissant que de l'amertume au cœur.

La troisième sorte mérite seule le nom d'Amour. C'est le don total de deux êtres à leur commun idéal, « le grand Mystère de l'Agneau », la béatitude absolue, continuelle, à laquelle les vrais époux doivent tous aspirer.

Quant aux femmes, on les divise ici en quatre classes :

La première est la plus commune et la plus inférieure. Elle comprend les femmes « à odeur de poisson » (?) à figure irrégulière, à instincts bas et puissants. Elles dépravent et souillent non seulement qui les touche, mais même qui les convoite.

La seconde catégorie comprend les femmes grandes, à peau dorée, chevelure abondante, regard vif ; leur corps dégage une odeur de rose ; elles se plaisent aux fêtes et soins domestiques.

La troisième comprend les femmes à odeur de violette, et qui aiment sans bornes leur mari. Elles ont le corps mince, les hanches étroites, l'œil doux, la gorge petite, l'esprit mobile. De telles femmes sont rares et strictement fidèles.

Enfin, voici la quatrième sorte, plus rare encore. « Il en existe peut-être une vingtaine dans l'Occident tout entier » nous dit ce sévère écrivain. Ce sont des femmes parfaites, d'une harmonie et d'une beauté sereine ; leur visage possède un éclat incomparable, leur sourire un charme magique, leur être un rayonnement de bonté. Elles ont le flanc large, la taille et les attaches fines, les cheveux bouclés, peu ou pas de poils sur le reste du corps. Elles aiment le blanc, les aliments végétaux et les conversations mystiques. Couchées auprès de l'époux, leur corps dégage une odeur de lis. Leur sensibilité est si exquise que souvent elles s'évanouissent pendant le sacrifice.

∴

L'auteur consacre ensuite un chapitre aux pratiques magiques (qu'on trouve en partie dans les pages où nous avons réuni les vieilles recettes employées pour attirer ou combattre le désir amoureux). Pour l'instant, nous allons passer aux prescriptions et conseils que donne notre occultiste aux gens non mariés.

Si tu veux être pur, de corps et d'esprit, dit-il en substance à son lecteur, que ton corps soit propre. Les races occidentales ne le sont pas assez, remarque-t-il (il écrivait à une époque où l'hygiène en effet laissait fort à désirer). Multiplie donc les observances mundificatrices. Suis la Nature autant que possible. Lève-toi et couche-toi avec le soleil. Prends une ablution quotidienne à l'eau froide ou au moins des affusions sur la tête, les membres et les parties sexuelles.

Peu de vêtements et de métaux sur toi; mange modérément. Pas de viande ni boissons fermentées. Ni alcool ni tabac. Tous les excitants fatiguent.

Prends ta nourriture la face tournée vers l'Orient, lentement, en silence et avec respect. Lave-toi ensuite la bouche, les yeux, les oreilles et les narines.

Ne travaille pas immédiatement après les repas. Parle peu. Sois bon. Evite les courtisanes, les adultères « et celles que tu sais incommodées ». Ne convoite aucune créature, car ainsi tu te souilles et te forges des chaînes ».

Ne t'attarde pas aux discours légers près des jeunes femmes étourdies; ne les embrasse pas; ne te laisse pas prendre les mains, car l'antique serpent est fort rusé. Aime-les seulement comme des sœurs.

Travaille sans cesse. Evite la rêverie. Reste strictement chaste tant que tu n'es point marié.

Si tu te laisses aller pendant le sommeil à des rêves voluptueux « pendant lesquels tu éprouves effectivement le spasme », il faut te baigner au réveil, te tourner vers l'Orient, adorer Dieu en esprit et dire trois fois en fixant le soleil : « Que ma semence retourne à moi ».

Si tu as répandu volontairement ta semence, il faut t'en purifier en te lavant le matin, à midi et le soir pendans sept jours, et pendant sept nuits il faut aller à un carrefour et, tourné vers l'Orient, faire les Quatre Conjurations en demandant pardon à tous les êtres du scandale que tu leur as donné, réciter les sept psaumes de la Pénitence et les litanies de la Vierge.

Un tel acte dépense les réserves vitales pendant dix jours. Si l'onanisme devient une habitude, il corrompt le sang jusqu'à la quatrième génération, car de telles voluptés ne s'obtiennent pas sans le concours des formes mauvaises de Lilith ou de Nahémah.

L'onanisme, d'ailleurs, débilite physiquement le pécheur, lui fait perdre ses puissances affectives, la vivacité de son intelligence, la force de sa volonté. C'est la possession de Satan.

Tout aussi dommageable que le vice solitaire est la fréquentation des prostituées; presque jamais en effet, elles ne se laissent mener avec leur partenaire jusqu'au terme de la jouissance voluptueuse, de sorte que dans la majorité des cas, le spasme qu'elles procurent savamment n'est qu'une masturbation plus raffinée.

Garde-toi donc, jeune homme, des courtisanes. Toute maladie vénérienne, même légère, attaque la réserve vitale de l'organisme. Même guérie, une blennorrhagie diminue de plusieurs centimètres la projection du sperme dans le coït. La syphilis infecte le sang jusqu'à la septième génération; même quand les symptômes en ont disparu, l'émanation astrale du malade contamine encore celui ou celle qu'il invite au coït.

On dit que dans la blennorrhagie, le coït bestial ou avec les négresses est curatif (1). En tous cas, il faut, après guérison, une semaine de purification.

Ne vous mettez au lit, jeunes gens, jamais complètement nus; c'est donner occasion aux esprits élémentaires de pousser au péché. Gouvernez votre sommeil. Couchez-vous la tête au nord et sur une couche dure. Respirez lentement et profondément, par le nez.

Des personnes graves discutent souvent sur la question de savoir s'il vaut mieux qu'un jeune homme soit vierge lorsqu'il se marie, ou s'il est préférable qu'il ait déjà connu l'amour physique. Les uns tiennent pour la beauté d'une pureté réciproque des deux fiancés. Les autres disent que l'inexpérience ou la maladresse d'un puceau peut faire naître chez la vierge un insurmontable dégoût pour le mâle.

Les antiques traditions de la Science secrète concilient ces deux opinions. En effet, d'où vient l'inexpérience maritale qui précipite tant de jeunes femmes dans les bras d'un ou de plusieurs amants? Elle vient de l'ignorance où est l'époux d'amener l'organisme féminin au degré d'exaltation voulu et de faire ensuite coïncider son propre spasme avec celui de la femme.

Cette coïncidence détermine le plus haut degré de volupté et les conditions les plus parfaites pour la fécondation des ovules. Or, c'est précisément à cette coïncidence qu'aboutissent les prescriptions (dit l'auteur) contenues dans la *Vénus Magique*, née des enseignements de la Kabbale.

---

(1) Les lecteurs auront d'eux-mêmes fait toute réserve sur cette vieille et ridicule opinion, où l'on reconnaît d'ailleurs certaine théorie arabe encore pratiquée dans l'Afrique du Nord.

« Si le célibataire, écrit-il, parvient à imposer silence à telle ou telle forme du monde extérieur, s'il peut maîtriser complètement ses mouvements réflexes, il lui sera loisible de gouverner à sa convenance l'émission de sa liqueur séminale. Et si l'on ajoute à cet important résultat la facilité que donnent ces exercices mentaux pour l'émission du fluide magnétique, on peut imaginer à quelles extases un organisme féminin peut être élevé. »

Voilà pourquoi l'auteur parle ensuite de l'acte sexuel, et nous allons le suivre dans ses enseignements qui passent maintenant de la catégorie des célibataires à celle des gens mariés.

Sa première remarque est fort juste. La plupart des mariages sont mal assortis tant au point de vue physique qu'au point de vue animique. Pour remédier à ces erreurs il faut suivre les traitements déjà prescrits, d'une part, et de l'autre accepter une discipline morale.

Le seconde ne l'est pas moins : On a tort de suivre certaines traditions relatives aux moyens de rendre les organes d'un couple, convenables l'un pour l'autre. Ainsi certaines recettes mystérieuses ont pour but d'augmenter le volume du membre viril; elles sont composées de sucs animaux, corrosifs, engendrant des plaies, de même que, inversement, l'eau de citron, l'alcool benzoïque, l'amidon, insensibilisent vite la muqueuse vaginale.

On propose presque toujours d'augmenter la concupiscence, alors qu'il faudrait tâcher de la diminuer. « Mon frère ! s'écrie l'auteur, traite ton épouse avec respect, ne la regarde pas quand elle est nue, quand elle fait ses ablutions, et surtout quand elle a ses incommodités mensuelles. En ce dernier cas, ne couche pas avec elle, évite de la contrarier, n'use pas des mêmes ustensiles, parle-lui, laisse-la dans le calme et le recueillement, ne mange point dans le même plat... »

Quand l'épouse a ses règles, à partir du premier jour de l'écoulement, l'époux doit rester chaste, et quatre nuits de suite, et la onzième, la treizième, les nuits de nouvelle lune et de lune pleine, la huitième et la quatorzième de la lunaison.

Parmi les nuits permises, les paires sont favorables à la procréation des fils, les impaires à celle des filles.

Il n'est pas bon de se livrer à l'amour quand, dans la journée on a assisté à une cérémonie funèbre, — non plus de commettre l'acte sexuel au pied d'un arbre ou dans un cimetière.

Les bains sont recommandés avant le coït qu'il ne faut d'ailleurs accomplir que lorsque le besoin physiologique s'en fait sentir, et toujours une fois achevée la digestion, et dans un équilibre complet des facultés.

Le lundi est un mauvais jour coïtal, meilleurs sont les mercredis, vendredis et dimanches, et de février à juin.

.*.

Ici, et c'est la fin du chapitre, nous préférons une citation qui gardera sa saveur au texte :

« L'homme qui initie la vierge lui laisse son souffle et l'en imprègne; jamais la femme n'oublie cette première impression; c'est pourquoi il est d'une importance capitale que le mari sache, à la première nuit, enchanter l'organisme de la femme pour lui faire oublier toute souffrance.

« La copulation doit être triple, et la copulation animique est la plus importante des trois; que l'époux appelle donc à son aide toute sa science magnétique.

« Les contacts de chair à chair sont beaucoup moins excitants que ceux des muqueuses. Ceux-ci se réduisent à deux : celui des lèvres et celui des organes génitaux; ils doivent leur vivacité à l'eau vénusienne que rendent ces muqueuses sous le feu du désir. Les mains sont ensuite les foyers de la volupté animique, et les yeux, de la volupté cérébrale.

« La femme instinctive préfère la caresse des muqueuses, puis celle des mains, puis celle des yeux. La femme intellectuelle suit, dans la volupté, l'ordre inverse.

« Caresse toujours l'endroit vers lequel la femme porte son regard. Il y a vingt-deux de ces endroits où la caresse peut engendrer le spasme.

« La caresse sur les pieds et les jambes amène une puissance excitatrice plus grande. Sur les cuisses, elle détermine ou amortit le désir à la volonté de son auteur. Sur le périnée elle est solarisante. Sur l'ombilic elle provoque une tension angoissée. Sur le creux de l'estomac elle est tonique. Sur les seins elle est très active et développe la capacité effective. Sur le cou elle amène une vibration joviale, et sur le front, certains états spirituels du domaine d'Artémise.

« Pendant le coït, le couple doit être étendu la tête au nord et les pieds au midi. La copulation, dans un but strict de procréation, s'effectue ce pendant que la femme regarde le ciel, l'homme étant tourné vers la terre. Les autres attitudes sont du domaine des copulations extraordinaires.

« Il y a en tout trende-deux attitudes dont la descriptions ne relève que de l'initiation orale (1).

« Dès que le feu du désir a provoqué l'exsudation, les foyers génital et conjugal doivent être aussitôt conjugués, les quatre membres restant disponibles pour faire aux différents centres les appels nécessaires. Quand les

---

(1) Voir, à ce sujet, le chapitre suivant.

membres se replient, tendent vers l'ellipse primitive (1), le dénouement est proche. Pour le retarder, l'extension des membres y pourvoit.

« Pendant la conjonction, l'application des mains de l'homme sur la colonne vertébrale de la femme augmente le feu; l'application sur les pectoraux retarde le spasme, mais pour obtenir ce dernier résultat, le moyen le plus effectif est la volonté; la femme peut aussi bien fermer sa matrice que l'homme ses tubes séminaux. Il faut seulement savoir en quelle occurence cela est permis. Sans qu'il y ait lieu de rééditer ici les peintures d'Elephantine et de Jules Romains, ni les dialogues de Louise Sigée, laissons à chaque couple le soin de consulter à ce sujet ses convenances en vue de la descente d'une âme humaine.

« Au moment de la pénétration du membre viril, que les époux invoquent à haute voix l'Eternel; que, pendant la conjugaison ils tendent jusqu'à la mort toutes les puissances de leur être vers leur idéal; qu'au moment du retrait, ils terminent en disant : « Que la volonté de Dieu soit faite. » Ces choses sont graves. La malédiction est sur celui qui les regarde avec une intention mauvaise.

« Un coït épuise les forces nerveuses de neuf jours. Tout coït est défendu pendant la grossese.

« Un bain purifie après le coït; la bouche de la femme est toujours pure. »

Dernier châtiment aux « criminels de l'amour » :

Si tu as dormi avec ta nièce non mariée, en punition et pour te purifier, ne fais qu'un repas par jour durant une

---

(1) Précédemment, l'auteur avait écrit : « Le couple livré à l'amour, joignant les pôles opposés de ses membres, ferme ses foyers génital et buccal pour la reconstitution de l'ellipse. » Il faut donc donner ici au mot *ellipse* un double sens physique et kabbalistique; en effet, l'androgynat peut être représenté par un cercle, tandis que l'amour masculo-féminin peut l'être par une ellipse ayant précisément pour foyers les centres mâle et femelle.

lunaison; dors sur le sol nu et prends trois bains par vignt-quatre heures.

Si ta femme et toi avez fraudé l'acte conjugal, faites acte de contrition, et par pénitence restez continents pendant neuf lunaisons, ne faisant par jour qu'un repas végétal; chaque matin allez à la messe et dévouez-vous à l'éducation d'un orphelin.

* * *

Voilà des prescriptions, des conseils, des objurgations et des pénalités qui vont épouvanter bien des amants, voire bien des époux, et nous doutons que beaucoup acceptent de si grandes sévérités.

— L'amour en de telles conditions ne serait plus drôle du tout ! diront même de braves gens. Surtout qu'en se livrant à un petit calcul après lecture de ces pages, on trouverait un tel déchet sur le nombre possible des nuitées d'allégresse qu'autant vaudrait se faire moine !

Supposez, en effet, un bon jeune homme désireux de suivre à la lettre les pieux avis de l'anonyme occultiste qui composa ce bréviaire agréable, paraît-il, aux yeux de l'Eternel.

D'abord jusqu'à son mariage, — mettons à vingt-cinq ans pour lui laisser le temps d'accomplir son service militaire et de s'établir — il reste un modèle de vertu. Il lui faut une belle terrmpe d'âme et une fameuse rigidité pour résister, non pas aux offres des courtisanes qu'il évitera, aux tentatives nées des spectacles légers et délicieux du music-hall, du théâtre ou du cinéma, qu'il ne fréquente point, mais au simple charme des jeunes femmes qu'on rencontre aujourd'hui dans les moindres villes, nippées avec grâce et parfumées à souhait.

Mais le voici, vainqueur de ce qui est plus terrible encore que la séduction féminine : le sourire un peu moqueur de ses camarades. Il se marie, vierge, avec une vierge, non sans avoir appris dans la *Vénus Magique*, l'art d'exciter la nouvelle épouse, au premier soir, jusqu'à obtenir la douce extase et la saine pâmoison. Cette révélation le met en goût. Il se promet des heures exquises. Il s'est marié fin janvier pour que ses embrassements, de février à juin, comme il est recommandé, soient meilleurs en résultats. Il se garde de porter les yeux sur sa belle quand elle change de chemise ou prend un bain. Mais le second soir de ses noces il s'aperçoit qu'on est en nouvelle lune, et il s'abstient. Le troisième tombe un lundi : mauvais jour a dit son maître; et il retient ses ardeurs. Le quatrième, il a dû assister à l'enterrement d'un sien parent : mieux vaut, dit-il ne pas se livrer alors aux ivresses de la chair. Le cinquième, sa douce compagne lui annonce qu'elle sent venir « ses incommodités ». Diable ! Le voilà à la diète pour quatre nuits. Et puis ayant attrapé au vol une « nuit permise » dont il profite en hâte, voilà que reviennent un des cinquante-deux mauvais lundis, et les onzième et treizième nuits qui suivent les menstrues, les huitième et quatorzième nuits de la lunaison... Quoi encore ! Bref au bout de trois mois, il n'a pu, selon les règles, approcher sa femme que trois ou quatre fois, et voici sa compagne enceinte... Malédiction, s'il y touche avant l'année d'après !

— Ce n'est pas très gai, se dira-t-il, la vie conjugale comprise par mon très saint frère en Jésus-Christ !

Et nous craignons bien que notre pauvre jeune mari ne jette en fin de compte un regard concupiscent sur « sa nièce non mariée » ou sur la petite femme qui, un jour de solitude où il prendra, non plus un verre de Vichy mais un bon apéritif pour chasser le cafard, lui fera un gentil sourire et un coup d'œil en coulisse.

Comme quoi, peut-être, vaut-il mieux ne pas trop exagérer les meilleurs conseils !

.·.

Quant à l'Enfant, voici ce qu'en dit l'occultiste de la *Vénus Magique* :

« L'âme de l'homme-futur ne descend dans l'enfer de la matière féminine (notons au passage ce manque de galanterie !) que lorsqu'il en a reçu l'ordre pendant que la Lune est sur la femme. Ces âmes sont réparties dans les différentes roues de la lumière secrète et correspondent par les qualités de leur nature aux différentes spécifications de la vie terrestre; de sorte qu'un enfant naît dans le lieu et dans le temps déterminé par le destin que son âme aura généré dans ses existences antérieures. »

On le voit, nous sommes ici en pleine astrologie vivifiée de théosophie. L'auteur se fait fort par surcroît de nous apprendre à gouverner le sexe des enfants futurs.

« Si un spermatozoïde gauche, écrit-il sans sourciller, féconde une ovule gauche, l'enfant sera mâle; la volonté des parents peut arriver à ce résultat.

« Si les deux époux se rendent le devoir conjugal le quatrième jour de la menstruation, et si pendant ce temps l'haleine de la femme passe par la narine gauche et celle du mari par la narine droite, ils auront un fils.

« Si l'Essence spirituelle en cours est l'Eau, le résultat du coït sera un fils, si c'est la Terre ou l'Air, ce sera une fille; si c'est le Feu, il y aura fausse-couche ou mort-naissance.

« L'acte sexuel accompli par le flux de l'Air produit la souffrance; accompli pendant le flux de l'Eau, il produit la joie. »

Pour comprendre, sinon accepter ces singulières prescriptions, il faut évidemment avoir des notions d'Astrologie, se rappeler la théorie ancienne des quatre éléments (Eau, Feu, Terre, Air) leurs correspondances avec les signes zodiacaux, etc. Nous ne pouvons sortir de notre cadre pour les expliquer. Ce serait d'ailleurs toute l'initiation magique à mettre sous les yeux des lecteurs qui pourront la trouver dans les livres spéciaux écrits sur ces sujets.

De même encore l'Astrologie explique pourquoi notre auteur continue sa théorie de l'engendrement en affirmant que si la conception a lieu aux environs de la Lune Nouvelle, l'enfant sera mâle, et femelle si elle a lieu au moment de la Pleine Lune.

Voici d'autres prescriptions :

Pour avoir une fille, faire manger à la mère future des poissons, crabes, huîtres, et cohabiter avec elle sept jours après la cessation des règles.

Lorsque la femme est plus amoureuse que le mari, elle engendre des filles; le *vice-versa* donne des garçons.

Quand la conception a lieu dans la quinzaine qui suit la suppression des règles, elle produit une fille; dans la quinzaine qui la précède, elle produit un garçon.

« En résumé, la conception est le résultat physique de la conjugaison du fluide séminal masculin, blanc, et du fluide séminal féminin, rouge, qui sont neutres isolément. Les filles ou les garçons naissent selon que l'un ou l'autre prédomine; et depuis que les femmes ont plus de passion, et par suite plus de plaisir que les hommes, il naît des filles en majorité. »

Il est intéressant de trouver ici cet essai d'explication du fait connu de la surabondance de l'élément féminin dans la population. En somme, elle en vaut d'autres.

Voici la suite des observations de notre Kabbaliste :

Une femme dit-il, concevra plus facilement d'un vieil homme que d'un jeune; mais un tel enfantement la vieillit et l'enfant en quelque sorte naît vieux. S'il est de janvier, ses os seront durs, sa tête grosse, large, lourde, et la jeune mère souffrira fort de l'accouchement.

Les enfants conçus de mai à avril, et nés par conséquent de février à juin sont les mieux constitués, quant à la vie et au caractère. De plus, les conceptions matinales sont les meilleures.

La mentalité des parents détermine la qualité animique des enfants. Des parents chagrins, soucieux, peureux engendrent des boiteux, bossus, nains, etc... Les enfants conçus dans l'ébriété sont luxurieux. Ceux venant d'une luxure brutale en période menstruelle risquent d'être des criminels. Défectueux sont les enfants conçus pendant une éclipse.

Les jumeaux naissent quand l'inter-échange de deux fluides séminaux est exactement équilibré.

« Les kabbalistes enseignent que le père donne les os, les artères, le cerveau et le blanc des yeux; que la mère donne la peau, la chair, le sang et le noir des yeux. »

Et nous voici encore parmi les arcanes de la magie :

« Pour connaître le sexe de l'enfant à naître, que le mari trace sur le plancher un grand pantagramme, la tête en bas, et qu'il en numérote les pointes, donnant au pentagone central le nombre six . Que la femme, les yeux fermés, en face de la pointe inférieure, place au hasard sa main droite sur la figure. Si la main se trouve dans les cases impaires, l'enfant sera mâle, et femelle si elle se trouve dans les cases paires. Si la main se trouve trois fois de suite entre deux cases, il y aura fausse-couche.

Après les conseils aux jeunes gens et aux jeunes époux, voici de notre auteur ceux destinés aux jeunes parents :

Quand naît l'enfant, le père en reste impur pendant un jour et devra donc accomplir les rites purificatoires;

la mère le reste neuf jours et devra se purifier neuf fois plus.

Les maladies des organes génitaux se guérissent par l'intervention des anges de Vénus, les maladies de l'enfantement, par celle des anges de la Lune.

Il est bon de s'arrêter au troisième enfant; puis de se consacrer ensuite au développement spirituel et de se préparer à la mort.

La règle capitale des coïts est de ne s'y livrer que lorsque le couple est en parfait équilibre physique et mental.

Dès qu'on est sûr de la gestation, il faut dresser l'état du ciel et par un exact horoscope savoir quel signe se levait à l'horizon au moment où l'enfant fut conçu.

Si c'est un signe d'Eau (1), la femme devra s'y harmoniser en passant son temps près de la mer, d'un fleuve ou d'une rivière, se nourrir de végétaux purs et de poissons, placer près d'elle les statues de Diane ou d'Athêné et des peintures violettes ou pâles, avoir des lectures pastorales ou fantastiques, ou des poèmes de bardes (spécialement ceux de Chine), adresser à la Vierge un culte particulier, développer ses états de lucidité magnétique...

Si c'est un signe dépendant du trigone du Feu, il faut qu'elle s'entoure des symboles de l'activité, qu'elle s'expose aux rayons ardents du soleil, que le rouge domine en ses appartements, que sa nourriture soit fortement aromatisée, qu'elle restaure au foyer le culte du vieil Agni,

---

(1) Rappelons la correspondance en astrologie des douze signes zodiacaux et des quatre éléments :
Trigones des signes d'eau : Cancer, Scorpion, Poissons;
— de feu : Bélier, Lion, Sagittaire;
— de terre : Taureau, Vierge, Capricorne;
— d'air : Gemeaux, Balance, Verseau.

honore l'escarboucle, la chrysolithe, l'améthiste (1), développe enfin en elle l'originalité, la passion, l'activité physique, et les facultés curatives magnétiques.

Si le signe est dans la triplicité de la Terre, l'époux à sa femme choisira entre les montagnes une demeure cachée, lui imposera le silence, le labeur, la lecture, honorera les gnômes (2), développera en elle les dons de croyance volontaire.

Enfin, si le signe est aérien, la maman prochaine aimera vivre en un sommet aux larges envols pour le regard, et ses activités d'intelligence alterneront rigoureusement avec ses facultés intuitives en développant en elle surtout les dons de psychométrie (3).

*
* *

Ce qu'on vient de lire est peut-être la partie la plus intéressante de la *Vénus Magique* et marque l'effort de l'auteur à faire harmoniser la grossesse avec le destin de la mère, dont la répercussion sera évidente sur l'enfant.

Il est fort juste d'apporter — ce que l'on ne fait pas

---

(1) En effet, au point de vue magique, l'escarboucle est la pierre du soleil; d'autres part, les pierres des signes du trigone du feu sont: pour le Bélier, la chalcédoine; pour le Lion, la chrysolithe, et pour le Sagittaire, l'hyacinthe. L'auteur eût donc pu ajouter le nom des pierres relatives aux autres signes et qui sont, selon P. PROBB, dans son *Formulaire de Haute-Magie :*

Eau : Cancer (Sardoine), 'Scorpion (Chrysoprase). Poissons (Saphir);

Terre : Taureau (Emeraude), Vierge (Chrysolithe), Capricorne (Améthyste);

Air : Gemeaux (Sardonix), Balance (Topaze), Verseau (Jaspe).

(2) Les esprits inférieurs correspondant aux quatre éléments sont: les Gnômes pour la Terre, les Ondines pour l'Eau, les Lutins pour l'air, les Salamandres pour le Feu.

(3) Pour la psychométrie, don qui permet de retrouver, par le contact d'un objet, l'image mentale des principaux événements auxquels l'intéressé fut mêlé, et qui constitue un des plus curieux phénomènes de la voyance,

assez — une très vive et délicate attention à l'époque de la gestation. A supposer même que les parents ne soient pas versés dans la Kabbale, ils devraient toujours en tous cas observer certains principes d'hygiène physique et morale au point de vue qui nous occupe. Et cela est si vrai que les lois sociales prévoient tout au moins un adoucissement à la vie des travailleuses au temps de la grossesse. Mais ceux qui le peuvent devront faire mieux encore :

La femme enceinte doit être traitée avec de grands égards. Toute magie à part, il serait très bon qu'à ce moment, si c'est possible, elle aille, et deux ou trois mois même avant ses couches, à la campagne, pour y vivre dans le calme et l'air pur, y éviter les tracas, les ennuis, les émotions fortes (origine, on le sait, de tant de tares apparentes ou cachées pour les bébés). Nous avons connu des maris prévenants qui voulaient que la chambre de leur femme à cette époque fût tendue de couleurs gaies, qui mettaient aux murs de belles peintures, sur les meubles de jolies statues, aux mains de l'aimée de nobles lectures, et qui de temps à autre lui faisaient écouter de douces musiques, le tout dans l'idée très juste que la conception fût entourée de la plus grande somme possible de joie, d'harmonie et de beauté.

*
* *

Enfin, nous tenons — et ce sera fini — à extraire de la *Vénus Magique* la très curieuse page qui suit et qui, toute imprégnée d'esprit kabbalistique donnera la conception de l'auteur sur le développement de l'être humain dans le sein maternel :

« Dans la première nuit de la conception, l'embryon est comme une eau chaotique; dans les six suivantes, cette eau devient opaque; elle prend une forme sphérique dans la seconde semaine. En un mois l'embryon acquiert de la consistance; en deux, la tête se forme; au troisième mois les pieds; au quatrième, l'estomac et les reins; au cinquième, la colone vertébrale; au sixième, le nez, les yeux et les oreilles; au septième, il reçoit le souffle de vie; au huitième, il se complète; au neuvième, il se recouvre de sa peau.

« Dans le neuvième mois, l'esprit entre dans sa nouvelle résidence élémentaire; il y connaît par une profonde contemplation le Moi indestructible; il le connaît comme formé d'une seule lettre. C'est alors que s'organisent les puissances animiques et astrales du nouvel individu, qui reçoit, par sa mère, sa part de nourriture et de boisson.

« C'est alors qu'il se remémore ses naissances précédentes; il examine ce qu'il a fait et ce qu'il n'a pas fait, ses bonnes et ses mauvaises actions, ses innombrables naissances et morts, les chagrins, les douleurs, les peines, les maladies qu'il a subis en foule. Il déplore sa nouvelle chute dans les enfers; il regrette amèrement son ignorance de la sagesse spirituelle, qui le laisse enchaîné sur la roue des naissances. Il se propose, dès qu'il aura reçu le jour, de se réfugier dans le sein du grand Destructeur, de n'écouter que la voix du suprême Initiateur.

« Le fœtus parvenu à son terme conçoit, en effet, la vérité mystique parce que le Trou de Botal n'est pas fermé chez lui; et ses centres animique et instructif sont localisés dans la septième demeure aux mille et un pétales, que l'on ne peut connaître en cette vie que par l'extase informe.

« C'est sous l'influence du désir de la délivrance que le fœtus se présente vers la porte des enfers pour entrer le plus tôt possible dans le lieu de sa dernière purification qui est le monde terrestre.

« Dès qu'il est né, il perd toute notion antérieure,

passe le fleuve du Léthé et commence une période d'expiations et d'instructions. »

⁂

On le voit aisément, notre auteur exprime purement et simplement les idées remises en honneur par la Théosophie. Il croit aux vies successives. Il croit à la loi karmique. Ce n'est pas le lieu de discuter ici de ces choses graves et très intéressantes. Elles sortiraient de notre sujet. Mais nous serions heureux que nos lecteurs, persuadés que nous n'avons pas voulu nous contenter d'écrire sur l'Amour des pages empreintes d'étrangeté ou de banale luxure, prennent le goût de ces méditations et appliquent celles-ci non seulement à l'objet spécial qui nous occupe, mais aux problèmes passionnants de la Vie et de l'Au-delà.

Les ouvrages d'Annie Besant sur l'Evolution des Formes pourraient leur servir d'intermédiaire entre l'étude de l'Amour et l'étude de l'Univers et de notre Destinée. Après quoi, ils pénétreront aux arcanes de l'Occultisme où ils trouveront la solution ou tout au moins une solution de la grande Enigme qui hante les humains.

VIII

TRENTE-DEUX?

Nous abordons ici un sujet délicat, parce qu'il touche aux gestes les plus intimes de l'Amour. Mais il nous a semblé difficile de l'écarter d'un livre où l'Amour est étudié dans tous ses rapports avec l'Occultisme.

La Grande Science des Mages, toujours imbue de métaphysique numérale, ne pouvait se désintéresser de la tradition établissant (comme on vient de le retrouver dans la *Vénus Magique*), qu'il y a trente-deux façons de « faire l'amour » et de trouver la raison de ce nombre connu. Toutefois, on comprend notre précaution oratoire pour les explications qui suivent. Nous n'emploierons d'ailleurs que des termes décents ou scientifiques; mais nous prions surtout nos lecteurs de parcourir ce qui suit avec un esprit dénué de tout sentiment obscène.

Au reste, nous nous abritons derrière l'exposé que nous fit à ce propos un docteur de nos amis, savant dans ces choses, un soir que la conversation s'étendit sur elles :

— Il est certain, dit-il, qu'il existe une interprétation kabbalistique de ce célèbre « Trente-Deux ». Des

« cartes transparentes » et qui ne relèvent que de la plus basse pornographie, ont traduit en images souvent ridicules ces trente-deux positions propres à procurer le spasme au couple qui les emploie. La Police a raison d'en interdire la vente, car elles ne répondent que d'une façon grotesque à la symbolique derrière laquelle se cachent des gestes qui, pratiqués au secret de l'alcôve, relèvent au contraire de la légitime ardeur amoureuse.

Ceci posé (nous continuons de citer notre ami), il faut voir simplement, dans le catalogue des « trente-deux », un dessein d'analogie dont j'ai trouvé trace parmi divers ouvrages dont je n'ai plus le titre en tête, mais dont j'ai gardé du moins l'essentiel.

Vous savez qu'il y a déjà une analogie, fort connue, entre le Zodiaque et le Tarot. C'est, me semble-t-il, Elie Alta qui l'a établi en affirmant que les bâtons du Tarot correspondent à l'élément Feu, qui va du Bélier aux Gémeaux, que les Coupes correspondent à l'élément Eau, qui va du Cancer à la Vierge, que les Epées correspondent à l'élément Air, qui va de la Balance au Sagittaire, que les Deniers enfin correspondent à l'élément Terre, qui va du Capricorne aux Poissons.

Ce n'est pas tout : de l'avis de plusieurs maîtres, les Bâtons du Tarot correspondent aux Carreaux du jeu de cartes ordinaire, les Coupes aux Cœurs, les Epées aux Piques, et les Deniers aux Trèfles.

Or, n'êtes-vous pas frappé que ce nombre 32, des poses d'amour, soit justement celui des cartes d'un jeu de piquet ? Nul doute, et j'ai lu chez plusieurs auteurs, qu'il y a là aussi analogie : 32 cartes, 32 poses. Fouillons un peu cette singulière correspondance.

Le jeu de cartes de 32 se divise en deux parts de 16 ou quatre parts de 8, les parts de 16 étant, l'une rouge et l'autre noire, les quatre parts de 8 étant, dans le rouge, les carreaux et les cœurs, dans le noir les trèfles et les piques. Eh bien ! la Kabbale érotique a dû diviser de même les 32 positions d'amour en 2 groupes de 16, chacun se subdivisant en 2 sous-groupes de 8.

Le premier groupe forme, à mon avis, les 16 positions dites *majeures*. Ce sont celles qui amènent le spasme simultané (autant que possible) chez les deux éléments du couple. Il se rapporte surtout aux époux et a pour astre protecteur Vénus, mère de la Vie et des amours fécondes. Il est certainement considéré d'un œil favorable par les puissances de l'Invisible.

Le second groupe forme les 16 positions *mineures*, dites ainsi parce qu'elles n'amènent qu'alternativement le spasme, soit chez l'homme par les soins de la femme, soit chez la femme par les soins de l'homme. Il se rapporte surtout aux amants, est sous l'empire de Saturne le dévoreur d'enfants (puisqu'il n'amène aucune fécondation) et l'Invisible le considère comme contraire à la Nature fertile.

Ce n'est pas d'ailleurs que les époux ne puissent employer à titre de distraction le second groupe, s'il doit amener par la suite le contact fécondant en un nouvel acte plus joyeux d'avoir été excité; mais ils risquent le courroux des dieux. De même, si les amants emploient quelques-unes de positions du premier groupe, ils méritent l'indulgence de ce j'appelle les dieux, d'un mot vague et commode.

Les 16 positions majeures, disions-nous, se divisent en deux sous-groupes de 8. L'un correspond aux Cœurs et ses gestes sont les plus naturels, les plus courants, l'autre aux Carreaux, gestes féconds encore, mais d'un raffinement qui risque la fatigue, ou la perte de la liqueur sacrée. Nous ne les décrirons point, laissant aux jeunes mariés le soin de les trouver tous au cours de leurs seize premières nuits d'amour

Les 16 positions mineures sont stériles, vicieuses, néfastes, encore qu'âprement voluptueuses. Elles se divisent également en deux sous-groupes de 8 pour la simple raison que 8 d'entre elles sont à l'usage de l'homme, 8 à l'usage de la femme, étant entendu que c'est l'un des conjoints qui favorise alors le spasme de l'autre sans viser à l'obtenir lui-même en même temps, soit qu'il renonce à sa propre volupté, soit qu'il la reporte à quelques minutes de là, grâce au concours de son partenaire. Et cette remarque est nécessaire pour écarter d'ici les autres perversités dites onanisme individuel, sodomie, sapphisme, etc., pratiquées solitairement ou par couples de même sexe.

Ceux qui connaissent l'Antiquité s'étonneront peu des investigations de la Kabbale en ces matières, s'ils se souviennent du culte indien du lingham ou des fêtes itaphalliques pendant lesquelles on promenait dans les rues des villes grecques un immense phallus artificiel, symbole de la féconidté.

— Mais objecta quelqu'un (et ce quelqu'un répondant au docteur tenait en mains un gros livre sur l'*Art d'aimer en Orient*), y a-t-il bien, précisément, 32 poses d'amour? Voici des extraits des *Kama-Sutra*, composés comme vous le savez par Vatsyayana « conformément aux préceptes de la Sainte-Ecriture », c'est-à-dire en l'espèce à la Loi de Manou, puisque cette façon de Koran érotique est l'expression de la religion des Brahmes... Comme tout y est plus étudié, plus compliqué que l'amour occidental !... Oyez plutôt...

Et notre contradicteur de nous rappeler, en effet, que, d'abord, les étreintes, dites *congrès*, dépendent des trois classes d'hommes et des trois classes de femmes que l'on peut établir selon la longueur du *lingham* masculin ou selon la profondeur du *yoni* féminin.

Ces classes rappellent les noms de certains animaux, par rapport aux dimensions qui nous intéressent sont :

L'homme-lièvre, l'homme-taureau et l'homme cheval.

La femme-biche, la femme-jument et la femme-éléphant.

D'où il suit qu'il y a déjà des poses différentes suivant qu'on accouple des dimensions harmoniques ou non : court, long ou moyen lingham avec yoni plus ou moins profond... Au bref, neuf positions à ce point de vue.

« Il y en a aussi neuf, dit Vatsyayana, suivant la force du désir charnel, selon qu'on accouple des passions petites, moyennes ou intenses, d'égale ou d'inégale valeur. »

Et il y en a encore neuf, suivant le temps employé au congrès jusqu'à l'obtention de la jouissance. Un auteur, Auddalika, dit même à ce sujet : « Les femmes n'émettent pas comme les hommes. Ceux-ci assouvissent simplement leur désir et s'arrêtent d'eux-mêmes, satisfaits, avec l'émission; il n'en est pas de même de leurs compagnes. »

Quant aux différentes manières de se coucher et de pratiquer le congrès, Vatsyayana est plus prolixe encore, et plus minutieux. Il indique par exemple pour la femme-biche les trois manières de prendre position : l'ouverte, la béante, l'indranienne :

L'ouverte, si elle baisse la tête et lève le milieu du corps;

La béante, si elle lève les cuisses et les tient écartées;

L'indranienne (position de la déesse Indrani), si elle ramène ses cuisses, avec ses jambes repliées dessous, pour engager le congrès.

Quant à la femme-jument ou la femme-éléphant, force leur étant de contracter le yoni, les positions changent. Ce sont :

La serrante, si les jambes des époux sont étendues;

La pressante, si la femme presse l'homme contre ses cuisses;

La liante, si elle place une de ses cuisses en travers de la cuisse de l'amant;

La jumentine, si la femme retient le lingham de force dans son yoni.

Voilà ce qu'explique Babhravya, commenté par Vatsyayana. Mais un autre docteur en érotisme, Suvarnanabha, surenchérit :

Position levante, si la femme lève ses deux cuisses toutes droites;

La béante, si elle place ses deux jambes sur les épaules de l'amant;

La pressée, si ses jambes contractées maintiennent l'amant devant sa poitrine;

La demi-pressée, si une seule de ses jambes est tendue;

La pose du clou, si une des jambes est sur la tête de l'amant, et l'autre tendue.

Ce n'est pas tout : il y a aussi la position dite en fente ou bambou, la position du crabe, la position en paquet, la position en lotus.

Et encore la position tournante quand l'homme, pendant le congrès, tourne en rond et jouit de la femme sans la quitter, celle-ci lui tenant toujours les reins embrassés, — et le congrès appuyé, le congrès suspendu, le congrès de la vache (où la femme se met à quatre pattes pour recevoir une caresse qui ressemble à celle du taureau), les congrès du chien, de la chèvre, de la biche, de l'âne, du chat, du tigre, ceux imitant l'assaut du cheval, le frottement du sanglier, la pression de l'éléphant, — et nous en passons des plus singuliers, tels que le congrès des troupeaux quand un homme jouit en même temps de plusieurs femmes, ou une seule femme à la fois de plusieurs hommes (comme il se fait à Gramaneri), et le congrès inférieur (qui emploie l'anus) comme il se fait dans les contrées méridionales...

Deux versets des *Kama-Sutra* disent, nous rappelant un des commandements du Décalogue vénusien, qu'une « personne ingénieuse doit multiplier les sortes de congrès en imitant les différentes espèces de bêtes, car en les variant ainsi selon les usages locaux et les fantaisies individuelles, on engendre l'amour, l'amitié et le respect dans le cœur des femmes ».

On remarquera que tous ces congrès — leur nom l'indique — se rapportent (à part l'un d'eux) au premier groupement, dit majeur, cité plus haut en analogie aux seize cartes rouges du jeu de piquet. Mais il y en a plus de seize...

— Certes! répondit le docteur après avoir subi cette avalanche documentaire, on peut multiplier les nuances, et rien n'est plus facile; mais, à mon avis, les Occidentaux les ont ramassées en un faisceau solide de poses nettement différentes, ce qui, d'ailleurs, correspond à l'esprit méthodique gréco-latin.

Nous ne départagerons point nos deux discuteurs, remarquant qu'il est en effet très vrai qu'en fait de nuances, on peut aller loin. Et le docteur n'en voulut pour preuve que le congrès de la vache. « Que la femme se mette en la position indiquée par l'auteur, dit-il, cela fait une pose; mais l'essentiel n'en sera-t-il pas gardé si, au lieu de poser pieds et mains par terre, la femme s'agenouille sur des coussins, cuisses écartées, reins cambrés.

croupe tendue et prête à tous les hommages du lingham pour les diverses sortes de caresses qui, fécondes ou infécondes, n'en engendreront pas moins des voluptés intenses ? » Cherchez bien et vous pourrez alors prétendre qu'il y a là, quant aux variétés, quatre ou cinq formes de la volupté... cependant qu'un autre auteur n'en voudra voir qu'une, fondamentale, dont l'homme jouira selon plusieurs fantaisies individuelles.

⁂

Nous n'avons pas à en dire beaucoup plus sur ce sujet délicat. Qui sait caresser saura comprendre. Le vénusien respectueux de son décalogue ne blâmera personne des caprices particuliers suivis par l'amant après interrogation de l'intéressée et entente absolue du couple sur le chapitre de la production du spasme divin.

Mais nous ne pouvons passer sous silence les *Kama-Shastra* déjà cités dans ce livre... Là aussi on trouve les catégorisations de congrès selon les proportions des organes, la longueur du temps assurant la jouissance, et le degré de force du désir charnel. Il y en a neuf de chaque, soit en tout vingt-sept, lesquels se confondent avec les seize rouges du jeu de piquet... On voit combien ces asiatiques renchérissaient en subtilité sur les méditerranéens !

Mais encore une fois, il ne faut pas exagérer les divisions, et nous continuons à croire que les nôtres suffisent largement à placer en pensée un couple dans toutes les situations possibles où se produit l'énervement et puis son résultat.

Le Jardin parfumé (écrit en arabe par le cheik Nefzaoui) donne, de son côté, quarante manières de besogner la femme, dont onze plutôt musulmanes, auxquelles il en ajoute vingt-neuf plutôt hindoues (et encore, ce ne sont que les principales, spécifie-t-il !).

Parlant du verset 223 du chapitre II du Coran, qui dit : « Les femmes sont votre champ, allez à votre champ comme vous voudrez », l'auteur commente ainsi la parole de Mahomet : « Selon que sera votre désir, vous pourrez choisir la manière qui vous plaira le plus, pourvu, toutefois, que le coït ait lieu dans l'endroit à ce destiné, c'est-à-dire dans la vulve. » On le voit, il ne s'agit encore ici que des positions que nous avons appelées majeures.

Nous ne les décrirons point, encore que quelques-unes soient réellement originales, mais dont il faut bien dire qu'elles se trouvent dans celles que l'auteur attribue aux peuples de l'Inde. Voici d'abord la traduction des noms, en arabe, donnés aux vingt-neuf positions hindoues :

Le bouchement. — La manière des grenouilles. — Le cramponnement des doigts de pied. — L'élévation des jambes. — La manière des boucs. — La vis d'Archimède. — Le percement de la lance. — La pendaison. — La culbute. — La queue de l'autruche. — La chaussette. — La vue réciproque des derrières. — Le bandement de l'arc. — Le pilement sur place. — Le mouvement alternatif de percement. — Le coït du dos. — Le ventre à terre. — L'emboîteur. — La manière des moutons. — La bosse du chameau. — L'enfoncement de la cheville. — Le coït de la brebis. — La fusion d'amour. — Celui qui demeure au logis. — Le coït violent. — L'intervertissement du coït. — La course à membre. — Le coït du forgeron. — Le séduisant.

A titre de curiosité, nous citerons simplement les deux suivants :

Ez zedjadja. (Le percement de la lance, *zedj* signifiant frapper, percer.) — La femme est suspendue au plafond par cinq cordes (une à chaque membre et une pour le dos), de façon que sa vulve se trouve à hauteur du membre, qui s'y introduit. L'homme imprime alors à l'appareil un mouvement de balancement en commençant par l'éloigner, puis en le rapprochant; de la sorte, le membre sort et rentre alternativement, pourvu qu'il soit toujours bien dardé sur la petite caverne, et jusqu'à ce que l'éjaculation se produise; on s'arrange à ce que le jet séminal, bien entendu, n'échappe pas au vase auquel il est destiné.

El hedouli. (La pendaison.) — L'homme réunit les pieds et les mains de la femme vers son cou, de manière que sa vulve ressorte comme un dôme, et l'élève ensuite au moyen d'une poulie fixée au plafond. Il s'étend alors sous elle, tenant dans sa main l'autre bout de la corde, au moyen de laquelle il la fait descendre sur lui, de façon à pénétrer dans son vagin. Dans cette position, il la fait alternativement monter et descendre sur son membre jusqu'à ce qu'il éjacule.

Il aurait été curieux de trouver trace des positions que nous avons appelées mineures; mais on a compris que les docteurs en érotisme laissent aux amants le soin de les découvrir.

De ces positions mineures, on en découvre quelques-unes dans un livre assez étrange, fort osé et quelque peu suspect, intitulé *Bah Nameh* ou *Le Livre de la Volupté*, qu'un certain Abdul-Haqq Effendi aurait traduit du turc et qu'il a fait éditer chez Qizmich-Aga, libraire à Erzeroum. L'auteur part, lui aussi, du Livre Sacré dont il qu'un certain Abdul-Haqq Effendi aurait traduit du turc commente le verset 23 du sourate II : « Les femmes sont votre champ, allez à votre champ comme vous voudrez, etc. » Et le voilà commentant, développant à sa façon le précepte coranique. Le voilà décrivant avec complaisance dix postures de la femme couchée sur le dos (l'Habituelle, la Résurrectrice, l'Heureux contraste, etc.), une assise, dix sur le côté, dix sur la figure, dix en se baissant, dix tête haute... et quelques autres, ce qui dépasse nos fameuses trente-deux. Mais, là encore, il y a d'évidentes répétitions tout juste nuancées dans le détail. Et ce qui nous surprend, ce qui nous inquiète et nous met en défiance, c'est l'acceptation de procédés absolument mineurs (à la façon dont nous l'entendons) marqués par des mots sans équivoque.

Ainsi la troisième position du quatrième groupe indique : « La femme se met à genoux, se penche de façon à ce que sa poitrine touche ses cuisses; elle a alors les hanches élevées et l'homme s'introduit par derrière. »

Ainsi encore la sixième du même groupe : « Ils se placent comme précédemment... Quand la jouissance est proche, la femme s'éloigne, puis le dard la pénètre à nouveau, soit dans l'ouverture antérieure, soit dans l'autre, puis elle s'éloigne encore jusqu'à ce qu'enfin, dans un moment d'union intime, ils savourent tous deux des plaisirs impossibles à décrire. »

A chaque instant, dans les autres postures, on trouve spécifiée cette liberté relative aux deux déduits féminins, soit pour la manœuvre du membre viril, soit pour la caresse de la langue ou des lèvres. Sans doute, en un autre passage, l'auteur répudie ces exercices antinormaux : « La plupart des femmes, dit-il, qui désirent l'action contre nature, sont de la dernière dépravation. De même certains hommes sont également altérés et des délices de la fente et de celles de la rosette... Les galants en viennent à chercher une autre façon de besogner que par devant, et s'en tiennent ensuite à la porte de derrière, se dégoûtant du gracieux déduit propre à la femme; telle est la fâcheuse fin où conduit pareil penchant. » Mais alors, pourquoi cette hypocrisie qui fait décrire comme un acte normal ce que plus loin on blâme comme un acte fautif? De tout cela, nous concluons à une crainte d'inauthenticité de ce *Bah Nameh* qui nous a tout l'air d'une moderne mixture de luxures prétendues classiques et mijotées simplement dans une cervelle surchauffée.

Dans ces conditions, nous n'osons accorder qu'un mince crédit à ces « ruses » qu'énumère notre Turc et qu'il a prises toutefois, peut-être, en d'anciens ouvrages érotiques. Exemples : Si la femme est trop lente à éprouver le spasme (qui n'est vraiment profond que dans la simultanéité des deux émissions), prendre une molaire d'homme et l'os de l'aile gauche d'une huppe, et les mettre subrepticement, dans un petit sac, sous l'oreiller du lit d'amour. Si l'amant est trop prompt à jouir (surtout dans la jeunesse, où l'éjaculation se hâte dès que la tension s'accentue) la femme se lavera les parties enchantées d'une infusion d'aloès. Quant au troisième exemple, il est déconcertant de banalité : Que l'amant offre donc une belle somme à l'amante, il en obtiendra tout ce qu'il voudra ! Maître A.-H. Effendi s'est évidemment moins fatigué les méninges pour faire cette trouvaille que pour découvrir les deux cent quatre-vingt-trois expressions par lesquelles on désigne les charmes secrets de nos compagnes.

Mais voici, pour terminer, un autre « trente-deux »... Ce sont les trente-deux points dont dépend la beauté d'une femme, selon le *Qiafet Nameh* ou *Livre de la Physiognomonie* (ouvrage turc) :

    4 choses doivent être noires chez la femme : la chevelure, les sourcils, les cils, les prunelles ;

    4 doivent être blanches : la peau, les dents, les ongles, le globe de l'œil ;

4 doivent être vermeilles : les joues, les gencives, la langue et les lèvres;
4 doivent avoir de la grandeur : les sourcils, les yeux, les seins et le cou;
4 doivent avoir de la grosseur : les seins, les fesses, le bassin, les genoux;
4 doivent êtres petites : le nez, l'oreille, la taille, la bouche;
4 doivent être étroites : le nez, les pieds, les mains, les oreilles;
4 doivent avoir, enfin, certaines qualités : voix douce, regard tendre, visage régulier, croupe ronde.

─

32 = Charme parfait.

TROISIEME PARTIE

I

LES AMOURS FANTOMALES, MYSTIQUES, SATANIQUES, VAMPIRIQUES ET DESINCARNEES

Nous sourions aujourd'hui d'un amour qui n'aurait pas lieu *exclusivement* entre *deux corps vivants*. Nous n'imaginons guère des rapports *sexuels* de l'homme ou de la femme avec des êtres *désexués*, et nous nous disons que la plus habile des magies ne fera pas se produire un frisson là où il n'y a pas de chair pour frissonner.

Tout ceci paraît tellement naturel, au premier abord, qu'il semble « inutile d'insister ». Dans un livre comme celui-ci, on nous permettra pourtant de ne pas nous en tenir à l'opinion courante et d'examiner les cas où, quelle qu'en soit la cause, des êtres ont ressenti ou crû ressentir des sensations de volupté comparables à celles que donnent les simples échanges de l'amour humain.

Les uns diront qu'il y a là, simplement, imagination exacerbée, rêverie de sommeil ou de veille qui *croit réa-*

liser l'union enchanteresse; les autres, qu'il y a *réellement* volupté, mais par suite de l'imagination même qui, agissant sur l'organisme, déclanche des effets physiologiques; les autres, nombreux jadis mais se raréfiant, qu'ils croient à l'existence d'un monde invisible mais tangible à certains moments et capable de reproduire les phénomènes de la vie usuelle, de la vie terrestre.

Notre rôle n'est point de départager des opinions si divergeantes, mais d'enregistrer ce que nous racontent les annales de l'Amour, considéré de ce point de vue extra-terrestre, opinions et anecdotes du domaine de la Magie — blanche ou noire — ou tout au moins du domaine de l'extraordinaire et du supra-naturel.

Nous allons donc passer en revue les amours mystiques, — entendons par là nouées avec les êtres célestes, les anges, les saints, voire la Vierge elle-même et même Jésus (non le Jésus de la belle aventure galiléenne, mais le Jésus retourné au ciel, à la droite de son Père)... Et les amours diaboliques, — entendons par là un commerce avec les démons ou démones (suivant le sexe des héros de ces sombres idylles)... Et les amours désincarnées, — entendons par là les simples attractions d'humains vivants et d'humains morts. Entre temps, nous parlerons du vampirisme, du sabbat, des messes noires, toutes manifestations singulières mais que nous ne pouvons rayer d'une petite encyclopédie des formes non vulgaires de l'Amour.

Il y eut — il y a peut-être encore — une mystique amoureuse céleste (comme il y en a une infernale). Qui ne connaît celle où s'entraînait, par exemple, Thérèse d'Avila? Des saintes ont affirmé avoir joui jusqu'au spasme de leur amour pour le doux supplicié du Golgotha. Et il n'est pas du tout impossible que, dans l'ardeur de leur affection intellectuelle, elles soient arrivées à une sorte de rêverie extatique toute éveillée où, effectivement, elles aient senti un contact charnel allant jusqu'à leur propre pâmoison.

On sait trop aujourd'hui l'action possible de la volonté sur les nerfs vaso-moteurs pour nier cette même action sur d'autres nerfs de qui dépendent la jouissance spermatique. Le curieux, le troublant du problème, est de savoir ce que pense l'Eglise, qui condamne l'émission spermatique en dehors du mariage religieux, de cette même émission obtenue par une tension du cerveau exalté par un sentiment d'amour divin.

Nous laissons à la casuistique, jamais à court, des ecclésiastiques, de résoudre cette question délicate. Nous nous contenterons de donner deux exemples propices à un tel débat et tirés, l'un, d'un livre de Girard de Caudemberg : *Le Monde Spirituel et la Science chrétienne* (1857); l'autre, d'un livre sur la *Vie de Marie-Ange* (1863), signé d'un docteur en médecine.

M. de Caudemberg, ancien élève de l'Ecole Polytechnique, s'occupait de spiritisme. Mais il ne s'en tenait point aux révélations des tables tournantes et de l'écriture automatique. Il voulait communiquer avec l'Au-delà, jusqu'à la caresse et jusqu'au baiser, et non point en imagination, mais d'une façon sensible. C'est pourquoi, dans l'ouvrage précité, on lit le passage suivant qui rappelle des émotions de novembre 1854, alors que, à l'instigation de sa sœur, il se mit à converser avec la Vierge elle-même, et à tracer sur le papier les nom de Marie, l'agrémentant d'une croix fleuronnée :

« Un sentiment de reconnaissance (et non d'amour, je n'en avais pas la pensée) me porta à poser mes lèvres sur la croix... Quel fut mon étonnement quand je *sentis* que ce baiser m'était ostensiblement rendu. Ce ne pouvait être un effet d'imagination, car j'étais loin de m'y attendre.

Cependant, pour dissiper ce doute, je recommençais, et *la même caresse* fut réitérée de manière à dissiper toute incertitude; elle produisit dans tout mon être un frémissement qui n'était pas sans douceur... Bientôt après, dans l'ombre et le silence, avant de m'abandonner au sommeil, je portai ma pensée émue sur ce qui venait d'arriver; il me semblait qu'un être que je ne pouvais voir, toucher ni entendre, s'approchait de moi. Une *volupté excessive* se manifesta soudainement et me transporta dans un ravissement de bonheur qui ne peut se traduire que par des exclamations et des larmes. Ces *sensations* indescriptibles, qui se sont prolongées ainsi pendant plus d'une demi-heure, surpassaient beaucoup celles de *même nature* que j'avais ressenties jusque-là; et lorsqu'elles cessèrent presque subitement, elles me laissèrnt un charme indéfini. Le lendemain et les jours suivants, les mêmes plaisirs se reproduisirent avec la même intensité sous des formes variées.

« ... Un soir, les *baisers* qu'Elle me rendait se précipitèrent, ils me causèrent un *trouble* plein de charme que je n'avais pas encore goûté et qui remplit tout mon être d'un bonheur indicible. Le mystère était accompli : le Ciel et la Terre étaient *unis par l'amour*. Et depuis ce moment jusqu'à celui où j'écris ces lignes, il ne s'est pas écoulé un seul jour sans que ces ineffables *jouissances* ne se soient produites plusieurs fois.

« ... L'intensité de la jouissance s'accroît à mesure que se prolonge le plaisir... Dans ces moments de bonheur si complet, on sent *réellement* près de soi, *contre soi*, l'être adorable qui nous aime... Chaque élan d'amour est à l'instant rendu par *une volupté plus vive et par un baiser plus énergique qui retentit quelquefois jusqu'au fond de la gorge.* »

Nous voulons croire que cette sensualité surnaturelle exclut le spasme charnel et que ce n'est point M. de Caudemberg qui fit pécher la Vierge-sans-tache en péchant lui-même contre la chasteté... Mais cette mystique sentimentale devait se corser encore avec Marie-Ange, car les femmes exagèrent toute chose.

Mari-Ange, en effet, selon son historiographe, devait connaître l'ivresse des lèvres amoureuses « jusqu'au sirop du spasme ». Elle naquit tout emmaillotée, paraî-il, et, en 1816, alors qu'elle avait dix-sept ans, Jésus et la Vierge lui dictaient des billets bizarres. Elle-même prophétisait, se soulevant toute seule de terre, en tournant sur un pied. De son corps une lueur jaillissait. D'invisibles servantes la déshabillaient, la rhabillaient, et elle obtenait des baiser si matériels qu'ils dépassaient en joie ceux des humains. Voici un extrait de sa biographie :

« Dans la nuit du 23 octobre 1816, M. le Curé de Lignan et d'autres personnes, étant dans la chambre de Marie-Ange, alors en extase, *entendirent* les baisers que Notre-Seigneur et notre Chère-Mère faisaient sur sa bouche, et s'aperçurent que chaque baiser produisait une petite quantité de liqueur que Marie-Ange avalait. Quand elle en eut avalé une bonne quantité, les baisers continuant, elle laissa échapper cette liqueur par un côté de sa bouche. Alors, M. le Curé s'approchant, la recueillit avec son doigt et l'avala. Quand il en eut avalé une assez bonne quantité, les baisers continuant, il en donna une léchée à chaque personne qui était dans la chambre. Les baisers continuant, et la liqueur s'échappant toujours des lèvres de Marie-Ange, M. le Curé fit monter les personnes qui étaient dans la cuisine : toutes en goûtèrent et la trouvèrent délicieuse. La source n'étant pas encore tarie, et les baisers continuant, M. le Curé remplit de cette liqueur un mouchoir blanc de toile de Rouen, que j'ai, avec les reliques de Marie-Ange... »

*
* *

Il n'est pas que Jésus et Marie qui furent aimés sensuellement. Les anges et aussi les dieux jouèrent toujours un grand rôle en mystique amoureuse. Saint Justin, Lactance, Tertullien, — donc des Pères de l'Eglise, — crurent au commerce possible des anges avec les femmes, de même que les anciens attribuèrent la naissance de la plupart de leurs héros à l'accouplement de dieux ou de déesses avec des êtres humains.

La théosophie hindoue a même inventé une sorte d'amour angélique et l'a mise en doctrine. C'est le *devakhan*.

« Le *dévakhan*, dit Jules Lermina dans sa *Magie pratique*, est un état transitoire, de repos en quelque sorte, d'où la monade individuelle repart après un temps plus ou moins long pour se réincarner de nouveau et continuer, parachever, s'il est possible, l'œuvre de sa purification, de sa libération, jusqu'à ce qu'elle rentre enfin dans le Nirvânâ où, redevenue identique au principe spirituel lui-même, elles est définitivement absorbée en lui... Le dévakhan place l'image aimée en face de l'amant qui désire sa présence, et l'image est toujours là, prête à répondre au moindre appel pour combler les désirs de l'être aimant. Seulement, il ne peut y avoir rien, là, qui ressemble à une union corporelle, un corps matériel étant aussi invisible aux sens spirituels que le corps spirituel l'est au corps physique. Si de deux êtres s'étant aimés, l'un reste vivant sur la terre et ne peut avoir qu'en rêve le sentiment de ses relations avec l'être envolé, l'être dévadkhanique conservera toujours le sentiment et les joies de la possession spirituelle. »

On trouve aussi des anges dans la Kabbale.

Il y en a soixante-douze (dont on trouvera l'énumération dans le *Formulaire de Haute Magie*) grâce auxquels l'homme peut correspondre avec l'Invisible.

Chaque planète a les siens ainsi que son nombre, son jour, son parfum, etc.

Les anges de Vénus sont Aniel et Anaël; elle réside à l'Occident, et son esprit d'essence angélique s'appelle Hœgit et réside en Orient. Le vendredi étant le jour de Vénus, les anges du vendredi sont propices aux amoureux. Ils s'appellent Racziel et Sacziel, qui sont sous les ordres d'Anaël, et aussi Amabiel, Aba, Abalidor et Flaef, qui sont sous les ordres de Sarabotes, ange-roi également du vendredi.

Des mauvais anges, ou élémentaux pernicieux de l'amour, existent aussi, tels Isheth Zémunin, ange de la prostitution, et la femme de Samaël, ange des poisons et de la mort.

La Kabbale admettait aussi les génies de l'air (sylphes), du feu (salamandres), de l'eau (ondines), de la terre (gnômes). On retrouve ces génies au Moyen-Age, sous le nom d'elfes, de fées, de lutins, de péris, etc. Et ces invisibles ont des penchants amoureux. Paracelse affirme qu'il y a des nymphes à qui l'on parle et avec qui même on copule. Dans le *Dictionnaire infernal*, on rapporte l'aventure d'un jeune seigneur bavarois, navré de la mort de son amante, et que vint visiter une sylphide pour le consoler. Ils vécurent ensemble plusieurs années; mais comme elle se conduisait mal, l'Invisible la rappela et elle disparut.

Saint Augustin croyait à ces êtres surnaturels : sylvaires, satyres et faunes, qu'il appelle des incubes, et dont il sera parlé tout à l'heure. En Germanie, les aulnes venaient tourmenter les humains (qu'on se rappelle la jolie ballade du *Roi des Aulnes*).

Poétique besoin d'amour des malheureux pliés sous la servitude de maîtres souvent durs et d'événements souvent redoutables !

II

LES AMOURS SATANIQUES

La mystique amoureuse diabolique va, naturellement, elle, jusqu'à l'acte charnel, sans quoi ce ne serait point la peine de demander à l'Enfer ce que le Ciel ne donne qu'à demi.

Le Père Serclier affirme avoir vu des sorcières copuler avec le Diable. « Une puante vapeur, précise-t-il, se levait de leur peau, prenait l'apparence d'un mâle, et si un couteau jaloux voulait intervenir, il ne traversait qu'un nuage. »

Guaccius, le démonographe, dit que les forces astrales vivantes et mauvaises s'attaquent au besoin aux bêtes pour se satisfaire. « Quand les juments sont dociles à l'influx démoniaque, écrit-il, celui-ci les comble de caresses et tresse gracieusement leur crinière; si elles résistent, il les maltraite, les roue de coups, leur donne la morve et, finalement, les tue. *L'expérience journalière en fait foi* (!). »

Le père Valadier, confesseur de Marie de Médicis, donne aussi son avis sur ce sujet : « Satan, dit-il, peut emprunter aux hommes sommeillants l'étoffe requise à la conception, puis l'influer à une femme par façon d'illusions nocturnes. Il pourra, par son agilité *émerveillable*, et sans rien rompre, porter la même matière en la vierge qui, par la vertu formative, la retiendra et la fomentera sans même rien apercevoir. »

Savourez aussi ce conte naïf que nous trouvons dans le *Manuel des Exorcistes*, de Brognoli :

« Barthelemy de Bonsovannis avait une femme jeune et jolie dont il était fort amoureux. Le Diable, qui brûlait du méchant désir de jouer quelqu'un, se mit en tête de lui inspirer jalousie. Comme il fallait que l'évidence du fait atteînt les sens grossiers de l'ivrogne, le Diable prit la forme d'un jeune homme. Barthelemy, revenant du cabaret, le trouva dans sa chambre à coucher, assis sur un canapé à côté de sa femme et paraissant l'embrasser. Cette vue le dégrisa; tirant de sa poche un couteau italien, il s'élança furieux sur sa femme, qu'il eût certainement tuée sans un coup de poing que le Diable lui asséna et qui le précipita en bas de l'escalier. Revenu à lui, il poursuivit le méchant drôle qui n'avait pas eu le temps, paraît-il, de reprendre son incorporéité. Comme il courait, il rencontra son beau-frère à qui il se plaignit amèrement de la conduite de sa femme. Le beau-frère, surpris, se fit tout raconter. Cet exposé s'aggravant des protestations indignées de l'épouse, on conclut d'un commun accord que l'amant prétendu ne pouvait être que le Diable. Cette conclusion fut confirmée par un fait qui se produisit le lendemain ou le surlendemain : on vit, au moment où notre Bonsovannis bâillait, une grosse mouche lui entrer dans la bouche. Immédiatement après, il fut pris de fureur contre sa femme, ce qui prouvait sans réplique que cette mouche était bien le Diable. Par conséquent, la jalousie du bénêt n'avait d'autre origine qu'une obsession du Malin. »

Foin de ceux qui diront que, peut-être, ce Diable amoureux était en chair et en os bien humains, que la dame adultère se moqua de son époux par une de ces histoires formidables que les pécheresses inventent instantanément, et qu'ici le cocu se doublait d'un sot de première qualité... N'a-t-on pas entendu des mécréants oser insinuer que le grand saint Joseph, patron de la corporation des « cornards », fut de même mystifié par un galant qui s'intitula Saint-Esprit pour rendre enceinte la charmante épouse du charpentier de Nazareth?

Non ! Non ! *Il y a des aveux !*... Au chapitre X du *Theatrum Europœum*, on lit qu'en Poméranie une fillette fut condamnée au bûcher après avoir dit elle-même qu'elle avait eu deux enfants du Diable... Oublions que cette confession lui échappa au milieu des tortures de la Question... Et gageons que, même aujourd'hui, si l'on passait aux verges une demoiselle jusqu'à ce qu'elle veuille bien affirmer avoir couché avec Belzébuth ou le pape, on finirait par obtenir de sa propre bouche la révélation de tels forfaits...

***

Les théologiens les plus sérieux ont d'ailleurs traité de la Démonialité des Incubes et Succubes.

Voici, entre autres, un curieux traité sur ces sujets, du R. P. Louis-Marie Sinistrari d'Ameno, de l'Ordre des Mineurs réformés de l'Etroite observance de Saint-François. Le manuscrit, qui datait du XVIIᵉ siècle, fut découvert à Londres en 1872 et traduit du latin en 1875 pour Isidore Liseux. Ce savant rappelle que Jean Caramuel, dans sa *Théologie fondamentale*, fut le premier à distinguer la *démonialité* de la *bestialité*, que confondirent saint Thomas aussi bien que, par la suite, Cajetan, Sylvestre, Bonacina et d'autres.

Sinistrari fait donc cette distinction dans le commerce charnel anormal des créatures humaines. Il définit la bestialité, la fornication avec une bête vivante, et la démonialité, la copulation avec un monstre infernal, ce qui est beaucoup plus grave.

Cette copulation est sans doute parfois imaginaire. Mais il arrive aussi, et souvent, « que les sorcières sont bien présentes de corps aux sabbats nocturnes, qu'elles ont avec le démon un commerce parfaitement charnel et corporel, et que tout pareillement les sorciers s'accolent aux démons femelles ou succubes. C'est l'opinion des théologiens comme des juristes catholiques qu'on trouvera cités tout au long dans le *Compendium Maleficarum*, ou *Répertoire des Sorcières*, de Frère François-Marie Guaccius. On y verra cette doctrine confirmée par dix-huit exemples tirés des récits d'hommes savants et véridiques, dont le témoignage est au-dessus de tout soupçon, et qui prouvent que les sorciers et sorcières sont bien présents de corps aux sabbats, et font bel et bien œuvre de chair avec les démons incubes et succubes. En définitive, nous avons, pour trancher la question, l'autorité de saint Augustin, lequel s'exprime ainsi au livre XV, chapitre XXIII, de la *Cité de Dieu* : « C'est une opinion très répandue et confirmée par les témoignages directs et indirects de personnes absolument dignes de foi, que les sylvains et les faunes, vulgairement appelés incubes, ont souvent tourmenté les femmes, sollicité et obtenu d'elles le coït. Il y a même des démons, nommés par les Gaulois duses ou lutins, qui se livrent très régulièrement à ces pratiques impures : ceci est attesté par des autorités si nombreuses et si graves, qu'il y aurait impudence à vouloir le nier. »

Divers auteurs, continue Sinistrani, nous enseignent que le démon a deux manières de s'unir charnellement aux hommes et aux femmes, selon que ceux ou celles-ci s'adonnent ou non à la sorcellerie.

Dans le premier cas, l'accollement n'a lieu qu'après une profession solennelle comprenant onze cérémonies pour le criminel :

Les incubes et les succubes (*Planche du Sabbat*).

1° Conclusion d'un pacte d'enrôlement au service du Diable, qui leur garantit de son côté honneurs, richesses et plaisirs charnels;

2° Abjuration de la foi catholique;

3° Rejet du rosaire, scapulaire, croix et tous signes religieux qu'il foule aux pieds;

4° Serment d'obéissance et de soumission au Diable;

5° Promesse de propagande pour enrôler d'autres créatures dans sa secte;

6° Baptême démoniaque avec parrain et marraine nouveaux devant l'initier aux maléfices et lui donnant un prénom inédit, baroque et bouffon;

7° Découpage d'un pan de vêtement offert en hommage au Très-Bas;

8° Répétition des serments au centre d'un cercle tracé par le Démon;

9° Enregistrement du néophyte sur le grand Livre Noir du Diable;

10° Promesse de sacrifices homicides bi-mensuels ou mensuels et méfaits divers;

11° Cachet mis par le Diable, en signe de reconnaissance, sur le corps du néophyte — image de lièvre, crapaud, araignée, loir, etc... — généralement, pour l'homme, à l'aisselle, l'épaule ou le fondement; pour la femme, au sein ou aux fesses;

12° Promesse enfin, par l'initié, de ne jamais communier, d'insulter les saints, d'injurier la Vierge, de cracher sur les croix, de piétiner les images saintes, d'outrager les reliques, de ne point se confesser. En retour de quoi, le Maître Noir s'engage à combler les vœux de son suppôt, à le rendre heureux.

Après quoi l'accouplement a lieu.

Mais comment, puisque le Diable n'est point corporel?

Selon les *démonologues*, le Diable s'incarne dans un cadavre, ou prend telle forme qu'il lui plaît, devient un succube pour une femme *et juncta homini semen ab eo recipit*, ou encore provoque chez l'homme un rêve lascif suvi de pollution *et semen prolectum in suo nativo calore, et cum vitali spiritut conservat, et incubando fœminæ infest in ipsius matricem* (1).

.˙.

Mais le Démon ne s'accouple pas toujours avec des sorciers ou sorcières. Il recherche aussi des êtres de qui il n'exige aucun hommage ni serment. C'est alors un simple amoureux (le polisson !) Et Sinistrari de le *prouver* par des exemples qui, dit-il, abondent.

Cœlius Rodiginus raconte qu'un certain Menippus Lycius ayant maintes fois paillardé avec une femme résolut de l'épouser. Mais un philosophe qui assistait au repas de noce assura au galant qu'il avait affaire à une *compuse* (ou diablesse succube) laquelle aussitôt s'évanouit.

Hector Bœthius cite de son côté le cas d'un jeune Ecossais qui reçut pendant plusieurs mois, la nuit, dans sa chambre cependant bien close, la visite d'une succube adorablement jolie, affectueuse, qui le comblait de baisers et dont les mains le caressaient au point de le faire pâmer de plaisir, cependant qu'elle le sollicitait ardemment de l'étreindre, de la posséder, mettant tout en œuvre *ut secum coïret*... ce qu'elle ne put obtenir de ce jeune homme qui, avouons-le, devait avoir une rude vertu pour résister à de telles objurgations.

Les incubes, dits *foletti* en italien et *duendes* en espa-

---

(1) *Gnaccius, op. cit.*, L. I, ch. XII.

gnol, n'obéissent pas, paraît-il, aux exorcistes, différents en cela des esprits mauvais des *possédés*. Sinistrari à ce sujet déclare avoir été le témoin oculaire du fait suivant : Etant professeur à Pavie, il y connut une femme mariée du nom d'Hieronyma, d'excellentes mœurs dont tout le monde, et surtout les moines, disaient le plus grand bien. Elle était de la paroisse de Saint-Michel et donnait souvent à cuire le pain qu'elle pétrissait elle-même. Un jour le fournier lui apporta, en plus de son pain, une belle galette qu'elle ne voulut pas d'abord accepter. L'homme assura qu'elle avait dû oublier lui en avoir donné la pâte, et que ce gâteau était bien elle. Hieronyma le mangea donc en famille. Mais la nuit, elle entendit une voix douce lui demander tout bas si la friandise avait été de son goût. Effrayée, elle se signa. « Ne crains rien, dit la voix, je ne te veux point de mal. Au contraire, épris de ta beauté, mon plus grand désir est de jouir de tes embrassements ». En même temps, un baiser lui effleura les joues. La sollicitation dura une demi-heure. Elle y résista mais alla conter l'aventure dès le matin venu, à son confesseur qui l'exhorta comme de juste à ne point succomber. La tentation revient, des nuits et des nuits, si bien que, lasse de la lutte, la dame demande qu'on l'exorcise. Les injonctions ecclésiastiques à l'incube, hélas ! demeurèrent vaines. On eut beau bénir la maison, la chambre et la couche, le galant d'enfer continua de plus belle sa cour. Il changea même de procédé, prit la forme d'un jeune garçon à chevelure dorée, barbe blonde, œil glauque, et joliment nippé à l'espagnole. Elle seule le voyait et il implorait, gémissait, pleurait... Ne réussissant point, il se mit à faire des niches à la dame, lui enleva sa croix d'argent, ses bijoux, ses reliques. Puis, rageur, il se mit à la battre, la mordant, la fouettant, la rossant si bien qu'elle fut pleine de bleus qui d'ailleurs disparaissaient comme par enchantement au bout d'un jour ou deux. Quelquefois il l'enlevait, la mettait sur le toit, la transportait au loin et la ramenait sans lui faire de mal. Il se mit aussi à casser sa vaisselle qu'il rétablissait d'ailleurs en un clin d'œil. Une nuit que sa prière plus énergique resta encore sans réponse, il éleva instantanément un mur autour du lit, et si haut que les époux durent prendre une échelle pour l'escalader... Une autre fois, toute la table, servie pour d'amicales agapes, disparut, et les invités allaient se retirer quand ils la revirent chargée d'un repas beaucoup plus beau que le premier servi et dont ils se régalèrent... Enfin, il n'est pas de tour que cet incube farceur ne fît à sa cruelle. Celle-ci, au bout de plusieurs mois, fit vœu de rester couverte d'un froc gris pareil à ceux des frères mineurs de l'ordre du bienheureux Bernardin de Feltre, si elle était délivrée de la persécution de cet amoureux intempestif. Elle prit donc la robe votive le 23 septembre et se rendit à l'église au milieu d'une foule quand, brusquement, un coup de vent la dévêtit toute, la laissant nue comme la main et en grande honte. Il fallut qu'en hâte des passants la couvrissent de leurs manteaux et la missent dans une voiture grâce à quoi elle regagna, désolée, son logis... Le brigand d'enfer continua des années à ennuyer cette sainte femme, mais dut enfin lever le siège, d'ailleurs de son propre gré.

.*.

L'incubat peut-il être fécond? « Il est avéré, disent les théologiens, que de la copulation démoniaque peuvent naître des hommes et c'est même de la sorte, ont-ils imaginé, que dut naître l'Antechrist, si l'on en croit Bellarmin, Suarez, Maluenda et tutti quanti. Aussi bien les enfants d'incubes sont, nous affirment les Vallesius et les Archiatre de Reggio, fort grands, robustes, beaux et très méchants. Car — ces bons docteurs n'ont pas peur des mots, honni soit qui les suppose lubriques — ce que les démons introduisent dans l'utérus est un sperme abondant, épais, chaud, chargé d'esprits et sans sérosités, et ils choisissent des femmes ardentes auxquelles ils procurent des voluptés majeures tant par l'abondance de leur émission séminale que par la brûlante vigueur d'un geste largement répété.

C'est à peu près en ces termes sans réticence que s'exprime Vallesius. Et le plus curieux est que des classiques, au dire de Sienistrari, donnent une origine diabolique de ce genre à des personnages célèbres dans la légende et l'histoire. C'est de telles unions que, d'après Tit-Live et Plutarque, seraient nés Romulus et Remus, et le roi romain Servius Tullius, d'après Denis d'Halicarnasse et Pline l'Ancien, Platon d'après Diogène, Laërce et Saint-Jérôme, Alexandre-le-Grand d'après Quinte-Curce, l'empereur Auguste d'après Suétone, enfin Merlin l'Enchanteur né d'un incube et d'une nonne, et Martin Luther, naturellement !

Notre démonologue se permet toutefois quelques doutes sur ces engendrements, malgré son respect pour de telles autorités. Il énumère ses raisons et longuement discute ensuite de la nature des incubes et succubes en qui, par de savantes déductions, il voit des sortes d'animaux, de mauvais génies de la terre, des airs ou des eaux, mais non de classiques démons d'enfer.

Et le voici racontant à nouveau deux histoires dont l'une lui fut rapportée par un confesseur de religieuses, et dont l'autre l'eut lui-même comme témoin.

Dans un monastère féminin vivait une jeune vierge de noble famille que commença de tenter jour et nuit un incube ayant l'allure d'aimable amant, la sollicitant au péché. Malgré les dévotions et les exorcismes, le tentateur persistait. Un théologien consulté, observant que cette religieuse était de tempérament flegmatique, en conjectura que ledit incube devait être un démon aqueux et ordonna des fumigations. On apporta donc une marmite neuve ; on y mit de la canne aromatique, du poivre cubibe, des racines d'aristoloche, du cardamone, du gingembre et du poivre, du cinnamone et de la canelle, des noix muscades, du storax calamite, du benjoin, de l'aloès, le tout dans trois litres d'eau-de-vie demi-pure; puis on la plaça sur des cendres chaudes et l'on calfeutra la chambre. L'incube n'osa point entrer ; mais, malin, il attendit la pucelle, et quand elle sortit, courut à elle et la combla comme à l'ordinaire de baisers brûlants. Alors l'avisé théologien fit porter à la vierge, sur elle, des sachets pleins de boulettes parfumées, et l'on ne vit plus le coquin...

Voici l'autre histoire. Au couvent de la Grande Chartreuse de Pavie vivait un diacre, Augustin, lui aussi en proie à un démon vexeur qui le tourmentait constamment. Le vicaire vint consulter le R. P. Sinistrari d'Ameno qui, fort du remède plus haut cité l'ordonna d'emblée, recommandant au diacre de fumer et de boire de l'eau de vie musquée. Le méchant démon n'en tint pas compte cependant et continua d'ennuyer Augustin, lui apparaissant sous forme de squelette, de cochon, ou de moine confrère, sous l'habit et le visage même de son propre Prieur. Sinistrari conclut qu'il ne s'agissait pas d'un incube aqueux, mais d'un incube aérien ou igné (1) de même tempérament que l'obsédé. Il recommanda donc au pénitent de suspendre à sa porte et à sa fenêtre des faisceaux d'herbes froides : nénuphar, hépatique,

---

(1) On fera le très curieux rapprochement de cette croyance en des démons ignés, terriens, aqueux ou aériens, avec celle, toute antique, des génies des quatre éléments : feu, terre, eau, air, et celle, populaire, aux farfadets (feu), ondines (eau), gnômes (terre), lutins (air). Tout cela, c'est au fond de l'astrologie.

euphorbe, mandragore, joubarbe, plantin, jusquiame, etc., etc... Le résultat fut admirable et le petit démon prit la fuite pour toujours.

⁂

Sinistrari trouve une autre preuve de l'existence des incubes et succubes sous forme d'animaux-génies dans un récit de saint Jérôme. Saint Antoine étant parti pour voir saint Paul l'Ermite, raconte-t-il, au bout de quelques jours il rencontra un Centaure qui lui indiqua le chemin de la pieuse retraite et s'enfuit au galop, puis un nain cornu à pieds de chèvre qu'il prit pour le Diable et sur lequel aussitôt il fit un signe de croix. Mais le nain ne bougea point et tout au contraire offrit au voyageur des fruits en témoignage de ses bonnes intentions. Comme Antoine lui demanda qui il était :

— Je suis mortel, répondit-il. Je suis un de ces habitants du désert que les Gentils honorent du nom de faunes, satyres et incubes. Je suis envoyé en mission par mon troupeau afin de prier avec lui le Dieu commun, descendu des cieux pour le salut du monde et dont les louanges retentissent sur toute la terre.

On ne peut douter, dit Sinistrari, du témoignage de saint Jérôme. Donc ce récit est vrai. On ne doit que l'étudier dans ses détails. Or, Antoine s'étant retourné vers Alexandrie après la déclaration du nain s'écria : Malheur à toi, ville prostituée, qui adore des animaux comme des dieux.

Il s'en suit que le petit homme était bien un animal. On a vu qu'un signe de croix ne le faisait pas fuir. Impossible par conséquent que ce fût un démon. Cet animal-humain s'est dit mortel. Donc il reçut l'être par génération. Il a fait preuve de raison en parlant. C'était un animal raisonnable, doué par suite d'une âme immortelle, capable de béatitude ou de damnation, semblable à tous ses frères du troupeau d'où il venait.

Sinistrari conclut triomphalement : Il y a donc des incubes, vivants, réels, corporels, capables de mérite et de démérite, et qui ne sont point des fils de l'Enfer...

L'apparition de ces sortes de nains, ajoute-t-il, n'est point rare dans les mines. Gregorius Agricola l'affirme. Ils y jouent et badinent gaîment.

Molina, d'après les Pères, croit aussi à la corporéité des démons incubes. Saint Augustin parle de démons qui sont des animaux aériens (*Commentaire de la Genèse*, liv. III, ch. I, *cité de Dieu*, livre II, ch. 23, etc...). Sinistrari rappelant l'expression : *le pain des anges* en conclut que les génies-animaux, incubes ou autres, se nourrissent de substance subtile, semblable à ce pain, ou à la manne envoyée aux Hébreux.

Enfin notre auteur estime qu'aujourd'hui « les démons incubes qui accolent des femmes sont aqueux et de taille plus restreinte qu'avant le Déluge; aussi apparaissent-ils plutôt sous la forme de petits hommes très lascifs (luxure et humidité se correspondant, à preuve le mythe de Vénus née des Eaux) qui s'unissent *charnellement* aux femmes dans leur corps propre et naturel, sans métamorphose ni artifice, mais ces galants sont ou comme des ombres aux baisers légers, ou comme de vrais hommes palpables aux étreintes puissantes.

Où notre père Sinistrari mérite son nom et devient... sinistre, c'est quand, ayant achevé son traité de démonialité, il étudie les preuves et peines inquisitoriales qui dépendent du crime d'amour extra-humain.

Avec ce singulier esprit de justice qu'on trouve dans

les procès du Moyen-Age il discute et pose les points suivants :

1° Il faut distinguer le commerce des sorciers et sorcières avec le Diable du commerce des autres personnes avc les incubes et succubes.

2° Si le pacte est démontré, la démonialité l'est de ce fait. Si ce pacte ne l'est pas, il n'y aurait point de témoins puisque le Diable se dérobe aux yeux des profanes. Toutefois, « des femmes ont été vues dans les forêts, les champs et les bocages, couchées sur le dos, le ventre nu, les jambes écartées et dans l'attente de l'acte charnel. En pareil cas, la présomption du crime est très forte et s'il y a d'autres indices, le juge est autorisé à employer *la torture pour connaître la vérité*, surtout si peu après, on a vu de la femme s'élever une fumée noire en laquelle on peut distinguer l'ombre du Démon. Même présomption si, comme il est arrivé plus d'une fois selon Guaccius, on a vu, la femme ayant été coïtée par l'homme, celui-ci disparaîtra tout à coup.

3° Du reste pour être sûr d'être en face d'un sorcier ou d'une sorcière, il faut un aveu, ou la marque du cachet du Diable en quelque endroit de la peau, ou la présence, chez les coupables, après perquisition, d'instruments de l'art diabolique (crânes, ossements de crapauds, figures de cire, vases de poudre, etc.).

4° La preuve du commerce incubal ou succubal est également difficile puisque ces animaux-génies peuvent se rendre invisibles. Cependant il y eut des flagrants délits. En voici un exemple :

Dans certain monastère, deux nonnes s'étant brouillées, leurs cellules étant contiguës, l'une remarqua que l'autre, au lieu de se promener avec ses compagnes aux heures de récréation, s'enfermait dans sa chambre. Vivement intriguée, elle la suivit un jour et à son tour se retira dans sa cellule quand l'autre fut dans la sienne. Là, elle entendit comme une conversation, puis des frottements, des craquements de lit, des gémissements, des soupirs comme ceux que font deux amants au plus fort de leur jouissance — *quasi duorum concumbentium* dit le texte — Cependant elle ne vit sortir de chez la nonne aucun homme caché. Alors elle avisa l'Abbesse qui voulut vérifier et s'alla poster avec quelques personnes dans la cellule d'observation, d'où en effet l'on entendit ces bruits spéciaux de l'amour qui se résout en coït. L'Abbesse après enquête pour savoir si de hasard il ne s'agissait point d'une affection criminelle de deux sœurs, enquête au résultat négatif, résolut d'aller frapper à la porte de la nonne soupçonnée. Elle cogna rudement mais on ne répondit pas. Elle menaça de faire sauter l'huis. Alors la nonne ouvrit mais on ne trouva personne avec elle. Interrogée, elle nia faire quelque mal que ce fût. L'Abbesse se retira, mais le manège persista. Alors la rivale fit un trou dans la cloison et vit un élégant jouvenceau qui paillardait bel et bien avec la religieuse. D'autres sœurs appelées purent voir également les ébats érotiques qui amenèrent l'arrestation de la nonne coupable. Elle voulut encore nier. Mais menacée de la torture, « elle finit par avouer qu'elle avait commerce avec un incube ».

5° La preuve faite, il n'y a plus qu'à punir... Et l'on sait ce qu'on appelle punir, en justice médiévale.

On est stupéfait aujourd'hui de lire des ouvrages bourrés de pareils arguments et déductions, d'imaginer que des hommes instruits avaient le cerveau fait de telle sorte que les choses les plus invraisemblables ne les heurtaient pas.

Toutefois l'étude des pratiques magiques demeurait troublante. Et le départ fait entre le fantastique, l'absurde, et le possible donne, pour le possible, une somme suffisante d'étonnements.

.˙.

Le Dr Laurent et Paul Nagour, en leur excellent ouvrage l'*Occultisme et l'Amour*, que nous avons eu et que nous aurons encore l'occasion de citer, ne pouvaient oublier d'évoquer les « esprits malins » et leur chef dans leurs rapports avec le sentiment suprême qui anime l'Humanité. Nous allons noter quelques-unes de leurs observations à ce sujet.

« Tous les Hébreux, dit Bodin dans sa *Démonologie* (que les auteurs rappellent avec à-propos) demeurent d'accord que le Diable, par la permission de Dieu, a grand pouvoir sur les parties génitales et sur la concupiscence ». Beaucoup de démonologues voyaient déjà dans les divinités mythologiques autant de compagnons de Satan; ils faisaient même de Pan le prince des incubes et de Lilith la reine des succubes. Qui a un jour approfondi l'admirable théogonie antique devine l'absurdité d'une telle compréhension.

La démonologie était devenue une science très complexe pourtant en cette absurdité même. On avait repéré toute la hiérarchie d'En-Bas et compté les démons comme des anges. On les divisait en légions, ayant leur roi, leurs princes, ducs, comtes, chevaliers. On avait sérieusement établi qu'il y avait 6.666 légions formées chacune de 6.666 diables, soit quelques 44 millions de mauvais esprits. Il existe même un *Dictionnaire Infernal* (de Collin de Planey) donnant tous détails sur cette organisation fabuleuse !

Le culte du Diable avait évidemment pour but, chez ceux qui n'en faisaient pas une révolte d'ordre spirituel, de se procurer les jouissances matérielles que la vie refuse par manque d'argent, de santé, de beauté, etc... et qu'entrevoit l'imagination exaspérée.

Une de ces imaginations est l'idée d'accouplement diabolique. D'où les incubes et les succubes dont nous avons parlé.

Déjà les Chaldéens, disent MM. Laurent et Nagour croyaient à l'existence de génies insexués s'unissant aux humains dans leurs rêves. De même des walkyries scandinaves, des éphialtes de Grèce, des dusiens celtes copulaient avec l'homme. D'ailleurs les unions des dieux avec les terrestres ne sont-elles pas en somme de l'incubat et du succubat? Témoin Jupiter se faisant taureau pour Europe et cygne pour Léda. Témoins Vénus couchant avec Anchise et Thétis avec Pelée... Si c'est Satan, le nom du coït ne fait que changer. Les démonologues croyaient d'ailleurs que le Ténébreux volontiers prenait forme animale pour séduire des humains. Certain monastère de Cologne avait un chien qu'on disait démon parce qu'il soulevait indécemment les robes des religieuses et cherchait à en abuser. Un pince-sans-rire dira peut-être que c'est l'une de ces respectables personnes qui lui avait appris en cachette ce petit geste amical destiné à suppléer à la carence des humaines caresses.

Dans les *Acta sanctorum*, on voit un démon appelé Napoléon qui tourmenta une femme pendant cinq ans. On lit dans *De vita sua* qu'un nommé Guibert de Nogent raconta les obsessions dont sa mère était victime et que termina un combat en règle dans la chambre même entre le démon tentateur et l'ange appelé à l'aide. En 1578, la sorcière Jeanne Hervilliers déclara au tribunal qui la jugeait, qu'à douze ans elle avait été déflorée par un démon invisible qui ne la quitta plus même quand elle se maria. En 1609, une épidémie diabolique désola le pays de Labourd (Basses-Pyrénées) et l'enquête recueillit des témoignages nombreux d'après lesquels maints maris durent assister, impuissants, à leur déshonneur, les démons jouissant devant eux des épouses médusées. Jean

Wier raconte que de son temps, une jeune religieuse du nom de Gertrude couchait, à quatorze ans, toutes les nuits avec Satan en personne, y éprouvant grand plaisir et recevant de lui des lettres passionnées. Madeleine de la Croix, abbesse à Cordoue, qui passait pour une sainte, finit avouer que pendant 40 ans elle avait été l'amante du démon qui lui apparaissait toujours sous forme d'un bel adolescent.

Voilà des faits ! Pourquoi faut-il qu'un sourire sceptique erre sur vos lèvres en les lisant ?

Quant au succubat, il a toujours été plus rare, car il y à moins de diablesses que de diables, ou bien l'imagination de l'homme est-elle moins dévergondée que celle de la femme ?

Pourtant les annales diaboliques comptent divers cas de succubat.

D'après Balthazar Bekker (*le Monde Enchanté*) Adam ayant été cent trente ans sans éteindre sa flamme, des diablesses vinrent à lui; il les rendit grosses et elles enfantèrent toutes sortes de spectres et fantômes. Le malheur est qu'on se demande où ce bon Bekker a pu dénicher l'ombre d'un argument pour nous faire avaler cette invention.

Pic de la Mirandole (*De promotione*) parle de deux vieillards qui auraient prétendu coucher la moitié de leur vie avec des diablesses. Spranger rapporte qu'un sorcier allemand copulait devant ses amis sans que ceux-ci vissent la figure de la gémisseuse, qui, par conséquent, ne pouvait être qu'une satane. Quant à saint Antoine, on sait que les diablesses lui apparaissaient sous forme de bien jolies femmes, mais les vieillards de Pic nous semblent deux gâteux, le sorcier un farceur dégoûtant et Antoine un malin qui parvenait sans femmes et par son imagination puissante, à obtenir, sans pécher de fait, les résultats qu'on devine...

***

M. Roland Brévannes a confondu, sous un même titre, dans un curieux livre : *Les Grandes Sataniques* de la Légende et de l'Histoire, les véritables prêtresses du Satanisme et les simples personnes que la folie érotique a conduit aux pires excès. Nous ne retiendrons que les premières, comme rentrant dans le cadre de cet ouvrage.

Et la première de celles-ci, ne sera-ce pas Eve elle-même qui, à peine créée, « caquetait avec le Démon ? » D'après l'interprétation kabbalistique de la Bible, dit-il, la tentation à l'origine fut double : Dans l'Eden c'est le noir Samaël dit encore Léviathan ou « le serpent insinuant » qui tenta Heva, ou « la couleuvre tortueuse » ce pendant que Lilith (la femelle de Samaël) séduisait Adam.

Lilith n'était pas la seule épouse de Leviathan. Il y avait encore Mochlat, Aggareth et Nahéma, reine des Stryges.

La légende de Nahéma vaut d'être retenue : C'est elle qui, lorsqu'un homme oublie ses devoirs envers sa femme, lui est envoyée pour qu'elle devienne sa maîtresse (elle en est donc le symbole). Et après une nuit de voluptés furieuses, elle l'abandonne à sa honte et à ses mauvais désirs inapaisés.

Et voici d'autres légendes : Sémiramis serait née des étreintes coupables d'un prêtre et de la déesse infernale Derceto. (On a vu au début de ce livre la vérité rétablie sur le culte de Derceto). Cléopâtre ne serait qu'une des démones dont pullulait la famille des Ptolémée. Messaline serait la fille d'une prêtresse de Priape, Emilia Lépida et de Valérius Barbatus, vouée aux puissances infernales dès son plus jeune âge, et qui d'une impudicité formidable, pouvait supporter les assauts successifs de six cents hommes (Cléopâtre se contentait de

Les femmes rendant hommage à Satan
(Planche du Sabbat).

vingt-cinq en une nuit). Fauta, Honoria, Ariadne seraient dans la décadence byzantine des satanes couronnées. De même Berthe de France, Hermangarde en Haute-Italie, Marozia dans la ville des papes, Ildico, qui fut la centième femme d'Attila, Stefania experte en magie et qui empoisonna Othon III en le roulant dans une peau de cerf imbibée d'une drogue mortelle, sont pénétrées de l'âme du Très-Bas. Théodora les dépassa toutes, plus belle, plus luxurieuse et plus cruelle encore. Elle se vengeait des dédains d'un homme en le faisant flageller, attaché sur un chameau, jusqu'à la mort. Elle émasculait ses anciens amants. Elle faisait irruption dans la chambre de deux mariés du matin et violer la vierge par un garde ce pendant qu'elle s'adjugeait l'époux sous la menace du poignard. On dit qu'Adramytis, un colosse de bronze qui lui servait de tortionnaire, était un démon acheté par elle à un mage égyptien. Quand Théodora, comme Ysabeau et tant d'autres abominables folles de l'Enfer, avait joui de plusieurs amants pendant la nuit, Adramytis, à l'aube, les emmenait dans les souterrains du palais et les précipitait dans le Bosphore.

Nous avons parlé des incubes et succubes. L'auteur des *Grandes Sataniques* rappelle que des démologues affirment que le membre viril du Diable était à deux et même trois branches, chacune étant destinée à un des trois hiatus de la femme, les deux que l'on devine, et la bouche, de sorte qu'il procurait en même temps un triple spasme qui secouait l'intéressée jusqu'au plus profond de ses fibres.

Il cite les opinions de plusieurs de ces démonologues : Crespet, Rhodiginius, Springer, del Rio, Bodin, etc. Les uns pensent que Satan préfère les vierges, les autres que l'adultère lui paraît supérieur à la défloraison. Certains pensent qu'il est surtout sodomiste. Lancre fourmille de détails circonstanciés : Il a vu le Diable sous forme de bouc « ayant son membre au derrière et cognoissant les femmes en agitant et poussant iceluy contre leur devant » et il dit d'après Marie de Marigrave, habitante de Biarrix, que sa coutume en ce pays est de « cognoistre les belles par devant et les laides à rebours ».

Le Diable peut-il engendrer? On cite une femme qui en 1531 donna « d'une même ventrée » un chef d'homme enveloppé d'une toge, puis un serpent de deux pieds, et troisièmement un pourceau tout entier. Ce fut certainement l'œuvre d'un Incube! Le Loyer cite une jeune Anglaise qui rencontra dans la forêt de Wolmer un démon qui prit la forme d'un amoureux, et abusa d'elle, à la suite de quoi elle tomba malade et mourut, les lèvres livides, le ventre enflé et au milieu d'une insupportable puanteur, mais sans avoir accouché. Guyon en cite une autre qui, ayant eu commerce avec le Diable, eut le ventre également gonflé mais heureusement se déchargea brusquement en lourdes fumées et ventosités de toutes sortes.

※
※ ※

M. Brévannes nomme parmi les possédées connues du Moyen Age la démone Lisalda, la démone Armellina, concubine du prêtre Benedictus, et la démone Mélusine, celle-ci, vraie sirène à corps écailleux de dragon et cependant hallucinante par la beauté de son visage et la grâce de sa poitrine.

Ce fut, pense-t-il, une machination du Diable que l'invention de la papesse Jeanne, Allemande qui étudia dans des habits de moine, à Athènes, avec son amant, intrigua et se fit élire à la mort de Léon IV. Elle garda le secret jusqu'au jour où elle s'éprit d'un cardinal dont elle devint la maîtresse et eut un enfant.

Encore des sataniques, sûrement, Elisabeth d'Angleterre, Catherine de Médicis, Catherine de Russie, Elisabeth Balthory.

Elisabeth avait pour sorcière de confiance la vieille Manto. La lascive Catherine de Médicis s'entourait de lesbiennes; elle fit dire une *messe du Diable* en 1674 pendant la mystérieuse maladie de Charles IX et dont on trouvera la description plus loin. Catherine II de Russie manifesta, dès son jeune âge, un vif penchant pour la sensualité et la cruauté; elle eut tôt une foule d'amants jusqu'à son mariage avec Pierre III; on sait qu'elle adorait humilier ses amis, fouettait elle-même jusqu'au sang ses dames d'honneur pour des peccadilles. Quand elle aima Manteufel elle fit préparer un philtre par sa confidente Mme de Sinavin et ravit cet homme à sa légitime épouse. Quant à Elisabeth, elle dépassa toutes les autres en folie, prenant des bains de sang et faisant supplicier devant elle les plus jolies filles de ses états. Le palatin de Hongrie, Georges Thurzo, mit fin à ses turpitudes en l'enfermant dans un cachot complètement obscur où elle languit trois ans avant de mourir. Qui douterait, pense M. Brévannes, que ces sombres héroïnes ne fussent directement inspirées par l'Enfer?

L'auteur pense que les couvents furent aussi des pépinières de sataniques, mystiques se livrant à l'incubisme, telle la petite Gertrude qui à quatorze ans forniquait avec le Diable dans l'abbaye de Nazareth, près de Cologne, Madeleine de La Palud, fille de sainte Ursule et sapphiste possédée, des Franciscaines de Louviers rencontrant au Sabbat des clercs d'église, etc...

A l'heure actuelle, affirme Brévannes, des satanes existent encore et il nomme la comtesse Fœdia, la femme au loup de velours ayant un laboratoire hermétique, mais qui, à l'encontre des précédentes, faisait le bien autour d'elle.

III

LE SABBAT

Qu'est au fond le Sabbat? Un hommage à Satan. Oui. Mais il y a autre chose en cette manifestation : un besoin de révolte, un besoin de folie, un besoin de vie ardente, ou, ce qui est la même chose, une revanche sur la Tyrannie et sur l'Ennui.

Qui n'est pas satisfait de Dieu va vers Satan. Qui est las des disciplines va vers de fougueuses libertés. Qui sent peser la monotonie des heures à ses épaules, se secoue furieusement. Le Sabbat répondait à ces rébellions et à ces avidités.

L'homme essaie sans cesse de s'échapper de lui-même, de la morne existence, de la tenaille des lois, de la contrainte des morales; un âpre et constant désir « d'autre chose » le tourmente. De là les hautes évasions du philosophe et du savant, les débauches du blasé, la luxure, les stupéfiants, le Sabbat...

Le Sabbat fut une réaction épileptique contre l'Eglise et ses dogmes, contre l'Amour banal, contre la torpeur quotidienne, contre l'esclavage des chairs, des esprits et des cœurs. Nous avons vu que c'était aussi, par la sorcière, une réponse d'Eve à son bourreau : le Mâle.

Le Sabbat fut le haschich intellectuel et sensuel,

l'ivresse collective que se donnèrent ceux à qui ne suffisaient pas le calme des jours ou la vision des paradis chrétiens. C'est un effort pour jouir et se hausser. Ceux d'alors, ne sachant jouir noblement et ne pouvant se hausser en un temps trop dur aux faibles, le Sabbat fut un essai de volupté dans l'Epouvante.

Certes, les crispés, les demi-fous du Sabbat se rendaient mal compte de cette psychologie. La plupart synthétisaient leurs fièvres en une âpre joie à se vouer au Diable, à faire le mal, à laisser leurs bas instincts se déchaîner, à donner libre cours à leur méchanceté, leur cruauté, leur haine foncière. Mais s'ils s'étaient analysés, ils eussent trouvé en la vase de leur âme ce que nous venons d'indiquer. Il est vrai que s'ils se fussent analysés, ils auraient abandonné le Satanisme pour la Philosophie, et le Sabbat pour la table d'étude. C'est aux penseurs à deviner les cerveaux qui remplacent la pensée par l'impulsion.

Nous allons maintenant décrire le Sabbat.

Voici la Nuit attendue, la Nuit d'orgie affreuse et magnifique. C'est le grand Sabbat d'une région ou le petit Sabbat d'une localité. Les noceurs terribles vibrent de tous leurs nerfs et leur imagination déjà s'exalte. Ils attendent l'heure redoutable et désirée. En général il est de règle qu'on ait dormi avant d'aller au là-bas infernal. Cependant il y eut aussi des sabbats diurnes, après la digestion, quand l'impur désir s'agite aux bas-ventre. Mais l'Ombre est préférée des disciples du Très-Noir.

Une nuit donc, rarement du dimanche, du mercredi ou du jeudi, plutôt du lundi fils de la Lune ensorceleuse, du mardi que couvent les yeux sanglants de Mars, du vendredi vénusien cher aux lubricités, ou du samedi que domine le sombre Saturne. L'initié s'est frotté d'un onguent spécial en murmurant *Emen-Hélan!* C'est ce qui fit penser que le Sabbat ne fut parfois que vision d'intoxiqué croyant avoir assisté à la Cène horrible. Mais il est trop certain que le Sabbat fut réel, ruée de fous aux lieux prévus : forêt, lande, caverne, église ou castel en ruine, carrefour avec sa croix au Jésus douloureux et tendant quand même les bras à ses renonciateurs, cimetière plus commode aux profanations des tombes...

Les adeptes, pleins de l'influx démoniaque, c'est-à-dire à tout le moins de l'esprit de révolte et de malfaisance, désertent leur couche, et la ville qui est une prison, et la vie qui est un fardeau, pour connaître enfin, quelques heures, la liberté farouche et grandissante, pour respirer à pleins poumons la volupté effroyable.

Comment s'accomplit cette évasion? Beaucoup, lors des procès de sorcellerie, ont prétendu chevaucher des bâtons, des balais, et comme aspirés par un vaste courant d'air satanique, franchir l'espace pour bondir au rendez-vous. D'autres ont dit se sentir emportés par l'Invisible qui les empoignait, se trouver au sortir d'une cheminée-ventouse qui les arrachait de leur maison par un souffle puissant, brusquement en selle sur une fourche, une grenouille, ou le bouc de l'étable... Certains tombent simplement chez eux en catalepsie, et c'est leur double, vomi de leur corps, qui pélerine aux fêtes de honte... Mais la majorité, paysans, cheminaux, bohémiens, mauvais clercs, vilains énervés, s'en vont à pied, formant caravane, portant des pelles, des instruments et vases divers, traînant des cages où se bousculent les animaux de malédiction : tout cela patauge, ricane, vocifère, suant d'angoisse et de délire. Tout cela marche vers l'Autel des sacrifices d'ignominie.

La foule arrive enfin, faite de femmes échevelées, d'enfants qu'on traîne et qu'on va peut-être égorger tout

Le départ pour le Sabbat (*Planche du Sabbat*).

à l'heure, de sorciers hirsutes, d'adeptes nouveaux délicieusement apeurés, de gens de toutes sortes qui font une cohue dont on a vu le pendant à certaines heures rouges de la lutte prolétarienne ou de la brutale invasion. C'est pittoresque et lugubre. C'est beau comme la colère, triste comme la douleur, effrayant comme la haine, terrible comme la luxure. C'est une kermesse étrange où se mêlent toutes les mentalités obscures ou perverties, toutes les difformités physiques et morales. Quelqu'un a dit : N'est-ce pas après tout, pour ces malheureux, leur mardi-gras, leur foire de Neuilly, leur Moulin-Rouge... Ajoutons-y : leur dancing avec son jazz-band? Oui, c'est un lien de fureur mais aussi de plaisir que cette fête du Sabbat où l'on va narguer l'Eglise, insulter Dieu, se pâmer sous les yeux ardents du Maître Noir, ricaner de tout ce qu'on craint, jouir misérablement et formidablement du fruit défendu qu'on va manger jusqu'à la saturation, jusqu'à la vomissure...

Obligé par notre sujet d'envisager surtout la figure ici grimaçante de l'Amour, nous ne nous attarderons point à regarder, en philosophant, les animaux conviés au Sabbat, les chats aux yeux de fauves, les coqs dont les grimoires disent qu'ils peuvent fasciner les lions mêmes, les crapauds pustuleux qui furent toujours, malgré leurs yeux d'or et leur voix de cristal, les réprouvés de la faune, les hiboux au vol nous rappelant le pas feutré des cambrioleurs, les loups à la prunelle de braise, les reptiles à langue bifide, les belettes et autres puants quadrupèdes. Disons seulement que parfois une affolante fusion s'opérait des bêtes et des gens : les sorciers parvenaient, par un phénomène d'ectoplasmie, à se transformer en loups-garous...

Mais voici la cérémonie qui commence, mêlée d'initiations, d'hommages à Satan, de blasphèmes et de serments horribles, de danses et de rondes infernales, de musiques barbares et de fraieries dégoûtantes. Mangeailles et buvailles. Chorégraphies immondes. Accouplements monstrueux. On tourne le dos au centre du bal. Les filles portent les mains en arrière, baissent, tendent leur croupe, chiennes en rut... Et l'orchestre bat son plein où miaulent des binious, sonnent des clochettes, battent des cymbales, sifflent des harmonicas, ronflent des tambours, râclent des pouces sur les peaux tendues, pleurent d'aigres violons. Ce tintamarre, pourquoi faut-il qu'en pleine Civilisation nous l'ayons réentendu dans des music-halls où se répète, sous une forme moins brutale mais aussi luxurieuse, le Sabbat qu'expliquait le Moyen Age et qui aujourd'hui fournit de sombres pronostics!...

Le Diable regarde. — N'est-ce pas d'ailleurs toujours Satan qui conduit le Bal? s'est demandé Georges-Anquetil en observant la déliquescence moderne? — Le Diable sort enfin de sa cruche. C'est souvent un bouc, car il faut des cornes à l'image du Très-Bas; mais on s'est demandé si vraiment le Maître des Enfers venait présider lui-même la cérémonie, s'il y déléguait un suppôt, s'il n'était que vision d'hallucinés, si quelque sorcier extériorisait son double en fantôme belzébuthique, ou si l'on fabriquait une grossière effigie du Sombre-Ardent pour la circonstance. S'il fallait s'en rapporter aux procès, c'était bien le Grand-Immonde qui venait en personne... Mais contentons-nous de la vision... Pour la plupart, donc, c'était le Bouc d'Enfer comme les livres magiques en donnent l'image, deux cornes devant et qui grandissaient démesurément sur le ciel ténébreux, souvent deux derrière, ou bien trois en tout formant la lettre hébraïque *schin,* qui est celle de Jésus. Le Diable est tête nue, crêpelure en broussaille, ou coiffé d'un bonnet, d'un chapeau grotesque. Son corps est naturellement nu, mais laid, caricatural comme il sied à cette réplique du

Très-Beau : Il a des mamelles de vieille femme, les oreilles pointues, des soies de porc et des crinières en fait de poils, les pattes fourchues, une queue naturellement, et surtout, surtout, un sexe démesuré, un sexe extraordinaire, tant par la longueur du membre viril souvent d'ailleurs pareil à quelque branche rugueuse, noueuse et en ligne brisée, que par son aspect écailleux ou corné, par ses bourses noires semblables à des outres. Souvent enfin, il a un autre visage à la place du fondement, afin de recevoir le baiser lascif de ses enfants; mais beaucoup préféraient pour leurs lèvres baveuses, l'aspect naturel des deux hémisphères velues et puantes.

Et voici aux pieds du Titan du Mal la foule adoratrice en des poses variées, soit à deux genoux et le front bas, soit debout et les bras tendus vers l'envers de l'idéal, soit sur le dos, jambes en l'air, pour présenter au dieu de luxure le maximum de la nudité.

La cérémonie se déroule, décrite mille fois, et où nous ne retiendrons que les amours monstrueuses de l'orgie. Elles étaient ce qu'on devine, aussi sacrilèges que possible, toujours violentes, grossières, fiévreuses, parfois bizarres et antinaturelles, exprès. Le dieu de l'Inceste mariait un fils à sa mère, un frère à sa sœur, une jeune garce et un barbon ou tout au contraire un jouvenceau et quelque vieille édentée. La pédérastie s'exerçait même de père à fils et de frère à frère. On s'accouplait par devant, par derrière, dans toutes les poses extravagantes. Des filles courbées en avant et cotes relevées, présentaient leur postérieur à tout venant. De haletants onanismes s'épanchaient face à face. Le blasphème accentuait les soupirs spasmodiques. D'aucuns forniquaient avec des bêtes, la femme recherchant quelque chien noir, l'homme quelque ânesse ou jument amenée sur cette foire aux ignominies.

Sabbat funèbrement joyeux ! La belle Marie Ralde

en son procès déclara qu'elle y était dans le ravissement, dans un paradis où s'accomplissaient des communions d'âmes. Ainsi, la beauté ne craignait pas la promiscuité de la pire laideur, et l'hallucination allait jusqu'à ce point... Comment les femmes pouvaient-elles se rendre, et en foule, elles, les délicates, à ces orgies répugnantes? Les inquisiteurs se le demandaient avec surprise. Eh! répond Jules Bois, rien de plus simple, si l'on se rappelle que nos Eves sont faites pour la sensualité et pour l'extase. Le Sabbat leur apportait l'une et l'autre, l'une truculente, et tordant les nerfs, l'autre plus intéressante que celle du prie-dieu. Et de plus, la Femme en ces assemblées devait crier sa révolte et discuter ses intérêts. Le Sabbat ne fut-il pas aussi un club où l'on proclamait déjà la victoire du Féminisme?

.·.

On peut avoir une vraie figure du Sabbat, quant à la luxure, en se reportant aux déclarations mêmes des assistants, faites lors des procès de sorcellerie. Une des dépositions les plus curieuses à cet égard est celle de Marie Sains, sorcière qui n'hésita pas à confesser publiquement toutes les abominations auxquelles elle avait été mêlée. Nous résumerons son étrange récit au point de vue de ses accointances ou de celles de ses congénères avec le Diable, sûr que nous sommes d'avoir affaire à une hallucinée.

Ayant indiqué que dans son clan on choisissait les samedis pour s'en prendre à la Vierge, surtout commémorée ce jour-là par l'Eglise, et en profaner la pureté traditionnelle, les vendredis pour railler la Passion et la Mort de Jésus en croix pour racheter l'Homme du Péché que précisément les sataniques exaltent, les jeudis pour honnir le Saint-Sacrement et profaner l'hostie, symbole de l'union exécrée avec Dieu, elle précisa que le dimanche, jour pieux par excellence, était réservé aux actes par excellence antinaturels. Alors, dit-elle, on s'accouplait avec le Diable ayant réellement figure démoniaque, difforme, grand comme un grand homme et gros comme deux, avec des pieds de lézard, la queue rouge, grise ou verte, les yeux brillants, les cheveux hérissés, les cornes au front. Marie n'avait aucune horreur à copuler avec lui. Au contraire, son plaisir était plus vif de jouir avec un diable ayant vraie forme de diable.

Le jeudi, déclara-t-elle, était spécial à la sodomie, pratiquée indifféremment par des hommes avec des hommes ou des femmes. On se pollue alors « de plusieurs sortes et manières étranges et abominables ». Le samedi était propre aux joies de la bestialité, et Marie pratiquait le coït surtout avec des chiens, des porcs et des boucs.

C'est après la messe qu'on paillarde, énonce-t-elle, et « durant le péché de paillardise, certains chantent ». Parfois on danse ensuite. Mais ce n'est pas toujours la danse qui termine un sabbat. On revient souvent aux amours démoniaques, car il y autant de démons que de créatures humaines, et les uns sont des incubes qui donnent du plaisir aux femmes, les autres des succubes qui donnent du plaisir aux hommes. Asmodée est le principal prince de la luxure. Marie de Sains affirmait l'avoir entendu dire que la sodomie était très agréable à Lucifer, qu'il fallait en user le plus possible, la provoquer chez les autres, la répandre afin de rendre les gens heureux.

On voit ainsi que le Sabbat cherchait en tout à prendre le contre-pied de l'Amour véritable. C'était, on peut le dire, l'inverse de la religion vénusienne.

IV

LES MESSES NOIRES

Nous avons omis, à propos du Sabbat — mais c'était pour le noter ici — de parler de la Messe du Diable, origine des Messes Noires, sur lesquelles nous nous étendrons davantage, puisqu'elles entrent mieux dans notre sujt. D'ailleurs, nous avons déjà touché un mot des pactes avec le Très-Bas, actes formels des renégats de la religion traditionnelle, et auxquels succédait un nouveau baptême, parodie de celui des chrétiens.

C'est à la suite de ce baptême, en général, que commençait l'Office du Désespoir. La Reine des Sorcières allait s'étendre, nue, au pied d'un gros arbre mort qui dans la ténèbre donnait l'illusion de la Sombre Présence, surtout si quelques branches élancées figuraient les cornes du Maître, ses bras noueux et une apparence grossière de sexe monstrueux. Sur la Nécato d'occasion, affalée, ou accroupie, on fabrique le breuvage et le gâteau de l'amère communion; et à ses hanches mêmes, devenues table sainte, chacun vient se repaître et tâcher d'incorporer tout le Mal possible comme en d'autres temps les fervents absorbent tout Dieu sous les espèces du pain azyme.

Or, c'est surtout la Consécration de l'Hostie, et son

absorption, qui, essentiel de l'Office divin, va rester aussi l'essentiel de l'Office maudit.

Pendant ce repas odieux, des sorcières pour simuler la rupture de l'Hostie, écartelaient des crapauds vivants en hurlant qu'elles souhaitaient en faire autant au Christ (la terreur du mot persistant le leur faisait remplacer par celui de Philippe, saint mort également sur la croix), des sorciers glapissaient certains répons, et la foule continuait l'hymne : « *Cruel Dragon, Serpent venimeux*, etc... » Puis, *l'Ite missa est* prononcé, on tendait un plat pour la quête, parfois on jetait du blé sur le sol... L'aube menaçante arrivant, les gens s'évadaient à tire-de-pattes.

Or, la Messe Noire peu à peu quitta les clairières sabbatiques pour se célébrer à l'abri des toits. Elle perdit alors sa triste grandeur et devint surtout le plaisir âpre de prêtres lubriques, de nonnes vicieuses ou exaspérées, de capricieux seigneurs, de grandes dames lasses du protocole des cathédrales et des alcôves...

Il reste entendu que les « prêtres noirs » furent et demeurent une exception — mais suffisante hélas! pour justifier l'indignation de tous, aussi bien que justifient le sourire, ces abbés provisoirement en veston et fréquentant certaines maisons accueillantes des alentours de Saint-Sulpice, voire ces blasés qui inversement et dans les mêmes salons exigent que leur hétaïre se vête en nonne pour pimenter leur luxure.

D'ailleurs qui peut, mieux qu'un mauvais prêtre, donner le ragoût du satanisme à l'office caricatural, injurier davantage le Très-Haut, souiller l'hostie, salir l'amour? Quel frisson terrible de voir par lui, fouler aux pieds le crucifix, et opérer la transsubstantiation par cet assermenté de la Chasteté sur les seins érigés d'une femme complètement dévêtue et dont le sexe troublant est à portée de ses yeux et de ses mains !

Car cette chair de péché en guise d'autel, voilà bien

une des caractéristiques des Messes noires, dites en plein Sabbat, plus tard au mystère de certaines églises, aujourd'hui encore derrière le mutisme des murs d'hôtels particuliers.

***

Il faut, parmi les Messes Noires postérieures à celles du plein-air satanique, faire exception, pour les albigeoises. Ces « offices de la vaine observance » n'avaient point de côté sensuel et dès lors nous nous y attardons peu. Ils perpétuaient, on le sait, le gnosticisme imbu de magie chaldéenne qui distingue cette secte contre laquelle on envoya une croisade fertile en ces excès abominables où s'attardent toutes les répressions politico-religieuses. Ici, comme au temps des dragonnades, la fureur lubrique fut surtout le lot des croisés. Comme le martyre engendre au lieu d'épuiser, l'hérésie albigeoise longtemps se prolongea. Il y naquit un culte spécial pour le Sathan bifront, Diable et Dieu à la fois, Esprit et Matière, Bien et Mal. C'est pour ce culte que se célébrait l'Office de la vaine observance.

... A minuit, le prêtre s'abîme en une méditation extatique, rigide et bras en croix... Puis les cierges s'allument, et l'officiant revêt l'aube, l'étole et la chasuble. Il a déjà disposé trois livres sur l'autel. Il prend le calice et l'emplit, antirituellement, d'eau, puis de vin. Il a maintenant entre les doigts un reliquaire contenant, paraît-il, les crânes des trois rois mages, Theoben, Menser et Saïr que la Légende a nommés Gaspard, Melchior et Balthazar. Il conjure leur occulte puissance astrologique. Il dit, seul, sans enfant de chœur, à voix basse, sa messe bizarre, où l'Evangile de Jean voit sa phrase « et le Verbe s'est faite Chair » retournée pour devenir : « Et la Chair s'est faite Verbe... » « Car, ajoute-t-il, tout haut, il a été dit que nous serions sauvés par la chair, qu'il faut marcher nu dans la vie, et anéantir le mal par le mal en s'y abandonnant avec frénésie. »

L'officiant prend alors une pincée de cendre d'os au reliquaire, bénit ce pain de mort, le mélange à l'hostie chrétienne, communie... Et le voici tout à coup mettant ses vêtements en loques, les piétinant, et brandissant la croix qu'il maudit. « O Croix, je t'opprime pour avoir été la torture de Jésus. Je t'opprime en souvenir des anciens maîtres du Temple. Je t'opprime parce que ton pantacle oppose une promesse de supplice et de honte à qui se hausse hors de l'humanité... » Quant aux habits sacerdotaux, symbole des pompes ecclésiastiques, sa malédiction également les atteint : « Car ils rappellent par leurs dorures les pouvoirs humains et les hiérarchies tyranniques; ils cèlent l'auguste nudité seule agréable à Dieu et à la Dame; ils font croire que l'exotérisme est préférable à l'ésotérisme; ils sont l'ombre sur la splendeur de la chair !... »

Le prêtre à nouveau parle aux crânes des Mages, et leur dit en substance : « O Gaspard, qui apportas de l'or à la pauvreté de Jésus naissant, livre-moi cet or plus précieux qu'est la Sagesse de l'Avenir !... O Melchior, qui offris l'encens à l'humilité de Jésus, exalte ma sécheresse, fouaille ma lâcheté, enivre ma défaillance !... O Balthazar, luxurieux qui aimas la reine de Sabba et répandis la myrrhe au pied de la pureté de Jésus, effrène la passion de mes sens rajeunis, marie-moi au Vertige, et fais que je sois inspiré par l'irrésistible Désir !... »

Les trois livres sont ouverts au hasard de l'inspiration pour que soient lus les versets, dont on a retrouvé trace et qu'à relevés M. Jolibois, archiviste paléographe de la préfecture d'Albi.

•.•

On raconte que Catherine de Médicis pendant la maladie si mystérieuse qu'eut Charles IX, en 1674, fit dire une *messe du Diable* et consulter l'*Oracle sanglant* (ce qui par parenthèse indiquerait que des cérémonies de même genre avaient lieu en ce temps-là). Pour ce, elle fit préparer secrètement un enfant très innocent, à sa première communion par un aumônier du Louvre, en vue de l'office sacrilège.

Dans un coin de la chambre du royal agonisant, fut dressé l'autel sans crucifix, avec une effigie du démon entre deux cierges de cire noire. A minuit fut introduit un jacobin versé dans la magie, revêtu d'une chasûble, portant la croix renversée. Ce moine foulant aux pieds le crucifix enlevé de l'autel, dit la messe d'enfer et consacra deux hosties, dont une blanche et une noire. L'enfant vint alors communier, mais aussitôt après un poignard le vint frapper au cœur. Il tomba sans un cri. Une main vigoureuse lui trancha le chef et cette tête ruisselante fut mise sur l'hostie noire pour être interrogée. Le moine évoqua Satan et paraît-il, obtint réponse par la bouche enfantine... Cependant que le roi croyant peut-être que cette tête était celle de Coligny assassiné, suppliait en râlant qu'on la fit disparaitre.

*
* *

La Messe Albigeoise était déjà désuète au XVIIe siècle. Mais alors existaient, continuant la tradition des « Prêtres Noirs », d'étranges ecclésiastiques comme l'évêque Lefranc, l'aumônier de la Grande Mademoiselle : Brigallier, le confesseur des religieuses de la Saussaye : Bouchot, le chanoine Dulong, Dulaurens, vicaire de Saint-Leu, les abbés Dubousquet, Lempérier, Lepreux, le vicaire de Notre-Dame de Bonne-Nouvelle : Davot, le curé de Saint-Séverin : Mariette, celui de

Sainte-Eustache, et encore Lesage, Seysson, Dussis et surtout l'effrayant et fameux Guibourg. Ceux-là pratiquèrent ce qu'on appelle vraiment la Messe Noire, mélange de satanisme et d'érotisme, où la révolte de l'esprit cède le pas à la folie de la chair...

D'ailleurs, la Magie était à son apogée, devant diminuer au XVIIIe siècle, tomber en sommeil au XIXe et se réveiller au XXe sous des formes saines et scientifiques. La Magie faisait partie de la vie courante, ancrée dans les mœurs, quasi officielle à la cour des Princes. Dans certaines églises connues de tous, on ritualisait les maléfices. C'est ainsi que des femmes allaient le vendredi à l'abbaye de Montmartre prier « saint Rabboni » de juguler un mari déplaisant ou d'occire un amant coupable de trahison, qu'on entendait à l'église du Saint-Esprit, en place de grève, des messes spéciales dites pour causer la mort d'ennemis détestés... Il y avait, pullulants, des seigneurs aussi libertins que superstitieux, des courtiers d'amour prêts à tous les négoces avec les sorcières, des marchands de philtres, des vampires, des détrousseurs de cadavres, des voleurs d'enfants, des cambrioleurs d'hosties. Il y avait des Voisin et des Brinvilliers de haut et de bas étage, expertes en l'art d'empoisonner, d'envoûter, d'assassiner discrètement. En une telle atmosphère, quoi d'étonnant à ce qu'on pratiquât les offices les plus sacrilèges ?

Ceux de Guibourg sont restés fameux. En voici un dont nous tirons la description d'après le procès de l'époque, d'un ouvrage du Dr Légué (1).

... Cette fois, il opère pour une pécheresse de haut rang, Mme de Montespan, rue Beauregard, non loin de Notre-Dame de Bonne-Nouvelle. L'autel vivant sera la dame, nudité de choix sous le luxe des vêtements, Vénus

---

(1) *Médecins et Empoisonneurs.*

aux seins vigoureux, aux hanches larges, belle Danaë qui reçoit l a volupté du Jupiter royal qui s'appelle Louis XIV.

La voici qui arrive. La porte d'un jardin lui est ouverte par la vicieuse fillette de la magicienne. Saluée très bas, la dame parfumée, masquée, voilée, entre au pavillon tendu de noir... C'est là... Elle se hâte de laisser tomber sa robe princière... La Voisin l'attendait... La Montespan maintenant dévêtue s'étend sur un matelas, paré d'un drap sombre. Sa tête repose sur un oreiller de soie. Ses bras tombent. Et comme un monticule de chair, le ventre se bombe, prêt à tout...

Froidement, d'apparence au moins, Guibourg regarde le loup de velours où flamboient les yeux de l'ambitieuse Madeleine et d'où sort une voie railleuse :

— Vieil ivrogne ! (le monstre par surcroît buvait ferme), l'alcool et les femmes ont épuisé ton énergie, t'ont fait ce masque hébété. Sauras-tu faire ce qu'il faut pour que j'obtienne ce que je désire ?

L'esclave du Diable et des Grands, le vil suppôt des Enfers répond respectueusement :

— Sois assurée, ô trop altière, que je te donnerai satisfaction. Oui, j'ai soixante-dix ans, mais j'ai tellement bu et mangé les mets du Prince des Ténèbres que mon âme, victorieuse de l'âge et de la mort, sait par un miracle rajeunissant affermir une chair fléchissante. Aie foi en l'alliance du Christ et de Lucifer qui sur toi va s'accomplir. L'opération du sacrilège te nantira, Déesse, toi qui cependant ne convoites que la moitié d'un sceptre !

Le prêtre n'est déjà plus calme. En lui apparaît, farouche, l'homme de Satan, le renégat que plus rien n'arrête. La femme nue, un instant dressée sur son séant, s'est réallongée en silence. La petite Voisin la couvre d'une serviette, insinue entre ses seins une croix, et, entre ses cuisses, Guibourg incruste le calice.

La Messe Noire commence.

Elle commence par un baiser du pontife sur la colline charnelle, frissonnant autel de tous les offices de ce genre... Elle se continue par le rite grotesque qui bafoue celui des traditions chrétiennes... Et déjà la minute de la consécration approche. Tout à coup, Guibourg clame : La victime ! apportez la victime !... Et voici que deux bras lui passent un paquet de langes où vagit un enfant, voici qu'une chair débile et blanche apparaît, voici que s'ouvre le canif du prêtre-assassin qui marmonne une odieuse oraison, lève le bras et frappe...

La tête de l'innocent se penche, miniature de celle du Juste mis en croix... Le sang coule. Il coule dans le calice et sur le ventre de la femme qui écarte ses bras, comme une crucifiée, halète d'une joie horrible... Puis le frêle cadavre, par la sorcière, — (la Des Oeillets peut-être) — est tordu, vidé, étripé pour que ses entrailles servent à d'autres enchantements...

Guibourg a mêlé le sang et le vin dans le calice. Il y rompt une hostie volée. Il y ajoute une poudre infâme d'os d'enfants déjà tués par lui. Il dit avec un affreux rictus le sacramentel : « Ceci est mon corps, ceci est mon sang. » Il boit l'ignoble liquide, incorporant ainsi tout ce qu'il peut d'enfer et de damnation.

Puis, du reste, il arrose l'autel de chair, les seins dressés, le ventre turgescent, le sexe qui boit à son tour... Et le prêtre achève dans une orgie des sens, cette orgie de satanisme.

On dit que Satan radieux et satisfait donna la récompense promise, que le lendemain la courtisane rentrait en grâce, et gagnait le cœur de Louis XIV, sinon le diadème convoité. Le miracle d'En-Bas s'accomplissait...

∴

M. Brévannes dans ses *Grands Sataniques*, raconte différemment cette histoire. Peu importe. Le fond reste le même. Guibourg avait eu des enfants avec la Fleurette, la nièce du bourreau, la Chanfrein... Il les noya, les étrangla ou les laissa vendre à cette dernière pour des messes noires.

Car, on l'a vu, le sacrifice d'un innocent était presque de règle. Souvent on en prenait un, d'une prostituée quelconque, à l'instant même qu'elle accouchait, pour l'égorger. D'autres victimes venaient de sages-femmes qui donnaient le fruit de délivrances clandestines. En général, l'enfant tué était jeté dans un four pour faire disparaître la trace du crime; Landru n'a rien inventé !

Lesage a raconté que Davot, prêtre noir plus haut cité, « mettait sous le corporal et sous le calice, un billet dans lequel était demandé la mort d'une personne, qu'il disait la messe noire chez la Voisin, sur le ventre d'une fille avec laquelle il accomplissait l'acte charnel pendant l'office, baisant, au lieu de l'autel, les parties honteuses et faisant d'autres abominables choses ».

Notons encore, selon Brévannes, que chez la Voisin (rue Beauregard), qui eut pour amants, entre autres, les deux bourreaux de Paris la fournissant de graisse de pendu, se pressaient, au temps de sa vogue, les plus hautes têtes du royaume : les duchesses de Bouillon et de Vitry, les comtesses de Montmorency, de Rouvres, de Soissons (Olympe Mancini), la princesse de Tinguy qui achetait des philtres d'amour, Mme de Dreux qui venait se faire avorter, et des prélats, des officiers, des financiers, des joueurs, tous ceux qui voulaient de l'amour, de l'argent ou de la gloire.

Le XIXe siècle eut aussi des Messes Noires. L'une d'elle, en écho de la réalité, se trouve chantée aux pages extraordinaires du livre de Huysmans : *Là-bas*. Huysmans était d'ailleurs le romancier, le penseur et le fouilleur d'archives le plus documenté sur le troublant problème du Satanisme moderne. Il fut aidé en ses recherches par de savants prêtres. Il connut les archives de Vintras et les trouvailles de Boulan. Pierre-Michel Vintras (Elie Shatanaël) fonda l'Œuvre de Miséricorde et lutta magnétiquement contre les « prêtres noirs ». L'abbé Boulan (Dr Johannès) est cet autre magicien qui eut une lutte épique avec Stanislas de Guaïta, tous deux cherchant à s'envoûter, et tous deux terrassés par leur échange de sortilèges.

On cite une des Messes Noires qu'arrêta Vintras, par le seul *veto* de sa pensée. C'était en 1855. Un prêtre satanique devait faire violer une jeune fille en catalepsie, par un complice, en hommage au Prince des Ténèbres Ammon-Ra... Séance de diabolisme et de spiritisme mêlés... Quatorze opérateurs font tourner trois guéridons. Ce sont des politiciens et des ecclésiastiques renégats... Ils font apparaître un corps de brume d'où sort une voix, celle d'Ammon-Ra qui demande le sacrifice de la vierge...

Alors le chef de la bande ordonne au prêtre de consacrer... Celui-ci, nu, essaie; mais pétrifié, il s'écrie soudain :

— Il y a ici un étranger !

En effet, Vintras, alors à Londres (la scène se passant dans la banlieue de Paris) entravait, invisible et présent, l'abominable action.

Le prêtre avoue son impuissance. Les autres en rage lui hurlent aux oreilles :

— Consacre quand même !

Et à nouveau, les tables tournent vertigineusement; le prêtre foule aux pieds la croix; il veut accomplir le rite; mais trois assistants, puis trois autres roulent à terre, comme foudroyés, et la bave aux lèvres.

— Arrêtons-nous ! fait quelqu'un, blême de terreur.

A ce moment, le jeune homme, qui devait dévirginiser l'endormie, parle :

— Prêtre ! viens te mettre à mes pieds. Je suis possédé par sept esprits....

— Lutte ! lui crie-t-on...

Mais lui qui, pour accomplir l'acte, se fait violence au point que le sang lui part du nez, des oreilles et des yeux, tout à coup devient calme, tombe à genoux, tend les bras vers l'invisible présence, implore le pardon de Vintras, et se redressant, rugit à la horde son dégoût et sa malédiction...

*
* *

En 1845, une revue, *la Voix de la Septaine* affirme qu'il y avait à Agen une association satanique qui depuis vingt-cinq ans célébrait des messes noires; elle donna même cette précision, que dans ce laps de temps, on y avait pollué 3.320 hosties.

En cette même année 1855, illustrée par la lutte de Vintras contre l'Esprit du Mal, existait à Paris une association de femmes qui communiaient chaque jour, gardaient l'hostie dans la bouche, puis la recrachait discrètement dans leur mouchoir, afin de pouvoir, ensuite, la souiller par contact avec leurs parties basses.

Dans d'autres associations à la fois sataniques et libertines on reprenait la méthode de l'abbé Beccarelli qui distribuait des pastilles aphrodisiaques en guise d'hosties, de sorte qu'après les avoir avalées, les hommes se croyaient changés en femmes et réciproquement, — ou celle de l'abbé Tournet qui fut exécuté en place de grève au XVIII siècle, pour avoir dit la messe sur une fillette de quinze ans, qu'il avait coïtée pendant la cérémonie — ou celle du prêtre Bénédictin « qui cohabitait avec une démone du nom d'Armellina et consacrait les hosties en les tenant la tête en bas, — ou celles de ces prêtres qui confectionnaient de grandes hosties, les coupaient en deux, les collant sur un parchemin et « s'en servaient ensuite d'une façon abominable pour satisfaire leurs passions ».

*
* *

Plus près, plus près de nous, voici enfin une Messe Noire moderne, moins satanique et plus luxurieuse, et qui nous fut contée par un témoin oculaire. A défaut de son authenticité absolue (qui peut répondre de la véracité d'un récit?) sa vraisemblance ne sera point contredite par ceux qui connaissent à quelles folies se livrent certains détraqués d'aujourd'hui, folies que reflètent les différents ouvrages dont l'auteur de *Satan conduit le Bal*, cita les passages caractéristiques, tant dans sa revue *le Grand Guignol*, que dans son roman si puissamment évocateur des mœurs d'une société pourrissante. Non plus ne s'étonneront ceux qui sont au courant des scènes ignobles ou burlesques mais fréquentes de certaines maisons de prostitution privée. Quand on sait ce qui se passe en ces instituts de perversité où les tableaux obscènes, le cinéma lubrique, la flagellation, l'abus des mineures, la sodomie, le tribadisme, le coït public, et toutes les variétés de la luxure sont friandise sensuelle aux blasés de l'amour, comment s'étonner que quelques fous ajoutent à ce ragoût le piment du sanatisme?

Peut-être, au fond, ces forcenés ne croient-ils plus guère au Démon et ne cherchent-ils qu'un moyen d'augmenter leur plaisir par l'illusion du péché. Peut-être notre narrateur n'a-t-il pas vu la part de comédie spirituelle que contenait ladite Messe Noire, exagère-t-il les excès commis. Enfin, nous la livrons telle que le récit nous en fut fait.

Une agence dans le genre de celle qui conduisit

Suzanne D... en correctionnelle, réunissait par annonces des gens désireux de goûter en commun des joies perverses. Une sorte de club s'était ainsi formé, de personnes avides de sadisme. Il comprenait des masochistes, des voyeurs, des lesbiennes, des pédérastes... toute la lyre des pervertis et invertis mâles et femelles. Et aussi trois ou quatre personnes plus raffinées encore que les autres dans les ignominies charnelles : deux prêtres, réellement sataniques, eux, et deux dames fort nobles de nom et toutes pénétrées d'un étrange mysticisme dû à la déviation de leur éducation religieuse.

Ce sont ces dernières qui demandèrent un jour aux clubmens, s'ils ne seraient pas intéressés par une Messe Noire. On en vota d'enthousiasme aussitôt la célébration, et l'un des renégats d'Eglise fit aux profanes un petit cours à ce sujet, leur indiquant les principes essentiels d'une telle cérémonie.

La vicomtesse de Z... offrit son hôtel. Elle y était alors seule avec deux domestiques qui auraient congé pour ce jour-là. La maison était isolée au fond d'un jardin. Rien ne pourrait transpirer au dehors de l'orgie convenue. Les invités, triés sur le volet, devaient échelonner leurs entrées, à partir de huit heures du soir. Les deux prêtres noirs avaient à chacun donné les instructions nécessaires... Et quand la minuit sonna, tout le monde était présent, la Messe de Honte commença...

Les vêtements tombèrent à un signal. Vingt nudités parurent, dix mâles, dix femelles, à la lueur des cent cierges allumés dans le salon vaste aux volets bien clos où une large et basse estrade servait de chœur en l'église improvisée... Sur l'estrade un divan, mais caché derrière une sorte de rideau théâtral qui ne fut tiré qu'après le speech d'un des prêtres :

— Frères et sœurs, leur dit-il en substance, il ne faut point que cette messe soit un simple piment à nos plaisirs choisis. C'est du fond de mon cœur en révolte que je vous demande d'adorer ici le Satan qu'insulte le troupeau vulgaire, ignorant de sa vraie grandeur et sa vraie beauté.. C'est avec moi que je vous demande de le bénir et de le prier, lui qui préside en réalité à tout ce qu'il y a de meilleur dans la vie. Et le meilleur de la vie n'est-il pas l'amour, et le péché sous quelque forme qu'il soit, désir naturel du corps ou de l'esprit, et l'activité civilisatrice, en quelque domaine qu'elle s'exerce? Songez-y! Dieu, c'est la tristesse et l'ennui, Satan, c'est la joie et l'action... Nous en reparlerons tout à l'heure, car je ne veux point retarder votre désir de voir le présent Office....

Le rideau s'écarte. La vicomtesse de Z... apparut, couchée nue sur le divan, comme la Montespan au temps de Guibourg, car l'autel de chair vivante est, on l'a vu, toujours requis en pareil cas. Le sang aussi. On ne va pas toutefois sacrifier un enfant, car le meurtre devient dangereux de nos jours, et les policiers experts savent trop souvent, de fil en aiguille, en retrouver la trace et les auteurs. Il y a mieux ici d'ailleurs. Il y a une fillette d'une quinzaine d'années qu'on a recrutée à prix d'or dans une maison de passe et à qui l'on a promis gros pour venir, sans lui indiquer le rôle qu'elle allait jouer. Elle est là, nue aussi et tremblante devant cette assistance enfiévrée. Tout à coup, deux servants se jettent sur elle, la bâillonnent, l'attachent sur un chevalet. Elle symbolisera la victime qu'il faut toujours aux dieux.

Un des prêtres débite alors un simulacre de messe dont il a préparé le texte effarant. Il psalmodie assez vite, parodie les gestes rituels. Il n'a pour vêtement qu'un ruban formant croix, tête en bas, sur le dos. Il s'est procuré des hosties consacrées et fait savoir dans un ricanement qu'il les profane avec allégresse.

Puis sur un signe, l'autre prêtre brandit un fouet et de toute la force de son bras flagelle la malheureuse petite ahurie de cet assaut inattendu. Elle se tord dans ses liens. Ellle écume et râle sous le bâillon. Le masochien frappe de plus belle et une fièvre tord l'auditoire. L'officiant clame des malédictions en foulant aux pieds la croix d'étoffe qu'il arrache de ses épaules. Il hurle, comme un Tibère ou un Caligula, d'accentuer le supplice de la fille, afin qu'en jaillisse le sang nécessaire à la communion. Et le sang coule, en effet, des chairs meurtries. Le mauvais prêtre prend une éponge trempée dans du vinaigre, commande l'arrêt des coups, essuie le corps ruisselant qu'on frictionne ensuite d'une main douce avec de l'huile, et pressurant l'éponge, il mêle ainsi le vin des veines au vin des vignes dans le calice qu'il va tout à l'heure porter à ses lèvres.

Les assistants sentent passer le frisson de folie et les couples déjà s'étreignent. Le prêtre demande encore quelques minutes de patience, le temps d'achever l'abominable souillure de l'hostie qu'il met en contact avec le sexe de la vicomtesse raidie de volupté...

Et puis c'est la communion. C'est le dernier évangile déchiré d'un geste de rage. C'est l'allocution finale et blasphématoire jusqu'à l'inouï C'est l'*Ite missa est* et la ruée des couples, enfin, sur les canapés, coussins et tapis, ressuscitant les lupercales et remplissant le salon de spasmes, de cris, de blasphèmes, de baisers et de râles.

Quand la fièvre de ces fous s'apaise, la vicomtesse offre aux invités un lunch délicat et réconfortant. Et vers trois heures, discrètement, ceux-ci disparaissent par petits groupes, ravis de cette messe formidable dont ils ne regrettent pas le prix...

V

LE VAMPIRISME

Quand on parle de vampirisme, il faut distinguer entre trois sortes d'actes qui, cependant, ne sont pas sans liaison.

L'un est le fait d'aspirer le fluide vital d'un autre être. C'est une sorte d'envoûtement et qu'on divise en vampirisme égoïste quand le vampire agit pour son compte, et en vampirisme altruiste quand le vampire agit pour le compte d'un tiers.

Selon Pierre Piobb, ce vampirisme affecte mille formes. Dès que deux personnes sont en relation, l'une prend presque toujours, de suite, un ascendant sur l'autre, et il lui soutire (consciemment ou non) une partie de ses fluides. L'*arrivisme* est une sorte de vampirisme pratiqué par ceux qui se servent des autres pour faire leur chemin, et ensuite qu'ils leur soient amis ou indifférents, « les laissent froidement tomber ». « En Haute-Magie, dit Piobb, on use de ces phénomènes pour former un *eggregore* puissant et voulu, autant par l'opérateur que par le ou les sujets. Il en résulte que le phénomène acquiert une intensité beaucoup plus grande et peut produire des résultats surprenants : c'est là le mécanisme de la foi. »

Il y eut donc ce genre de vampirisme à la base du satanisme comme à la base de toutes les religions.

Et, d'autre part, ce vampirisme explique l'ascendant d'un époux sur l'autre, et en particulier celui de certaines femmes du charme desquelles on ne peut se délivrer.

Mais voici une curieuse théorie de Görres. Dans un chapitre spécial de sa *Mystique*, il pense que « puisque l'homme vivant peut communiquer à un autre homme des émanations de sa propre vie, lesquelles sont salutaires ou pernicieuses, un cadavre peut exercer lui-même une influence, car si un filet d'eau caché sous la terre agit à distance sur l'homme, il doit en être de même du cadavre. Et ceci explique le vampirisme ».

Selon cet auteur, la vie végétale empêche le sang de mort de se coaguler. Ses vaisseaux capillaires développent un surcroît d'énergie. Et le cadavre, mis en rapport avec sa victime, développe chez elle un effet contraire au sien, comme l'aimant qui se donne dans le fer un pôle opposé. C'est une action nerveuse à distance qui s'établit et l'homme vivant se trouve possédé par le mort.

.˙.

Nous voici donc arrivé au vampirisme qui amène à l'acte, devenu horrible, du viol d'un cadavre. Les annales judiciaires fourmillent, hélas ! de ces déviations épouvantables du sentiment ou plutôt de l'érotisme que nous mettons bien plutôt sur le compte d'un détraquement cérébral que sur celui d'une recherche de volupté... Et cependant il est ici une possibilité — plus triste encore si elle ne vient pas d'un fou — d'effort vers une jouissance étrange, lorsqu'un homme (ce ne peut être qu'un homme, on devine pourquoi) a conçu ce crime qui doit déjà en pensée lui procurer un âpre et atroce plaisir... Songez en effet aux circonstances qui entourent le drame :

L'homme est resté au cimetière, attendant que les portes se soient fermées, et se cachant du gardien qu'il guette, derrière les mausolées ou les arbres. Il sait le danger qu'il court et se plaît à l'éviter... Il ne perd pas de vue le « concierge des défunts », le suit des yeux jusqu'à ce qu'il ait réintégré son pavillon.. La nuit est déjà venue... Le lieu se peuple, dirait-on, de fantômes... Le vampire a repéré la tombe fraîche qu'il va ouvrir... Il a choisi, non celle d'un vieillard, bien entendu, mais celle d'une femme, ou mieux, d'une jeune fille, soit qu'il l'ait connue, soit que l'ait renseigné le flot des fleurs blanches apportées avec le convoi... Il s'arme d'une pelle qu'il a dérobée aux fossoyeurs ou apportée lui-même. Il écoute le bruit du vent dans les cyprès ou autres feuillages et qui semble une voix de malédiction... Il s'effraie avec joie... Il se hâte, maintenant, car une sombre fièvre l'empoigne... Il ôte la terre qu'on jetait tout à l'heure sur la bière... Il arrive au couvercle, non plus cloué, mais vissé maintenant... Pas de bruit donc pour le défaire et le soulever... Voici la morte, la jeune morte toute blanche et qui ne s'est pas encore décomposée... Il se couche sur elle et l'étreint... Une peur immense l'envahit qui rend plus monstrueuse sa jouissance... Il est halluciné de son forfait... Il s'évanouirait si la crainte d'être surpris ne le tenaillait. Il referme la boîte où l'exécrable idylle s'est consommée... On n'a rien vu... Il se glisse à travers les tombes... Il atteint et escalade le mur... Il se sauve dans la nuit, épouvanté lui-même de son sacrilège.

S'il est pris, cette vision même, évoquée par les jurés et les juges, leur devient un cauchemar. Nous connaissons l'un d'eux qui ne put, de longtemps, s'en débarrasser, et résolut de se récuser s'il avait de nouveau un cas de ce genre à examiner.

*
* *

Le vampirisme peut aussi se rattacher au succubat et à l'incubat.

« Morts sortant des tombeaux pour aller se repaître de volupté et de sang, écrivent Nagour et Laurent (op. cité), vierges arrachées à leur bière par le regret des jouissances terrestres, et qui reviennent dans les ténèbres chercher le fiancé de leur cœur, vivants épris d'un amour maudit pour les cadavres aux lèvres blanches, aux yeux fixes, tels furent de toute antiquité les héros légendaires du vampirisme.

« Les boucovaques des Bulgares ne sont que les descendants des vampires scythes,, des gholes arabes et des lamies grecques. »

Hérodote nous rappelle que le vampirisme était pratiqué à Memphis et à Thèbes. « Quant aux femmes de qualité, écrit-il dans un chapitre sur l'embaumement, lorsqu'elles sont mortes, on ne les remet pas sur le champ aux embaumeurs, non plus que celles qui sont belles et qui ont été en grande considération, mais trois ou quatre jours seulement après leur décès. On prend cette précaution de crainte que les embaumeurs eux-mêmes n'abusent des corps qu'on leur confie. On raconte que l'on en prit un sur le fait avec une femme trépassée récemment, et cela sur l'accusation d'un de ses camarades. »

Le christianisme aurait-il été, de son côté, le propagateur inconscient du vampirisme à l'époque des luttes premières des croyants contre l'esprit du mal ? « Les saints, écrit Jules Bois dans *Le Satanisme et la Magie*, surtout les ascètes, furent harcelés par l'atmosphère des courtisanes défuntes, par le vent de rut sortant des sépulcres entr'ouverts, fils de ce paganisme qui, si l'ongtemps, nous représenta Eros la torche à la main pour symboliser l'existence du soleil, et la torche éteinte pour dire l'existence des ombres.

« La *Légende dorée*, ajoute-t-il, cite un prêtre qui,

assailli par une femme nue, jeta sur elle une étole. Sous le vêtement sacré resta un cadavre que la fraude de Satan avait, pour quelques heures, ressuscité. »

Le vampirisme, en dehors du viol des cadavres, et qui n'a rien de satanique, n'existe pas. Mais on y croyait encore il y a deux cents ans, puisqu'un bénédictin, le R. P. Calmet, écrivait en 1746 une dissertation à ce sujet, approuvée par la Sorbonne !

VI

LES AMOURS DESINCARNEES

A côté des amours humaines, très passionnées ou très tendres, voire platoniques et faites comme un miel d'âmes mêlées, à côté des amours brutales, bestiales, voire démoniaques, et aussi des amours immondes, hors nature, à côté enfin des amours mystiques ayant pour objet Jésus ou la Vierge, mais portées à un degré tel que la sensualité n'en est pas exempte, voici, presque sœurs de celles-ci, des amours étranges qu'ont parfois des êtres vivants pour des êtres disparus, mais que leur cœur ailé veut étreindre au delà de la mort.

On a vu en effet des personnes en chérir d'autres d'un amour si profond sur terre (qu'il ait été consommé ou non) qu'elles n'acceptent pas l'idée d'anéantissement total ou celle de survie purement spirituelle dans l'au-delà. Elles refusent de perdre tout contact, et voulant vaincre la nature, elles cherchent à évoquer, à réentendre ces chères moitiés d'elles-mêmes, à les revoir pour savourer encore leurs voix et leurs caresses.

Illusion? Possibilité? Certitude? Nous ne trancherons pas le problème. Nous nous contenterons d'exposer à ce propos, sommairement, la théorie réincarnationniste, et de reproduire quelques-uns des récits spirites ou autres qui, tout au moins, permettent encore l'espoir aux amants épris d'une surfidélité rare et d'autant plus méritoire, et qui ont vu l'objet de leur affection enlevé à la lumière du soleil et à la douceur de leurs embrassements.

Sans entrer dans le détail des doctrines et des expériences, rappelons les bases d'appui des amours extra-terrestres :

Selon l'Occultisme, la constitution de l'Etre humain n'est pas double (corps et âme, comme l'enseignent les philosophies et religions animistes) mais triple :

1° Un corps physique, sensible, mortel;

2° Un corps astral, fluidique, pénétrant intimement le corps physique;

3° Une âme, ou immatérielle, ou plus subtile encore que l'astral.

Toujours selon l'Occultisme (et le Spiritisme, et la Théosophie), l'âme et son enveloppe astrale (ou perisprit) quittent le corps physique au moment de la mort, comme on quitte un vêtement usagé, se désincarne en un mot, et attend dans l'Invisible une occasion de se réincarner à nouveau.

Pour nous, Terriens, cette incarnation est l'incarnation terrestre, qui en suit évidemment d'autres, soit ici-bas, soit ailleurs, et qui de même en précèdent d'autres qui se feront également, ou sur Terre, ou sur d'autres corps célestes.

On semble avoir des preuves de l'existence réelle, visible, de l'âme et de son perisprit, et aussi des existences antérieures, de ce qu'on appelle le phénomène des vies successives. Mais le mystère non encore percé est de savoir la genèse et l'époque de la première vie d'un être, la manière de vivre des désincarnés, la façon dont s'opèrent les réincarnations, leur date (tout de suite ou longtemps après la mort du corps physique?), leur fin (rapide ou longue, par dissolution dans la psyché universelle, ou par réabsorption au sein de béatitude du Créateur ? car il y a forcément création, c'est-à-dire naissance, puisqu'il y a fin). Et de même, trouble, bien que certains prétendent la comprendre clairement, la question toute morale du bien et du mal accomplis pendant les vies humaines, la question des sanctions, donnée par ce que les théosophes appellent *le Karma,* ensemble des fautes et des bonnes actions de chacun... Il y a là des points obscurs que maint auteur a voulu élucider, mais qu'il est hors de notre cadre de discuter ici. Un seul problème nous attachera : les désincarnés, au dire des spirites, peuvent communiquer avec ceux qui ne le sont pas encore. Que se passe-t-il alors dans les cas d'amour, cette communication pouvant être invisible ou visible, spontanée ou médianimique ?

Il y a des cas, affirme Henri Regnault (1), où les esprits, (entendons par là les âmes enveloppées de leur perisprit) se manifestent aux vivants en dehors de toute séance spirite, et d'une façon spontanée. Il est formel sur ce point. Il en fournit comme exemple personnel et nous intéressant ici, outre les communications données à sa femme par la mère, décédée, de celle-ci, pour lui annoncer la mort de son beau-père, les fois nombreuses où, d'une façon certaine, évidente, la fiancée de son médium (Hélène D...), veut lui offrir des preuves de sa survivance, frappant aux fenêtres, ouvrant les portes, l'embrassant, l'assurant de sa tendresse constante. Voilà donc un amour où l'un des éléments du couple était désincarné.

Mais procédons par ordre, et, pour ce, suivant ici l'ouvrage en deux volumes intitulé : *Les Apparitions matérialisées des Vivants et des Morts,* où M. Gabriel Delanne a récolté des centaines de faits, recherchons parmi eux les plus caractéristiques, appuyant par surcroît

---

(1) *Les Vivants et les Morts.* (Ed. Durulle.)

la possibilité d'autres faits qui nous furent contés ou dont nous lûmes la relation. L'ensemble, que nous réduirons d'ailleurs à une demi-douzaine d'histoires typiques, formera ce chapitre spécial sur les amours désincarnées.

Avouons tout de suite que les cas d'amour sont les moins nombreux parmi les phénomènes de ce genre. Il semble que ce soit l'amitié, l'affection familiale qui déclanchent le plus les apparitions. Mais avant tout il convient d'affirmer la réalité de celles-ci. On n'en peut plus douter après avoir parcouru les deux énormes volumes de M. Delanne qui fourmillent de cas contrôlés où, de plus, la photographie et même le moulage ont complété les témoignages des sens des témoins, témoignages qui pourraient être rarement suspectés, c'est-à-dire mis sur le compte de l'hallucination.

Oui, les morts et aussi les vivants peuvent, fantômes, surgir devant les yeux, inopinément ou par des expériences volontaires. On les a vus même parler, agir, serrer des mains, baiser des fronts, se mettre au piano, ouvrir des portes, offrir des fleurs. On les a vus se former et disparaître en buées humaines et nous apporter un peu des secrets de l'Au-delà.

L'action extracorporelle de la pensée a été ainsi classée par Delanne :

Télépathie : Action de l'âme à distance sans intermédiaire physique ou sensoriel.

Télesthésie : Connaissance par l'âme de faits se passant loin d'elle. C'est ce que l'on appelle aussi la Clairvoyance.

Rétrocognition : Connaissance et résurrection du passé par le sujet.

Précognition : Connaissance d'événements futurs.

Téléplastie : Sortie plus ou moins complète de l'être interne sous forme d'apparition.

⁂

On a prononcé souvent, nous le répétons, à propos de ces choses extraordinaires, le mot d'hallucination. Certes, il y a beaucoup de cas d'hallucination, soit personnelle, soit collective. Mais il n'y a pas que des hallucinations. Et les hallucinations mêmes, auditives ou visuelles, peuvent d'ailleurs être télépathiques, donc véridiques. Elles se rapportent presque toujours à des cas de mort, c'est-à-dire qu'elles ont lieu au moment de la disparition d'un être cher.

C'est ainsi, par exemple, qu'un jeune homme, Louis D..., vit un jour, sur la route, venir à lui, et lui tendant les bras d'un air à la fois tendre et navré, sa fiancée, Jeanne, qu'il croyait à cinquante lieues de là... On était encore à un grand mois de l'époque bénie où tous deux allaient s'unir, et, en attendant, l'un était parti en voyage d'affaire, l'autre en villégiature avec sa mère... Stupéfait, le fiancé resta cloué sur place. Hélas ! l'apparition aussitôt s'évanouit. Intrigué, il écrit aussitôt à la jeune fille. Mais, à la poste restante où il en recevait régulièrement des nouvelles, voici qu'arrive une épître affolée de la maman. Jeanne est morte, emportée par une grippe presque foudroyante. Et elle est morte à l'heure même où Louis D... la voyait apparaître, comme il put s'en convaincre en relisant les détails de la noire missive.

Ce fait — il en est des milliers que repèrent aussi bien Delanne, que Flammarion dans ses livres célèbres, et Crookes, Wallace, Gibier, Myers, Maxwell, vingt autres — se rapproche de celui qu'a raconté M. Raphaël Chaudos, en 1887, dans la *Revue des Deux-Mondes*, sérieuse, certes, entre toutes ! et où un M. Bard vit, près d'un cimetière, le fantôme de Mme de Fréville errer devant lui, précisément à la minute même où mourait cette dame qu'il ne savait point malade.

Faut-il rappeler que Louis D..., frappé en plein cœur et obsédé par le cher fantôme, ne se maria jamais ! Il lui aurait semblé trahir l'aimée dont la dernière pensée avait certainement été pour lui.

On a noté d'autres faits, également nombreux, de clairvoyance et d'apparition simultanées. C'est ainsi qu'un soir de mars, en 1854, le Révérend Newnham, alors étudiant, s'étant endormi vers neuf heures en pleine et violente névralgie, fit un rêve très net dans lequel il se vit chez les parents de sa fiancée, qui recevaient ce jour-là. Les invités partis, Newnham resta seul, prit un bougeoir et se dirigea vers l'escalier. Il vit devant lui, mais déjà presque sur le palier, sa fiancée, se hâta vers elle en grimpant quatre à quatre les marches et, galamment, lui serra la taille. Puis il se réveilla comme la pendule sonnait dix heures. L'impression fut si forte sur lui que le lendemain matin il l'écrivit avec tous détails en un message pour celle qui devait devenir sa femme. Or, une lettre d'elle, croisant la sienne, lui parvint, où la jeune fille lui demanda s'il n'avait pas pensé fortement à elle, la veille, « car, vers dix heures, précisa-t-elle, comme je montais l'escalier, j'ai entendu distinctement vos pas derrière moi et j'ai eu la sensation que vous me mettiez un de vos bras autour de la taille ».

Newnham s'était-il dédoublé? Ce n'est pas impossible puisque ce phénomène extraordinaire eut lieu maintes fois. Ce serait une autre explication. Quoi qu'il en soit, voilà un cas étrange où l'amour-pensée fit un miracle de plus.

Ces miracles sont en général involontaires; on peut les produire quelquefois. Telle fit miss Maugham, en 1888, ainsi qu'elle le raconta en 1890 (le fait est relaté dans les *Proceedings,* S. P. R. vol. X, p. 273) et qui résolut d'apparaître une nuit à son amie Ethel Thompson qui occupait la chambre voisine. Elle y réussit, car le lendemain, avant qu'elle en ouvrît la bouche, miss Thompson lui demanda tout à coup : « Est-ce pour m'effrayer que vous êtes venue cette nuit dans ma chambre? »

Un jeune psychiâtre, René L..., se livra à une expérience du même genre envers une jeune fille qu'il aimait et avec qui il se trouvait en excursion, accompagné d'un autre couple. Mais ici c'était plus délicat. Il ne voulut pas que sa Marguerite pût croire un instant qu'il se permettrait une telle inconvenance dans la réalité. Aussi prévint-il, au préalable, ses deux autres amis, M. et Mme B..., de ce qu'il allait tenter, les priant de vérifier qu'il resterait dans sa chambre, ou, ce qui était plus simple, de l'enfermer à clef. Or, bien mieux, les époux B... s'arrangeant à rester avec Mlle Marguerite, cependant que René L... s'allait coucher et qu'ils l'enfermaient (étant prévenus que le phénomène, s'il avait lieu, se produirait vers minuit), par badinage, dirent à la jeune fille : « Prenez cette clef et mettez-là sous votre oreiller. Nous nous sommes amusés à séquestrer cette nuit M. René. On l'entendra tempêter demain quand il voudra sortir, et nous le délivrerons. Ce sera drôle comme tout ! »

Or, tout le monde, sauf M. L..., s'étant endormi, celui-ci fit un effort de pensée très violent et très continu, et voulut de toutes les forces de son être se trouver au bord du lit de Marguerite, la prendre entre ses bras et l'embrasser passionnément sur les lèvres, chose qu'il ne s'était jamais permise, mais, avouons-le, qu'il désirait ardemment. Il avait commencé vers minuit moins dix sa concentration de pensée, et la fit durer jusqu'à minuit cinq. Après quoi, fatigué, il s'endormit.

Le lendemain, Marguerite parut toute chose, aux époux B..., et d'assez bonne heure.

— Avez-vous bien dormi? lui demanda-t-on en souriant.

— Oui, fit-elle évasivement... Mais on sentait une réticence dans ses paroles.

Elle tendit la clef, priant qu'on allât ouvrir la porte de L... avant qu'il se crût enfermé, « ne voulant pas, dit-elle, se mêler à une farce d'un goût douteux », et elle descendit dans le jardin de l'hôtel pour prendre le frais.

Une demi-heure après, René l'y retrouvait et elle lui dit gravement :

— René, il m'est arrivé cette nuit quelque chose qui m'a vivement troublée. Nous sommes trop bons amis pour nous rien cacher. Jurez-moi, sur votre honneur, que vous n'êtes pas venu dans ma chambre cette nuit.

— C'est facile à jurer, ma chère amie, dit-il avec assurance et plaisir, devinant la suite de l'entretien. Vous me connaissez assez pour savoir que je ne me permettrais jamais...

— Oui... Mais alors, je ne m'explique plus.

— Quoi donc?

— Je ne puis vous le raconter, cela me gêne. J'avais seulement besoin de savoir ce que je vous ai demandé.

— Je vous jure encore, Marguerite...

— Oui... Oui... Mais saviez-vous que j'avais, moi, la clef de votre chambre?

— Ma foi, non! répondit-il sincèrement. Comment l'aurais-je su? (En effet, les B... avaient remis la clef à Marguerite à son insu.) Vous aviez, dites-vous, la clef de ma chambre et vous me demandez si c'est moi qui ai pénétré dans la vôtre?

— Oui. Je ne sais pourquoi, — ceci entre nous, n'est-ce pas? — les B... voulaient vous faire une petite farce. Ils vous ont enfermé hier soir et m'ont donné votre clef... Eh bien! malgré ce fait qui devrait écarter précisément de moi toute idée d'intrusion de votre part, je me suis demandé si pendant mon sommeil on n'était pas venu tout doucement me reprendre cette clef, pour vous la rendre, afin que vous vous en serviez, vous, et puissiez nier le lendemain ce que...

— Ce que?...

— Le reste, encore une fois, je ne puis le dire. J'en rougis encore.

— Eh bien, le reste, je le sais! dit triomphalement René L... Et il raconta ce qu'il avait tenté et qui avait si bien réussi.

Et réussi même avec excès. Car il avait dirigé sa volonté au delà même du premier but entrevu. Emporté par son amour, il avait non seulement voulu baiser Marguerite sur les lèvres, mais, en pensée, caresser tout son beau corps... Et le corps désiré à la mi-nuit vibra terriblement, divinement. Marguerite n'osait avouer *tout* ce qu'elle ressentit alors. Non seulement, en effet, la jolie bouche reçut le contact de la bouche soyeuse de l'aimé, mais sa chair électrisée par des doigts voyageurs connut un frisson prolongé qui faillit arriver au spasme. Elle en mourait de honte et de volupté.

Pressée de questions, « au nom de la science », elle dit tout cela, rougissante, à voix basse. Et lui :

— Marguerite, puisque je vous ai presque possédée sans que vous en éprouviez de la colère... pourquoi ne point connaître tout à fait la grande joie des amants?

Elle ne répondit pas. Mais les époux B... les ayant quittés le soir, obligés au retour à Paris, la nuit suivante, Marguerite et René se trouvèrent de leur plein consentement dans la même chambre et dans la même couche.

L'esprit et la chair, enfin, communiaient dans un embrasement paradisiaque.

.˙.

Le cas René se rapproche du cas Newnham. Y eut-il télépathie hallucinatoire ou téléplastie, sortie de l'astral, dédoublement? En tout cas, l'apparition volontaire et réellement fantômale est possible. Notre confrère, Pierre Piobb, affirme avoir fait des expériences concluantes en ce sens avec notre autre confrère, Christian, et il les a relatées dans l'*Année occultiste et psychique*. De même le célèbre psychomètre Phanegg, dont parlait A. Arnyvelde dans une enquête que publia naguère la *Revue*. Et encore les expérimentateurs réputés : Aksakof, Wedgwood, Kerner. On connaît les noms fameux de MMmes d'Espérance, Paladino, Marryat, de W. Stead, du commandant Darget, etc... Oui, l'on a vu des fantômes ouvrir des portes, se montrer non seulement à une personne, mais à plusieurs assemblées, pousser la barrière d'un jardin, déplacer des objets, commander, reprocher, agir en un mot comme des vivants.

C'est ainsi qu'une jeune femme apparut un soir, des larmes aux yeux, à son époux qui la trompait. Des lieues les séparaient. Il était parti en voyage et, dans la ville où il se rendait, il retrouva une maîtresse d'avant son mariage. Rendez-vous concerté, d'ailleurs. L'épouse trahie savait où l'époux devait aller, et soupçonnait seulement la venue de la rivale. Elle se doutait aussi du nom de l'hôtel où le volage d'ailleurs descendait toujours, où même ils firent halte ensemble l'année d'avant.

Volonté ou coïncidence? Ce soir-là, donc, l'épouse songeait. Elle voyait en pensée l'hôtel, devinait l'attente dans la chambre parée pour le péché. Et voici que lui, surpris, affolé, *la vit dans l'embrasure de la fenêtre*, en ce même instant, le regard noyé de pleurs et lui adressant un reproche pourtant sans colère. Cela dura une demi-minute. Il eut peur. Il eut honte. Il écrivit en hâte un billet pour qu'on le remit « à la dame qui le demanderait », et quitta l'hôtel, pour n'y revenir que très tard :

— Excusez-moi, amie, de vous faire faux-bond. Un avertissement étrange m'est venu de celle que j'allais tromper et que j'aime toujours. Son image m'apparut tout à l'heure, non en rêve ni en hallucination, mais en réalité... Elle m'a parlé doucement, mais avec tant de tristesse... Non, non, je ne puis plus... Ne gardez de moi qu'un souvenir... Je pars demain...

*　*
*

Les apparitions matérialisées sont en somme celles du corps astral. S'il s'agit d'un vivant, c'est ainsi son double qui sort de lui-même et, affranchi des lois de l'espace et de la durée, surgit, soit au gré de sa volonté, soit au gré d'un irrésistible appel en tel endroit déterminé par qui le commande. S'il s'agit d'un mort, l'astral qui, on le sait, s'évade en même temps que l'âme de la cage charnelle, vient, libre, également où il veut, ou bien à l'endroit où une évocation l'appelle.

Le grand philosophe Kant, est-il raconté par Matter dans son livre sur Swedenborg, a certifié l'authenticité du fait suivant : La veuve d'un ministre, Mme de Marteville, se vit réclamer une lourde dette qu'elle était presque sûre d'avoir vu régler déjà par feu son époux, dette dont le double paiement risquait de la ruiner. Elle s'en confia à Swedenborg, et le grand occultiste obtint qu'elle pût voir son mari lui apparaître, qui lui indiqua le meuble où se trouvait la quittance.

Voilà donc un défunt qui visite sa veuve. Et les cas de ce genre abondent. On s'étonnera donc peu de l'histoire suivante :

Une fort jolie baronne mariée était secrètement rongée de jalousie. Il faut dire d'une part que son époux s'avérait fort bel homme et que d'autre part il donnait prise aux soupçons par son goût pour le flirt, la galanterie, les regards appuyés, les cajoleries et pressements de mains; il semblait toujours désirer les dames ou demoiselles avec qui les hasards mondains le mettaient en contact. Au vrai, il n'était que très aimable, car il adorait sa femme dont l'ardeur véhémente suffisait à calmer ses désirs; celle-ci, chaque nuit, lui demandait de telles prouesses que chaque matin le voyait les yeux battus et les reins fatigués. Mais c'était plus fort que lui de jouer au perpétuel enamouré, et la baronne en souffrait énormément. Avec le temps, elle le fit voir et commença de multiplier ses reproches et les scènes au point que, furieux, le baron (nous sommes au XVIII° siècle) offrit son épée au roi.

Celui-ci l'envoya donc à la guerre, où il mourut bravement par un beau soir de printemps, une rose à la bouche et son épée rouge au bout de sa manche en dentelle. La baronne en fut vivement affectée. Mais voici que pour comble d'émotion elle vit, le lendemain même qu'elle apprit la funeste nouvelle, le fantôme du baron se pencher sur elle et lui dire :

« Me croiras-tu, maintenant, croiras-tu celui qui est mort de chagrin, mort de ton injustice, croiras-tu le mort qui t'affirme que, vivant, jamais il ne te trompa? »

Il était au pied du lit, une rose à la main, et parlait ainsi, doucement, tristement. Et la rose tomba ou fut jetée par le revenant... La baronne, affolée, la trouva le lendemain et jura sur ces pétales d'outre-tombe qu'elle ne se remarierait point.

Sans doute un vase de roses était sur la cheminée de la chambre. Sans doute il pouvait y avoir là un rêve ou une vision hallucinatoire... Pourtant la baronne regarda l'heure et se pinça pour se persuader qu'elle ne dormait pas... Non, non, c'était bien le fantôme du baron qui venait de l'adjurer de bannir ses vilains soupçons.

Même apparition protestant contre une accusation injuste est citée par Myers, d'après les *Proceeding*, dans son livre sur *la Personnalité humaine, sa survivance et ses manifestations supra-normales* : Un riche industriel, M. D..., étant à Londres, vit l'image de son plus dévoué secrétaire, Robert Makensie, lui apparaître pour le supplier « de ne pas croire à ce dont il allait être accusé ». Peu après, il recevait la nouvelle du suicide de Robert. M. D... ne voulut pas accepter cette accusation de suicide, et il fit bien, car une nouvelle lettre lui apprit que Makensie s'était empoisonné sans le vouloir avec de l'acide sulfurique qu'il avait pris pour de l'eau-de-vie. M. D..., se remémorant la vision, s'aperçut qu'elle offrait en effet les marques de ce genre d'intoxication.

Mais restons-en aux récits d'amour. On vient de voir un homme fidèle se défendre, mort, d'adultère non commis. En voici un autre qui, poitrinaire, se sentant mourir, affirme à sa maîtresse qu'il la reverra quand même au delà du tombeau. Tous deux s'adoraient. Elle, versait des larmes à flot. Mais le malade eut une telle assurance dans la voix que l'amie se ravigora par cette perspective. Et lui d'ajouter :

— D'ailleurs, aie toujours un appareil photographique auprès de toi. Et tâche de rester assez calme, si tu me vois, pour faire jouer le déclic. Je donnerai ainsi la preuve aux incroyants de la possibilité des apparitions.

Moins d'une semaine après il mourut. Et moins d'une nouvelle semaine après, Marthe, qui tous les soirs concentrait sa pensée sur l'aimé, le vit en effet jaillir d'entre les rideaux comme une buée lumineuse.

Elle eut un cri, mais aussitôt saisissant son appareil elle le braqua, le déclancha, puis, brisée d'émotion, le laissa tomber, évanouie.

Heureusement, c'était un bon Kodak à main et rien ne fut perdu. Deux jours après, elle pouvait conserver la chère image de Celui qui était de l'autre côté du mur de la vie.

Ne criez pas à la fantaisie. Il y a, dans le volume cité, de G. Delanne, des douzaines de pages sur les photos d'apparitions. M. Beattie, professionnel dégoûté des supercheries trop souvent constatées des photographies spirites, voulut lui-même faire des recherches à ce sujet, travailla dans ce sens avec Aksakof, le professeur Wagner (Université de Pétersbourg), Slater l'opticien, le médium Hudson, W. Head, etc., et constitua un gros dossier de photos sans truquage, absolument extraordinaire et convaincant. Célèbres sont les portraits d'apparitions de décédés tels que MMmes Baurer, Pauline Speer (médium du fameux Stainton Moses), Mabel Warren, amie très chère de l'éditeur Dow, etc. Ajoutons-y celui du jeune amoureux que nous citions plus haut.

Les divers faits précédents semblent ne s'être produits qu'une fois chacun. Il y a mieux. Il y eut, il y a des survies qui se manifestent avec insistance. Ainsi Estelle Livermore, aux environs de 1861, apparut pendant cinq ans à son mari (voir le volume de Dole Owen : *Le Territoire contesté entre ce Monde et l'Au-delà*, traduction du docteur Dusart dont une partie parut en 1901 dans la *Revue scientifique et morale du Spiritisme*). Et ceci est bien une histoire d'amours désincarnées. Abrégeons-en le récit.

Livermore, un commerçant de New-York, était très uni avec sa femme Estelle qui, à son lit de mort et pour le consoler, lui promit de faire l'impossible pour le revoir par la suite. Cependant, ni l'un ni l'autre n'admettaient le spiritisme. Et sa femme morte, le veuf exhala sa plainte désolée devant le docteur Gray qui, lui, croyait, et offrit un concours auquel on ne répondit que par un douloureux sarcasme.

Pourtant le temps agit. Livermore se dit qu'il pourrait bien y avoir peut-être quelque chose dans la doctrine d'Allan Kardec. Et il alla demander une séance à Kate Fox, la célèbre médium.

Il ne réussit pas de suite. Mais un jour il entendit des *raps* (coups frappés) qui le mirent en éveil. Puis ce furent des attouchements, messages, déplacements d'objets, etc. qui accompagnent presque toujours la trance médianimique. Enfin à la douzième séance, Estelle promit par l'écriture de venir bientôt. Alors des lueurs phosphorescentes, les jours suivants, furent comme un prélude. Trois jours après, Estelle s'annonça pour le soir et pria qu'on fermât bien toutes les issues. On n'y manqua pas. Les fenêtres furent scellées, les portes verrouillées, les meubles lourds traînés devant les issues, la pièce inspectée de fond en comble...

Estelle commença par indiquer qu'elle était « en formation ». Aussitôt apparut un globe lumineux et crépitant, qui peu après prit la forme d'une tête voilée. Le veuf éperdu reconnut les traits de la chère morte. Il ne lâcha cependant pas les mains du médium, car c'était son contrôle. Un corps entier enfin se forma, phosphorescent, et qui éclairait toute la pièce d'une lueur électrique. Il disparut bientôt.

Un autre soir, la lourde table s'ébranla toute seule. Mille objets se déplacèrent. Une gaze brillante apparut qui forma le corps, le visage d'Estelle déjà plus ressemblant que la première fois, et qui dura une grande demi-heure !

Le fantôme ainsi de temps à autre reparut, de plus en plus net, de plus en plus longtemps et cela pendant cinq ans, consolant, remplissant de joie l'incrédule converti comme le fut la jeune Lydia dont nous allons conter l'histoire pour finir cette série de pages sur les amours désincarnées.

Les débuts sont presque les mêmes. Lydia F... aimait à la folie Henri H..., mais d'un amour spirituel autant que charnel. La mort vint lui ravir son amant peu d'années après le commencement de leur idylle. Un accident. Elle faillit succomber au chagrin. Mais une pensée la soutint : l'espoir qu'Henri ne l'abandonnerait pas, même au delà de la Grande Barrière.

Longtemps toutefois elle hésita devant l'évocation. Elle en tremblait d'avance. Elle ne connaissait pas de médium. Et c'est par un vrai hasard qu'une amie lui en indiqua un : Eugénia B... (morte également depuis ces événements).

Eugénia promit de faire tout son effort, mais il fallut vingt trances espacées sur deux mois pour que les symptômes ordinaires apparussent. Enfin, là aussi, il y eut l'avertissement des raps, les essais de formation fantômale. Et Lydia commençait à se désespérer quand enfin derrière Eugénia endormie surgit le blanc fantôme de l'Aimé.

Comme il avait le visage calme et le regard serein ! Il se détacha du médium, vint vers l'amoureuse, la pressa doucement dans ses bras, mais qu'est-ce qu'une pression immatérielle ! Lydia savait qu'il faut éviter de toucher un fantôme et s'abstint, le laissant faire, mais si heureuse ! si heureuse ! Il effleura son cou d'un baiser. Malgré elle, d'instinct, elle tendit ses lèvres. Une caresse très douce et frôlante prit sur sa bouche le goût d'un baiser.

Longtemps, longtemps, trois ou quatre fois par mois, par le pouvoir d'Eugénia, Henri vint ainsi visiter Lydia et ne lui ménagea ni les caresses ni les conseils. Comme l'amante — qui ne péchait plus; — lui demanda quelques renseignements sur la vie de l'Au-delà, il répondit ou à peu près :

— Je suis dans la Joie. La Mort n'est pas. Je lis dans les cœurs. J'ai des pouvoirs physiques et intellectuels que je ne soupçonnais pas. Je veillerai sur toi jusqu'à ce que l'Invisible m'appelle pour me réincarner. Compte sur moi. Je serai ton bon ange, ton ange gardien.

Comment ne pas continuer d'aimer dans ces conditions, même un désincarné?

QUATRIÈME PARTIE

I

L'AMOUR ET LES SCIENCES DIVINATOIRES

L'Amour et les Astres

Nous n'avons pas l'intention de reproduire ici la théorie et la méthode de chacune des grandes sciences divinatoires. On n'aura qu'à se reporter à l'*Encyclopédie des Sciences occultes* (1) chaque fois que le besoin s'en fera sentir pour un éclaircissement. Le mieux serait d'avoir ce livre sous la main afin de le consulter à loisir.

Ce que nous voulons, pour rester dans notre cadre, c'est de détacher de la pratique de ces sciences si curieuses, souvent si exactes et toujours si profondément intellectuelles, uniquement ce qui a trait à l'amour. Nous garderons ici la bonne méthode du véritable Occultisme, qui rattache entre elles les marques du destin en les faisant toutes dériver de la *signature astrale*.

C'est pourquoi nous débuterons par l'étude de l'Amour au point de vue de l'Astrologie.

---

(1) Ed. Georges-Anquetil,

⁎⁎⁎

Et en Astrologie nous nous cantonnerons précisément dans celui des sept influx attribué à Vénus, planète de l'Amour. Ainsi nous saurons de quelle façon l'influx vénusien marque l'individu, en quoi consiste sa signature, comment on la reconnaît dans un horoscope, quelles combinaisons elle donne jointes à celles des autres astres et constellations. Ce travail nous semble précieux, car n'est-ce pas un bien que de savoir soi-même à quel degré l'on est sous l'empire de la divine Etoile, de deviner de la personne aimée les propres tendances à ce point de vue, de prévoir si les destins qui vont se conjuguer par l'union sont harmoniques ou hostiles l'un à l'autre?

Résumons donc d'abord ce que la tradition pense de Vénus et de son magnétisme astral.

Vénus est une des trois planètes dites *inférieures* (avec Mercure et la Lune) et encore *occidentales;* en revanche elle est (avec Jupiter et le Soleil) parmi les *bénéfiques* (Mercure et la Lune étant dites *neutres*).

Vénus est la planète de l'Amour, de l'Amitié, des Liaisons sentimentales, donc du Mariage aussi bien que de l'Union libre, passagère ou sérieuse, des passions en général et du cœur en particulier (donc de la jalousie), de l'espérance et des chagrins amoureux, des plaisirs et naturellement des vices sensuels, de la douceur, du charme et de la grâce, de la génération enfin. Au point de vue physique, elle est celle de la perfection corporelle, de la parure, du luxe, de la décoration, des arts et spectacles, de la musique et de la danse, des parfums et des fleurs.

Son caractère (entendons toujours celui de son influx) est ainsi nettement différencié de celui du Soleil maître de la Gloire, de Jupiter roi des Honneurs, de Mars qui commande l'Esprit de lutte, de Mercure patron de l'Intelligence et des Affaires, de la Lune donneuse d'Imagination, de Saturne qui préside à la Réflexion, à ce qui est grave, dangereux, mortel... Vénus, nous l'avons vu, c'est plus encore que l'Amour : l'Harmonie.

Si l'on examine ces correspondances profondes que les Occultistes ont devinées entre un influx astral et les autres éléments de la Nature, on trouve celles-ci dans les meilleurs auteurs :

Jours de Vénus : le lundi.

Ses nombres planétaires : 7, 49, 157, 1252 (Albert-le-Grand).

Ses couleurs : vert ou rouge.

Son métal : le cuivre.

Ses pierreries : émeraude ou turquoise.

Ses plantes : le myrte ou verveine (et toutes celles que nous avons citées dans notre deuxième partie).

Ses animaux : le taureau, la colombe, le bouc.

Ses parfums : la cannelle et la verveine.

Ses génies : Hagith et Raphaël.

Les organes qu'elle préside : gorge, seins, ventre, sexe et rein, — le goût.

L'âge humain qu'elle gouverne : l'adolescence (de 14 à 21 ans).

Les mœurs qui dépendent d'elle : la tempérance et la luxure.

L'idée innée (selon Kant) qu'elle favorise : l'idée de substance.

Sa figure symbolique : une colombe ayant au bec un lacet d'amour.

Si nous plongeons un peu plus loin au secret des psychismes, nous dirons avec Paul Jagot que Vénus, qui est l'Harmonie, tend à la créer chez ceux qu'elle signe de son magnétisme astral. Elle favorise l'acuité sensuelle, l'affectivité, les facultés attractives, la génération, l'évolution émotionnelle. Et de ce fait elle domine davantage les formes que les idées, les aspects extérieurs que les réalités profondes de l'âme; elle est superficielle un peu, à l'encontre de Saturne père des concentrations. Elle pousse à l'harmonie parce qu'elle pousse à l'amour qui n'est que l'effort de deux attractions à se fondre ensemble. Par quoi en effet se plaisent deux amants qui se cherchent? Sans doute par les charmes de l'âme, chez les très intelligents; mais dans la grande majorité des cas, par les charmes du corps, par tout ce qui est doux et agréable à l'œil. Voyez les plus déshérités, voyez ce petit gars des faubourgs, pauvre et sans instruction, et cette gosse rencontrée dans la rue et toute aussi dénuée que lui de pécune : ils s'aiment parce que « la môme » a de beaux yeux, une bouche qu'il est doux de baiser, une taille qu'on serre avec bonheur, et puis, et puis, des formes que la Nature fait attirantes aussi bien chez les dernières que chez les premières de la vie sociale, ces formes rondes et palpitantes qui vont tressaillir aux premières caresses... Alors le plaisir divin, le plaisir de l'étreinte, la volupté du spasme sera l'ardente revanche et la seule possible de ce couple de malheureux sur la Civilisation qui les étreint dans l'étau de ses lois de fer. Fussent-ils nus dans une cabane, voire dans un taillis, sans abri, sans argent, ils goûteront la joie des joies... Merci donc à Vénus, déesse de leurs amours. Et que nos regards se lèvent avec émotion et reconnaissance vers l'Etoile du Soir...

Naturellement, si Vénus est maléficiée dans un horoscope, c'est-à-dire en mauvais aspect (nous rappellerons tout à l'heure ce qu'on entend par là) son influx risquera, chez une femme, de la rendre vénale et débauchée, chez un homme d'en faire un efféminé, un lascif, un intempérant. Dans ses états les plus bas, dit Frantz Hartmann, elle conduit aux instincts de luxure; dans les moyens, aux mondanités et liaisons ordinaires; dans les supérieurs, elle guide les artistes et les thérapeutes, conduit aux amours élevées et aux dévouements sublimes.

Vénus sera donc la planète des artistes, des initiés, des médecins, des gens de théâtre, des musiciens, des danseurs, et aussi des parfumeurs, des horticulteurs, des courtisanes... C'est-à-dire que les vénusiens rechercheront plutôt ces situations en rapport avec leurs tendances naturelles.

.˙.

On sait que les douze constellations zodiacales sont dominées chacune par une planète. Vénus influence la Balance et le Taureau, et l'on a déjà saisi la correspondance : le Taureau, c'est la Génération; la Balance, juste au milieu du Zodiaque, c'est l'Equilibre.

Nous devrons donc retrouver dans les influences zodiacales de la Balance et du Taureau, le magnétisme astral de Vénus. Et en effet les meilleurs auteurs donnent pour correspondance à chacun de ces deux signes :

Taureau : fécondité, persévérance, vendredi, vert, agathe, amabilité.

Balance : équité, loyauté, vendredi, vert, diamant, passion.

On sait aussi qu'il existe un tableau des *dignités* des planètes, c'est-à-dire du degré de puissance de leur influx selon les constellations où elles se trouvent momentanément. C'est ainsi que Vénus est dans son *trône* quand elle passe dans le signe de la Balance, en *exaltation* dans le signe des Poissons, en *exil* dans le Bélier, en *chute* dans la Vierge, ce qui signifie que sa force est au plus haut point dans les Poissons, entravée dans le Bélier, presque annihilée dans la Vierge, observations dont il faut tenir compte en interprétant un horoscope.

Important est l'influx vénusien sur ceux qui naissent un

vendredi; mais il est d'autres jours, ou plutôt il est des dates de l'année qui permettent certains pronostics relatifs aux choses de l'amour. Nous les avons relevées dans un livre de l'astrologue Ely Star. Bien entendu ces pronostics n'ont rien d'absolu; il faut les prendre comme des possibilités. C'est ainsi que les personnes nées :

Le 3 janvier auront tendance à vaincre leurs sens, et le 13 du même mois pourront craindre les chagrins d'amour.

Le 16 février, aimeront sans doute leur famille et leur foyer, et le 20 auront chance de connaître l'accord conjugal.

Le 3 mars, même chance, et le 20 celle de dominer leurs sens.

Le 7 avril s'élèveront, hommes, par les femmes, et, femmes, par l'amour, le 22 aimeront quelqu'un d'âge ou du moins feront avec un mariage d'intérêt, le 23 risqueront de connaître la brouille en ménage, le 26 auront par leur charme une union agréable, devront craindre, le 27 des malheurs dus aux femmes et, le 29 espérer, s'ils y tiennent, des amours simultanées.

En mai, nous voyons, pour les naissances du 5, mariage riche, mais suivi de chagrins, le 18 domination de l'épouse sur le mari, le 28, querelles d'intérieur.

En juin, 1 : affections familiales; 2 : perte prématurée d'une personne aimée; 12 : bonheur conjugal par réciprocité d'affection; 18 : cas gémellaire probable dans la famille; 21 et 22 : heureux mariage entre caractères sympathisants; 24 : plusieurs dominations féminines successives; 25 : dangereux penchants sensuels; 26 : peines par les femmes; 29 : adultère.

Juillet, 3 : instincts cruels, voire sadiques; 9 : amour des plaisirs.

Août, 1 : amour du luxe; 3 : instincts sensuels; 4 :

beau mariage; 21 : ménage heureux; 28 : succès amoureux; 29 : mariage difficile.

Septembre, 1 : danger d'épouser une femme irritable; 7 : tendresse; 10 : vie longue en famille; 14 : instincts sensuels et leurs dangers; 20 : famille nombreuse; 21 : fécondité; 29 : liaisons dangereuses.

Octobre, 2 : mauvais instincts; 5 : séparations; 7 : inconstance; 10 : bonheur conjugal; 17 : nombreuses bonnes fortunes; 30 : passions.

Novembre, 9 : chagrins d'amour; 15 : amour du home; 26 : veuvage; 28 : amours calmes.

Décembre, 3 : faiblesse devant les instincts de volupté; 8 : abandon; 14 : jalousie pouvant conduire au meurtre; 22 : jumeaux; 27 : cœur droit, fidélité; 28 : rivalités d'amour.

⁂

En dehors de ce qu'elle appelle le Maître du Jour (c'est-à-dire la planète dominant tel jour de la semaine, par exemple Vénus pour le vendredi) l'Astrologie a établi un Maître du Signe (nous avons vu que c'est Vénus pour la Balance et le Taureau) un Maître du Décan, un Maître de l'An et un Maître du Cycle (nous négligerons le Maître de l'Heure.)

Le Décan est une période décanaire (dix jours) formant le tiers d'un mois astrologique (lequel est de trente jours, donc de la valeur d'un signe zodiacal, puisque l'année zodiacale comprend douze périodes dominées chacune par une constellation). Il y a donc trois décans par Signe. Or nous trouvons Vénus maîtresse aux décans 3 du Bélier, 1 du Cancer, 2 de la Vierge, 3 du Scorpion, 1 du Verseau, et ce n'est pas au hasard que cette indication est donnée, puisque l'ordre des planètes quant à la venue de leur influence sur les 36 décans est celui-ci : Mars, Soleil, Vénus, Mercure, Lune, Saturne, Jupiter. Comme Mars domine le décan 1 du Bélier, par quoi s'ouvre l'année astrologique, c'est-à-dire le printemps, Vénus vient naturellement à sa place aux décans ci-dessus indiqués.

Quant aux cycles et aux années, notons avec Ely Star que ces cycles de 36 ans chacun, et ayant chacun leur maître, permettent à chaque an d'avoir aussi le sien, et toujours dans le même ordre immuable.

Le Cycle de Vénus fut de 1801 à 1836 inclus. Nous ne reverrons pas de sitôt par conséquent un cycle vénusien. En revanche, dans le Cycle de Mars où nous sommes en ce moment, on trouve Vénus maîtresse de l'an 1879 et, de sept en sept ans, des années suivantes; en 1911, Vénus revient dans un ordre, avec le nouveau cycle, et on la trouve par conséquent en 1918 et 1925. Nous sommes heureux que ce livre ait été composé précisément sous son égide.

.·.

L'Astrologie divise encore la course annuelle du Soleil à travers le Zodiaque en douze portions, dites Maisons du Ciel, fixes, celles-là et visitées chacune à leur tour par les sept planètes influentes. Ces maisons correspondent aux douze objets principaux de la Vie : caractère du Consultant, ses biens, ses parents, ses amis, sa carrière, etc...

Deux nous intéressent ici : la 5° et la 7°.

La Maison V est celle des amours, des liaisons, des legs, des enfants.

La Maison VII est celle du mariage et des associations.

En réalité, au point de vue naturel, seule la Maison d'amour, la cinquième, doit avoir ici sa place, la septième ne considérant le mariage qu'en tant qu'association. Et cela est si vrai qu'on place en V le fruit de l'amour : l'enfant. On appelle encore la Maison V celle du Bon Génie, de la Bonne fortune. Voyons chaque influence planétaire quand elle passe en cette maison.

Saturne y sera naturellement maléfique; il nuit aux amours, stérilise les femmes, donne de l'inconstance. Jupiter, bien meilleur, y favorise les mariages, les liaisons. Mars apporte son esprit d'entreprise, le danger des séductions, la possibilité d'enfants illégaux, l'infécondité des épouses. Le Soleil éloigne les enfants car son influx porte à la solitude égoïste. Mercure amène de l'inconstance, le goût des amours pratiques. La Lune rend les amours instables, sensuelles, mais fécondes.

Et Vénus? Vénus naturellement déploie là sa puissance. Vénus en Maison V apporte des amours précoces, la protection des femmes, le goût des plaisirs et des voluptés, de nombreux enfants, la beauté physique, la fortune dans le mariage, et aussi la jalousie.

.*.

Et Vénus encore versera son magnétisme spécial dans les constellations qu'elle visitera tour à tour en sa céleste rotation. Elle versera dans le Bélier le goût des jeunes amours et le danger des séductions; dans le Taureau quelqus chagrins, mais aussi la fécondité, la réussite par les femmes, la réalisation des espérances; dans les Gémeaux la sagesse et la bonté, des amours contrariées et jalouses, de beaux enfants parfois jumeaux, des unions simultanées; dans le Cancer l'instabilité, la séparation, les chances de mariage à l'étranger; dans le Lion le bonheur, l'influence féminine utile, un mariage précoce; dans la Vierge des amours étranges (voire l'inceste si Mars est en mauvais aspect, des liaisons avec des personnes en religion, etc.); dans la Balance d'heureuses liaisons, la fidélité, la chance, l'ardeur sensuelle; dans le Scorpion des relations dangereuses en amour avec leurs terribles conséqunces, l'idée de séduire des vierges, le désaccord conjugal; dans le Sagittaire un veuvage prématuré, un mariage avec parent ou étranger, des amours mystérieuses, des adultères; dans le Capricorne des obstacles à l'amour, de la stérilité, de la perversité; dans le Verseau un mariage tardif, des espérances déçues, des idées de célibat, des peines de cœur; dans les Poissons du bonheur conjugal, plusieurs mariages, et dans certains cas (conjonction de Vénus et la Lune) un divorce.

En somme, on le voit, l'action vénusienne est bénéfique ou maléfique suivant les constellations traversées (au sens astrologique, c'est-à-dire figuré, voir à ce sujet un ouvrage spécial).

...Suivant aussi les aspects. Car on sait qu'il y en a de plusieurs sortes : conjonction, trigone, quadrature, opposition, selon l'angle que présentent entre elles les planètes placées suivant les règles astrologiques sur une figure horoscopique. Exemples :
Saturne en conjonction avec Vénus présage : inconstance, chagrins, perte d'enfant.
— en trigone avec Vénus présage : retards, calomnies, mauvaises liaisons.
— en quadrature avec Vénus présage : maux vénériens possibles.
— en oposition avec Vénus présage : séparation, veuvage.
Jupiter en conjonction avec Vénus : séduction de vierge,
— en trigone avec Vénus : bonheur conjugal, biens par mariage.

— en quadrature avec Vénus : fidélité, bonnes mœurs, deux mariages.
— en opposition avec Vénus : inconstance, chagrins, perfidies.

Mars en conjonction avec Vénus : Discordes, manques, avaries, scandales.
— en trigone avec Vénus : Adultère, séduction de jeunes filles.
— en quadrature avec Vénus : maux, deuils, peines.
— en opposition avec Vénus : maux contagieux, périls amoureux.

Soleil en conjonction avec Vénus : faveurs par les dames, splendide mariage.
— en trigone avec Vénus : sensualité, bonheur, appuis féminins.
— en quadrature avec Vénus : Mariage heureux, honneurs par les femmes.
— en opposition avec Vénus : femme nuisible, entraves, célibat.

Vénus en conjonction avec Mercure : jalousie, passion, voluptés de toutes sortes.
— en trigone avec la Lune : infidélité, tendresse, poésie.
— en trigone avec Mercure : emplois dus à des protections féminines.
— en trigone avec la Lune : adultère et ses dangers, mariage en voyage.
— en quadrature avec Mercure : imprudentes amours.
— Vénus en quadrature avec la Lune : amours fugitives et scandales subséquents.
— en opposition avec Mercure : abus des sens, rivalités, querelles.

— en opposition avec la Lune : danger de femme orgueilleuse, mariage difficile.

Passons à la Maison VII.

Selon Abel Haatan dans son *Traité d'Astrologie judiciaire*, les présages à demander à propos du mariage sont les suivants :

1. Le consultant se mariera-til ou restera-t-il célibataire ?
2. S'il se marie, sera-ce ou non avec facilité ?
3. Vers quelle époque de sa vie se mariera-t-il ?
4. Se mariera-t-il plusieurs fois ?
5. Quelle sera et que sera son épouse ? (apport moral).
7. En quel lieu son mariage le conduira-t-il ?
8. Quel sera le degré d'entente entre les époux ?

Voici les réponses à ces huit questions, en se souvenant que les significateurs du mariage, pour l'homme, outre la Maison VII, sont la Lune et Vénus, le Maître de la Maison VII et des planètes qui l'occupent.

1. — Si Vénus et la Lune se trouvent en signe stérile (Vierge, Lion, Gémeaux) et dans une des maisons dites cadentes (III, VI, IX, XII) le consultant a chance de ne point se marier, ou, s'il se marie, de n'avoir pas d'enfants. Le présage est encore plus sûr si les autres significateurs se trouvent en signe stérile.

Si Vénus et la Lune ne sont pas en signe stérile, voir si l'une des deux n'est pas réunie à un Saturne puissant, ce qui impliquerait également le célibat de même qu'une Vénus en quadrature ou opposition avec Saturne, surtout si la Lune est en signe stérile et bien cadent.

2. — Les difficultés du mariage sont en rapport avec la dignité des significateurs. Elles sont moins grandes si ceux-ci sont en lieux favorables; elles le sont plus si les dignités sont débiles.

3. — Si les significateurs (et surtout la Lune) sont orientaux à l'égard du soleil, s'ils occupent les quadrants orientaux, le consultant se mariera dans la jeunesse. Dans le cas contraire, il se mariera sur le tard.

4. — Si les significateurs occupent (tous ou en majorité) des signes aqueux, c'est-à-dire féconds, le consultant a chance d'avoir plusieurs femmes. En tous cas Lune et Vénus sont les meilleurs indicateurs et l'on peut dire :

A. — Lune conjointe à une seule autre planète : une seule épouse.

B. — S'il n'y a nulle conjonction de la Lune, voir les planètes libres de tout influx solaire et regarder si elles sont en signes féconds, preuve de polyunion.

C. — S'il n'y a aucune de ces planètes libres, voir s'il en est d'autres, également libres entre le milieu du ciel et Vénus : il y aura autant d'épouses qu'on en trouvera indiquées vers l'horizon oriental.

5. — Voir les planètes regardant la Lune et leur aspect avec elle.

Un bon aspect de Saturne indique épouse laborieuse, grave, économe.

Un mauvais aspect du même : épouse taciturne, envieuse, dépravée.

Bon aspect jupitérien : épouse pieuse, noble, humble.

Mauvais aspect du même : ces qualités tournées par excès en défaut.

Bon Mars : épouse intelligente, hardie, dominatrice.

Mauvais Mars : épouse coléreuse, despotique et violente.

Bon aspect vénusien : beauté, grâce, affabilité.

Mauvais aspect vénusien : dépense excessive, luxure.

Bon Mercure : prudence, éloquence, sagacité, sens commercial.

Mauvais Mercure : loquacité, ruse, mensonge, hypocrisie, variabilité d'humeur.

6. — Voir de même les aspects par rapport à la Lune. Aspect bénéfiques : richesse, et maléfiques : pauvreté. Le maître de la Maison VII a ici son importance. S'il est en maison X : épouse noble, en maison XII : épouse obscure et pauvre; s'il est en XII et celui de la maison II en VII : héritages; s'il est en VI, avec mauvais aspect : épouse maladive.

7. — Si les significateurs obtiennent des signes de voyage où ne se trouvent en aucune de leurs dignités, il y a chance que les époux aillent à l'étranger.

8. — Mêmes remarques que par le 5 et le 6. Les aspects bénéfiques annoncent la concorde, les autres la mauvaise vie à deux.

S'il s'agit d'un horoscope féminin, c'est-à-dire si une femme se pose les questions que vient de se poser l'homme quant au mariage, le même travail se fera mais on remplacera les significateurs principaux Lune et Vénus par Soleil et Mars.

.·.

Quelque compliquée que soit l'Astrologie, il n'est pas mauvais d'en tenir compte car ses indications fort sérieuses sont utiles, et il est remarquable que les corroborent toujours celles données par la Physiognomonie, la Chiromancie et la Graphologie. En amour donc utilisons-la bien. Non certes s'il s'agit d'une charmante union d'un jour ou de quelques mois, qui pèse peu sur la Vie et où le nœud se fait et défait facilement. L'attirance physique est seule en cause ici, et le principal est de n'y laisser ni sa santé ni son cœur, — et ceci est une autre affaire. Mais s'il s'agit d'une union stable, qu'on la veuille ou devine telle, qu'elle soit régulière et enregistrée par le Code, ou consentie librement encore qu'avec ferveur, alors il sera bon que chacun de ceux qui s'engagent cherche à savoir si une *harmonie préétablie* des âmes va sanctionner l'harmonie souhaitée par la vie à deux. Et la consultation d'une personne versée dans l'Astrologie le dira.

Pour ce, celle-ci établira le thème de nativité des amants; elle lira ces deux horoscopes et cherchera en chacun ce que verse l'influx de Vénus au destin de l'intéressé. Pour bien faire elle devrait encourager les amours qui se complètent et s'accordent dans la brume des pronostics établis. Pour bien faire elle devrait avoir des conseils dans ce genre :

— Monsieur, vous risquez gros en épousant, marsien comme vous l'êtes, c'est-à-dire énergique jusqu'à, peut-être, la violence, actif et fougueux à la fois, cette femme qui présente pareille signature, avec un aspect même si dangereux de deux planètes que voici, qu'un geste de colère peut aller jusqu'au meurtre, un meurtre qu'elle regrettera certes, mais dont son impulsivité ne la sauvera sans doute pas. Or, vous, comme beaucoup de marsiens, avez par surcroît dans votre thème la marque de la mort violente. Vous le voyez, un drame conjugal est à craindre lorsque, le temps passé de ce qu'on appelle la lune de miel, où vous reprenez chacun vos tendances, la vie continuera selon les destins naturels.

Ou bien :

— Jeune homme, pourquoi, intelligent comme vous l'êtes, vous qui avez de si heureux aspects d'astres, qui semblez prédestiné à la réussite intellectuelle, pourquoi gâcher, chose probable, votre vie, en épousant cette fille dont tout l'horoscope indique une nature incompatible avec la vôtre, avide de luxe et de plaisir plus que de développement cérébral, et qui de plus fait prévoir, à la suite de ces excès, des maladies longues et confuses et que rien ne rachète, ni fortune, ni gloire, ni amitiés solides. Elle entravera constamment votre carrière. Jeune, elle vous enlèvera aux études en vous forçant à la suivre en ses mondanités. Plus tard, maladive, elle gênera constamment votre activité... La belle affaire d'avoir deux ou trois ans de joie d'ailleurs gâtée des mille petites amertumes de la vie pour gémir des dizaines d'ans en des chaînes presque impossible à rompre, parce que vous n'en aurez pas, trop généreux, le courage?

Ou encore :

— Prenez garde, fillette : votre galant porte en lui la tendance, et très prononcée, à des amours légères, instables, simultanées. Il n'a pour vous que « le béguin ». Qui sait s'il n'a pas même une maîtresse alors qu'il vous assure de son affection? Il est des hommes qui peuvent aimer presque sincèrement plusieurs femmes. Si vous y tenez, faites-en l'amant de quelques mois, mais ne vous attachez pas à lui par des liens éternels.

Ou enfin :

— Tout est bon, tout s'accorde en vos deux horoscopes, cher ami et chère amie. Allez la main dans la main pour une vie harmonieuse, faite de calme et de fidélité réciproque.

On pourrait multiplier ces petites homélies... Mais, dira-t-on, jamais deux jeunes gens qui se plaisent n'iront briser leur amour après consultation d'astrologue ! Eh ! si la faute est excusable, elle n'en existe pas moins.

Mais s'il paraît en effet difficile qu'un couple aille ainsi guérir son destin d'amour, une autre façon d'opérer est possible. Chacun d'eux, muni de la date exacte de naissance de l'autre, n'a qu'à secrètement aller demander avis à une personne compétente. Il ne s'en tiendra d'ailleurs pas au seul thème astrologique. Il fera établir un thème graphologique et si possible un thème chirologique. Muni de ces renseignements, il verra s'il est prudent ou dangereux de laisser croître sa passion.

Quoi qu'on en dise, un être digne de ce nom doit pouvoir refréner un amour naissant. Les coups de foudre sont en général du domaine des romans. Et d'ailleurs, s'ils existent et quand ils existent, c'est peut-être la preuve que l'harmonie a éclaté lumineusement au moment de la rencontre. En tous cas ils sont rares. Et le bonheur de toute une vie est chose tellement importante qu'il est, nous semble-t-il, un devoir envers lui : celui de risquer le moins possible de le compromettre.

II

PHYSIOGNOMONIE AMOUREUSE

S'il est une science divinatoire qui prend de l'importance en amour, c'est bien la Physiognomonie, c'est-à-dire l'art de deviner les caractères de l'âme sous les aspects de la chair et la réaction du moral sur le physique. En même temps, l'on serait tenté de dire que s'il est une science inutile, c'est bien celle qui prétendrait faire reviser le jugement des yeux aveuglés par cet aspect de la chair, quasi irrésistible, de commander à l'Amour de déguerpir, sous le prétexte que la Raison le lui conseille après un attentif examen. Certes ! quand on a été pris au charme de deux yeux qui vous aimantent, d'une bouche dont on a le goût en pensée déjà sur les lèvres, d'une gorge qu'on voudrait dévoiler tout à fait, d'une taille qui met des fourmis aux doigts; certes ! quand le désir est né puis s'est affirmé, d'une femme qui nous paraît adorable par tout son corps qu'un coup d'œil déshabille, il est bien difficile de se dire :

— Halte-là... voici la courbe d'un nez, voici un genre de lèvres, voici une coupe de menton, voici un tracé de visage qui ne sont point de bon augure... Ces sourcils décèlent de l'emportement naturel et ces yeux arrondis se trouvent souvent chez les détraqués. Ces oreilles massives font craindre la vulgarité. Ce type de tête en carré allongé confirme une dureté probable du cœur, ainsi que cette voix un peu rauque. Je cours grand risque de me quereller fort, plus tard, avec ce bijou-là !

On nous dira : « Bah ! pour quelques nuits d'amour... » En effet, comme nous le remarquions quant à l'Astrologie, une passade peut se dispenser de tout autre examen que celui d'hygiène... Le désir ici purement physiologique s'est énervé puis satisfait. C'est bien : sourions et passons. Et d'ailleurs, ce ne fut presque toujours qu'un détail qui engendra la poussée sexuelle : un regard en coulisse, ou chargé de promesses luxurieuses, un sourire aguicheur, une croupe ensorcelante, un nez bien fait sous deux beaux yeux en amande, bref tel attrait spécial excitant l'intéressé... Mais il ne s'agit point de passade. Un livre serait tout à fait inutile pour un geste si fugace. Nous n'envisageons ici que les amours sérieuses, même si elles ne sont point codifiées ou éternelles, les amours résultant d'une grande attirance et qu'on veut résoudre par la vie en commun. Là, il sied de réfléchir un peu et de laisser murmurer la voix de l'intelligence au milieu de l'ouragan du cœur et des sens.

Nous disions plus haut que c'est en vain peut-être... Mais ne disions-nous pas plus haut encore que le coup de foudre, si ce n'est pas là formule purement littéraire, dut être la marque d'une soudaine illumination sur l'accord de deux harmonies faites pour se rencontrer ?

Laissons le coup de foudre, et envisageons le cas le plus fréquent : Deux personnes de sexe différent se rencontrent, en société, au bal, dans la rue, en voyage, il n'importe. Une attraction naît entre elles ou chez l'un d'eux. N'est-il pas bon, avant de la laisser s'accentuer, d'entrevoir l'horizon futur, ce que la vie deviendra, si les caractères se conviendront, si les destins en un mot s'harmoniseront? Tout est là. Et nous estimons qu'il n'est nullement impossible à un être intelligent, s'il a pu faire adroitement établir l'horoscope de la personne qu'il est en passe d'aimer, s'il l'observe de plus au point de vue physiognomonique, d'arrêter l'élan de son cœur au cas où les données fournies lui annoncent un péril pour son bonheur prochain.

.˙.

Adoptant la méthode de la signature astrale, nous allons esquisser maintenant ce qu'on appelle la typologie planétaire, c'est-à-dire l'aspect de la signature des différentes planètes sur l'être humain. Car le visage est une traduction vivante de l'horoscope. On y trouve la marque puissante ou affaiblie, solitaire ou combinée, des luminaires célestes. Mais il ne faut pas oublier qu'aucun visage n'est de type pur et d'autre part que la signature astrale affecte chaque partie du visage : le bas de celui-ci renseigne sur les instincts, le milieu sur les sentiments, le haut sur l'intellectualité.

Dans le chapitre précédent, nous n'avons parlé que de l'influx vénusien; outre que nous n'allions pas faire un cours complet d'astromancie en parlant de tous les influx célestes, il nous suffisait de signaler celui-là. Mais ici force nous est d'indiquer les différents types planétaires parce que c'est leur comparaison qui guidera le choix en amour. Il faut que chaque personne en passe d'aimer sache ce qui l'attend selon le genre d'être vers qui va son amour. Nul de ces types n'est absolument bon, nul absolument mauvais. Ce qu'il faut, nous ne saurions trop le répéter au nom de l'idée fondamentale de tout ce livre, c'est de chercher si ce type s'harmonise avec vous-même.

Nous emprunterons la description des types planétaires à l'*Encyclopédie des Sciences occultes* :

Type solaire. — Les formes sont rectilignes vers le milieu, et harmonieusement incurvées aux extrêmités. Les chairs se répartissent d'une manière homogène sur les muscles et les os. Le teint reste mat sur fond légèrement citrin. La face s'inscrit dans un ovale pur. Selon Ledos, Ely Star et autres commentateurs des signatures astrales, le solarien a le visage noble et grave, le front élevé en arc, l'œil à prunelle safranée, les cils longs, le nez aquilin sans excès, la bouche moyenne et la lèvre peu épaisse mais bien colorée, le menton arrondi et peu saillant, le corps sans poil et les reins cambrés, la barbe peu forte et souvent frisée, le pas assuré, la voix étendue, pure et séduisante.

Le Solaire (ou soléien) est peu communicatif, rieur modéré, magnanime, fait pour commander, d'un naturel médiocrement amoureux, plutôt égoïste. Vivant pour lui, destiné d'instinct aux grandes choses qui ne doivent point connaître les entraves de la passion sensuelle, il sera malheureux en ménage, en amitiés, en famille. Hautement intelligent, il comprend tout mais ne se spécialise guère, a le goût des belles choses sans être artiste pratiquant. Il a de la dignité, de l'éloquence naturelle, un jugement droit, de la modération en tout, de l'ambition toutefois, de la logique large, et, comme le soleil, le besoin de rayonner.

Type lunaire. — Formes rondes, en segments de cercle. La figure et la croupe (surtout chez la femme) dénotent facilement, au jugé, l'influx sélénien qui d'autre part donne une carnation blafarde, prédispose à la bouffissure.

 Ledos, résumé par son disciple Leclerc, montre le sélénien avec un front saillant et élargi, un nez court et rond, une petite bouche qui se ferme mal et fait la moue, un menton peu saillant. La taille est généralement grande. Toutefois, remarque Ely Star, les grandes tailles étant données par Saturne et la Lune, l'embonpoint par la Lune et Jupiter, on reconnaît les lunaires à ce que les chairs sont flasques. On les reconnaît surtout à l'œil rond, saillant, humide, gris ou bleu, au regard vague, « noyé ». Hommes et Femmes sont souvent myopes, ont les hanches fortes, les attaches lourdes. Les Femmes ont des yeux chastes, les seins petits, fermes, hauts, charmants.

Le lunaire (ou sélénien) est d'un caractère indécis, mobile, timide. Il a l'imagination fertile, du vague à l'âme, la crainte de la lutte. Il est intuitif, religieux par nature, sensuel par le cerveau. La femme est assez froide, mais affectueuse et exerce souvent un pouvoir étrange sur son conjoint. D'ailleurs le sélénien aime l'étrange; il est inquiet, alarmiste. Les hommes mangent, boivent et fument beaucoup. Ils préfèrent (à l'inverse des mercuriens) les femmes un peu mûres, bien potelées, expertes en caresses, et ils doublent leur jouissance par des visions qui, en dehors des ébats, prolongent ceux-ci dans le domaine de la rêverie. Les femmes lunaires se donnent assez facilement, mais plus par faiblesse et curiosité que par passion. De même elles trahissent par faiblesse et sans cesser d'aimer.

Type marsien. — Traits rectilignes et ramassés. Chairs réparties en masses musculeuses à angles saillants et nets. Le visage au teint tirant sur le rouge est inscriptible en un carré. La tête est en général petite, à front haut et découvert, à cervelet développé (propension à l'amour). Temples larges et sourcils épais. L'œil a quelque chose de dur. Cette dureté se répète aux pommettes saillantes, au nez en bec de corbin, à la bouche mince et serrée, au blanc de l'œil souvent injecté de sang. Les gencives saines et colorées enchâssent des dents larges, aiguës et courtes. Le menton est prognathe; les oreilles, très rouges, s'écartent (penchant à la lutte : destructivité, comme on dit en phrénologie). Les épaules et la poitrine sont larges, le cou fort et court, le dos bombé, l'allure insolente, la voix forte et rude.

Tout en lui dénonce donc l'énergie, la volonté, la témérité, la colère prompte, l'intolérance, l'amour du panache, des armes, du mouvement, du bruit. Nous avons vu l'amour noble du solaire, l'amour imaginatif du lunatique. Voici l'amour violent du marsien, qui emporte d'assaut les citadelles féminines, peut-être généreux dans la victoire, mais rarement magnanime pour l'adultère. Il se grisera d'une guerre difficile pour la possession de la femme convoitée qui lui sera comme une proie à saisir. Bien marsiens sont ces officiers qu'aiment tant les jeunes filles à travers un rêve plein d'ilusions car dans le ménage, plus tard, il ne leur fera pas bon vouloir commander ou laisser aller, lasses d'un cœur trop dur, leur sensibilité hors des barrières conjugales. Les courtisanes au contraire sont folles d'eux qui généralement sont vigoureux au champ de bataille de la couche, paient bien et s'en vont vers d'autres conquêtes sans qu'on ait le temps de souffrir de leur caractère.

Gare surtout au mauvais marsien, touché par Saturne. Celui-là est le pire des hommes. Excellent au contraire l'homme de Mars qu'adoucit la Lune. C'est une des meilleudes combinaisons d'influx astraux.

Type mercurien. — Le visage du mercurien est un ovale allongé. Les chairs sont minces, plates à fond de teint grisâtre. Le corps svelte est bien fait avec attaches

fines, pas très grand, mais agile et conservant longtemps sa jeunesse. Les yeux très expressifs sont enfoncés, mobiles, pénétrants, enchâssés sous des paupières fines. Entre eux un nez droit, assez long, un peu courbé au bout, avec narines étroites. La bouche est déliée, relevée aux coins, la lèvre fine, le menton anguleux, le cou long et fin, la poitrine charnue.

Nerveux, à démarche vive, à voix gaie, le mercurien est doux, poli, plein de tact parce que très habile (il est doué pour les affaires). Il est éloquent, rusé, perspicace, souvent menteur comme tous les beaux parleurs. Aussi son amour est-il charmant, agréable, mais indépendant et plein d'adresse. Le mercurien qui trompe femme ou maîtresse ne se laisse pas prendre. Il a toujours un bon argumnt sur les lèvres. Au besoin il fournira un alibi pour se donner le temps de chercher une solution afin de se tirer d'un mauvais pas... Même remarque naturellement pour la mercurienne.

Type jupitérien. — Ses tissus sont en masses charnues respirant la santé. Tout est charnu en lui : le nez, la bouche, le menton, les joues, les épaules. Aussi le jupitérien a-t-il tendance à grossir, mais en épaisseur, tandis que le lunarien grossit en rondeur et que le vénusien, qui peut être potelé, n'est jamais gras. L'œil du jupitérien est grand, humide, rieur; ses cils sont longs, ses sourcils bien arqués. Il devient vite chauve parce qu'il transpire beaucoup.

Son visage épanoui, sa voix grave, son port imposant, sa démarche modérée indiquent l'homme rassis, bourgeois, aimant le confort, le plaisir, les hautes sinécures, les fêtes et festins, le faste. Il a de bonnes manières, de l'ambition sans rêverie, de la confiance en soi. Il est religieux par goût de la pompe et de la tradition. En amour il est calme, galant, sensuel, mais sans les coups de passion du marsien, sans la fantaisie lunarienne, sans la noblesse solaire, sans l'astuce mercurienne. C'est le type du bon père de famille, placide, popote, juste, mais qui ne se prive pas de temps en temps, d'un petit supplément extraconjugal discret, en maison close, et dont rien ne transpercera, car il n'en reviendra pas moins au logis avec la même affection au cœur pour les siens.

Type saturnien. — Il est peu sympathique, à traits bosselés, brisés, avec une ossature en relief, le front inscriptible en un rectangle allongé, la face trapézoïde mais à l'inverse du jupitérien. Le nez est grand, osseux, saillant, courbé, la bouche serrée, la pommette osseuse, l'épaule étroite, le dos voûté, le rein droit, la peau brune et sèche, la stature haute, la démarche lente. Sa pomme d'adam est très marquée; il a de gros os, les mains noueuses à médius spatulés. Il est sujet aux accidents de jambes.

La signature saturnienne rend triste, mélancolique, sceptique, et cependant superstitieux, défiant. Peu de volupté, car le saturnien est austère, froid, de pensée lente et la parole rare. Mais s'il aime peu, c'est avec ténacité. Il fera donc un bon mari mais peu gai, travailleur mais sans enthousiasme. Et s'il a de mauvaises combinaisons astrales, ce ténébreux deviendra diabolique...

Type vénusien. — Nous avons esquissé l'influence, mais non la typologie vénusienne. La voici en quelques mots, un peu plus complète que les autres, tirée d'Ely Star, complétée par Paul Jagot.

Selon l'astrologie, il y a ressemblance avec le type jupitérien, mais en plus efféminé : Carnation plus accentuée dans le blanc et le rose, dans la transparence et la douceur de la peau. Taille un peu au-dessus de la moyenne. Visage sans os saillants, à joues pleines, petites, ornées de fossettes qui ajoutent au charme du rire. Beau front peu grand et légèrement sillonné de  veines azurées, au-dessus de sourcils nets, bien fournis, bien tracés et généralement noirs comme les cheveux qui sont longs, épais, ondoyants, souples. Le nez élégant est rond et charnu à l'extrémité et ses ailes se dilatent à l'approche du plaisir. Les yeux grands, rieurs, se distinguent par l'expression voluptueuse du regard, exquis dans la tendresse, langoureux dans l'amour, abrités de cils au battement fréquent. La bouche, petite, adorable d'éclat vermeil, sert d'écrin à des dents blanches enchâssées dans des gencives d'un rose de corail. Le menton bien en chair est rond, avec fossette, l'oreille petite et bien ourlée, le cou blanc, fort et rond : Herder a dit qu'il avait l'apparence d'une tour d'ivoire. Les épaules étroites tombent élégamment sur une poitrine charnue ornée, chez la femme, de seins d'albâtre pur laissant transparaître le réseau veineux. Les nourrices vénusiennes sont les meilleures pour la douceur du caractère et du lait. Les bras à forme sculpturale ont une fossette au coude. Les hanches hautes et larges sont spécialement propres à la fécondation. Attaches fines, mains potelées et pieds parfaits.

Paul Jagot, qui ne contredit rien de ce portrait flatteur,

précise que le trait vénusien est sinueux, en segments d'ellipses; la chair procède par masses arrondies à fossettes. Le tempérament est lymphatico-sanguin. Le cadre de la face s'inscrit en un ovale arrondi.

Les maîtres de la typologie planétaire, Ledos et Leclercq disent à leur tour : Visage arrondi (mais moins que le lunaire) à joues grasses sans excès. Front uni, calme, peu haut. Sourcils assez éloignés des yeux qui sont assez à fleur de tête et à prunelle dilatée. La voix est douce, tendre, un peu molle. La démarche « semble un pas de danse ». Les mouvements sont nonchalants, comme lascifs. Les hommes ont des allures efféminées; les gestes de leurs mains surtout affectent des poses féminines.

Comme on le voit, toutes ces observations se corroborent pour le physique. Pour le moral, de même, complétons ce que nous avons dit de l'influence phychique au chapitre Astrologie. Les Vénusiens aiment l'élégance et le plaisir; ils sont expansifs, aimables, doux, d'humeur égale, humains, sensibles, tendres, caressants. Rire et larmes faciles. Générosité et prodigalité. Absence de haine et d'envie. Ils se *donnent* facilement. Ils aiment la vie, sont assez chanceux et leurs succès dépassent en général leurs mérites. Ils sont insouciants, badins, francs et fidèles en amitié, inconstants et rusés en amour. Un peu vaniteux, prometteurs, leur intelligence a moins de profondeur que d'éclat. Ils *charment* surtout. Mais ils sont aussi des dupés incorrigibles.

Encore une fois, la signature astrale n'est jamais simple et nous devons prendre garde aux jugements précipités. D'autre part il ne faut point trop suivre la tradition qui veut tel influx bénéfique et tel autre maléfique.

Il n'est pas d'influx maléfique. Et tout influx est corrigé dans son action: Nous pencherions même à croire, après tant de centaires de siècles de croisements et d'hérédités, que nous avons tous en nous l'ensemble des influx planétaires et dosés à des proportions différentes.

Il y a des harmonies et des dissonances d'influx, cela est certain; et il y a aussi des combinaisons d'influx qui l'un l'autre se peuvent compléter. Prenez un individu, par exemple, dont l'influence saturnienne soit très marquée dans le haut du visage, l'influence vénusienne au milieu et l'influence mercurienne au bas. Ce peut être là une très belle individualité, l'influx saturnien de concentration fécondant son intellect, l'influx vénusien d'harmonisation rendant sa sentimentalité exquise, l'influx mercurien d'assimilation faisant d'elle une activité socialement intéressante.

Etudiez donc le type planétaire de la personne aimée sur qui une simple photographie peut déjà grandement documenter. Et vous saurez si elle s'accorde à votre propre type auquel cas vous n'aurez qu'à laisser parler votre cœur.

En dehors de la typologie planétaire et de toute argumentation astrologique, donc selon une autre méthode qui d'ailleurs corrobore la précédente, on a établi des tableaux donnant la correspondance des caractères et tempéraments avec chaque détail du visage et même du corps. Nous ne voulons point les reproduire ici, d'après les études de Lavater et de ses émules de jadis et d'aujourd'hui, car on les trouvera dans n'importe quel livre spécial sur ce sujet; du moins pouvons-nous indiquer au point de vue purement vénusien, c'est-à-dire de l'aspect extérieur, ce que la tradition considère comme l'estampille de la beauté certaine.

Selon Lavater une très belle figure doit avoir :

1° Une égalité bien marquée entre les trois parties du visage, preuve d'un équilibre absolu entre l'instinct, le sentiment et la cérébralité.

2° Un front terminé horizontalement, donc des sourcils horizontaux.

3° Des yeux plutôt clairs et dont les paupières couvrent le quart de la pupille.

Type de belle femme.

4° Un nez à dos légèrement élargi, droit et un peu exhaussé.

5° Une bouche horizontale à lèvres égales et arc bien marqué.

6° Un menton rond et saillant.

On trouve ce type exemplaire, masculin chez Napoléon Ier, féminin chez Mme Récamier.

⁂

Mais cette perfection est rare. Voyons dans l'imperfection commune les traits qui peuvent être utiles à connaître par les amoureux. M. Mario, dans un petit livre à ce sujet donne les conseils suivants :

Un jeune front légèrement ridé marque la réflexion et quelque mélancolie. Trop de rides annoncent toutefois un manque d'empire sur soi-même. Les rides remontantes indiquent un caractère gai. Le rire amenant chez la femme une ramification de lignes au coin des yeux est signe de modération. Une ligne verticale paraissant au front par moments témoigne des habitudes d'application et de prudence. Les rides autour de la bouche décèlent un penchant à la bouderie. Evitons de nous marier avec qui porte ces preuves d'un caractère amer. Des rides précoces autour du nez disent moquerie chez les filles, mesquinerie chez les garçons.

Le teint se ressent de l'action du sang, donc des états d'âme. Méfiez-vous de qui blêmit en se fâchant : c'est un rancunier. Une jeune fille changeant assez facilement de couleur, rougissant d'un aveu ou si on la prend en faute, pâlissant à l'annonce d'une mauvaise nouvelle, etc... prouve ainsi une sensibilité qui ne sait point se dissimuler. La couleur vive est à la franchise, et trop vive aux impatients. Le teint jaune appartient aux bilieux, sauf en cas de maladie du foie, et encore c'est précisément l'excès de bile ainsi extériorisé qui rend parfois acariâtre et jaloux. D'autre part un teint trop blanc dénonce le lymphatisme, donc souvent un manque d'énergie; un teint couperosé trop de sanguinité et l'abus des alcools; ce teint d'ailleurs n'est pas normal aux jeunes gens.

Les traits, selon M. Mario, formant le meilleur et le plus sympathique ensemble sont :

Chez la Femme, la jeune Fille, un nez régulier (délicatesse), un peu fort (réflexion), une bouche ferme à lèvres charnues (bonté, sensualité normale), un menton bien marqué (volonté douce), des yeux bien fendus (sollicitude) avec sourcils bien arqués (franchise), l'oreille bien proportionnée, la bouche large, le cou rond et la nuque un peu grasse.

Chez l'Homme : le nez un peu fort séparé du front par un imperceptible enfoncement (noblesse), l'angle facial ouvert (intelligence), le front large et haut sans excès toutefois, la bouche bien ourlée, les cheveux plats sans être raides. Meilleur signe encore si ces cheveux sont châtains et si ces yeux sont gris.

En revanche, de quelque sexe qu'il soit, méfiez-vous de l'être qui ne regarde pas en face, et parle d'amour avec des sourcils en accent circonflexe, qui a le nez aminci à la racine, la cornée de l'œil jaunâtre, les joues molles, la tendance à courber le dos ou à rentrer les pieds, la bouche mince et les canines prononcées.

L'*Encyclopédie des Sciences Occultes* signale encore un livre de grand intérêt, celui qu'a publié le Dr Zénope, de l'Institut Pasteur, sur les caractères morphologiques de la sexualité (1). Ce n'est pas de la Magie, mais c'est de la Physiognomonie — science longtemps considérée comme occulte, et de la plus précieuse utilité.

Comme il s'agit là d'une suite de remarques qu'il n'y a lieu ni de développer ni d'abréger, nous donnons simplement à ce propos l'extrait qui en fut fait pour le compendium d'occultisme plus haut mentionné.

Après avoir montré que l'acte sexuel était *indispensable à la santé,* condamné donc, au nom de la nature et de la morale, le célibat ecclésiastique, lequel d'ailleurs

---

(1) *Comment choisir sa femme ou son mari.* (Ed. de la Grande Librairie Mondiale, à Constantinople.)

n'empêche en rien l'abstinence absolue (qui seule s'obtiendrait par la castration), le docteur Zénope insiste sur le danger des mariages physiquement mal assortis au point de vue sexuel. C'est en effet, dit-il, une erreur souvent terrible en ses conséquences, pour un homme génésiquement faible (ce qui n'est nullement de sa faute en général) d'épouser une femme trop ardente pour lui, ou pour un homme « fort », tout aussi bien de s'unir à une femme insuffisamment ovarienne, pour une jeune fille délicate et peu sensuelle de prendre un époux hyperorchidien, ou pour une solide gaillarde d'accorder sa main à qui ne la pourra satisfaire. Dans tous ces cas : malaises, infidélités, — enfer conjugal.

La question vaut donc qu'on s'y intéresse. Nous avons cru devoir nous y arrêter un instant et donner, selon l'auteur, un tableau des signes extérieurs des sexualités.

Signes différents de la sexualité féminine :

Taille. — Une taille petite (au-dessous de 1 m. 50), grosse ou fine, signifie : insuffisance ovarienne et thyroïdienne et par conséquent : caractère coléreux, changeant, calculateur; tempérament sexuel rebelle à la jouissance; danger d'obésité, goutte, diabète.

Une taille grande, grosse ou maigre, indique : insuffisance ovarienne seule. Le caractère peut n'être pas détestable, mais le tempérament reste froid.

Joues. — Grosses et rouges : hyperthyroïdie, donc mauvais caractère et froideur sensuelle.

Maigres (sans être creuses) et pâles chez une femme de taille moyenne : ovarie normale, donc caractère aimant et bon tempérament sexuel.

Des parents maigres, sans diabète, albuminurie ni artério-sclérose, donnent généralement des filles du même genre.

Poils. — Sur la figure (lèvres), les avant-bras, les

cuisses : insuffisance ovarienne certaine, donc danger en tout et promesses de maladies.

Gorge. — Quand la partie inférieure de la pomme d'Adam est renflée, dure, que le corps thyroïde est volumineux : tristesse, colère, froideur.

Seins. — Un bon signe de tempérament ardent est la grosseur du bout des seins. Les mamelons petits, effacés, sont signes d'impuissance.

Ventre. — Tout gros ventre (ne pas confondre avec ventre ballonné accidentellement) est signe d'insuffisance ovarienne ou thyroïdienne. Caractère mauvais si la taille est courte, indifférent si elle est grande. Tempérament arthritique.

L'obésité généralisée est également mauvais signe.

Sourcils. — Plis verticaux marqués : insuffisance, colère.

Règles. — C'est un des signes les plus sûrs si on peut les connaître.

Règles abondantes, régulières (tous les 28 jours) et durant 5 jours : ovarie normale, excellente.

Règles insuffisantes, irrégulières, douloureuses, courtes : ovarie anormale.

Rappelons, sans entrer dans les détails, que les glandes ont une immense importance. La glande thyroïdienne, sous la pomme d'Adam, est dite « de la colère » parce que sa sécrétion irrégulière l'amène.

La glande ovarienne est double et forme les ovaires de la femme.

Quant au mot orchidie, nos lecteurs en devinent le sens, de même que la raison qui doit faire choisir une femme à flancs larges ou étroits dont la correspondance vaginale est un indice pour l'homme qui, lui, se connaît, quant à ses génitoires.

Signes de la sexualité masculine :

Taille. — Longue (maigre ou grosse) signifie : puissance modérée; courte : hyperorchidie (sauf tête petite, épaules et hanches étroites : insuffisance orchidienne).

Poils. — Si dès vingt ans un garçon n'a ni barbe ni moustache : insuffisance.

Joues. — Mêmes signes à peu près que chez la femme.

Voix. — Rauque : hyperorchidie. Fluette, restée enfantine : insuffisance.

Ventre. — Dès qu'il commence à grossir, la puissance commence à baisser.

Cheveux. — Ils blanchissent en général en même temps que la sécrétion diminue.

Obésité et *signe intersourcilier.* — Comme chez la femme.

Ces remarques sont si vraies (mais nous les avons résumées et les intéressés ne doivent pas s'en contenter) que M. Zénope explique par là certains caractères raciques.

« Comment s'étonner, dit-il, que les Français aient la réputation d'amoureux un peu frivoles et en tous cas aimant beaucoup la Femme? La plupart sont de taille moyenne, bruns, pâles, donc orchidiens normaux et souvent même hyperorchidiens.

« Les Anglais au contraire ont les symptômes d'insuffisance testiculaire : taille longue, maigreur, joues rouges, etc... Ce qui ne veut point dire qu'ils soient incapables d'avoir des enfants. Mais ils sont, à cause de cela, d'un tempérament froid, peu sexuel.

« Les Orientaux sont fréquemment hyperorchidiens, lascifs, vicieux et poétiques; leurs femmes, atteintes d'insuffisance thyroïdienne, paresseuses et peu intelligentes. »

Et personnellement nous concluons : Quand donc passera dans les mœurs l'usage du certificat médical antématrimonial? Pourquoi deux familles désireuses d'unir leurs enfants n'exigent-elle pas chacune l'avis du médecin de la famille partenaire, lequel dirait : 1° si le fiancé (ou la fiancée) est sain (ou saine) et surtout non syphilitique, et : 2° le genre de sexualité qu'il (ou qu'elle) possède, afin de savoir si les tempéraments, à ce point de vue, s'accorderont.

Marier deux fortunes ou deux positions sociales équivalentes, c'est bien. Marier deux harmonies corporelles et spirituelles, c'est peut-être mieux encore.

*
* *

Nous allions clore ces petites études de physiognomonie quand le hasard d'une flânerie nous fit découvrir un mince livre de René Schwaeblé intitulé *Comment embrassez-vous?* Ce titre qui par lui-même ne cèle rien d'occulte ne nous eût pas attiré, mais le nom de l'auteur nous fit nous arrêter, car R. Schwaeblé a écrit divers ouvrages fort curieux sur la Magie (*Le Problème du Mal*, etc...) Et voici que nous trouvâmes tout une thèse, la typologie planétaire appliquée à la trace du baiser.

En effet, si vous mettrez un peu de rouge sur vos lèvres et les posez ensuite sur une feuille de papier blanc, de préférence à gros grain, vous obtiendrez une empreinte qui, fixée par l'alcool et séchée, vaut la peine d'être examinée.

Cette empreinte forme un petit vide, lequel a une forme; et cette forme rentre dans un des sept types suivants, correspondant à un des sept signes planétaires. A savoir :

Forme de cercle. Signe : Soleil.
— croissant. Signe : Lune.
— rectangle horizontal. Signe : Mars.
— Carré. Signe : Mercure.
— rectangle vertical. Signe : Jupiter.
— figure brisé. Signe : Saturne.

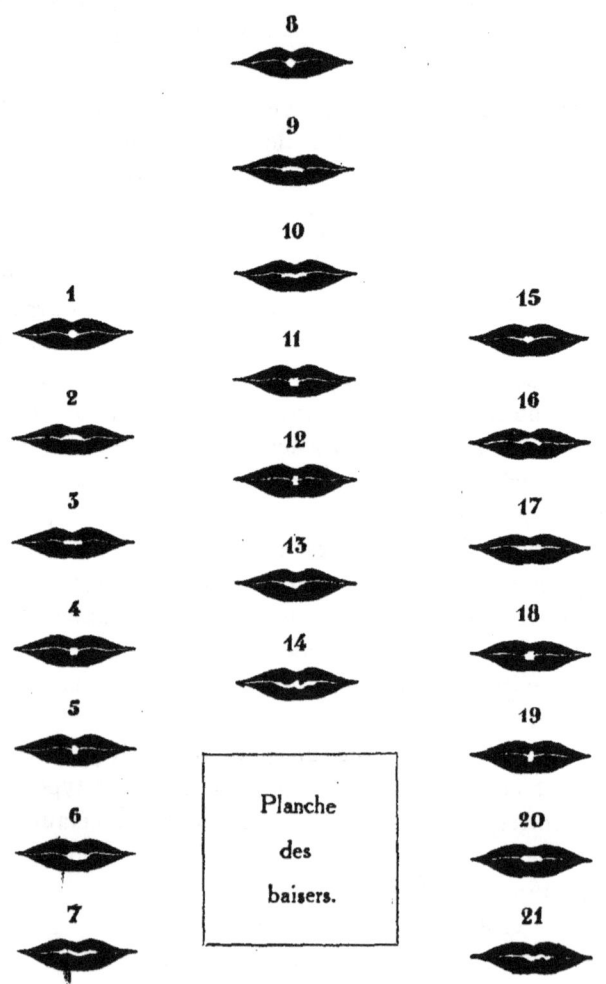

Il s'en suit que le baiser de chacun correspond à peu près à sa signature astrale, donc nous donne un indice du tempérament.

Le type peut être net de même que peut l'être la signature astrale. Et dans ce cas l'indice est clair, la signature a toute sa force.

Mais nous avons vu qu'il n'y a guère de purs solaires, séléniens, marsiens, etc... tant sont multiples les raisons de métissage astral. Aussi presque toujours la figure typique est déformée et il faut chercher de quel signe net elle se rapproche le plus. Et non seulement la marque est déformée, mais elle est souvent brisée de sorte que défauts et qualités sont atténués dans le premier cas et intermittents dans le second.

Le tableau général ci-joint situe bien ces 21 (3 × 7) possibilités.

Remarquons en passant et avant d'aller plus loin combien est féconde cette typologie planétaire qui permet — un peu comme le tarot dont nous parlerons tout à l'heure — une si grande diversité de méditations. Si nous n'avions promis en ce livre de ne craindre aucun détail, nous aurions hésité à écrire les quelques lignes qui suivent; nous les abrégerons d'ailleurs : Cette idée de typologie, de signature astrale, permet disions-nous de scruter si loin les arcanes de la Forme qu'un docteur nous assurait naguère trouver des indications planétaires jusque dans la schématisation de ce qu'il appelait élégamment et même occultement « le second visage de la femme ». Il faut dire que, chargé de visites sanitaires dans les maisons de rendez-vous, il voyait chaque jour un lot important de postérieurs féminins. Il avait fini par remarquer leurs différences essentielles et par les classer astrologiquement.. « Oui, disait-il, ils sont solariens, vénusiens, lunaires, martiens, saturniens, etc... Et pour la bonne raison que la répartition des chairs se fait sur ces..

joues-là aussi bien que sur les autres. Les globes jumeaux ont, comme le visage, des masses homogènes ou non, et selon des segments de cercle, d'ovale, etc... De même il est des croupes inscriptibles vues de face, et toute convexité à part, dans un carré, d'autres dans un rectangle, d'autres dans un trapèze. Et cette convexité elle-même est formée de méplats ou bien arrondie, légère ou très bombée... J'avoue pour ma part, préférer les croupes bombées inscriptibles en plan dans un carré, sans méplats, et pareilles à la reine des nuits en son plein. Ce sont d'ailleurs et naturellement les lunaires ou séléniennes et j'ai su depuis qu'elles avaient, en effet, les faveurs de la plupart de ces messieurs.

Mais revenons aux lèvres et à la trace des baisers, en nous excusant d'avoir effleuré un sujet un peu scabreux mais non ridicule, car rien n'est ridicule dans la Nature, et l'Antiquité en créant la Vénus Callipyge nous prouve que rien non plus du corps de la Femme ne lui demeurait indifférent.

※

Le baiser en forme de cercle est le baiser solarien. Nous ne répéterons par les indications de tempérament correspondant aux sept types planétaires. Nous allons nous contenter de reproduire les conseils donnés par R. Schwaeblé à propos de chaque type sur les unions qu'ils doivent craindre ou préférer.

Les solariens doivent éviter l'union avec les marsiens et les mercuriens affairés. Mieux vaut celle avec les lunaires dociles, les jupitériens pondérés, les saturniens réfléchis.

Si le cercle se déforme en se rapprochant du croissant, le solarien doit se défier d'une imagination trop vive; s'il se rapproche du rectangle horizontal, se défier de l'ambition démesurée; s'il se rapproche du carré, se défier d'un mercurianisme mercantile et trompeur; s'il se rapproche de l'ovale : corruption vénusienne à craindre; s'il se rapproche de la ligne brisée : bonnes poussées saturniennes vers la modestie, la concentration d'esprit.

Si le cercle est brisé : lutte des potentialités astrales; nul bonheur possible. Ne vous mariez point avec un baiser de ce genre, dit l'auteur : c'est le baiser de Judas !

.*.

On connaît le type lunarien à baiser en faucille. Il doit éviter le solaire dont l'orgueil l'abaissera, le martien dont l'énergie sera trop rude à sa mollesse, le lunaire qui doublant son lymphatisme ou sa neurasthénie possible mènerait à une double catastrophe. Il lui faut un Jupitérien prudent et sage ou un Saturnien dont l'égoïsme fuit la discussion.

Le croissant déformant tournant à l'ovale, dit la double signature séléno-vénusienne; tournant au carré, fait un caractère singulier, mi-rêveur et mi-pratique; tournant au rectangle horizontal, pousse aux voyages; au rectangle vertical, bon signe d'assagissement; au brisé saturnien, mauvais augure : c'est le baiser de Werther !

Le croissant brisé accentue encore le lunatisme. Il est hélas très féminin. Prenez-y garde !

.*.

Le baiser marsien est celui des nerveux, exagérés, irritables, qui se font souvent du mal à eux-mêmes. Le marsien ne doit pas épouser une marsienne : ils finiraient par s'entre-tuer dans un intolérable ménage ! Il doit s'unir à une solarienne, une saturnienne ou une jupitérienne posée.

La double signature marso-vénusienne (rectangle horizontal à angles émoussés se rapprochant de l'ovale) donne un caractère inégal, impulsif ou indolent par saccades. Si le rectangle horizontal vas vers le croissant, c'est signe d'une bonne alliance d'audace mitigée de rêverie. S'il se rapproche du carré, on a l'aventurier marso-mercurien, le chercheur d'or ou chasseur de fourrures. S'il va vers la figure brisée, ce marso-saturnisme ne dit rien de bon; gare à la colère rentrée qui éclate soudain.

Le rectangle horizontal brisé est mauvais signe : il double la violence marsienne, ou la folle témérité; ce sera sans doute, le baiser des aviateurs.

*
* *

Le mercurien à baiser carré doit s'associer au jupitérien, au saturnien, non au solarien ni au marsien. On a deviné pourquoi.

Le carré qui tend au croissant donne un mercurien raffiné mais truquant volontiers ses marchandises, ses comptes, ses spéculations. S'il tend au rectangle marsien c'est pire encore et risque la ruine. S'il tend au rectangle jupitérien, c'est espoir de sagesse. S'il tend à l'ovale, c'est crainte de mercantilisme amoureux : signature de grand homme d'affaires.

Le carré brisé fait un va et vient de bons et mauvais moments. Fuyez le baiser de Mercure brisé !

*
* *

Le baiser jupitérien est celui de la sagesse, du père de famille, de la bonne mère. Si son rectangle vertical se déforme pour tendre un cercle, bonne alliance solaire avec un peu d'ambition, — pour tendre au croissant : bonne alliance sélénienne avec beaucoup de poésie, — pour tendre au carré : bonne alliance mercurienne, avec de la philanthrophie. L'alliance marsienne ajoute une audace prudente. Seuls les compromis vénusien et saturnien offrent quelque danger.

Brisé : signe de nobles luttes qui font l'âme encore plus méritante et plus haute.

.•.

Le baiser ovale de Vénus est bon s'il se rapproche du cercle, car la signature solaire corrigera l'inconsistance morale vénusienne, du sceau marsien qui donne de la fermeté, du rectangle jupitérien qui infuse de la réflexion. Mais est dangereux l'apport mercurien du mensonge, l'apport sélénien qui ajoute à l'indolence, l'apport saturnien lui-même.

Et l'ovale brisé fait la vénusienne tacticienne et perfide. Songez aux grandes coquettes qui furent de grandes coquines.

.•.

La figure du baiser saturnien est la contorsion bilieuse de l'âme. C'est celui de la sorcière ! dit M. Schwaeblé. Heureusement qu'il peut se corriger par les alliances que nous savons et dont nous connaissons les résultats. Mais nous pensons que l'auteur exagère la mauvaise réputation saturnienne. Ce qu'il faut craindre, c'est quand le brisement de la figure s'ajoute à son allure déjà sans franchise ; il permet toutes les catastrophes morales.

.•.

L'auteur ajoute à ces diagnostics une petite étude sur l'empreinte des lèvres elles-mêmes. Elle dénonce dit-il, le sexe, l'âge, l'état même de santé, car elles se rident dans les cas de fièvre, de maladie grave; et ces rides dit-il sont horizontales en cas de phtisie. Des lèvres charnues et des lèvres minces nous avons dit plus haut ce qu'il fallait en penser. Reste à donner ce petit tableau de « l'embrassement » :

Le baiser des coléreux est brutal, écrasé, informe.

Le baiser des dissimulés se marque à peine, fait pour les lèvres formant un petit o.

Le baiser d'une personne triste et dégoûtée forme une ligne ascendante de droite à gauche.

Le baiser franc, sincère, loyal, net, bien marqué, dit le caractère du même genre.

Le baiser joyeux est inégal... Mais pourquoi l'auteur n'a-t-il point parlé du baiser d'amour, du baiser parfumé, fleuri, tantôt furieux de passion, tantôt doux comme une prière, et du baiser qui va se compliquant et dont tous les amants connaissent la saveur énervante?

N'insistons pas. Fermons les rideaux de l'alcôve...

III

LES SIGNES D'AMOUR DANS LA MAIN

La Chiromancie demeure à notre avis, la plus merveilleuse, la plus captivante, la reine des Sciences Divinatoires. L'Astrologie est assez compliquée, la Physiognomonie parfois un peu vague, tant les signatures astrales s'y trouvent combinées, la Graphologie assez subtile en ses indications... La Chirologie, elle (que nous appellerons Chiromancie quand elle *annonce* le destin, et d'ailleurs ce terme remplace plus communément ceux de Chirologie et de Chirognomonie), quelle science parfaite, sûre, nette ! Pas deux mains pareilles. Et dans la main qu'on lit, des signes si clairs du caractère physique et moral, donc de la Destinée !

Après Desbarolles, grand intuitif un peu brouillon, vint une équipe toute neuve de modernes : Rem, Fraya, Muchery, Gastin, Jagot et d'autres, qui ont repris et raisonné la Tradition, l'ont débarrassée de quelques puérilités, l'ont décantée en quelque sorte avec intelligence, et, à la lueur de leurs milliers d'observations, l'ont constituée, au point de vue chiromantique en une science réelle, exempte de fantaisie.

Pour rester dans notre directive, nous allons d'abord indiquer, selon P. Jagot, les correspondances chiromantiques et astrologiques, d'une part, en revenant un peu en arrière, et graphologiques, de l'autre, en empiétant un peu sur le chapitre suivant.

Si l'on veut bien se rappeler qu'en somme la Chiromancie n'est que de la Physiognomonie adaptée à la Main et que la Graphologie n'est que l'étude des mouvements naturels, instinctifs qui guident la Main tenant la plume, on comprendra facilement les rapports substils et profonds qui existent entre le caractère d'un être dominé par tels influx astraux, l'expression de son visage reflétant ce caractère, l'image de sa main où s'inscrit ledit caractère, et son écriture reflétant les mouvements spontanés de sa main.

．·．

Voici le tableau des correspondances en question :

Type solaire : Main élancée, citrine, sèche, à lignes bien minces. Doigts coniques. Annulaire long. Ecriture haute, ample, ordonnée, harmonieuse, T fermement et sobrement barrés.

Type lunaire : Main potelée, molle, à pouce court, doigts lisses et pointus, mont lunaire large et renflé. Ecriture fine, inclinée, ronde, ouverte, finales ascendantes, barres débiles.

Type marsien : Main charnue, dure, pouce en bille, lignes profondes, doigts spatulés, mont de Mars en saillie. Ecriture appuyée, anguleuse, carrée, lisible, barres courtes, massuées, obliques vers le bas.

Type mercurien : Main longue, doigts étroits du haut, auriculaire et pouce longs mais minces. Ecriture agréable, plutôt haute, à finales montantes, inégale, à barres nettes.

Type jupitérien : Main grande, large, satinée, doigts moyens, coniques, monts étoffés, index long. Ecriture épaisse mais nette, haute, large, sobre, à traits arrondis, majuscules grandes.

Type vénusien : Main courte, doigts pointus, peau blanche, tiède. Lignes fines, celle de cœur longue. Ecriture désordonnée, courbe, inclinée, agréable, aérée, sans barre, peu volontaire.

Type saturnien : Main longue, à paume rectangulaire, phalanges noueuses, monts peu étoffés. Ecriture tassée, anguleuse, fine, fermée sans pente, ni majuscules, ni espaces (1).

On comprendra mieux dans un instant quelques-unes de ces expressions. Mais notons tout de suite cet autre petit tableau des meilleures combinaisons d'influx astraux suivant les catégories de tempérament ou plutôt de vocations.

Pour réussir, dans la vie, selon notre auteur, il faut avoir les additions suivantes :

Dans les Lettres : Mercure-Lune.
Dans le Théâtre : Mercure-Vénus-Jupiter.
Dans l'Art vocal : Vénus-Soleil ou Vénus-Jupiter.
Dans la Peinture : Jupiter-Soleil-Vénus.
Dans la Musique : Vénus-Lune-Soleil.
Dans l'Art oratoire : Mercure-Jupiter.
Dans les Sciences exactes : Saturne-Mercure-Soleil.
Dans la Finance : Mercure-Jupiter.
Dans la Médecine : Mercure-Mars-Saturne.
Dans la Politique : Soleil-Jupiter-Mercure.

Et pour réussir en Amour? C'est ce que nous allons chercher ensemble.

Il faudrait évidemment d'abord savoir ce que l'on appelle réussir en amour. Si l'on entend par là conquérir

---

(1) P. Jagot ajoute un huitième type où l'animalité prédomine :
Type terrien : Main élémentaire, osseuse, uniforme, doigts spatulés, pouce large, incurvé en dedans. Ecriture malhabile, inégale, épaisse, inordonnée, inharmonique.

à volonté les cœurs, il suffit sans doute, d'être bien fait de sa personne, enjôleur ou hardi suivant les cas, et dès lors combiner en soi les influx qui correspondent aux rêves des conquis. Les vénusiens-lunaires (hommes ou femmes) auront ceux ou celles qui se laissent prendre aux charmes de l'imagination et de la poésie, les vénusiens-marsiens ceux ou celles qui ne résistent pas à une énergique volonté, les vénusiens-saturniens ceux ou celles qui préfèrent le mystère, l'étrangeté, l'intellectualité forte et troublante; le vénusien marqué de mercure subjuguera par la parole; marqué de jupiter, par l'offre des plaisirs de la vie qu'aimera de même une jupitérienne; marqué du soleil par l'espoir qu'il pourra procurer une existence brillante...

Si la réussite en amour prétend oublier les lois de la tendresse et de la fidélité, elle ira vers ceux que tentent mille aventures, que n'effraie aucun adultère; et cela aussi, nous le verrons, est marqué dans la main...

Mai si le vénusien ou plutôt l'être qui, quelle que soit sa signature astrale, veut connaître des amours calmes, longues, fidèles et douces — et n'importe qui peut avoir ce noble désir — alors sa réussite sera d'autre sorte, mais non moins enviable. Il y faudra de l'intelligence et de la noblesse d'âme. Il aura donc, celui-là, grand avantage à se bien connaître lui-même et à bien connaître l'objet de sa flamme.

Voyons donc quels sont, aux mains, les signes ayant trait à l'amour.

Un être fait pour l'amour normal a, d'abord, une paume bien colorée, tiède, légèrement humide. C'est signe de santé, de sensibilité. Les paumes sèches et maigres annoncent de la rudesse de caractère, au delà de la chaleur régulière (37°), de la faiblesse organique, un mauvais fonctionnement des poumons. Il n'est pas toujours vrai cependant de dire, à l'inverse : main froide, cœur chaud; seule la ligne de cœur renseigne à cet égard.

La paume trop humide dit le lymphatisme, trop charnue, des goûts matériels, trop molle, un caractère du même genre. Si nous donnons ces renseignements, c'est pour que, rien qu'à toucher une main, déjà l'on possède un indice de la nature physique de qui vous la tend; et le physique a une telle réaction sur le moral !

Mais, sans détailler, comme on le ferait dans un traité complet de chirologie, l'aspect des différentes par-

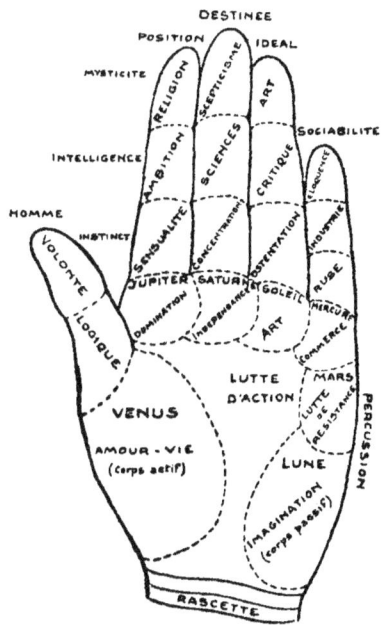

Schéma de la main (Monts et doigts)

ties de la main, abordons ce qu'on pourrait en nommer les parties vénusiennes, c'est-à-dire celles qui sont en correspondance avec les sentiments.

Parmi les doigts, c'est le pouce; parmi les monts manuels, c'est la protubérance dite précisément vénusienne; parmi les lignes, c'est celle de cœur, sans compter les autres signes dont nous toucherons ensuite un mot.

On croit souvent que le doigt de l'amour est l'annulaire, parce qu'il porte l'anneau symbolique. Sans doute, l'annulaire renseigne sur les dispositions esthétiques, lesquelles sont vénusiennes de fond. Mais il faut surtout voir en lui le doigts solaire, le doig des réussites artistiques. Le pouce au contraire est réellement le doigt d'amour, mais de l'amour entendu comme force vitale; et la preuve est que c'est bien à sa base que gît le mont de Vénus, si néanmoins court au pied de ce mont la ligne de vie. Mais Vie et Amour, n'est-ce pas tout un, puisque c'est du geste d'amour que sort la vie?

Au reste, si le pouce est dit encore le doigt de volonté, car il la révèle en effet par les proportions de sa phalange unguinale, sa dernière phalange, elle, renseigne sur les forces affectives de l'individu. Et même si elle domine trop ses sœurs, cette phalange en excès marquera la débauche.

Une troisième phalange très accentuée d'ailleurs, se confond avec le mont de Vénus dont nous allons maintenant parler, et qui en forme en quelque sorte la racine.

Le mont de Vénus, de l'avis de tous les chiromanciens, est le siège non pas tant de l'amour (d'ailleurs, nous venons de le faire comprendre), que celui de l'essence vitale, des mouvements affectifs de l'âme, de ses attractions vers la joie et la volupté.

Toutefois, c'est principalement sur la ligne de cœur que s'inscrivent les penchants sentimentaux, et sur le mont de Vénus que s'inscrivent les inclinations sensuelles.

Un mont de Vénus, normal, strié sans excès, confère au sujet l'attirance vers les bonheurs naturels que recherche une chair saine, et les joies nobles que recherche une âme artiste. S'il est mince, uni, c'est que les appétits sensuels sont faibles. S'il est gonflé, très strié, dur, épais, c'est que ces appétits sont très ardents. Les libertins ont des rayures fort multipliées, a remarqué le maître Desbarolles, et la plupart des femmes galantes ont ce signe avec un pouce court (manque de volonté). Chose curieuse, des mystiques l'ont aussi, mais avec un index pointu, leur élan les contraignant également à une passion qui prend Dieu pour objet.

Quelques auteurs prétendent qu'un triangle sur le belvédère vénusien est un signe de bas calcul en amour, qu'une grille sur le même mont indique de la lascivité, une croix, un amour unique et fatal (sauf si une autre croix sur le Jupiter transforme cette fatalité en bonheur), une étoile un amour malheureux. Si même cette étoile est reliée à la ligne de cœur, il y a danger de séparation, de divorce.

On dit encore (et c'est le maître Rem qui l'affirme), que quatre lignes équidistantes allant de la racine du pouce sur le Vénus pronostiquent quatre successions (si elles s'entrecoupent à leur extrémité : procès à ce propos);
— que de petites lignes nombreuses et peu profondes racontent des amourettes, tandis que de peu nombreuses grosses lignes présagent, publient des passions sérieuses;
— que des lignes allant de la racine du pouce à la ligne de vie révèlent un double amour.

Outre ses monts — Lune, Mars, Mercure, Soleil, Saturne, Jupiter et Vénus (1) — la main contient des lignes, comme chacun sait (lignes de vie, de tête, de cœur, de destinée, de soleil, d'intuition, de santé). Et plus encore peut-être que les protubérances, les lignes

---

(1) On a certainement remarqué cette harmonie constante des correspondances occultes: les 7 planètes astrologiques se retrouvent, comme influx, et en même nombre dans la main.

sont les grandes révélatrices de la signature astrale. Ce sont les marques diverses et non trompeuses de la vitalité, de l'énergie, de l'intellectualité, de la sensibilité, de la santé et souvent de la chance. Leurs décrets modifient ceux des doigts et des monts. Elles inscrivent en quelque sorte automatiquement dans notre paume les tendances naturelles (main gauche) et l'effort que nous fai-

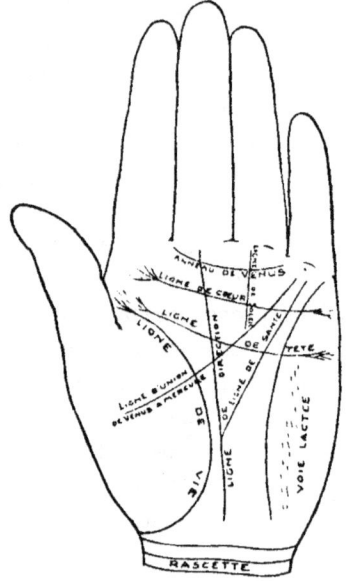

Schéma de la main (Les lignes)

sons pour leur donner libre cours ou leur résister (main droite). Nous ne pouvons nous attarder à l'étude de chacune de ces lignes. Aussi bien l'une d'elle nous intéressera tout particulièrement ici. Et chacun aura deviné que c'est la ligne de cœur.

La ligne de cœur court, à la base des monts digitaux, des environs du mont de l'index à la percussion de la main. C'est la voix des joies et des peines d'amour, de l'émotivité, de l'état cardiaque au point de vue physiologique. En complétant ses oracles par ceux de la protubérance vénusienne et de quelques autres petites lignes passionnelles dont nous parlerons tout à l'heure, on obtient un bon diagnostic du mouvement physique et moral du cœur.

Une belle ligne de cœur, indice d'une vie normale d'amour, d'affection, d'amitié, de bonté, de bonheur conjugal, de circulation sanguine, doit être comme toutes les lignes d'ailleurs, assez longue, assez droite, moyennement large, moyennement profonde et moyennement colorée. Très grande et munie de rameaux, elle accuse un excès de sensibilité (Lamartine, Sully Prudhomme), et trop petite, une débilité de cœur et d'esprit. L'ardeur du sujet est en proportion de sa coloration qui peut aller du rose calme au rouge foncé de la violence. Légère de finesse ce sera de la sécheresse, trop creuse, de la cruauté; double, une remarquable richesse d'expansion.

Une grande ligne avec un mont lunaire strié, montre de la jalousie. Confuse, chaînée, elle dénote de la prodigalité, de la sensibilité (ceux qu'on appelle pittoresquement des cœurs d'artichauts) ou de la tendance aux palpitations. Fourchue au début : circulation médiocre. Tortueuse aux extrémités : maladie de cœur.

Si la ligne de cœur s'abaisse vers la ligne de tête, c'est que la tête domine le cœur. Si elle se joint à cette ligne avec le médius, il faut craindre une mort violente. Selon Rem, si elle vient vers les lignes de tête et de vie pour former une croix de Saint-André sous le jupiter, il y a crainte d'union causant des souffrances morales et matérielles.

On peut arriver à connaître, en Chiromancie, non seulement les instincts profonds de l'être, mais même approximativement la date où sont arrivés ou arriveront les événements importants marqués sur la paume comme sur un grand-livre de la vie. Il faut pour cela diviser les lignes en sections correspondant aux différents âges de l'existence. Le sectionnement n'est pas le même pour toutes. Pour la ligne de cœur on trace des perpendiculaires au milieu des doigts, à partir de l'auriculaire, et on met le chiffre 10 (qui représente la 10° année) sous

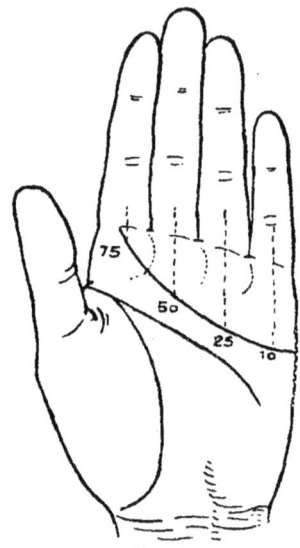

La Ligne de cœur (sa division schématique en âges)

celui-ci, et sous les autres, de droite à gauche, 25, 50 et 75. Tel accident ou incident indiqué sur la ligne, correspond à peu près à l'âge prévu par ladite division. Bien entendu, c'est sur une feuille de papier qu'on dessine l'image de la main et de la ligne en question.

※

Voici quelques autres remarques sur les signes chirologiques d'amour.

Entre les lignes bien connues de la main, déjà nommées, on voit souvent un demi-cercle enlaçant le médius et l'annulaire à la base. On l'appelle Anneau de Vénus. C'était, croyait-on jadis, signe certain de lascivité. Aujourd'hui on pense que c'est simplement surcroît de vitalité, à moins que cet anneau soit double ou triple, mal tracé, brisé. Un autre sillon semble marquer le goût de la luxure, c'est une ligne, sœur de celle d'intuition (qui va des lignes de vie, de destinée ou de soleil vers le mont Mercure) et qui, ressemblant un peu à la Voie Lactée, est faite de toutes sortes de petites parallèles.

Les étoiles, dans la main, paraissent renforcer les pronostics des lieux où elles se trouvent. Sur le mont de Vénus, une étoile, nous l'avons dit, marquera de probables déboires amoureux; sur l'anneau de Vénus : possibilité de crime passionnel et aussi de maladies vénériennes. Les croix sont moins fatales. Sur le Vénus, une croix prédit souvent un amour unique; sur la ligne de cœur : accident cardiaque. Les chaînes marquent des obstacles. Les îles, sur la ligne de cœur, tendance à l'adultère. (Voir plus loin, les signes de l'adultère dans la main.)

Enfin, il est un petit signe, d'ailleurs rare, et dit de Vénus parce qu'il forme un petit rond muni d'une croix (simplification hiéroglyphique de la planète). Si la croix est en haut, c'est dit-on le signe d'un grand amour partagé; si elle est en bas, celui de chagrins venant de cet amour.

On dit encore que le signe de Mars (rond avec flèche) sur la ligne de cœur, indique une grande puissance génésique, qu'une sorte de petit 4 sur le Vénus annonce un mariage d'inclination, qu'un soleil en miniature à la racine du pouce annonce de galants succèc, que le nombre des amours réels d'une vie se compte par des petites lignes sur la percussion, etc.

Il ne faut pas négliger non plus la place des lignes de la main, les unes par rapport aux autres. Si les trois lignes de vie, tête et cœur se joignent, il faut craindre un caractère capricieux, sans maîtrise de soi, donc, par suite, des catastrophes, des accidents.

Si le mont de Vénus s'étend jusqu'au Jupiter, c'est signe de passion violente, et il faut même craindre la mort subite.

Ligne de cœur confondue avec celle de tête : propension au « coup de foudre ».

Si la jonction se fait au centre de la paume : déceptions engendrant des violences.

Ligne de cœur encerclant le Mercure : amour intéressé, infidélité.

Ligne de cœur descendant vers celle de tête : propension à l'amour platonique.

Ligne de cœur finissant en courbe à la racine de l'index : mysticisme.

Ligne de cœur traversant la main en coupant les monts : inconstances.

Ligne de cœur très rapprochée de celle de tête : hypocrisie (la tête domine le cœur).

Ligne de chance naissant au Vénus : l'amour sera la grande préoccupation de la vie.

Anneau de Vénus joint à la ligne de cœur : sottises d'amour.

Anneau de Vénus touchant à la ligne de soleil : propension à l'art voluptueux.

Ligne mercurienne traversant celle de cœur : sentiment dominant le pratique.

Une croix sous l'index : chance en amour.

Enfin, voici selon M. Muchery, les signes de l'adultère dans la main. Nous reprenons le résumé qui en fut fait dans l'*Encyclopédie des Sciences Occultes* (1) et qui n'est qu'une mise en œuvre des notions de chiromancie appliquées à un cas psychologique particulier :

1° On sait que l'excès de la paume sur les doigts marque des goûts matériels. L'adultère sera donc, s'il se commet, de nature plus ou moins sensuelle ou cérébrale suivant le rapport existant entre la femme et la main. La personne trahie saura si cette trahison est venue du cœur ou de la chair;

2° Les caractères précédemment indiqués par les particularités de la main (lignes, monts, etc.), signaleront de même la sorte d'adultère qui eut lieu. Ainsi les gens qui ont une ligne allant de celle de vie à l'auriculaire, surtout si la ligne de vie est tortueuse, sont enclines à jouer la comédie d'amour toute leur existence. Une ligne de vie en chaîne indique des amours inconstantes et nombreuses. Une ligne de vie liée à celle de tête montre l'amour sous l'emprise du cerveau, donc moins spontané que dans le cas contraire. Des fourches sur l'index sont d'un heureux présage;

3° Les signes de la main relatifs à l'adultère sont en particulier une île dans la ligne de destinée, une croix sur le mont de Vénus;

4° Les lignes d'union (sur la percussion à hauteur de l'auriculaire) indiquent généralement par leur nombre et leur longueur, le nombre et la durée des amours sérieuses (légales ou non). Si ces lignes sont en chaîne, craintes d'infidélité. S'il y a une île : union consanguine, voire inceste. Ainsi, raconte M. Muchery, je vis un jour dans

---

(1) Mais il sera bon de lire en entier le curieux livre de l'auteur : *Le Bonheur conjugal, L'Adultère révélé à tous par les mains*. (Edition Astrale.)

une main de consultant une ligne d'union avec île, et rejoignant un anneau de Vénus brisé, avec, en plus, une île dans la ligne de chance... Mes déductions faites je reçus l'aveu que l'intéressé, marié à une veuve, avait pour maîtresse la fille de celle-ci;

5° Au bref, voici en conclusion quelques bons conseils :

Jeunes filles, choisissez, si possible un mari qui ait un grand pouce (signe d'activité), une ligne d'union unique (signe de fidélité), une main un peu épaisse (signe de réussite) et des doigts lisses (signe de partience)... et, naturellement qui n'ait pas les signes d'adultère plus haut indiqués.

Mieux encore, si vous êtes sensuelle, chère fiancée, veillez à ce que le destin ait accordé à votre promis une ligne de cœur longue, un mont de Vénus épais et ferme, un anneau de Vénus simple. Si vous êtes plus sentimentale que sensuelle, il vous faut chercher un mari à main longue et un peu molle, à ligne de tête longue et droite, à ligne de cœur unie et droite, et sans cet anneau de Vénus qui est toujours un signe d'ardeur. Si vous voulez le dominer, qu'alors il ait petit pouce, ligne de tête courte, doigts lisses et carrés...

Les signes de jalousie sont : pouce en bille et ligne de cœur en chaîne, une petite ligne de tête et un anneau de Vénus.

Voici pour terminer quelques types de mains d'adultères :

Simple infidélité : Anneau de Vénus bien marqué. Ligne de cœur trop longue. Mont de Vénus plus large que haut. Index pointu (curiosité). Ile dans la ligne de chance.

Femme adultère et jalouse : Lignes profondes et véhémentes. Pouce en bille. Ligne allant de Vénus à la ligne de tête en se dédoublant et formant île. Autre ligne allant de la ligne du Mercure en passant par la plaine de Mars.

Femme trompeuse-née : Ligne de tête en fourche. Vénus large et haut. Ligne d'adultère donnant naissance à deux autres montant vers le Soleil et Mercure (utilisation pratique à l'amour).

Adultère inconscient : Une femme à main, courte, large, matérielle, à ligne de tête droite (franchise), au Vénus rayé et sans ligne d'adultère. Elle avait un amant qu'elle ne savait point marié.

Adultère d'arriviste par les femmes : Ligne de cœur joignant celle de vie en formant croix sur le Jupiter (mariage malheureux). Ligne partant de Vénus et joignant la ligne de tête par une croix (divorce). Signe de liaison profitable dans la ligne de Soleil. Signe de dévergondage : Double anneau de Vénus.

IV

L'ECRITURE
ET LA SENSIBILITE AMOUREUSE

Le tempérament se décide par l'Ecriture, pour la raison très simple que toutes les parties du corps étant en liaison étroite (comme l'est d'ailleurs l'Homme avec l'Univers, ce qui est la démonstration même de la vérité astrologique), les mouvements de l'âme se communiquent au bras, du bras à la main, de la main à la plume qui écrit. Une simple preuve à saisir : voyez une lettre bâclée sous le coup de la colère : quelle écriture furieuse elle comporte !

Une âme de peintre se révèle dans ses tableaux. Pourquoi une âme d'amoureux, avec toutes ses nuances, ne se révèlerait-elle pas dans ses lettres?

Nous n'insistons point sur l'intérêt de la graphologie. Il est le même que celui des autres arts divinatoires. Deviner le caratcère de l'être qu'on aime, et avec qui l'on va s'unir, par l'analyse des billets qu'il vous envoie, quelle utile habileté !

Nous ne ferons point cependant ici un cours de graphologie. Nous nous contenterons d'indiquer en petits tableaux suggestifs ses indications par l'aspect de ses signes divers :

Nous avons déjà marqué et les rappellerons tout de suite, les rapports de l'Ecriture avec la Signature astrale. Les mains solaires, séléniennes, vénusiennes, etc., ont des écritures à caractères généraux afférents à la sorte d'influx qui les guide (voir chapitre précédent).

Si l'on veut se renseigner complètement sur les qualités et défauts de quelqu'un, il faudra naturellement se munir d'un traité complet; on y trouvera les marques de l'intelligence, de la volonté, du tempérament, des aptitudes naturelles, etc... Nous nous bornerons aux marques de la sensibilité. Tout ce qui a sa source dans le cœur : bonté, impressionnabilité, jalousie, dureté, etc., a son reflet dans le graphisme.

La Sensibilité, d'une façon générale, a pour caractéristique une écriture inclinée. Mais en voici les nuances :

La douceur, prélude de la bonté : courbe à la base des lettres et finales rondes.

La bonté, qui est l'intelligence du cœur : écriture harmonique, inclinée, arrondie, sans crochets convergents.

La tendresse, qui est la grâce du cœur : écriture inclinée, arrondie, égale et légère.

L'affectuosité, le besoin d'aimer : écriture inclinée mais ronde, large avec les *a, o, g* ouverts dans le haut.

L'amour, don de soi : écriture arrondie, plus inclinée et plus épaisse que celle de l'affection.

La pitié : écriture égale, liée, ronde, très inclinée et sans crochets convergents.

La passion, amour avec excès : écriture inclinée, volontaire, inégale, vive, tourmentée. La légèreté du graphisme est alors en rapport avec la sentimentalité ou la matérialité de la passion, l'écriture grasse étant toujours plus sensuelle qu'une écriture maigre.

L'amabilité, la bienveillance native : écriture arrondie, liaison de la majuscule à la minuscule suivante.

La serviabilité, bienveillance en action : écriture ronde, égale, vive, appuyée.

Le dévouement, bienveillance allant jusqu'au sacrifice : écriture inclinée, montante, ronde, espacée, ferme.

La fidélité : écriture inclinée d'une façon constante et régulière.

On remarquera que les signes constants de ces écritures est l'inclinaison, la rondeur, et, quand il y a don de soi, l'absence des crochets rentrants, signes d'égoïsme et d'avarice.

Voici maintenant les défauts de la sensibilité :

La jalousie : écriture très inclinée à crochets rentrants, signes d'orgueil, d'égoïsme et de défiance.

La susceptiblité : écriture très inclinée, inégale en hauteur avec signes d'égoïsme et de vanité.

La sécheresse de cœur : écriture redressée, sobre, anguleuse.

La haine, l'aversion : écriture inclinée, à crochets rentrants, orgueilleuse, appuyée.

La médisance : écriture assez droite, à crochets rentrants, anguleuse.

L'impressionnabilité : écriture inégale sous ses divers aspects, suivant le caractère de cette impressionnabilité.

La versatilité, le caprice : mêmes caractères, mais avec des signes de volonté.

.•.

Il y a également d'autres qualités et défauts à envisager chez celui ou celle dont on recherche la passion. Et au vrai, c'est le caractère, le tempérament tout entier qu'il faudrait connaître... Nous nous contenterons, comme en

Physiognomonie, d'indiquer à grands traits les *bonnes indications* à rechercher dans une écriture et les *mauvaises indications* qui doivent attirer la réflexion préalable avant tout emballement de la tête ou du cœur.

Une écriture harmonique, simple, assez liée, nette, est, en général, preuve d'intelligence de la scriptrice. Elle est banale et sans personnalité chez les gens très ordinaires et devient inharmonique, grossière, contournée, puérile chez les sots. Haute et large, elle dit l'esprit ouvert, élevé; comme, petite et tâtillonne, l'esprit vétilleux; embrouillée, l'esprit confus. Il est même remarquable que les mêmes mots puissent servir à l'aspect du graphisme et à celui de la mentalité correspondante. Equilibre ici, équilibre là. Liaison des lettres, enchaînement des idées. Elégance et grâce ont ce même reflet. La tendance à l'optimisme fait monter les lignes, et au découragement les fait descendre. L'extravagance des formes entraîne celle des idées. Tous les fous ont dans leurs billets des signes de bizarrerie cérébrale. L'alcoolique tremble des doigts et de la plume. Rapide, vive, emportée est l'écriture de l'ardent, calme celle de l'être tranquille et posé. Qui a de l'entrain, de la gaîté, manie alertement sa plume. Le timide, le faible, barre légèrement ses *t*, l'énergique les sectionne d'un trait puissant, parfois même en massue. La ténacité appelle le harpon des barres; l'égoïsme, l'avarice, appelle le crochet rentrant, nous l'avons vu, et qui est comme un doigt rapace. Le matériel écrit gros; le mou, mollement; l'idéaliste, légèrement; le distrait oublie ses points et ponctuations; le combatif a des *x* faits de deux coups de plumes pareils à deux coups d'épée. Le grincheux, l'aigri, est plein d'angles raides; le doux, de rondeurs; l'économe économise, même sur les marges et les espacements; le prodigue perd de la place; l'exagéré exagère tout. L'hypocrite, le rusé, écrivent souvent illisiblement. L'orgueilleux hisse ses *L* sur des échasses, fait de hautes majuscules. Le simple écrit simplement et sa modestie va jusqu'à faire en minuscules les majuscules... Ainsi du reste : au fond, un grand observateur devient vite un bon graphologue. Il est, certes, des signes subtils établis grâce à un patient recensement : c'est ainsi qu'on s'est aperçu que le dernier jambage d'un *M* se rencontrant sous le mot suivant, dénote chez tous ses habitués une tendance à la suffisance... Mais à part quelques observations de ce genre ne sautant pas de suite aux yeux, il est rare qu'une écriture ne reflète pas, d'un coup, la mentalité de son scripteur par des analogies frappantes. Et il ne nous paraît pas nécessaire d'entrer plus avant dans le détail de ce petit cours de graphologie amoureuse.

* * *

La conclusion qui s'impose est donc celle qui suivit nos observations de Physiognomonie. Il ne s'agit pas seulement de considérer si une écriture ne reflète que des qualités, il faut encore essayer de deviner si ces qualités s'accordent avec les vôtres. L'harmonie d'une union ne suppose point identité des caractères, mais emboîtement des caractères. Il n'est même pas toujours bon que des caractères de même nature se rencontrent, car ils se heurtent ou s'annihilent.

Que deux tempéraments énergiques — et n'est-ce pas une qualité? — s'affrontent. La guerre a plus de chance d'éclater entre eux que si l'un d'eux est soumis. Que deux prodigues, ou du moins deux généreux s'allient : ils risquent de se ruiner, et ne vaut-il pas mieux qu'un des deux au moins ait le sens de l'économie? L'ennui, nous le savons, c'est que le généreux passera aux yeux des autres pour « le bon type » au détriment de la réputation morale de l'autre qui, sans être un cœur sec, sera simplement plus raisonnable... Hélas! l'accord parfait sera toujours rare de deux êtres également bons et cependant sages, également énergiques et sachant cependant au besoin céder quelquefois. Vivre en noblesse, tout seul, est déjà difficile. Y vivre à deux est exceptionnel. Seule, — et dans quels futurs? — une éducation rationnelle appuyée sur la vulgarisation des enseignements profonds d'un large Occultisme, fera naître le Couple idéal.

V

L'AMOUR ET LES SONGES

L'Oniromancie — divination par les songes — est aussi vieille que le rêve lui-même. Deux faits ont frappé de tous temps les hommes : l'extravagance de ces songes et leurs rapports, souvent constatés, avec des événements ultérieurs.

Faut-il croire aux présages des rêves? Nous sommes en face d'eux, comme en face des cartes, devant un phénomène évidemment obscur, mais qui ne sied nullement de considérer avec un rire ou un haussement d'épaule. Dans les cartes il est possible qu'existe un acte de *voyance diurne*. Dans les songes, il est possible qu'existe un acte de *voyance nocturne*. Si en état d'hypnose, ou même en état de veille, mais par suite d'un don spécial, une personne est capable de précognition, pourquoi ne le serait-elle pas en cet état encore mal connu qu'est le sommeil?

En tout cas une certitude existe : c'est qu'on a relevé des milliers de cas de rêves prémonitoires. On pourrait remplir des volumes d'exemples vérifiés, ou de récits dus à des gens très sérieux, incapables, par leur dignité, de « conter des blagues ». Après tout, l'expliaction occultiste n'est pas si mauvaise, qui pense que le dédoublement de l'être en *moi physique* et en *moi astral*, possible, mais rarement dans la veille, l'est davantage et plus souvent quand, dans un corps endormi, l'âme qui, elle, ne sommeille jamais, ne peut pas sommeiller (car le sommeil est un phénomène physique), l'âme, disons-nous, dégagée du poids lourd de son enveloppe matérielle, peut communiquer plus facilement avec le monde spirituel.

Il reste entendu que les rêves *organiques* ne nous intéressent pas ici. Seuls demeurent prémonitoires les rêves *intuitifs*. Ce sont ceux-là dont les *clefs des songes* essaient de donner une interprétation, mais les clefs souvent diffèrent, et l'on a conclu à la fantaisie de ceux qui les composent. Là comme en Chiromancie, en Cartomancie, ne comptent que les oniromanciens très sincères, comme le fut par exemple Mme de Thèbes. Leurs explications se fondent, partie sur la Tradition, partie sur l'Expérience. Mais elles varient encore suivant le type planétaire, la signature astrale de l'intéressé, dont on ne tient presque jamais compte, ce qui est une erreur. Par exemple le rêve d'eau, hostile au jupitérien, ne le sera pas au sélénien, parce que l'eau pour ce dernier n'est point mauvaise en son horoscope, signe en général de fortune ou de joie.

Si l'Astrologie est exacte, si notre Destin est en formation dès notre naissance, il s'en suit que les événements qui nous concernent sont ceux en préparation dans le Temps et dans l'Espace. L'Orinomancie les entrevoit donc dans l'avenir comme une graine au fond d'un sillon. C'est là tout son secret.

*
* *

Nous renvoyons aux traités spéciaux pour ce qui concerne les règles générales de l'interprétation orinocritique, et la liste des choses rêvées avec la signification qu'une clef leur attribue. Du moins nous bornerons-nous à celle des choses concernant l'amour : mot d'abord, signe ensuite.

Abandon. Si c'est d'un amant, d'une maîtresse : réussite d'un souhait. Si c'est de l'époux ou de l'épouse : joie passagère.

Remarquons à ce propos que la Tradition veut que, presque toujours, le signe d'un songe soit l'inverse de ce songe. Le rêve triste, par exemple, annonce un événement gai, et *vice-versa*. Règle non absolue mais souvent observée. Continuons :

Abeilles. Si elles pénètrent dans la ruche : mariage avantageux.

Adultère. Le commettre : insuccès d'affaire. Le subir : bénéfice ou projet.

Aiguille. Si on l'enfile : union libre ou mariage. Si elle pique : grossesse.

Aisselles. Occasion prochaine de plaisirs voluptueux

Allaitement. Pour une femme : bonnes couches.

Allumer une bougie, un feu. Succès en amour.

Amant ou *Amante.* Amours prochains si l'on n'en a pas. Pour qui en a : inquiétudes, discordes, tromperie, maladie. Pour gens mariés : amplification du présage.

Anesse. L'enfourcher : votre femme ou amie est enceinte (exégèse orientale).

Anneau. Mariage ou joie sensuelle prochaine. Si la femme en rêve : naissance d'une fille.

Baillon. Trahison.

Baiser. Embrasser une jeune fille : satisfactions diverses. Etre embrassé sur la bouche : imprudence d'amour.

Berceau. En donner un à quelqu'un : intrigue passionnelle avec cette personne.

Bouc. Symbole du rôle de la sexualité. L'interpréter suivant les détails du rêve, en sens contraire.

Bouton (de fleur). Obtention d'une personne convoitée.
Bras amputé. Perte d'un proche, d'un être aimé, homme (bras droit), ou femme (bras gauche).
Brouille. Accord. Même présage inversé pour batailles, coups, etc.
Cage. Si elle vide : rupture ou divorce.
Caille. Oiseau de mauvais augure : ruptures, infidélités, perfidies, etc.
Canard. En élever, en chasser, en manger : bonne intelligence avec la personne que l'on aime.
Canif. Infidélité.
Ceinture. La retirer à une femme dit clairement la chute prochaine de celle-ci.
Cercueil. Y voir une personne vivante : mariage avec celle-ci (Halil-el-Masri) (1).
Cerises. Joies d'amour en proportion de la douceur du fruit.
Chambre. Pour un célibataire : pronostic d'union.
Chameau. Pour une jeune fille : mariage (tradition orientale).
Chapeau. La femme épousera l'homme qui l'en coiffe.
Chat. Adultère commis ou en puissance (Halil). Chat caressant : votre amant ou amante vous bernera par des gentillesses. Chat furieux : disputes.
Chèvre. Blanche : caprice d'amour.
Chaussures. Si elles sont luxueuses : une femme va passer dans votre vie.
Chemise. Trop courte : luxure (Jagot).
Cheval. En monter un : bon augure pour entreprise amoureuse.

---

(1) Cet Habil-el-Masri est un « oniromancien oriental très renommé ». Il a fait une clef des songes où l'on se rend compte qu'une des raisons de la diversité des interprétations oniromantiques vient d'un principe régionaliste, c'est-à-dire que l'interprétation est locale et souvent ne vaut que pour le pays où elle s'applique.

Cheveux. Noirs : vous êtes aimé (Halil). Blancs : naissance d'un fils. Infidélité du mari.
Chevreau. Pour femme enceinte : heureuse délivrance.
Chien. Etre mordu par lui : vous avez un rival. Chienne : gare à une femme légère (Orient).
Cœur. Si l'on y a mal : maladie prochaine de l'aimée ou de l'amant si c'est l'amant ou l'aimée qui rêve.
Collier. S'il est d'ambre : succès d'amour, — de corail : union prochaine, — de perles : réconciliation.
Cuivre. Il pronostique un amour que vous inspirez sans le savoir.
Cuve. Brisée : adultère de l'épouse.
Danse. Mauvais rêve. Pour une femme : scandale. Pour un jeune homme : angoisses sentimentales.
Déclaration d'amour : Mystification d'amour.
Dent. Si elle pousse : grossesse. Si elle tombe : deuil.
Drap. Blanc : mariage.
Duel. Présage assez mauvais, à l'encontre des rêves de batailles et de coups.
Eau. Si une femme rêve tenir un vase que son mari remplit d'eau : pronostic de grossesse (Halil).
Ecrevisse. Séparation. Désunion.
Ecureuil. Tentative de séduction sur le conjoint.
Enfant. S'il tette : grossesse. Nouveau-né : tracas de famille.
Enterrement. Mariage prochain.
Epée. Une jeune fille donnant un coup d'épée en rêve tombera vite amoureuse (Halil).
Etoiles. Bon présage d'amour.
Faisan. Amours avec étranger (ou étrangère).
Fente. Augmentation du nombre des enfants. Même présage pour les fourmis.
Fesses. Leur vue en rêve témoigne d'un goût callipygien du dormeur.
Fille publique. « La putain que l'on rencontre en songe,

dit Artémidore d'Ephèse, traduit par H. Vidal, n'est pas en soi défavorable, puisqu'elle nous promet quelque joie; mais le taudis où se tient cette paillarde, où fleurissent les vices et la dépravation, est un présage de tristesse et de malheurs, parce que c'est un lieu fréquemment troublé par des pugilats et des rixes que s'y livrent des hommes ivres et concupiscents. »

Fouet. Tracas domestiques pour la maîtresse de maison. Fesser quelqu'un en rêve est avantageux si c'est un inférieur. Fesser sa femme ou sa maîtresse indique qu'elle vous trompe (Artémidore).

Fraises. Aide affectueuse d'une femme. Entente avec l'élément féminin de votre vie.

Fruits. Cueillis hors de saison : entraves sentimentales.

Gâteaux. Généralement signes de voluptés à venir.

Gazelle. Qui vous menace : révolte de votre femme. Que l'on chasse : on séduira une jolie femme. Lui lancer une pierre : vous frapperez votre femme. Tirer à l'arc sur elle : vous amènerez votre femme à satisfaire votre désir. La prendre : mariage heureux. La tuer et l'écorcher : on aura des rapports avec une autre que l'épouse. Il est évident que ces pronostics sont de tradition orientale, car on a peu de chance en nos pays de rêver de gazelle. Et ceci montre assez le caractère forcément local des clefs des songes.

Gibecière. Qui la voit ou la porte sera victime d'une rivalité amoureuse.

Gourmandise. Etre gourmand en rêve, c'est souvent être érotique à l'état de veille.

Grenade. Présage d'amour avec une femme ou rapport, physiquement, avec la beauté du fruit entrevu.

Grillon. Bon présage sentimental.

Guitare. Déclaration d'amour faite par vous ou à vous (tradition espagnole).

Harem. Avoir commerce avec les femmes d'un harem : mauvais événements prochains (interprétation orientale).

Hérisson. Déception d'amour.

Hernie. Si une femme en rêve, elle risque des manœuvres abortives.

Hirondelle. En attraper une est, pour un célibataire, signe de mariage.

Illumination. Plaisirs d'amour passagers.

Inceste. Faire l'amour avec ses enfants présage réconciliations dans une famille en brouille.

Jardin. En Orient, tout au moins, le jardin vu en rêve représente la femme du dormeur. D'où : pluie sur le jardin signifie grossesse. Vol de fruit dans un jardin : inceste.

Jeune fille. La voir nue : honneurs. Lui donner le bras : bon présage. En recevoir une fleur : bon espoir de l'aimer. En recevoir un citron : on souffrira par elle. L'embrasser : bonnes affaires. Enlever taches ou boue sur sa robe : vous la sauverez d'un mauvais mariage. Si elle prépare votre lit, vous coucherez avec elle. Tous ces pronostics sont d'Halil-el-Masri.

Jument. En Orient, représente la femme. Rêver qu'une jument vous emporte sur son dos : une femme vous entraînera dans de mauvais chemins. Désharnacher une jument : vous abandonnerez votre femme. Enfanter une jument : vous commettrez sous peu l'acte sexuel.

Labour. Symbole de la désillusion, de la stérilité, de la satiété des plaisirs sexuels.

Lait. Grossesse.

Laurier. On sera en affaire avec une jolie femme; on aimera celle qui, en rêve, vous en offre une branche.

Lierre. Comme la laine, présage onirocritique inverse de l'usuel : courte durée. Vu entre les mains d'une femme : vie courte pour elle ou courtes amours.

Lit. Présage en général des maladies, mais neuf, de nouvelles amours.

Lune. Déboires d'amour. Pleine lune : ces déboires viendront d'une femme maigre.

Lys. Echec. Impureté de celui ou de celle que l'on aime.

Mariage. Etre à la veille d'un mariage : mort. Y assister : mauvais signe. Une femme qui songe à se marier avec un homme qui la courtise sera bientôt sa maîtresse (Thylbus).

Miroir. S'y regarder : mariage, grossesse, union libre, etc., suivant le dormeur.

Montagne. Annonce difficultés en amour comme en toutes autres entreprises, sauf si l'on fait une ascension sans fatigue à la lueur douce de la lune : signe qu'on est proche du but d'amour.

Mort. Bon signe, et aussi changement radical. Se voir mort : mariage. Si c'est une femme enceinte qui se voit ainsi, elle fera un bon accouchement.

Moustaches. Une femme qui rêve en avoir est à la veille d'une rupture ou d'une union mauvaise.

Musc. Voluptés. Passion sensuelle. Existence jouisseuse (Thylbus).

Myrte. Annonce d'une femme galante.

Neige. Amour naissant.

Noce. Mauvais signe ou, en tout cas, joie brève en amour.

Nudité. Mauvais signe s'il s'agit d'un homme ou de soi-même. S'il s'agit d'une femme, il est difficile d'en tirer un pronostic, car c'est, comme dit Freud, l'expression déguisée d'un désir réprimé.

Œil. S'il est blessé, mauvais signe pour la personne qu'on voit en rêve victime de cet accident. Si l'œil est beau : chance d'amours prochaines.

Œufs. En manger crus : actes de luxure prochains. En casser un : on sacrifiera une vierge... ou un puceau.

Oiseaux. Bonnes nouvelles d'amour.

Ours. Une femme qui en rêve doit se méfier d'envieuses et de jalouses.

Palissade. Obstacle d'amour vaincu.

Panier. Accroissement de la famille.

Pantalon. A trait à la vie intime. Une femme qui le noue se mariera; qui le dénoue, n'aura point l'homme qu'elle désire.

Papillon. Amourette.

Peigne. Rupture.

Perdrix. Augure d'amour. Pour la femme : grossesse prochaine. Pour l'homme : multiples bonnes fortunes.

Perles. En enfiler : coït prochain. (Toutes réserves faites sur cette interprétation facile et gaillarde.)

Pierres précieuses. Si l'on parvient à les distinguer, voici les présages indiqués :

    Aigue marine : affection partagée.

    Ambre : faveurs de la femme aimée.

    Béryl : bon présage pour les affaires de cœur.

    Escarboucle : suite heureuse à de vibrantes amours.

    Lapis-lazuli : satisfaction pour une entreprise sentimentale.

    Opale : pierre fatale de mauvais augure. Rien ne va, ou : tout va se briser.

    Saphir : bon présage pour faveur convoitée.

    Serpentine : flirt, amitié amoureuse.

Pigeon. En voir voler : nouvelles d'un être cher. En capturer un : mariage. Le laisser échapper au moment de le prendre : rupture d'un projet d'union.

Plantes. Leur vue en songe dépend de l'espèce. Pour celles qui concernent l'amour, voir un peu plus loin le *Langage des Fleurs,* car il est le même, selon la tradition.

Pleurer. Satisfaction, en amour comme pour toute autre préoccupation du moment.

Poisson. En voir un : mariage. En voir deux : bigamie. Bien entendu, le présage s'entend aussi pour les amours non légalisées.

Prunes. En manger : succès d'amour.

Raccommodage. L'homme qui se voit en rêve raccommodant les vêtement de sa femme, subira un esclavage conjugal avilissant.

Raisins. Manger des raisins mûrs : jouissance prochaine.

Renard. En prendre un : mariage sans amour. Jouer avec lui : mariage malheureux par le caractère de la femme.

Rose. Qui vous en donne une se mariera avec vous.

Salut. Saluer le père d'une jeune fille qu'on désire : on aura la fille.

Scorpion. Le voir dans le lit de sa maîtresse : trahison de celle-ci.

Seins. Beaux, fermes, pleins, copieux : bon présage pour l'homme. Blessure au sein est signe d'amour pour une jeune fille. Plusieurs seins vus par une femme : elle se débauchera (Artemidore d'Ephèse).

Sérénade. Vous aurez un motif prochain de jalousie.

Soif. Etre désaltéré par les soins d'une personne d'un autre sexe que le vôtre : succès d'amour pour qui n'est pas marié.

Soufflet. En recevoir un d'une femme : vous la posséderez.

Taupe. Votre amie est très hypocrite.
Tortue. Une vieille femme essaiera de vous nuire.
Tourterelle. Votre amour est partagé.
Vase. Plein d'eau : mariage, s'il s'agit d'un célibataire. Naissance, si le mari le remplit d'eau. Grossesse suivie d'acortement si le vase se brise et que l'eau se répande.
Veau. Grossesse.
Verge. Si l'on entend par là une poignée de brindilles, le signe est bon, car être battu de verge indique un succès selon la loi des contraires observée déjà. Si par verge on entend le membre viril, voici ce qu'en pense Antémidore d'Ephèse : « Fort, solide et abondant, c'est richesse. Et richesse en rapport avec le rêve, richesse qui diminuera si le membre semble se rapetisser, s'amollir, qui croîtra s'il semble s'allonger. Si l'homme se voit flanqué de deux membres, il apprendra que l'effet des choses représentées sera doublé, à l'exception toutefois de celles concernant sa femme ou sa concubine, car un homme ne saurait user de deux membres simultanément. »
Volcan. Fumant : passion. Eteint : mauvaise aventure.
Vipère. Si le dormeur la voit sur le sein de sa femme et que celle-ci n'en éprouve point d'horreur : preuve de débauche et de corruption (Artémidore).

VI

L'AMOUR
LES PRESAGES ET LES ORACLES

Si les Hommes ont cru de tous temps à l'existence de puissances occultes et de moyens divers de sonder l'avenir, combien leur fut particulièrement sensible l'espoir de connaître par avance le succès de leurs entreprises amoureuses ! Le tourment sentimental s'accroît d'autant, d'ailleurs, de ces perplexités : mais n'est-ce pas ce qui, justement, donne son prix aux aventures du cœur?

La Science (si l'on peut employer ce mot) des Présages, très pratiquée par les anciens, s'est toujours divisée naturellement en trois sections, selon que les pronostics peuvent être tirés de ce que l'on voit, reçoit ou rencontre.

C'est ainsi que porte bonheur, à ce qu'on dit, la vue d'un aigle, d'une araignée du soir, d'une bergeronnette, d'une caille, d'un cheval pie, etc... Et que porte malheur la vue d'une araignée du matin ou de midi, d'une chauve-souris, etc. Mais si d'une part on peut interpréter comme bon ou mauvais augure pour telle entreprise amoureuse la vue de n'importe quel porte-bonheur ou porte-malheur, d'autre part, il est certains de ceux-ci qui semblent plus spécialement affectés aux choses du cœur. Dans la longue liste, on peut donc faire une sélection.

Voilà pourquoi la croyance populaire réserve au sentiment le classement suivant :

Bons pronostics : la vue d'une araignée du soir (vous pouvez espérer que la désirée passera bientôt une nuit avec vous); d'un écureuil (plaisir sensuel prochain); d'une colombe (le cœur de la belle est touché); d'un paon faisant la roue (bonheur conjugal); d'un furet (réussite auprès d'une petite femme galante).

Mauvais pronostics : la vue d'une araignée du matin ou de midi (chagrin ou souci qui peut être d'amour); d'un coucou chantant (vous risquez d'être trompé); d'un oiseau de proie (un jaloux guette votre maîtresse); d'une fouine (ennuis conjugaux); d'un serpent (trahison); d'un lézard (déception); d'un coq chantant le jour de votre mariage (querelles ménagères); d'une bruyère fanée (l'amour décroît).

A côté des choses que l'on voit, la Science des Présages, sous le nom de *Tansataumanie,* tire des pronostics des choses qui vous tombent inopinément sous les yeux : cierge qui choit, croix formée par deux couteaux, fer à cheval, etc.

Le fer à cheval qu'on trouve, toujours bon signe en général, s'applique à l'amour comme aux autres préoccupations de la vie. Il faut le conserver. Nous avons connu un couple qui eut cette chance d'en trouver un au lendemain de sa noce. Toute joyeuse, l'épousée le para d'un nœud rose et le cloua au mur. Et quand, la lune de miel passée, le jeune mari racontait quelque ennui ou paraissait de mauvaise humeur, sa gentille femme, tendrement, lui montrait le porte-bonheur et lui redonnait ainsi de l'optimisme ou ravivait son affection. Chère petite ! Elle avait compris que le signe du bonheur étant là, pour être heureux il ne fallait pas le faire mentir !

Evitez de renverser une salière : sel et poivre mêlés sur

la table présage petite querelle. Car il est des événements qui, ainsi, sont de mauvais ou de bon augure. Il paraît que de mettre une alliance avant d'être marié est dangereux; que de couper une alliance annonce le divorce; que de tuer un chien, un chat, un crapaud, une coccinelle, peuvent entraîner des catastrophes conjugales... En tout cas, être cruel, mérite toujours un châtiment... Soyez bon et ce sera un excellent moyen, sans nulle magie, d'être heureux.

On dit d'autre part que porte bonheur de se faire un accroc, de toucher la protubérance d'un bossu, d'accrocher du gui chez soi, de donner du pain à un pauvre. Nous voulons croire qu'un geste charitable dénote un cœur ayant de l'amour comme, du reste, une notion bien humaine, et que si se lever sur le pied droit porte à la bonne humeur, c'est la bonne humeur qui apporte la chance. Levez-vous toujours sur le pied droit. Et le soir venu, ne vous endormez jamais sans avoir donné à votre compagne un baiser, couronnement dans la joie d'une journée d'amour ou réconciliation nécessaire si, de hasard, un nuage a couru dans votre ciel sentimental.

Parmi les présages se rapportant à l'Amour, il en est une série afférant à la petite comptabilité intime et mensuelle de la Femme, que nous ne pouvons passer sous silence, tant elle est connue. C'est ce qu'on appelle l'Amia. Voici ce calendrier si populaire. (Les chiffres romains, suivant les prédictions, renvoient aux douze conseils.) Voir le tableau ci-après :

CALENDRIER DE L'AMIA

JOURS DU MOIS

1. Vous vivrez dans le bonheur.
2. Vous serez dédaignée. III.
3. Dispute. XI.
4. Joie et gaieté.
5. Prochainement tristesse. IX.
6. Surprise d'amour.
7. Amour platonique.
8. Grande joie à éprouver.
9. Modification. V
10. Amour vif et sans nuage.
11. Fidélité complète.
12. Passion ardente.
13. Attendez-vous à souffrir. VII
14. Heureuse nouvelle.
15. Ce que vous attendez arrivera.
16. Eloignement.
17. Mauvaise nouvelle. II.
18. Vous serez désirée.
19. Vous serez aimée. XII.
20. Vous aimerez. VIII.
21. Ennui passager. IX.
22. Mélancolie, soupçon.
23. Aventure et bonne fortune.
24. Vous aurez une contrariété. IV.
25. Voyage prochain.
26. Retour et regret.
27. Réalisation de vos rêves.
28. On s'occupe de vous. I.
29. Peines et pleurs. VI.
30. Evénement inattendu.
31. Vous avez des soupirants.

JOURS DE LA SEMAINE

Lundi. — Nouvelle connaissance.
Mardi. — Cadeau. II.
Mercredi. — Inquiétude. IV.
Jeudi. — Déclaration.
Vendredi. — Tristesse. X.
Samedi. — Solution d'affaire.
Dimanche. — Amitié parfaite.

AVANCES

1 jour. — Vous serez heureuse.
2 jours. — Nouvelle amitié.
3 jours. — Tristesse.

RETARDS

1 jour. — On pense à vous.
2 jours. — Contrariété.
3 jours. — Quelqu'un vous aime.

LES DOUZE CONSEILS DE « L'AMIA »

I. — Aime de tout ton cœur ceux qui t'aiment.
II. — Aide ceux qui souffrent, seraient-ils tes ennemis.
III. — Ne te charge pas d'une haine : c'est un bagage trop lourd.
IV. — Ne parle de ton prochain que pour en dire du bien.
V. — Que la bonté soit toujours en ton cœur.
VI. — Retiens tes larmes, c'est de la force qui coule.
VII. — Que l'enfance te soit sacrée !
VIII. — Donne ton cœur à qui le mérite et sois fidèle.
IX. — Elève ta pensée par de saines lectures.
X. — Aie la foi en la volonté : c'est la plus grande des puissances.
XI. — Comprends les soucis de l'homme et ne boude jamais.
XII. — Souviens-toi que charmes passent et que douceur reste.

Parmi les modes de divination secondaire les plus connus, se trouve l'emploi du *marc de café*. Mais le marc de café n'est lui-même qu'un mode semblable à d'autres interrogations qui se font avec du plomb fondu, des œufs, de la terre, etc. Au fond, il n'y a là, suivant les occultistes, qu'une sorte de *voyance* dérivée de celle des miroirs magiques.

Quelle que soit la méthode employée, d'ailleurs, il faut de toutes façons se reporter à un tableau des significations admises des lignes et figures formées par l'ingrédient employé. Voici ce tableau, allégé de tout ce qui n'a pas trait aux choses du cœur. (On trouvera les figures correspondantes dans l'*Encyclopédie des Sciences Occultes*) (1).

Une ligne droite. Existence conjugale calme et tranquille.

Une ligne courbe. Faux ami à craindre et qui guette votre femme.

Plusieurs lignes courbes. Plusieurs faux amis souhaitent votre désunion conjugale.

Une ligne brisée. Chagrins du cœur.

Obliques traversant des lignes brisées. Vous souffrirez et ferez souffrir par le cœur.

Carré bien régulier. Bonheur dans l'amour. Chance d'héritage.

Triangle bien formé. Espoir dans une entreprise amoureuse commencée.

Couronne de triangles. Succès amoureux.

Grand ovale. Mariage à votre goût.

Cercle contenant des points. Progéniture en perspective.

Cercle contenant trois points. Vous aurez un garçon probablement.

---

(1) Editions Georges-Anquetil, 39, boulevard Berthier, Paris.

Une croix. Mort d'une ancienne maîtresse.
Croix nombreuses. Vie agitée de passions.
Couronne de croix. Craignez pour la vie de l'aimée.
Maison avec toit et fenêtre. Bonheur dans la famille.
Ane ou chameau. Soucis, gêne dans le ménage.
Porc. Vous êtes trop sensuel. Réprimez vos débordements.
Une figure humaine. Quelqu'un vous aime.
Deux lignes humaines. Cet amour sera partagé.
Deux figures dans un cercle. Cet amour finira par un mariage.
Deux figures séparées par une ligne. Procès en divorce.
Oiseaux. Long et heureux mariage.
Poissons. Grosse désillusion d'amour.
Serpent. Jalousie et trahison.
Plusieurs fleurs ou étoiles. Triomphe d'amour.
Saule. Regret et pleurs d'amours.
Fourche. Petite contrariété d'amour.
Chaîne. — Liaison amoureuse.
Groupe de fourches. Grosse contrariété d'amour et possible rupture.

***

La divination au marc de café s'obtient en laissant celui-ci sécher pendant trois jours. On met ensuite ce marc mêlé d'un peu d'eau dans une casserole et sur le feu et on le retire avant ébullition. Prenant une assiette blanche, plate et sans défauts, on y verse le marc et prenant l'assiette à deux mains on l'agite doucement en l'inclinant en tous sens et en soufflant dessus. On voit alors le marc peu à peu se séparer de l'eau, s'étendre, se déposer au fond de l'assiette. Quand il y sera bien collé, incliner à nouveau l'assiette pour que toute l'eau s'écoule et laisser reposer.

Au bout d'un instant on constate que le marc a formé une multitude de signes, de dessins, de silhouettes. On en commence l'interprétation mais en tenant bien compte de ceci, que toute figure vague, douteuse, ne doit pas être prise en considération. Il ne sera pas mauvais de se munir d'une loupe pour les pointillés.

Pour le jaune d'œuf, même genre d'opération. En faire cuire un, et quand il est encore liquide, le casser en faisant tomber la calotte (et non le gros bout). Puis l'incliner au-dessus d'une assiette ou d'une feuille de papier blanc et laisser couler le jaune d'un peu haut. Il se formera des taches, des éclaboussures qu'on interprétera quand elles seront bien sèches.

On peut interroger de même du plomb fondu qu'on laissera brusquement choir dans une terrine blanche pleine d'eau froide. Les plaques plus ou moins épaisses ou continues qui se formeront constitueront des figures à interpréter avec les indications précédentes.

Voici d'autres procédés divinatoires.

Si votre cœur hésite entre plusieurs femmes, si vous ne savez quel jour de la semaine prendre pour un rendez-vous amoureux, si désirant plusieurs femmes vous voulez savoir laquelle vous cédera, employez la divination par le papier. Ecrire pour cela vos demandes, séparément, sur des morceaux de papier, que vous mettrez sans les plier dans une terrine. Versez de l'eau doucement. La réponse viendra du premier des papiers qui remontera à la surface de l'eau. Ainsi des trois ou quatre jolies danseuses rencontrées dans un bal, et qui vous attirent également, et dont vous feriez volontiers de n'importe laquelle votre femme ou votre maîtresse, vous saurez le nom de celle vers qui le Destin vous poussera de préférence.

Si vous avez une affaire de cœur en route, de longue haleine, mettez une galette dans un tiroir bien sec. Si au bout de trois mois, la moisissure a entamé la galette, l'affaire est compromise, manquée si tout est moisi, proche du but si les petits champignons ont respecté votre offrande au Destin.

⁂

La divination par les pierres :

Désirant savoir si oui ou non une personne vous aime, formulez la question en jetant un caillou dans un récipient d'eau et comptez les cercles concentriques qui se formeront aussitôt. Si les rides sont en nombre impair : réponse favorable. Si les rides sont en nombre pair : réponse défavorable.

Si vous avez sous la main des pierres brillantes de différentes couleurs, amusez-vous à en former un cercle au milieu duquel vous allumerez une bougie large et courte (expérience à faire, bien entendu dans une pièce close, rideaux fermés, ou le soir). Surveillez la première pierre qui reflétera un rayon. Si c'est une pierre bleue attendez-vous à du bonheur prochain. Si c'est une pierre verte attendez-vous à la réalisation d'un espoir. Si c'est une pierre rouge attendez-vous à une passion amoureuse. Si c'est une pierre violette attendez-vous à un deuil. Si c'est une pierre jaune attendez-vous à une infidélité. Si c'est une pierre grise attendez-vous à verser des larmes. Si c'est une pierre grenat attendez-vous à un mariage.

⁂

La bague :

Asseyez-vous devant une table sur laquelle vous aurez posé un verre vide. Attachez une bague à un cheveu. Tenez ce cheveu entre le pouce et l'index. Suspendez la bague au-dessus du verre, puis descendez-la dedans. La bague oscillera.

Si elle heurte d'abord le côté gauche du verre : méfiez-vous des élans de votre cœur.

Si elle heurte d'abord le côté droit : l'intérêt domine votre cœur.

Si elle heurte le bord qui vous est opposé : succès d'amour.

Si elle heurte le bord qui est de votre côté : insuccès et déboires.

.•.

Pour les jeunes filles :

I. — A partir du premier jour de mai coïncidant avec l'apparition de la lune, contemplez-la neuf soirs consécutifs en ayant un miroir caché dans votre poche ou votre main. Puis glissez ce miroir sous votre oreiller la nuit du neuvième jour en priant l'astre de vous faire apparaître en rêve votre futur époux. Le lendemain sortez tôt et offrez une aumône au premier pauvre que vous rencontrerez. Si c'est un homme vous serez marié dans l'année à celui auquel vous avez rêvé. Si c'est une femme, il vous faudra attendre encore un an.

II. — Pour savoir si elles se marieront, les jeunes filles lancent du pied une de leurs chaussures dans l'escalier. Si la chaussure tombe à l'endroit : pas de mariage. Si elle tombe à l'envers (c'est-à-dire si c'est le dessus qui apparaît) mariage, dont la sépare autant de jours, de semaines, de mois ou d'années qu'il y a de marches franchies par la chaussure.

⁂

Pour les jeunes gens :

I. — Inscrivez sur divers petits papiers le nom des fiancées possibles parmi vos relations et jetez-les, roulés dans un tamis au-dessus d'une casserole d'eau bouillante. Celui que la vapeur fera dérouler le premier donnera la réponse. Si vous avez eu soin de rouler en plus un papier blanc, si c'est lui que donne la réponse, c'est que le célibat vous est destiné.

II. — Dès que vous entendez chanter le coucou, saisissez vite en votre poche une pièce de monnaie en disant : « Coucou, aurai-je une maîtresse ? » Si le coucou chante de suite deux fois : réponse favorable; plusieurs fois : douteuse; une fois : négative.

⁂

La Marguerite, le Pissenlit et le Chardon.

Qui n'a dans sa jeunesse consulté l'oracle populaire de la marguerite effeuillée ! Est-il plus ridicule de croire à celui-là que de croire aux autres ?... « Elle m'aime... un peu... beaucoup... passionnément... pas du tout ». Espoir ou crainte, joie charmante ou déception, que de cœurs de seize ans ont battu en lisant leur destin aux pétales de la jolie fleur des champs !

Au lieu d'une marguerite on peut prendre aussi une tête de pissenlit ou de chardon en graines et souffler dessus. Si toute la tête légère s'envole d'un coup, vous êtes grandement aimé. Si quelques graines restent, il y a des écarts de fidélité. S'il en reste beaucoup, on n'a pour vous que de l'indifférence...

⁂

Il y a bien d'autres petits secrets divinatoires dans les *Oracles des Amoureux*, qui pullulent, les uns en vous faisant donner au hasard des pages ouvertes avec une épingle ou un canif glissés dans le livre fermé, réponse à une demande formulée, les autres en énumérant les conséquences de mille petits faits de la vie courante.

Une jeune fille casse son aiguille en cousant : un jeune homme pense à elle. Des allumettes sont renversées par une jeune fille : fiançailles (ou chutes) prochaines. Une personne met son bas ou une chaussette à l'envers : elle va recevoir une marque ou souvenir d'amour. Une femme casse une canne : gare à quelque brutalité de l'amant ou du mari. Une personne brise une lame de ciseaux : brouille amoureuse; les deux : rupture. Une fille glisse sur une épluchure : flirt; sur du gazon : défaillance en plein air; sur le parquet : défaillance en lieu clos; sur aiguilles de pins : défaillance brusque et inattendue. Une jeune fille perd une de ses jarretières : déclaration prochaine; les deux : perte de sa virginité. Une femme sent que son jupon se détache : un homme en veut à sa vertu.

N'allons pas plus loin dans ces exemples issus de la fantaisie plus que de l'expérience. Leurs recueils sont en général à bas prix. Ils ne valent pas cher en effet !

VII

L'AMOUR, LES CARTES ET LES TAROTS

Nous pensons qu'il ne faut dire ni trop de mal ni trop de bien des cartes, et de ceux ou plutôt de celles qui les tirent.

Pas trop de mal. Car il y a sans doute, en cartomancie, un phénomène de voyance qui nous échappe, ceci dit en nous supposant devant une cartomancienne sincère, sérieuse, et dont la pratique s'est enrichie de nombreuses réussites prédictives. Pas trop de bien parce qu'il est fort peu de cartomanciennes dignes de ce nom. La plupart d'entre elles — les hommes se mêlent peu de cet art qui en tous cas, fait surtout d'intuition, convient mieux aux dames — sont des bonnes femmes sans éducation, sans pouvoir extra-naturel. Et si l'on nous dit que la voyance n'est pas forcément le fait des personnes intelligentes, qu'au contraire les gens peu instruits sont plus proches de l'état naturel, plus instinctifs, plus émotifs, nous répondrons que la plupart des tireuses de cartes sont surtout des brocanteuses d'illusions et qui spéculent sur la crédulité.

Il n'empêche qu'il est des cartomanciennes très curieusement, très fortement douées, soit quelles se contentent du jeu de piquet, soit qu'elles manient les tarots. Elles se mettent, inconsciemment peut-être, en manipulant les cartons, dans une sorte d'état second, qui leur fait assimiler ceux-ci à un miroir magique ou à un plat de marc de café... Elles *voient,* sans être en état d'hypnose, un peu de l'avenir...

Au reste leur habileté étaie leur croyance. Avec beaucoup d'adresse, tout en battant, coupant, étalant leurs images, elles interrogent le consultant. Oh! certes pas par des questions directes, ce qui serait fort maladroit, mais par des insinuations, par leur regard aux aguets qui surprend le caractère et les désirs de qui vient leur demander leurs pronostics... Et celui-ci, à son tour, subit la suggestion, tend sa pensée, donc son destin *dans le sens des prédictions* que par ainsi, fut-ce inconsciemment, il aide à accomplir... Qu'est-ce que le vertige? L'attirance du gouffre, qui envisage la chute comme une quasi-certitude (et c'est le cas du vertige) est dans une fatale disposition à précisément choir. Qui se persuade que tel événement va s'accomplir, se pousse lui-même vers cet événement. Le secret de la cartomancie est dans un obscur phénomène psychique qui certainement s'éclairera avec le progrès de l'étude du subconscient.

Ceci dit, nous n'allons rappeler ni l'origine des cartes, ni la manière de les tirer. On les trouvera facilement. Nous nous contenterons d'essayer de borner la fantaisie des interprétations diverses par un raisonnement aussi logique que possible, en ce qui concerne l'Amour.

On sait que la Tradition a groupé les pronostics pouvant nous intéresser en Cartomancie sous quatre chefs correspondant aux quatre éléments du jeu : les Cœurs, les Carreaux, les Trèfles et les Piques.

Les cœurs, qui sont toujours en tête de la liste, parce qu'il semble bien que la Cartomancie soit surtout faite pour les pronostics d'amour (et la légende qui raconte ses débuts nous le confirme) — les cœurs, disions-nous, nous renseignent sur nos affaires sentimentales et surtout amoureuses. En soi, ils sont bénéfiques, et c'est seulement leur voisinage qui peut compromettre les issues heureuses qu'ils annoncent par eux-mêmes.

Les carreaux renseignent sur les voyages, les messages. Moins bénéfiques que les cœurs sans être mauvais, ils marquent les désaccords, jalousies et retards dans les entreprises amoureuses.

Les trèfles sont consacrés aux affaires d'argent.

Les piques, toujours inquiétants, évoquent la douleur, la mort, la tristesse, la trahison.

Ceci donné, il nous semble qu'il suffit d'assigner une nature et une valeur de pronostic à chacune des cartes du jeu et de tirer conclusion de la place que chaque cœur peut occuper à côté des autres cartes.

Exemple : l'as de carreau représente une lettre, la dame de cœur une femme. Donc leur voisinage doit annoncer une lettre de femme, et comme les cœurs parlent d'amour, cette lettre sera d'une femme qui vous aime.

Autre exemple : le neuf de pique est mauvais présage, un des plus mauvais et dans toutes les méthodes de cartomancie. Si donc il est auprès d'un valet de cœur, image d'un jeune homme épris, c'est qu'il y a pour celui-ci (auquel vous penserez en consultant le jeu) danger grave.

Autre exemple : le huit de trèfle, c'est : petite somme. Et le huit de cœur, c'est : visite d'une dame sympathique. Rencontre des deux : une petite rentrée d'argent vous est promise après visite d'une femme, soit que celle-ci vous l'annonce, soit qu'elle vous l'apporte parce qu'elle vous le doit, ou qu'elle a réussi une petite affaire pour vous, etc...

Il est donc désirable d'unifier les significations des cartes et de ne pas voir dans un livre que l'une d'elles représente ceci et dans un autre qu'elle représente cela. Beaucoup de significations sont traditionnelles, définitives, telles que le dix de carreau (voyage), dix de trèfle (somme importante) as de carreau (lettre) etc... Il faudrait que toutes le fussent.

Voici, pour les Cœurs, les significations qui nous ont paru les meilleures :

As : La maison. Joie. Réussite. Nouvelle heureuse.
Roi : Homme sympathique (1).
Dame : Femme agréable (2).
Valet : Jeune homme épris.
Dix : Amour dans la maison. La ville. Le travail.
Neuf : Grande joie. Victoire. Concorde.
Huit : Visite ou cadeau. Soucis. Espérance.
Sept : Pensée d'une femme (plutôt blonde). Amour sincère.

Beaucoup de cartomanciennes compliquent la signification ou la différencient suivant que la carte est droite ou renversée. Mais en principe les cartes modernes n'ont pas de haut et de bas. Il nous paraît inutile de prêter attention à ce détail.

Nous n'entrerons pas dans les combinaisons de couleurs et de nombres. Simplement nous épiloguerons sur le cas qu'il faut faire des prédictions. D'abord : jamais ne se frapper. La cartomancienne a eu tort si elle vous a donné des précisions trop grandes, surtout en mal, vu que la divination par les cartes doit n'être qu'avertissement,

---

(1) Nous renonçons à la couleur des cheveux, autrefois toujours indiquée. On a remarqué, en effet, que la proportion des blonds va en diminuant au profit des bruns. Il s'en suit qu'une qualification de ce genre n'a plus de valeur.
(2) Les bruns étant bénéfiques, prendre les mots sympathiques, agréables au sens physique ou au sens moral.

possibilité, pronostic un peu vague. Si les pronostics sont bons, c'est de l'espoir en bouteille; buvez cet elixir excellent qui vous rendra optimiste, donc plus apte à aider votre sort. S'ils sont mauvais, mettez-vous sur vos gardes, sans plus. Evitez la femme dangereuse dont on vous apprend qu'elle vous portera malheur. Surveillez le jaloux qu'on vous signale. Préparez-vous à parer au danger qu'on vous annonce. Cuirassez-vous contre le chagrin qui vous guette, si vous ne pouvez éloigner la coupe amère de vos lèvres. Et par ainsi la cartomancienne, qu'elles se soit trompée ou non, ne vous aura pas été inutile.

Et puis, confrontez votre ligne dec œur, à vous, celle qui parle au creux de votre main, avec le petit roman que vous débite la cartomancienne. Et prenez la moyenne de ces deux indications.

.*.

Abordons maintenant les Tarots. Non pas au point de vue divinatoire, cartomancique, mais au point de vue de l'hermétisme. Nous allons y moissonner des idées beaucoup plus intéressantes que dans le maniement d'un jeu de piquet.

Les Tarots ou plutôt *le Tarot,* c'est, tout le monde le sait en gros, si fort peu le connaissent en détail, un ensemble de cartons formé de deux grandes séries, dite l'une des arcanes majeurs (il y en a 22) l'autre des arcanes mineurs (il y en a 56). On appelle encore ces cartons des clefs d'Hermès, indiquant par là qu'ils ouvrent la Philosophie Hermétique, comme des clefs compliquées et forgées exprès pour le secret d'un coffre-fort.

Ce Coffre-fort, c'est la Science Occulte, c'est le Secret de la Constitution de l'Univers (donc de l'Homme qui en fait partie), c'est l'étude des causes secondes, en cela différent de ce qu'on appelle ordinairement la Métaphysique, étude des causes premières, et de ce qu'on peut appeler globalement la Physique, étude des lois régissant tout ce qui nous tombe sous les sens.

On devine que nous n'allons point faire ici un traité du Tarot, dont chaque lame entraîne à une foule de dévelopements qui par surcroît permettent d'exercer la sagacité de chaque exégète suivant sa façon de comprendre et d'interpréter.

Mais ce que nous pouvons essayer, c'est, prenant chacune des vingt-deux premières cartes ou images tarotiques, sur lesquelles seulement en général s'applique l'intelligence des commentateurs, de chercher et de résumer ce qu'elles nous peuvent enseigner au point de vue de l'Amour. Et c'est croyons-nous la première fois que ce travail est tenté.

.*.

La première lame du Tarot s'appelle *le Bateleur* et représente un homme debout derrière une table sur laquelle sont posés les symboles généraux qui désignent les quatre groupes de quatorze lames de la série des arcanes mineurs : coupes, deniers, sceptres et glaives, emblèmes des attractions et répulsions universelles. Il est coiffé de ce qu'on pourrait prendre pour un chapeau mais qui n'est qu'une matérialisation du signe connu de l'infini (un 8 couché). Une de ses mains tient et lève le bâton de l'Enchanteur,  baguette significative de l'initiative personnelle. L'autre est tournée vers la terre sur laquelle la nature est représentée par quelques feuilles.

Eh bien ! cette espèce de prestidigitateur, qui au fond est le Mage, nous enseigne par là la constitution occultiste de l'être humain qu'aussi bien représente également le sphinx égyptiaque et même le quaterne évangélique orné des quatre têtes du bœuf, du lion, de l'aigle et de l'ange... Tant il est vrai que le Christianisme, de par ses premiers initiés (combien peu s'en doutent !) tenait lui aussi, fondamentalement, à la Science hermétique qu'on retrouve d'ailleurs en assise formidable et solide de toutes les religions !

L'Homme, donc, nous dit l'Occultisme (en opposition formelle avec les doctrines matérialistes qui ont désolé le XIX° siècle et qui enfin tombent en décadence pour ne nous laisser que leur apport d'observation, de classification et de criticisme), l'Homme est composé de quatre éléments : le corps physique, le corps astral, l'âme, et l'esprit pur...

Nous n'ignorons pas que certains, au lieu de quatre éléments, en nomment trois, d'autres cinq, d'autres sept. Au vrai, il ne s'agit que de nuances. D'aucuns estiment simplement en effet devoir distinguer, du corps astral, le double éthérique, qui se manifeste dans le cas des apparitions, et par ainsi ils envisagent une seconde représentation du corps physique, ce qui porte à cinq le nombre des divisions. D'autres voient trois principes dans l'âme au lieu d'un, et distinguent l'âme instinctive, l'âme passionnelle et l'âme intellectuelle, d'où les sept divisions que l'ésotérisme bouddhique nommait, de bas en haut : rupa, jiva, linga sharira, kama sutra, manas, buddhi et atma, alors que l'ésotérisme juif n'en nommait que ces quatre plus haut indiqués et appelés en hébreu gouph, nephesch, ruach et neschamah. Quant aux doctrines d'ailleurs plus répandues du ternaire, elles se contentent d'envisager le corps physique, le corps astral et le corps mental. Le Christianisme simplifie encore en âme et corps, mais il y a là négligence certaine, car sans l'admission d'au moins un intermédiaire entre l'âme et le corps, qu'on le nomme double ou astral, on ne peut rendre compte d'une foule de phénomènes aujourd'hui scientifiquement démontrés.

Le petit tableau suivant va résumer tout ce qui précède et le rendre très clair :

Neschama	Esprit pur.......	Kama rupa.	Ame divine.......		
Ruasch ..	Ame spirituelle..	Atma......	Ame spirituelle....	âme	
	Ame passionnelle	Buddhi....	Corps causal......		âme
	Ame instinctive .	Manos.....	Corps mental......		
Neppesch...	Corps astral	Linga sharira	Corps astral..... C. astral		
Gouph...	Corps phosphorent	Jiva	Corps physique....	corps	
	Corps matériel...	Rupa	Double éthérique..		corps

En nous excusant de ces premiers détails connus de tous les occultistes, revenons à notre sujet, l'Amour. Ce principe primordial et universel d'attraction doit pouvoir entrer dans ce cadre, se différenciant suivant la partie de l'être qu'il touche de sa flamme. Mais pour éviter les subtilités, nous nous contenterons des quatre divisions kabbalistiques et établirons le tableau suivant :

Au corps physique correspond l'amour purement sensuel. Au corps astral, au périsprit, au subconscient correspond la sensibilité amoureuse. A l'âme correspond l'amour intellectuel en dehors de toute passion sensuelle. A l'âme divine correspond l'amour mystique, extrahumain.

Expliquons-nous un peu. Supposons un homme désirant une femme dans le seul but de satisfaire un besoin physique d'émission spermatique. Ce coït purement animal ressort de l'amour sensuel, sans plus.

Mais si un homme, ayant rencontré une femme et épuisé d'abord sur elle son désir charnel se prend à lui trouver des qualités psychiques, il en fait sa maîtresse, afin, entre les heures de délectation sensuelle d'épancher auprès d'elle ses sentiments affectueux, cet amour sera déjà plus élevé et de la seconde catégorie.

Que cet homme rencontre une femme d'élite, s'éprenne d'elle de toutes les forces de son être, offre à cette créature un don complet et profond de lui-même, avec réciprocité, la joie des sens ne faisant qu'accentuer l'étreinte spirituelle d'une étreinte corporelle; cet amour, source des unions idéales, sera de la troisième, de la plus haute catégorie humaine.

Qu'un homme, une femme, idéalistes jusqu'au mysticisme, soit par ferveur religieuse, soit par initiation totale, dédaigne toute sensualité et se plonge dans une sorte d'extase ou communion avec la divinité, nous nous trouvons en présence de l'amour extra-humain, que nous n'avons ni à exalter ni à railler, mais à enregistrer comme une quatrième forme de la flamme attractive.

Ceci dit on comprendra facilement les quatre beaux symboles précités du bœuf (ou taureau : amour végétatif, matériel, sensuel exclusivement) du lion (élan de la sensibilité) de l'aigle (qui plane aux cieux d'un parfait amour) de l'ange (amour purement spirituel appliqué à la divinité).

.

Nous allons abréger la longueur des réflexions que nous peuvent inspirer les autres lames du Tarot, et remarquer tout de suite que les images proposées ici à notre méditation sont les plus traditionnelles : celles du tarot égyptiens, marseillais ou autre rénové par les Papus, les Alta, les Eudes Picard, etc... et non celles, beaucoup plus fantaisistes, d'un Eteilla ou de ses succédanés.

La seconde lame ou clef d'Hermès s'appelle *la Papesse*, ou encore Junon. Elle représente une femme assise sur un trône soutenu par deux sphinx; elle tient des clefs ou un livre d'une main, porte au front une triple tiare surmontée du croissant lunaire. Derrière elle une étoffe tendue à deux colonnes. C'est l'Inspirée (l'hiéroglyphe sélénien l'indique) qui cherche à connaître les grands mystères (livre, clefs), ne peut trouver l'infini au fond de son horizon (voile) mais du moins est digne du temple de la Science et de l'Intuition (les deux colonnes).

Elle nous dit, cette Femme qui vient tout de suite en opposition ou en complément de principe femelle après le principe mâle que synthétise le Bateleur de la lame I :

— Je suis le Verbe qui enseigne... Etudiez profondément toutes choses.

(Les 22 clefs correspondent aux 22 lettres à l'alphabet hébreux. La 2ᵉ lame correspond donc à la 2ᵉ lettre, qui est le *beth* et qui a pour signification *la bouche*).

La 2ᵉ clef veut donc dire, pour le concept qui nous occupe ici : l'Amour n'est pas une frivolité. Connaissez-le dans son sens occulte, c'est-à-dire dans sa haute et totale signification.

L'Impératrice vient après la Papesse. Celle-là est aîlée, trônante, le globe du monde au bout de son sceptre. Elle a un aigle à son blason. Si l'on considère que le Bateleur, sur terre ferme, symbolise le corps physique, l'amour animal (bœuf) la Papesse symbolisera le corps astral, second principe (lion) et l'Impératrice le troisième, l'âme (aigle) comme le quatrième (l'Empereur) symbolisera la plus haute partie, l'âme divine (ange).

435

Et ainsi notre constitution quaternaire sera indiquée dès le début du jeu tarotique. Mais l'Impératrice, c'est aussi, pour ce qui concerne l'Amour, l'idée de fécondité, d'incubation, de germination. Voilà pourquoi la troisième clef s'appelle encore Vénus dont l'hiéroglyphe souvent surmonte le sceptre, pourquoi on lui joint l'idée d'attraction. C'est aussi le trinaire, car sa lettre est la troisième de l'alphabet, sa place la troisième dans le jeu.

.·.

L'Empereur (4° clef) est assis, lui, sur un trône cubique. Aussi bien 4 est-il l'hiéroglyphe jupitérien (et même sa figuration schématique ou astrologique) Jupiter étant l'astre de la quatrième lame,

comme Vénus est l'astre de la troisième, la Lune l'astre de la deuxième et le Soleil l'astre de la première. Et 4, c'est le cube, la fermeté, la solidité. L'Impératrice annonçait le principe fécondé; l'Empereur annonce le principe fécondateur. Le sens général de la lame est la Réalisation. Le *daleth*, quatrième lettre hébraïque, veut dire thorax, donc, ici, le sein nourricier. L'Empereur est coiffé d'un casque à douze pointes, rappel zodiacal des virtualités sidérales : L'amour doit agir et réaliser.

.·.

Voici *le Pape*, le Maître des Arcanes, assis entre les colonnes d'Hermès et de Salomon, faisant le geste ésotérique. Il indique et démontre. 5 est le chiffre du pantagramme des Sages du Nil, le chiffre de la foi. La cinquième lettre est le *ré* qui veut dire le souffle, l'inspiration. Mercure est l'astre dominateur de la lame V, l'astre de l'éloquence. Le Pape, bien entendu, fait ici figure de grand hiérophante et non de pontife romain. Il est la Science Occulte incarnée. Il dit la connaissance directe du Mystère, l'illumination prophétique. L'amour de même est encore le seul moyen de comprendre la totale vérité. *Il la sent.*

**

L'Amoureux : 6ᵉ lame. C'est le Bateleur du 1 qui revient, mais le voici entre deux femmes, au carrefour de deux routes : Vice et Vertu. Au-dessus de lui l'Amour tend son arc et voile le soleil de la Vérité. Cette clef dite aussi l'*Epreuve*, gouvernée par le signe de la Vierge, indique l'hésitation qui peut étreindre celui qui cherche. L'Amour souvent tremble entre deux voies à suivre. Il fallait qu'on en symbolise l'inquiétude.

**

Lame VII : *Le Chariot*. Il contient le triomphateur. Il est le symbole de la victoire. Ce triomphateur est l'initié. C'est aussi l'amoureux de tout à l'heure qui a choisi la bonne route. Et si nous lui appliquons la curieuse traduction générale de la suite des tarots établie par Christian, nous dirons avec celui-ci en arrivant au septième arcane, que l'amoureux, initié hanté d'un but précis, a débuté par avoir la Volonté (lame I); qu'il l'a unie à la Science (lame II) pour s'éclairer, et à l'Action (lame III) pour créer une Réalisation (lame IV) sans toutefois mépriser l'Inspiration (lame V). Après avoir surmonté l'Epreuve (lame VI) il arrive à la Victoire espérée (lame VII).

*
* *

Et cette Victoire l'a conduit à son propre Equilibre, que figure la lame VIII : *Equilibre ou Justice* (nom de l'arcane) que symbolise naturellement Thémis. Qui dit Thémis dit Balance et nous trouverons ainsi le signe zodiacal de cette clef. L'Amour, cherché avec soin, et trouvé avec joie, conduit à cette belle harmonie de l'être qui sent avoir réalisé son plus beau, son plus grand rôle Ici-Bas. Vénus, étoile de la Balance, le protège.

*
* *

Mais pour conserver la victoire d'amour comme toutes les autres victoires, il faut être prudent et savoir se taire. C'est ce que nous enseigne la neuvième clef intitulée l'*Ermite*. Cet ermite marche doucement, bâton dans une main, lanterne dans l'autre, et d'une grande cape vêtu. C'est un fils de Neptune et du nombre 9 qui est celui du *teth* hébraïque (9ᵉ lettre signifiant : toit, donc protection). L'Amoureux applique le quatrième précepte du mage : vouloir, oser, savoir, se taire. Les huit premières lames nous ont traduit clairement les trois premiers conseils, et voilà le quatrième... L'ermite marche à la lueur de la lanterne de son savoir, appuyé sur le bâton de son expérience, et con-  tinue sa route. Il a suivi jusqu'ici ses impulsions. Il va maintenant s'efforcer de se gouverner lui-même.

...Car la Vie n'est pas qu'une perspective bien droite ; la vie amoureuse d'un être n'est pas qu'un chemin bordé de rosiers odoriférants. Il y a des épines aux roses. Il y 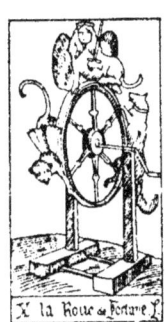 a des cailloux pointus sur les routes. Ou, pour rester en conformité avec la lame suivante du Tarot, il y a, pour tous, la roue de *la Fortune* qui tourne. Cette clef a pour astre le Capricorne, lisez : caprice, caprices du Destin. Celui qui est aimé risque de ne plus l'être, comme celui qui ne l'est pas encore peut espérer l'être un jour. En somme chacun est soumis aux oscillations de la Chance, amoureuse ou autre. Et certains exégètes du Tarot voient dans la 10ᵉ lame, outre l'idée de « vie qui s'écoule » (la 10ᵉ lettre hébraïque est l'*i*, entrant dans la plupart des mots qui veulent dire liquide, fluide, humide), l'idée des arts divinatoires, la Fortune, c'est-à-dire le Destin, pouvant être connue par ces arts merveilleux.

⁂

Or, pour dominer la Fortune, la Chance, le Destin, sa Vie en un mot, — donc l'Amour qu'on y a mis, — une  chose avant tout est nécessaire : *la Force*. Entendez la force d'âme, la domination de soi, qui aide et complète la Science, la Connaissance (même par voie divinatoire), la Sagesse. Aussi voilà la 11° clef d'Hermès qui est représentée par une Femme entr'ouvrant sans effort la gueule d'un lion furieux. Signe astrologique naturel : la constellation du Lion. La Femme a la coiffure du Bateleur, le signe de l'infini, indication de la puissance incommensurable des énergies psychiques.

⁂

La 12ᵉ lame s'appelle *le Pendu* et représente celui-ci attaché, tête en bas et mains au dos, par un pied, à une potence. Son sens est le Sacrifice, et aussi la mort violente, le martyre, et encore la discipline que traduit la 12ᵉ lettre, le *lamed*, le bras qui se tend. (Le lamed chaldéen contient également l'idée de discipline). Selon Alta, la 12° clef tarotique indique la soumission aux lois inéluctables. Et ce sens convient bien à une traduction du symbole au point de vue de l'Amour.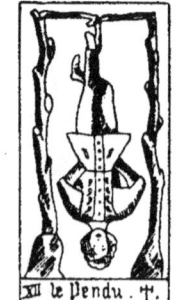
Car l'Amour ne va pas sans des résistances, des oppressions, des douleurs, des disciplines plus ou moins consenties. Quand on aime il faut savoir se sacrifier. Quand on aime, on est un esclave psychique. Quand on aime,

il faut subir. Quand on aime, on est parfois privé de ses possibilités d'action, on est comme un pendu dont la tête est en bas !

•∴•

Et voici la 13ᵉ lame, le nombre 13, néfaste, la lettre m (men en hébreu) qui a pour symbole la faux. C'est, sur le carton du Jeu sublime, un squelette armé d'une faux qui représente en effet la Mort, sous le signe, naturellement, du sombre Saturne... L'Amour peut mourir hélas !... Mais n'oublions pas que la lettre m est celle qui commence en toutes langues le mot mère (mother, mutter, madre etc...). Et la mère, c'est l'enfantement possible. Et la mort, à laquelle ne croient pas les  Spirites ni même tous ceux qui acceptent l'idée d'un Au-delà où nous pouvons revivre, la mort, c'est le Renouvellement, c'est la Transformation. Si l'Amour meurt physiquement, sexuellement, ne peut-il se transformer en affection tendre ? Certes ! Et c'est le cas de combien d'unions heureuses jusque dans la vieillesse !

 Or, qui dit renouvellement, transformation, dit recommencement. Et quand on recommence quoi que ce soit, il y faut de l'initiative. L'initiative est le sens en général donné à la 14ᵉ lame du Tarot, représentée par la Fée des Métamorphoses. (C'est un ange qui transvase du fluide d'une urne d'argent dans une urne d'or). Qui veut changer la forme de l'amour pour qu'il ne meure pas et renaisse en joie, doit s'ingénier, doit mettre

tout son cœur à trouver les formules nouvelles, qui sont, nous l'avons dit, celles de l'affection, de la tendresse. Et justement la 14° clef s'intitule *Tempérance*. Que l'amoureux ou l'amoureuse tempère ses ardeurs physiques, s'il voit ou si elle voit qu'elles n'ont plus qu'un écho amoindri chez le partenaire. Et que d'un cœur plus grave et plus doux, il ou elle cultive les champs si beaux du Sentiment.

.˙.

Nous n'avions pas eu encore, dans le Tarot, le symbole du Mal, de l'inverse de Dieu, de la Tentation mauvaise. Le voici sous la forme du *Diable*  ce qui n'étonnera point si les images tarotiques qui nous sont parvenues sont l'œuvre collective et anonyme d'esprits médiévaux sans doute imbus de tradition antique mais forcés, pour se faire comprendre, d'employer des figures accessibles à l'entendement général (par exemple le Pape, le Diable). Ici notre Diable est à peu près celui du Sabbat, avec ses ailes griffues, ses cornes, sa barbe de bouc, ses pieds de chèvre, ses mamelles... L'idée des amours sataniques, des tristes luxures, des péchés vénusiens peut être sous cette 15° clef dont la lettre est le samech (serpent) et dont Mars est l'astre de guerre et de fatalité (la Fatalité est l'autre nom de cet arcane).

.˙.

Et le mal amène les ruines. La 16° lame

s'appelle *Maison-Dieu* ou *Tour Foudroyée*. Ici s'évoquent malchances et catastrophes, faute d'Adam, crime d'orgueil, défaillance d'esprit, équilibre rompu... Ces néfastes amours, dont nous parlait la lame précédente, voici leurs conséquences désastreuses. Comme tout se suit admirablement, logiquement, dans cette série de cartons qui raconte d'un bout à l'autre l'aventure humaine !

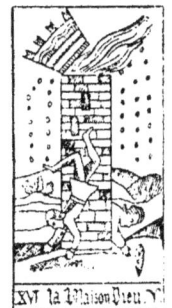

.*.

Mais voici l'*Espérance* (clef 17) qui luit au delà de ce noir horizon d'enfer. Une jeune fille nue épanche sur

le sol aride du cœur desséché le fluide vital de deux urnes. Sur sa tête brille l'étoile aux huit rayons. Un oiseau chante non loin, prêt à prendre son vol. Le relèvement spirituel peut suivre et racheter la chute matérielle; toute faute se pardonne... Et l'être qui tout à l'heure, après que ses sens se sont normalement épuisés et qu'il a voulu renouveler la passion par la tendresse, a eu des sursauts charnels, est tombé aux excès luxurieux comme tant d'époux et de père de famille, sur le tard, s'exacerbent en cachette avec des filles de joie, cet être de chair faible, mais souvent d'esprit droit, finit un jour par renoncer tout à fait à ces égarements, et par reprendre le chemin de la noblesse dont il ne s'était qu'un instant écarté.

.*.

Toutefois, il arrive qu'auparavant, il éprouve une certaine peur. Oui, avant ce retour au bien, la figure gri‑ maçante du Mal l'effraie. Il en mesure mieux la déception qu'enseigne la 18ᵉ lame dite : la *Lune*. Car sur le paysage symbolique on voit l'astre lugubre des nuits, d'où tombe une rosée de sang, des chiens qui hurlent, symboles de la voix rauque, des fauves qui bondissent en la jungle d'une âme pécheresse. La 18ᵉ clef, dans un sens plus général, est celle de la Magie noire, des rites maudits, du domaine maléfique, de la sorcellerie. Elle répéterait dans ce cas la 15ᵉ en passant du principe à l'action démoniaques.

.˙.

Mais l'Homme aspire au Bonheur. Et cette sorte d'espérance qu'il suivait tout à l'heure, il l'a fait passer dans les marais de la goétie et des amours mauvaises, croyant y trouver le plaisir. Non, le plaisir n'est point là. Seule la 19ᵉ clef d'Hermès peut en ouvrir la porte qui donne sur la paix, cette esquisse de ville ensoleillée où deux jumeaux se donnent la main. C'est la société, la civilisation dans ce qu'elles ont de protecteur. Le *coph* hébraïque (19ᵉ lettre) signifie la hache, donc la défense, l'effort, la santé... Et la santé suppose que l'idée de médecine (de médecine occulte) est enclose en ce carton dont le vrai titre est *le Soleil*. Nous voici enfin sortis du Crépuscule précédent pour entrer dans la lumière.

Vingtième clef : *le Jugement*. Naïve composition rappelant l'archange qui réveille les morts au son de sa trompette. Ces morts sont l'homme, la femme, l'enfant, c'est-à-dire toute l'humanité. Pour la seconde fois la Philosophie hermétique nous invite au renouvellement. L'arcane 20 nous réveille de la mort morale.

...Et nous nous réveillons pour l'Expiation ou pour la Récompense, pour être comme le *Fou* de l'arcane 22 qu'un chien poursuit et mord au mollet, ou pour être comme la *Déesse* de l'arcane 21 qui rayonne de joie au sein d'une couronne triomphale de vérité placée entre les quatre éléments primordiaux : bœuf, lion, aigle, ange — Terre, eau, air, feu (que vont représenter, dans le même ordre, les bâtons, les coupes, les deniers et les sceptres des arcanes mineurs dans l'étude desquels nous n'entrerons pas).

Tel est le cycle des arcanes majeurs. Il s'ouvre sur le Bateleur pour finir sur le Triomphe ou la Défaite, suivant que la Volonté du début, en face des éléments bons et mauvais de la vie, et en toute liberté, a fini par réaliser le destin de chacun de nous. Selon le cas, et en admettant la doctrine des réincarnations, la somme des fautes ou des mérites (ce que l'Occultisme appelle le *Karma*) entraîne, en cette nouvelle existence, à une régression ou à un progrès dans l'ascension obligatoire (fut-ce avec des reculs) de l'*ego* (du moi impérissable de l'homme), de tout être vers la Perfection et la Sérénité divines.

Si nous ramenons le cycle à l'idée d'amour (comme on pourrait envisager tel autre genre d'énergie, d'activité humaines), l'imagerie demeure en son logique déroulement. L'amour qui naît en nous ne naît que du fait de notre vouloir qui le dirige à son gré vers sa réalisation parfaite (fut-ce avec des erreurs et des reculs pardonnables) ou vers sa déchéance absolue (si l'esprit du mal l'emporte). Hérésie donc, de parler d'attractions *irrésistibles*. Que deviendrait alors le libre-arbitre? Non, rien n'est irrésistible pour qui veut résister !

En un mot, acceptons ou rejetons l'amour naissant. Si nous l'acceptons, sachons alors le conduire, le comprendre et l'ennoblir.

TABLE DES MATIERES

LIMINAIRE. La Révolte des Eves et l'horreur des célibats.............. 7

PREMIERE PARTIE

I. Le sens Esotérique du Mythe de Vénus....................... 19
II. Le Rite vénusien... 34
III. L'Initiation vénusienne 45
IV. Le Décalogue de l'Amour...................................... 54
V. Le Culte de Priape.. 63
VI. Vénus Universelle 69
VII. Les Accouplements merveilleux................................. 81
VIII. Du plus sacré des gestes au plus lamentable des trafics.......... 95

DEUXIEME PARTIE

I. Le Chapitre des Secrets d'Amour............................. 109
II. Les Envoûtements d'Amour et de Haine...................... 152
III. Les Talismans d'Amour.. 160
IV. Onomantique Amoureuse...................................... 172
V. Les Fleurs et l'Amour... 207
VI. Amours et Magie musulmanes................................. 222
VII. Vénus Magique 233
VIII. Trente-deux?.. 253

TROISIEME PARTIE

I. Les Amours fantômales, mystiques, sataniques, vampiriques et désincarnées 266
II. Les Amours sataniques... 273
III. Le Sabbat... 296
IV. Les Messes noires... 305
V. Le Vampirisme 320
VI. Les Amours désincarnées 325

QUATRIEME PARTIE

I. L'Amour et les Sciences Divinatoires........................... 341
II. Physionomie Amoureuse....................................... 358
III. Les Signes d'Amour dans la main.............................. 383
IV. L'Ecriture et la Sensibilité Amoureuse......................... 398
V. L'Amour et les Songes.. 404
VI. L'Amour, les Présages et les Oracles........................... 415
VII. L'Amour, les Cartes et les Tarots.............................. 426

I. F. M. R. P. 1936

Ebook Esotérique réédite,
sous forme de livres électroniques
ou Ebooks, des livres ésotériques et
d'occultisme qui sont devenus rares ou
épuisés.

Visitez Ebook Esotérique

www.ebookesoterique.com

Inscrivez-vous pour recevoir
notre Bulletin-Info.
Vous serez informé des
nouvelles parutions et promotions.

Vous avez une question sur l'Hermétisme, l'Esotérisme ou la pratique des Sciences Occultes ?

L'Encyclopédie Ésotérique vous apportera des réponses et des mises au point précieuses. Cliquez www.ceodeo.com

L'Encyclopédie Ésotérique ainsi que les articles, dossiers, cours et essais que vous trouverez sur notre site s'adressent tant aux profanes qu'aux spécialistes.

Collège Ésotérique et Occultiste d'Europe et d'Orient
(CEODEO) www.ceodeo.com

www.ingramcontent.com/pod-product-compliance
Lightning Source LLC
Chambersburg PA
CBHW070934180426
43192CB00039B/2182